새.
벽.

새.벽. 김대중 평전

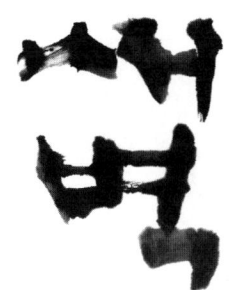

김택근 지음

사ㅁ계절

새벽은 눈물로 열렸다.
사형수가, 야당 후보가, 서자가, 섬사람이, 네 번의 도전 끝에, 70대 고령으로
대통령에 당선됐다. 암흑시대에 지지자들이 흘린 눈물, 그 눈물의 강을 타고 올라가
마침내 단 한 사람이 됐다. 척박한 현대사를 갈아엎는 기적이었다.
우리네 새벽에는 김대중의 눈물이 고여 있다.

차례

프롤로그 — 지상에서의 마지막 순간 _9

1부 연꽃섬, 겁쟁이 울보 _19
혁명과 쿠데타 사이에서 _31
박정희 대 김대중 _54
갑옷을 입다 _69
망명 _90
1973년 8월 8일 _105
유신의 심장이 터지다 _121
스스로 죽음을 택하다 _135
용서의 힘 _151
다시 길 위에 서다 _169

2부 6월, 그 불멸의 시간 _187
일흔에 다시 시작하다 _204
전라도를 아는가 _220
돌아와 돌을 맞다 _229
마지막 도전 _245
저항의 뿌리 _259

4대국 외교, 평화의 그물망 _271

문화 대통령의 힘 _283

인권의 등을 달고, 현대사의 한을 사르고 _295

지식정보 강국, 집념의 매듭 _305

임동원을 얻다 _309

3부   부신 햇볕 잔치 _323

지구를 어머니로, 만물을 형제로 _349

햇볕과 광풍 _356

슬픈 석양 _366

홀로 주먹을 쥐다 _383

퍼주기가 아니다, 퍼오기다 _392

하느님은 아시리라 _401

깊게 울다 _410

인생은 아름답고 역사는 발전한다 _417

영면 _428

후기 — 김대중을 역사에 묻으며 _435
김대중 연보 _441
참고문헌 _450

프롤로그

지상에서의 마지막 순간

감히 달이 해를 삼켰다.

2009년 7월 22일 서울 하늘엔 구름 한 점 없었다. 달은 태양을 정확히 공격했다. 대낮 하늘에서 어둠이 내려왔다. 100년래 최장의 일식日蝕이었다. 그 무렵 하의도 앞 대섬(竹島)의 '큰바위얼굴'이 일그러졌다. 느닷없이 돌이 부스러져 이마 부분이 패었다. 석 달 전, 그러니까 지난 4월 김대중은 큰바위얼굴을 찾았다. 마지막 고향 방문 때였다. 김대중과 큰바위얼굴은 마주 보고 웃었다.

김대중의 생명을 붙들고 있는 사람들은 불길했다. 검은 해를 보면서 죽음을 떠올렸다. 여름 한복판인데도 한기가 느껴졌다. 김대중은 세브란스병원 중환자실에 누워 있었다. 입원한 지 열흘째였다.

그날은 오랜만에 의식이 또렷했다. 새벽 중환자실을 찾은 아내 이희호에게 김대중이 말했다.

"이곳에 흰옷 입은 사람들이 왜 이렇게 많은 것이오?"
그리고 곁에 있던 공보비서관 최경환에게 물었다.
"국회 상황이 어떠한가?"
"미디어법 때문에 대치 중입니다."
"전망은?"
"여당이 직권 상정해서 강행 처리할 것 같습니다."
"민심은?"

병상에서도 민심을 물었다. 혼수상태에서 깨어난 김대중은 중환자실이 싫었다. 어느 것 하나 마음에 들지 않았다. 일식이 있었던 그날 의료진에게 간곡히 당부했다.

"이삼일을 살아도 집에 있고 싶소. 병보다 환경이 견디기 힘드오."

의사들은 김대중을 아내 이희호가 기다리는 일반 병실로 옮겼다. 그날 밤 김대중은 생선이 먹고 싶다고 했다. 비서들이 눈시울을 붉혔다. 김대중은 입으로 음식을 넘길 수 없었다. 며칠째 '코줄 식사'만을 하고 있었다.

국회 본회의장에서는 국회부의장 이윤성이 방망이를 휘둘렀다. 날치기로 미디어 법안을 통과시켰다.

김대중은 집에 돌아갈 수 없었다. 밤이 깊어지자 상태가 급속히 나빠졌다. 의료진은 다음 날 다시 김대중을 중환자실로 옮겼다. 갑자기 심장이 멎었다. 의사들이 달려와 심폐소생술을 시도하고 강심제를 투여했다. 겨우 숨이 돌아왔다. 다시 인공호흡기를 부착해야 했다. 의료진은 비서들에게 만반의 준비를 하라고 했다. 하늘에서 내려온 어둠이 서서히 김대중을 향하고 있었다. 2011호 병실에서 대기하고 있던 아내 이희호는 이를 단호하게 뿌리쳤다.

"저는 확신이 있어요. 다섯 번 죽을 고비에서도 살아오셨어요. 이번에도 회복하실 거예요."

아내의 바람대로 김대중은 깨어났다. 의료진은 기적이라고 했다. 하지만 그날 이후로 한마디 말도 하지 못했다. 겨우 눈으로, 손으로만 얘기했다. 병실 주변에서는 '심장마비', '의식불명'이라는 말들이 은밀하게 유통되었다. 사진기자들이 9층 중환자실 입구를 지켰다.

비서관 최경환은 세브란스병원 주변을 살폈다. 연세대 노천극장도 둘러봤다. 생각하기도 싫지만 '최후'를 준비해야 했다. 몸이 떨렸다. 그는 마지막 비서관이었다. 그는 저명인사의 부고를 접할 때마다 나이부터 봤다. 김대중 85세. 언젠가는 보내드려야 하지만 위인의 죽음은 너무 무거웠다. 지상의 마지막 집은 어디다 마련할 것인가. 남은 사람들과 작별은 어떻게 할 것인가. 병원 뜰에서는 기자들이 진을 치고 있었다. 그들이 죽음을 기다리고 있는 것 같아 야속했다.

그해 여름은 볕이 무척 뜨거웠다. 태풍은 한 번도 한반도에 상륙하지 않았다. 그래서 과일은 바람을 탓하지 않았다. 나무마다 살 오른 열매들로 가지가 휘어졌다. 동교동 집 뜰에서도 감이 익어 가고 있었다.

7월 13일에 집을 나설 때만 해도 대수롭지 않게 생각했다. 의사들도 입원을 권하며 가벼운 폐렴 증상이 있다고만 말했다. 집을 나서기 전에 비서관회의를 주재했다. 중국 국가부주석 시진핑習近平과 전 국무위원 탕자쉬안唐家璇에게 보내는 서신에 '金大中'이라고 서명했다. 지난 5월 중국을 방문했을 때 전직 대통령 김대중은 떠오르는 권력 시진핑에게 남북 화해와 한반도 긴장 완화를 위해 중국이 적극적인 역할을 해줄 것을 당부했다. 시진핑은 김대중을 존경하고 있었다. 깊이 경청하고 예의를 갖춰 답했다. 김대중은 만족했다. 돌아와 환대에 감사한다는 서신 내용을 구술하고, 입원 직전에 서명했다.

김대중의 병세는 가볍지 않았다. 입원 사흘 만인 7월 15일 중환자실로 옮겨졌다. 그리고 다음 날 호흡곤란으로 인공호흡기를 부착했다. 폐렴에 급성호흡곤란 증후군이란 병명이 추가됐다. 인공호흡기 부착은 큰 고통이었다. 기계와의 호흡이 일치하지 않았다. "김대중 위독"이라는 내용의 기사가 보이기 시작했다.

7월 18일 병세가 다소 호전되었고, 다음 날 인공호흡기를 제거했다. 언론은 "호흡기 제거, 병세 호전"이라 보도했다. 외신들도 이를 긴급 타전했다.

다시 병세가 심상치 않았다. '영원한 비서' 권노갑이 미국에서 귀국했다. 동교동 사람들이 병실 주변을 서성거리기 시작했다.

김대중에게 8월은 특별한 달이었다. 1973년 8월 8일 도쿄에서 납치되었다가 닷새 만에 살아왔다. 8월 1일 새벽 다시 고비를 맞았다. 의료진과 비서들은 그것을 '쓰나미'라고 했다. 입원 후 2차 쓰나미였다. 이희호는 말라붙은 입술을 보며 울었다.

"물 한 모금만 넣어드리면 안 될까요. 위가 다 말라 버리셨을 것 아닙니까."

의료진은 아무 말도 하지 못했다. 주치의 장석일이 눈물을 보였다. 2011호 병실에서 대기하던 장옥추 국장, 이승현·김선기·김진호 비서가 울음을 터뜨렸다. 그날 민주화 동지인 코라손 아키노Corazon

Aquino 전 필리핀 대통령이 세상을 떴다.

8월 4일 세브란스 예배실에서는 쾌유 기원 기도회가 열렸다. 오충일 목사가 설교했다.

"대통령님의 다섯 번 죽을 고비에서 어디 우리 교회가 살린 적 있습니까. 늘 하나님과 국제사회가 살렸습니다. 우리가 살린 적은 없습니다. 그러나 이번만은 우리가 한마음으로 기도해서 대통령을 살려냅시다."

8월 7일 혈압이 다시 떨어졌다. 3차 쓰나미였다. 몸이 붓고 다기관 장애가 발생했다. 이희호는 정신없이 양말을 뜨개질했다. 새벽에 만져 보니 남편의 발이 너무도 차가웠기 때문이다. 그걸 남편의 발에 신기고 발을 감싸 쥐었다.

이날 이후 각계에서 문병객이 줄을 이었다. 국내외 인사들의 '쾌유기원' 메시지가 날아들었다. 김대중사이버기념관을 비롯한 팬클럽 회원, 그리고 시민들이 찾아와 쾌유를 빌었다. 병원 앞에서도 젊은이들이 촛불을 들었다.

비서들은 도쿄에서 살아 돌아온 8월 13일을 기다렸다. 36년 전의 기적이 다시 일어날 것이라며 서로를 다독였다. 비서관 김선홍은 "얼굴이 유독 밝아 보인다"며 애써 웃음을 띠었다. 새벽 당직을 섰던 비서 박한수는 "근래에 가장 편한 모습"이라고 했다. 그러나 '13일의 기적'은 일어나지 않았다.

2009년 8월 18일 새벽 이희호는 여느 때처럼 중환자실로 내려가 남편의 손을 잡고 기도했다. 하지만 의료진은 어느 때보다 분주했다.

분위기가 예사롭지 않았다. 그날 아침 의료진의 통보는 차가웠다.
"오늘이 고비입니다. 심장이 펌프질하기조차 힘들어요."
운명의 순간이 다가오고 있었다. 가족과 동교동 사람들이 속속 도착했다. 11시 10분 유족과 비서들이 마지막 인사를 올렸다. 차남 김홍업, 비서관 윤철구, 비서실장 박지원이 차례로 말했다.
"죄송합니다. 용서해 주십시오. 책임지고 가정을 잘 이끌어 화목한 가정을 만들겠습니다."
"행복했습니다. 감사했습니다."
"편히 쉬십시오. 여사님 끝까지 잘 모시겠습니다."
거의 정오가 될 무렵 휠체어를 타고 장남 김홍일이 도착했다. 돌아보면 공군장교 출신 홍일은 건장하고 영민했다. 그러나 고문을 당한 후로는 병마에 시달렸다. 쿠데타 군 고문 기술자들은 "아버지가 공산주의자임을 불라"며 자식을 짓이겼다. 홍일은 죽기로 했다. 감옥에 있을 아버지에게 절을 올린 후 의자 위로 올라가 감방 바닥에 머리를 박았다. 찧고 찧었다. 피투성이가 되었는데도 죽지 못했다. 그 후유증으로 파킨슨병에 걸렸다. 갈수록 병이 깊어졌고, 끝내 말도 하지 못했다. 아버지는 그런 아들을 볼 때마다 가슴이 무너졌다. 입원하기 며칠 전에도 찾아가 아들 손을 잡았다. 흐르는 침을 닦아 주었다. 홍일은 아버지 앞에서 마지막 인사를 해야 했다. 모두 숨을 죽였다. 작은 기적이 일어났다.
"아·버·지."
모두 귀를 의심했지만, 그 소리는 모인 사람들의 가슴에 박혔다. 슬프면서도 아팠다.

권노갑, 한화갑, 한광옥, 김옥두 등 동교동 사람들이 함께 외쳤다.

"대통령님, 사랑합니다."

아내 이희호가 작별의 말을 했다.

"정 그렇게 가시려거든 여기는 걱정하지 마시고 편히 가세요."

대통령 김대중, 그가 눈물을 흘렸다. 지상에서의 마지막 눈물, 그것은 또 마지막 대답이었다. 비서관 윤철구가 그 눈물을 닦았다. 곧바로 계기판에서 "뚜뚜" 소리가 울렸다. 오후 1시 43분이었다. 임종은 평화로웠다. 하늘에서는 햇살이 무섭게 쏟아지고 있었다. 파도가 노래를 멈춘 하의도 앞바다는 고요했다.

새벽

1부

연꽃섬, 겁쟁이 울보

김대중은 1924년 1월 6일 전남 신안군 하의도 후광리에서 태어났다. 그해 임시정부 내무총장 김구는 48세, 임시정부 대통령 이승만은 49세, 마오쩌둥毛澤東은 31세, 마하트마 간디Mahatma Gandhi는 55세, 김일성은 12세, 박정희와 존 F. 케네디John F. Kennedy는 7세였다.

하의도는 농지 탈환 항쟁을 줄기차게 벌여 온 눈물의 섬이었다. 1623년 인조는 정명공주를 홍씨 집안으로 출가시킬 때 4대손까지 세미稅米를 받도록 윤허했다. 그러나 정명공주의 4대손이 사망한 뒤에도 하의도 주민들은 땅을 돌려받지 못했다. 이때부터 농지 탈환 운동이 일어났다. 그리고 땅 주인이 아홉 번이나 바뀌었다. 주인은 부富를, 소작 농민들은 한恨을 대물림했다. 그렇게 300년이 넘도록 싸웠다. 마침내 하의도는 탐욕이 지배했던 더러운 시간을 빠져나와 이름처럼 연꽃섬(荷衣島)이 되었다. 그리고 연꽃섬은 정치인 김대중을 키웠다. 또 김대중은 연꽃이 되어 이렇게 말했다.

"정치란 심산유곡에 핀 순결한 백합화가 아니다. 흙탕물 속에 피어나는 연꽃이어야 한다."

김대중은 서자였다. 어머니 장수금은 둘째 부인이었다. 아버지 김운식은 첫째 부인에게서 1남 3녀를, 둘째 부인에게서는 3남 1녀를 두었다. 그러니까 김대중은 어머니가 낳은 첫째 아들이었지만 아버지에게는 차남이었다. 아버지 집은 본 마을에 있었고, 어머니 집은 간척지인 후광리에 있었다. 대중은 큰집과 어머니 집을 오가며 자랐다. 어머니는 큰집에 들어가지 않고 따로 살았다. 후광後廣리는 간척지가 넓게 펼쳐져 있어 그리 불렸다. 간척지 위에서 태어난 김대중은 '후광'을 아호로 삼았다. 고단한 인생길은 이때 이미 예고되었는지도 모른다. 간척지 지명이 곧 아호였으니, 그 삶이 바다를 메워서 길을 내듯 험했다.

김대중의 생가를 둘러본 사람들은 알 것이다. 그곳은 배산임수의 명당과는 거리가 멀다. 나는 2006년 가을 생가를 둘러봤다. 김대중은 보고 온 소감을 물었다. 생가 주변의 평범함과 한가로움을 약간 비틀어 얘기했다.

"대통령께서는 혼자만의 힘으로, 혼신의 노력으로 오늘에 이른 것 같습니다."

김대중은 고요하게 웃었다. 맞다, 그는 그렇게 혼자서 바다를 메워 자신의 길을 냈다.

후광리 앞에는 너른 염전이 있어 사람들이 북적였다. 어머니는 이들을 상대로 국밥집을 차렸다. 손님들에게 국밥을 말아 주고, 논밭일도 해야 했다. 한시도 쉬지 않고 일했다. 작은댁으로 살아야 했기에 매우 고단했다.

김대중은 출생과 관련해 평생 악의적인 소문에 시달렸지만 침묵했다. 그것은 어머니에 대한 배려였다. 어머니에게 차마 작은댁이라는 멍에를 씌워 줄 수 없었다. 어머니가 돌아가신 후에 발간된 자서전에서 비로소 서자라는 사실을 밝혔다. 그러면서 하늘에 계신 어머니가 이 세상에서 맺었던 모든 인연과 화해하기를 바랐다.

아버지는 정에 약하고 남에게 싫은 소리를 못했다. 소리와 춤에도 능했다. 아버지의 한량 춤과 선비 춤은 구성졌고, 특히 판소리 〈쑥대머리〉는 절창이었다. 선착장 길을 걸어 나오며 아버지가 뽑던 가락이 평생 김대중의 귓전을 맴돌았다. "쑥대머리 귀신형용 적막옥방에 찬 자리여……." 김대중은 곧잘 이런 말을 했다.

"아버지가 대처에 살면서 소리 공부를 제대로 했다면 명창이 되고도 남았다."

훗날 이 땅의 예인들에 대한 존경심은 아버지의 춤과 소리에서 싹텄다.

대중은 아홉 살에 서당을 다녔다. 훈장 초암 김연金鍊은 학문이 깊어 인근에 명성이 높았다. 훈장은 대중을 유심히 들여다보았다. 그리고 대중이 없는 자리에서 학동들에게 말했다.

"김대중은 크게 될 인물이다."

그해 가을 서당에서 장원을 했다. "장원"이라고 씌어진 상장을 가져가자 어머니가 와락 끌어안았다. 태어나 처음으로 받은 상장이었다. 그걸 바람벽에 붙여 놓았다. 이웃들과 손님들이 보고는 덕담을 건

냈다. 어머니는 서당에 장원 턱을 냈다. 떡과 고기, 부침개, 장난감 등을 마련하여 학동들에게 일일이 나눠 주었다. 돌아오는 길에 어머니는 대중의 손을 놓지 않았다.

열 살 때 하의도에 새로 생긴 4년제 보통학교에 입학했다. 서당에 다닌 학력을 인정받아 곧바로 2학년에 편입되었다. 대중은 공부를 잘했다. 역사가 특히 흥미로웠다. 집에서 학교까지 왕복 3킬로미터를 걸어 다녔다. 눈보라가 치는 날에는 벙거지를 둘러쓰고 내달렸다. 김대중은 그때 다져진 체력이 일생을 받쳐 주었다고 술회했다.

시험을 치르면 늘 최고의 성적을 받아 줬다. 그날은 어머니 집 국밥이 유난히 푸짐했다. 신식 학교에서 날아온 시험지와 통신표는 신기했다. 이를 돌려보며 손님들이 더 침을 튀겼다. 어머니는 별이 쏟아지는 밤에 아들 머리를 쓰다듬으며 말했다.

"열심히 공부하거라. 어떤 일이 있어도 너만큼은 공부를 시키겠다."

대중은 아이들과 뛰놀며 구김 없이 자랐다. 특히 바다만 보면 그렇게 좋았다. 바다 건너에는 무슨 세상이 펼쳐져 있을지 생각만 해도 가슴이 두근거렸다. 아이들과 바닷가에서 낙지를 잡아먹고, 콩 서리를 하다 들켜 내빼기도 했다. 언덕에서 노을을 바라보다 잠이 들었고, 소를 따라가다가 뒷발에 채이기도 했다.

어린 시절 이야기 중에는 다른 아이들과는 다른, 훗날 김대중을 예고하는 몇 가지 일화가 있다.

우선 대중은 마음이 여리고 겁이 많았는데도 큰일에는 담대했다. 대중은 형제 중에서도 가장 겁이 많았다. 밤에는 옛날이야기 속의 도깨비가 튀어나올까봐 마음을 졸였다. 바람이 불면 마당 한 켠에 있는 측간에 가지 못할 정도였다. 혼자 있으면 귀신이 나올까봐 이불을 뒤집어썼고, 또 어머니가 돌아가실까봐 홀로 울었다. 그런데도 틈만 나면 혼자서 뭍으로 가겠다고 떼를 썼다. 신문 배달을 해서라도 공부를 하겠다고 부모를 졸랐다. '비바람이 두렵고, 어둠이 무서웠지만 새벽에 길을 나서고야 말았던' 김대중의 삶은 이때부터 시작된 셈이다.

또 갈대밭에서 야생 오리를 잡아와 집에서 키우려 했다. 그러나 그것은 쉽지 않은 일이었다. 먹이를 잡아다 주며 온갖 정성을 들였지만 이내 도망가 버렸다. 야속하기 짝이 없었다. 그래도 대중은 다시 야생 오리를 잡아와 어떻게든 길러 보려고 했다. 그것도 하나의 상징이었다. 김대중은 가능해 보이지 않은 일이라도 끝까지 노력했다. 희망의 끈을 놓지 않았다. 그의 삶은 '야생 오리를 잡아 집에서 기르기'의 연속이었다.

대중은 또 엉뚱하게 나중에 임금이 되어야겠다는 생각을 했다. 하의도에는 김해 김씨 선산이 명당이라서 그 후손 중에 큰 인물이 난다는 이야기가 전해 내려왔다. 그래서 그런 생각을 품었는지도 모른다. 대중은 이웃 마을에 아기가 태어났는데 점쟁이가 "장차 임금이 될 것"이라 말했다는 소문을 듣고 화가 돋았다. 저 남쪽 끝 조그만 섬마을 아이가 임금을 꿈꾸었음은 예사롭지 않았다.

이와 유사한 이야기가 또 있다. 하의도 앞바다엔 간혹 일본 군함이 나타났다. 어린 김대중은 그 크기와 규모에 압도당했다.

"일본은 저리도 힘이 세구나."

외경심에 그렇게 중얼거렸다. 김대중은 부러움과 슬픔이 교차했다.

"어째서 우리에겐 저런 군함이 없을까."

그러고는 나무를 깎아서 장난감 군함을 만들었다. 이를 두고 고 전인권 박사는 이런 분석을 내놓았다.

위용을 자랑하는 일본 군함은 정신분석학적으로 볼 때 권력을 상징한다. 그런데 겁이 많은 김대중은 권력을 두려워하면서도 그 군함을 가지려 했다. 여기서 김대중의 정치와 권력에 대한 뜨거운 열정을 눈치챌 수 있다. (『전인권이 읽은 사람과 세상』에서)

김대중은 또 일찍부터 정치에 관심이 많았다. 보통학교에 들어간 후에는 신문을 탐독했다. 아버지가 구장직을 맡고 있어서 『매일신보』가 들어왔다. 며칠이나 묵은 신문이었지만 섬에는 없는 여러 소식이 들어 있었다. 서당에서 익힌 한자 실력으로 꼼꼼히 살펴보았다. 그중에서도 정치면을 유심히 봤다. 일본 내각이 개편되면 그 명단을 베껴서 가지고 다녔다.

대중의 바람대로 가족이 뭍으로 이사를 갔다. 어머니는 억척스럽게 일군 살림살이를 정리했다. 순전히 자식들 잘 가르치기 위해서였다. 대단한 결단이었다. 대중은 그런 어머니가 한없이 존경스러웠다. 훗날 고마움을 이렇게 나타냈다.

"그런 어머니가 아니었으면 섬에서 그저 그렇게 늙어 갔을 것이다."

1936년 가을, 어머니와 자식들이 배에 올랐다. 그 후 아버지는 하의도와 목포를 오가야 했다.

배는 세 시간 동안 물살을 갈랐다. 목포항은 소문보다 훨씬 거대했다. 형형색색의 깃발이 나부끼고 크고 작은 뱃고동 소리가 바다 위를 떠다녔다. 먼 바다에는 돛단배들의 돛대가 끝없이 펼쳐져 있었다. 온갖 배들이 도시를 끌고 바다로 나가는 것처럼 보였다. 섬 소년의 눈에 비친 목포는 별천지였다. 옹기종기 모여 살던 하의도 마을과는 너무도 달랐다.

어머니는 항구 근처에 여관 하나를 샀다. 목포시 항동 목포대 1번지에 있는 영신여관이었다. 나는 김대중의 '학창 시절'을 찾으러 목포에 갔었다. 2006년 가을이었다. 그런데 뜻밖에도 영신여관이 남아 있었다. 70년의 세월은 겨우 이겨 냈지만 거의 폐가였다. 여관이라기보다는 일반 주택에 가까웠다. 섬에서는 제법 실했던 살림을 정리했지만 목포에서는 이렇듯 작은 여관 하나밖에 살 수 없었다.

여관은 까마득히 높았다. 수없이 많은 계단이 가파르게 놓여 있었다. 우물이 없어 여관에 물을 길어 날라야 했다. 대중은 2층 다락방에 기거했다. 우리 일행을 안내했던 친구 정진태는 "대중이가 사다리를 타고 다락방을 오르내렸다"고 말했다. 말과 표정 속에는 학창 시절에 품었던 안타까움이 아직도 남아 있었다.

다락방에는 작은 창문이 있었다. 대중은 그 창문으로 목포 앞바다를 바라보았다. 각양각색의 배들이 나타났다가 사라졌다. 작은 여관 다락방에서, 그것도 작은 창으로 세상을 봤다. 당시 여관에서는 손님에게 밥상도 차려 주었다. 높고 작은 여관을 찾는 이들은 거의가 거리의 불빛에 쫓겨났거나 도시의 위세에 밀려난 사람들이었을 것이다. 가쁜 숨을 몰아쉬며 계단을 올라 하루치의 허름한 시간들을 재웠을 것이다. 영신여관에는 날마다 막다른 사연들이 계단을 타고 올라왔을 것이다. 딱한 이들이 문을 두드리고, 이들이 풀어놓는 이야기는 슬픔이 깃들어 창백하거나 분노가 스며 거칠었을 것이다. 김대중은 그 이야기들 위에서, 그 다락방에서 글을 읽고 꿈을 꾸었다.

대중은 6년제 목포제일보통학교 4학년에 편입했다. 첫 등교 때는 설레면서도 두려웠다. 학교는 상상했던 것보다 훨씬 컸다. 그보다 대중을 더 기죽인 것은 아이들 모두 손발과 목덜미가 하얗다는 사실이었다. 하의도의 새까만 아이들이 아니었다. 아는 아이는 하나도 없었다. 아이들과 섞이지 못하고 혼자 떠돌았다. 아이들은 섬놈이라며 손가락질하고, 이유 없이 다가와 위아래를 훑어보고, 다짜고짜 때리기도 했다. 놀림을 피해 쉬는 시간이면 화장실 옆 공터를 찾았다. 냄새 때문에 아무도 오지 않았기 때문이다.

그런 대중에게 반전의 기회가 왔다. 전학 온 지 몇 달이 지난 후 목포시 어린이 글짓기 대회가 열렸다. 주제는 '교통질서'였다. 섬 소년은 보란 듯이 입상했다. 일본인 교장 사이토는 전교생 앞에서 상장을 전해 주며 학교의 자랑이라고 했다. 대중은 학교 안팎에서 일약 주목을 받았다. 대중이 지나가면 여학생들이 소곤거렸다. 이러한 반전은 훗날 운명처럼 수없이 되풀이되었다.

5학년에 올라가서는 모든 면에서 두각을 나타냈다. 그때 1학년에 갓 입학한 권노갑은 대중을 깊이 흠모했다. 조선 학생으로 잘생기고, 공부 잘하고, 매사에 당당했기 때문이다.

어머니는 아침마다 등교하는 대중을 배웅했다. 문득 대중이 멈춰서 뒤돌아보면 언덕 위에 어머니가 그대로 서 있었다. 그런 어머니가 안쓰러웠다. 학교에서 돌아오면 미리 차려 놓은 밥상을 내왔다. 그러고는 밥상머리를 떠나지 않았다. 그런 어머니를 위해 잘 먹어야 했고 튼튼해야 했다.

대중은 보통학교를 수석으로 졸업했다. 그리고 당대의 명문 목포공립상업학교(목포상업고등학교)에 수석으로 입학했다. 어머니는 눈물을 뿌렸다. 하의도를 떠나오길 백번이나 잘했다고 혼잣말을 했다. 여관보다 여관집 아들이 더 유명했다.

목포상고는 조선, 일본 학생을 반반씩 뽑았다. 대중은 취업반 급장을 맡았다. 2학년 때 창씨개명이 있었다. 이제 이 땅의 백성들은 말과 성을 빼앗겼다. 김대중은 이때 일본의 실체를 보았다. 한국인에게 성姓은 생명을 대신할 정도로 소중했다. 유교에서 성을 바꾸는 것은 환부역조換父易祖로 불효 중의 불효였다. 훗날 일본인들이 김대중에게 창씨개명으로 바뀐 이름이 무엇이냐고 물으면 결코 답하지 않았다. 성을 바꾼 일을 가장 큰 치욕으로 기억했기 때문이다.

3학년 때 진학반으로 옮겼다. 당시 한반도 정세는 극히 암울했다. 야망에 불타는 청년들에게는 견디기 힘든 시간이었다. 대중은 취업 대신 진학을 선택했다. 더 배우고 더 생각하고 싶었다. 진학반 담임은 노구치 진로쿠野口甚六 선생이었다. 일본인 교사들은 한국 학생들을 함부로 대하지 않았다. 특히 노구치 선생은 대중에게 많은 영향을 끼쳤다. 일어와 유도를 가르쳤던 그는 곧잘 인생을 유도에 비유했다.

"원칙을 고수한다고 방법에서 유연하지 못하면 승리자가 되지 못한다."

감수성이 예민한 청소년기의 김대중은 큰 감명을 받았다. 원칙을 고수하면서 방법에서는 유연한 삶, 이는 '선비적 문제의식과 상인적 현실감각'을 지닌 삶으로 이어졌다.

1943년 목포상고를 졸업했다. 원래는 이듬해 졸업 예정이었지만 전시 특별 조치로 앞당겨졌다. 김대중의 정규교육은 여기서 끝이 났다. 수석으로 입학했지만 졸업 성적은 39등이었다. 졸업을 앞두고 대중은 많이 흔들렸다. 야망은 있으나 길이 보이지 않았다. 집은 여전히 가난했고, 목표로 했던 대학 진학은 쉽지 않았다. 만주 건국대학교에 가고 싶었지만 전쟁으로 그 길이 막혀 버렸다. 또 언제 징집당해 전쟁터로 끌려갈지 몰랐다.

김대중은 훗날 당시의 방황을 후회했다. 시국이 암울할수록 더 열심히 공부했어야만 했다. 그래도 졸업하자마자 곧바로 해운회사에 취직했다. 전쟁통이라 고급 인력이 부족했기 때문이다. 대중은 열심히 일했다. 대학을 못 간 아쉬움은 만질수록 아팠지만 그것을 잊기 위해서라도 일에 매달렸다.

1944년 여름이었다. 회사 앞 거리에서 한 여인을 보았다. 하얀 원피스에 꽃무늬 양산을 쓰고 또박또박 걸어가고 있었다. 햇살이 부셨지만 그녀는 더 눈부셨다. 첫눈에 반해 버렸다. 하얀 피부에 잘 빗어 넘긴 머리, 속으로 세면서 걷는 듯한 걸음걸이, 영롱한 눈. 그녀는 항구의 잿빛 우수를 한순간에 날려 버린 백합이었다. 그녀를 수소문했다. 이름은 차용애, 마침 동급생의 누이동생이었다. 일본에서 여학교에 다니다 전쟁이 터져 아버지가 불러들였다. 대중은 동급생 집을 드나들기 시작했다. 그녀를 보기 위해서였다. 목포의 수재이면서 외모 또한 준수했던 대중에게 그녀도 마음을 열었다. 사랑이 깊어 갔다.

그러나 두 사람의 결혼을 아버지가 반대했다. 언제라도 일본군으로 끌려갈 판인데, 딸을 생과부로 만들 수는 없다고 했다. 당시 징집 통지서는 사망통지서와 다름없었다. 그리고 자신이 봐둔 신랑감이 따로 있다고 했다. 그러나 그녀의 어머니는 김대중을 미더워했다. 사윗감을 두고 의견이 갈리자 그녀의 부모는 대중과 가족 모두를 불러 모았다. 그리고 차용애에게 마지막 결정을 하라고 했다.

"저는 대중 씨한테 시집 못 가면 죽어 버리겠습니다."

그 말로 논란은 끝이었다. 하얀 얼굴에 앙다문 입술이 그렇게 예쁠 수가 없었다. 그렇게 그녀는 대중의 품에 안겼다. 반대하던 아버지는 그 후 딸보다 사위를 더 사랑했다. 장인은 큰 인쇄소를 운영하던 재력가였다. 두 사람은 1945년 4월 결혼식을 올렸다. 그리고 그해 8월 벼락처럼 해방이 찾아왔다.

해방이 되자 사업을 크게 일으켰다. 그러나 해방 공간은 어수선했고 나라는 국민들의 염원대로 세워지지 않았다. 김대중은 사실 공산주의가 무엇인지 민주주의가 무엇인지 알지 못했다. 새로운 조국을 건설한다는 희망과 의욕으로 건국준비위원회에 참여했다. 그 후 좌와 우로 갈라지면서 숱한 정당이 탄생했다. 김대중은 조선신민당에 입당했다. '좌우 합작'을 내세웠기 때문이다. 그럼에도 공산주의자들은 민족의 독립보다는 소련을 추종하고 나아가 그들에게 충성을 하자는 움직임을 보였다. "우리의 조국 소비에트 만세" 또는 "붉은 깃발만이 우리의 진정한 깃발"이라는 말을 공개적으로 했다. 김대중은 그들에게 호통을 쳤다.

"어떤 놈들이든 소련을 조국이라고 하고, 붉은 깃발을 우리 깃발이라고 하는 놈은 때려죽여야 한다."

김대중은 일생 동안 이렇게 과격한 언사를 구사한 적이 없었다. 기대가 큰 만큼 실망 또한 컸기 때문이다. 공산주의자들과는 이렇게 결별했다.

1947년 7월 좌우 합작의 중심 인물 여운형이 살해당했다. 그리고 1949년 6월 김구가 현역 소위의 흉탄을 맞고 세상을 떴다. 김대중은 김구를 절세의 애국자로 추앙하는 데 인색하지 않았지만 정치적 행적에는 아쉬움을 토로했다. 가장 큰 잘못은 '5·10 총선'에 뛰어들지 않았다는 것이다.

"김구 선생이 5·10 총선에 참여했다면 이승만은 대통령에 당선되지 못했을 것이다. 그랬으면 이 땅에 반공을 빙자한, 친일파에 의한 독재가 일찍이 발을 붙이지 못했을 것이다. 이승만의 대통령 당선은 우리 현대사 비극의 시작이었다."

김대중은 훗날 정치인은 최선이 아니라면 차선을 선택해야 한다고 거듭거듭 말했다. 그것이 최악의 경우를 막아 결국은 민의를 따르는 길이라고 강조했다.

김대중은 사업 기반을 넓혀 나갔다. 항구 근처에 제법 큰 집도 장만했다. 어느덧 돌아보니 목포의 유지였다. 청년 실업가라는 말이 따라 붙었다. 하지만 모든 것이 불길했다. 양민들이 학살당했다는 소식이 날아들고, 온갖 사건으로 해방 공간이 피로 물들었다. 불온한 조짐들, 그것들이 전쟁을 부르고 있었다.

혁명과 쿠데타 사이에서

　1950년 6월 25일 전쟁이 터졌다. 김대중은 서울에 있었다. 출장 중이라 광화문 근처 여관에 머물렀다. 그러나 크게 걱정하지 않았다. 대통령 이승만은 걸핏하면 '북진 무력 통일'을 장담했다. 또 국방장관은 전쟁이 나면 3일 만에 평양을 접수하고 "일주일이면 압록강에 이르러 그 물을 대통령께 진상할 것"이라고 호언했다. 실제로 신문과 방송에서는 잇단 승전보를 전했다. 전쟁 발발 사흘째 되던 날 이승만은 라디오에 나와 이렇게 말했다.

　"서울은 무슨 일이 있어도 사수할 테니 국민들은 안심하시기 바랍니다."

　그날 밤 큰비가 내렸다. 모든 것을 삼킬 듯 쏟아졌다. 날이 밝아 나가 보니 세상이 바뀌어 있었다. 광화문 일대에는 인민군이 깔렸고, 그들이 몰고 온 육중한 탱크가 으르렁거리고 있었다. 김대중은 경악했다. 담화는 새빨간 거짓이었다. 대통령은 대전으로 피신했고, 정부도 수원으로 옮겨 갔다. 국민들만 버려졌다. 인민군이 두렵기도 했지만 지도자들의 행태에 치가 떨렸다. 한강철교가 끊겼다는 소식이 들려왔다.

서울에는 다른 세상이 펼쳐졌다. 인근 학교 운동장에서 벌어진 인민재판을 목격했다. 무릎을 꿇은 한 남자 앞에서 완장을 찬 사내가 큰 소리로 죄상을 열거했다. 사내가 물으니 군중이 답했다.

"이 반동분자를 어떻게 해야겠소?"

"죽이시오."

그것으로 끝이었다. 남자는 어디론가 끌려갔다. 공산주의자들의 만행을 처음으로 목격했다. 갑자기 두고 온 가족들이 떠올랐다. 어떻게든 목포로 가야 했다. 처남, 친구들과 함께 배를 타고 한강을 넘었다. 무작정 남쪽으로 걸었다. 수원, 온양, 장항, 군산, 김제를 거쳐 목포로 향했다. 피난민 행렬은 차마 제대로 쳐다볼 수조차 없었다. 흰 무명옷은 그을리고 바래서 흙색이었고, 아낙의 등에서는 아이가 울었다. 길마다 피난민이 넘쳐났다. 느닷없이 전투기가 나타나 폭탄을 퍼부었고 아무 데서나 총알이 날아들었다. 어느 편이 쏘았는지 누가 죽었는지 몰랐다. 늘 죽음이 곁에 있었다.

목포 근처에 다다르자 장터가 나타났다. 마침 장날이어서 사람들이 넘쳐났다. 그런데 갑자기 전투기가 나타나 기총소사를 했다. 사람들이 고꾸라지고 무명옷이 피에 젖었다. 김대중은 정신없이 근처 야산으로 뛰었다. 전투기는 따라오며 총알을 퍼부었다. 한동안 불을 뿜고는 하늘 저편으로 사라졌다. 누가 봐도 미군기였다. 슬픔과 분노가 치솟았다. 김대중은 몇 번이고 되뇌었다.

"누구를 위한 전쟁이란 말인가."

김대중의 걸음보다 훨씬 빠르게 인민군이 남하했다. 국군은 보이지 않았다. 목포도 인민군이 장악했음을 알았지만 다시 서울로 갈 수는 없었다. 아니, 어디를 가도 인민군 탱크요 깃발이었다.

서울 탈출 20일 만에 목포에 도착했다. 집 앞에 이르자 어머니가 조그만 의자에 앉아 있었다. 너무 말라서 아이처럼 작아 보였다. 어머니는 또 아이처럼 울었다. 집에는 들어갈 수도 없었다. 인근에서 가장 큰 집이라서 다짜고짜 역산逆産 가옥으로 지목했다. 만삭의 아내 차용애는 할 수 없이 방공호에서 아이를 낳았다. 둘째 아들이었다. 동생 대의는 한국군 군속이라는 이유로 이미 잡혀가고 없었다.

김대중도 이내 끌려갔다. 목포경찰서에서 인민군 정치보위부 장교에게 취조를 받았다.

"김대중, 너는 우리 애국자를 몇 명이나 밀고했는가?"

"그런 적 없습니다."

돌아오는 것은 매질이었다. 대답해도 맞고 안 해도 맞았다. 김대중은 무수히 맞았다. 그리고 목포형무소에 갇혔다.

굶주림이 가장 고통스러웠다. 감방에서는 조그만 보리밥 덩어리를 하루에 두 번 주었다. 허기가 지니 헛것이 보였다. 먹을 것이 눈앞에서 어른거렸다. 앉아 있기도 힘들었다. 체력 소모를 줄여야 했다. 엎드려 숨조차 가만가만 쉬었다. 어머니도 아내도 막 낳은 자식도 생각나지 않았다. 오직 먹을 것 생각뿐이었다. 흰 쌀밥에 붉은 김치, 항구에서 팔던 국밥, 생선회 등이 어른거렸다. 굶주림은 무서웠다.

그러던 어느 날 오후, 수감자들을 모두 강당으로 끌어냈다. 두 명씩 짝지어 서로의 팔을 철사로 묶거나 쇠고랑을 채웠다. 불려온 순서대로 강당은 차곡차곡 사람으로 채워졌다. 인민군들은 입구에 앉은 사람들부터 차례로 끌고 갔다. 이내 끌려가면 처형당할 것임을 알아차렸다. 사람들은 울부짖었다. 흉한 몰골의 수감자들이 몸부림을 쳤다. 짐승이나 다름없었다. 남은 사람들도 온몸을 떨며 비명을 토했다. 더러는 울음을 삼키며 쇠고랑 찬 손을 흔들었다. 20명씩 끌려 나갔다. 20명, 그리고 또 20명…….

김대중은 차례를 기다렸다. 참으로 어이없는 죽음이었다. 머릿속이 아득해졌다.

'태어나 이렇게 죽는 수도 있구나.'

그때서야 가족들 얼굴이 떠올랐다. 그런데 인민군들이 어느 순간 사람을 잡으러 오지 않았다. 긴 시간이 흘렀다. 죽음을 기다리는 시간은 시체보다 싸늘했다. 베이면 선혈이 쏟아질 것처럼, 침묵은 예리했다.

형무소에 슬슬 어둠이 내리자 묶여 있던 사람들이 하나둘씩 말을 하기 시작했다. 어찌 된 일이냐고, 이상하다고. 인민군은 보이지 않고 지방 공산당원들이 나타났다. 그들은 강당에 남아 있던 사람들을 다시 감방에 집어넣었다. 남은 자 80명, 끌려간 자 120여 명. 그렇게 생사가 갈렸다. 살아 있으니 감방도 천국이었다.

그날은 유엔군이 인천에 들어온 9월 28일이었다. 인민군은 일제히 주둔지에서 철수를 서둘렀다. 목포형무소 인민군들도 수감자 모두를 처형하고 퇴각하라는 명령을 받았다. 그런데 수감자를 실어 나르던 트럭이 길 위에서 고장 났다. 누구는 운전사가 고의로 고장 냈다고도 했다. 인민군들은 지체할 수 없었다. 다시 형무소로 돌아가지 못하고 북으로 떠났다.

감방에 갇힌 사람들은 이런 사실을 알지 못했다. 살아 있으니 배가 고플 뿐이었다. 밥을 달라고 아우성을 쳤다. 늦은 밤, 밥이 들어왔는데 특식이었다. 죽은 사람 몫까지 나눠주었다. 허겁지겁 밥을 몰아넣었다. 손바닥에 붙은 밥알까지 핥아 먹었다. 풍선처럼 배가 불러왔다. 그래도 한없이 들어갔다. 김대중은 "허천나게 퍼먹어서 배가 개구리처럼 튀어나왔다"고 했다. 자신은 아귀였다고 술회했다.

허기를 면하고 바깥 공기를 살피니 평소와는 완연히 달랐다. 밖을 응시하고 있다가 주먹밥을 들이미는 감방의 구멍으로 손을 내밀어 지나가는 간수의 바짓가랑이를 붙들었다.

"여보시오, 우린 죽게 되는 것이오?"

"같은 남쪽 사람이 어떻게 남쪽 사람을 죽입니까."

인민군이 도망쳤음을 알았다. 빨리 탈출을 해야겠다고 생각했다. 마침 누군가 지나가며 "임출이, 임출이" 하고 불렀다. 김대중은 "어이, 나 여기 있네"라고 답했다. 김대중의 기지였다. 사내가 다가오자 임출이라는 사람이 아파 누워 있으니 빨리 문을 열라고 했다. 사내가 자물통을 부수는 소리가 났다. 안에서도 철문을 발로 찼다. 그렇게 문을 부수고 감방을 빠져나왔다. 김대중은 소리쳤다.

"다들 도망갔으니 감방 문을 부수고 나오시오."

방마다 밖에서는 쇠뭉치로 자물통을 부수고 안에서는 감방 문을 발로 찼다. 모두가 감방을 탈출했다. 형무소 마당에는 달빛이 그득했다. 하늘을 올려다보니 살진 달이 떠 있었다. 한가위를 이틀 지났지만 넉넉했다. 참으로 밝고 아름다웠다.

　수인복을 입고 나서면 인민군들에게 들킬지 몰랐다. 형무소에 보관된 사복을 찾아 입는데 "이 옷은 내 것이 아닌데……" 하는 소리가 들렸다. 동생 대의의 목소리였다. 형제가 함께 잡혀 있었는데도 서로가 몰랐다.

　새벽에 거리로 나섰다. 달빛이 길 위에 가득했다. 형무소에서 가까운 네거리에 이르자 갓난아기를 업은 여인이 울고 있었다. 아내 차용애였다. 아내는 김대중이 잡혀간 후로 줄곧 형무소 주위를 맴돌았다. 수감자 모두가 끌려가 죽임을 당했다는 소문을 듣고 집을 뛰쳐나왔다. 시체라도 찾아야 했다. 아무나 붙들고 김대중을 못 봤느냐고 물었다. 그리고 그렇게 살아서 만났다. 얼굴은 반쪽인데 배만 튀어나온 남편을 껴안았다. 아내가 울고 아이가 울고 김대중도 울었다. 김대중은 50년이 지난 후에도 그 광경을 지켜보고 있던 노란 달을 선연하게 기억하고 있었다. 그것은 세상에서 가장 아름다운 달이었다.

　전황이 바뀔 때마다 동족을 죽이는 살육전이 되풀이되었다. 김대중은 그때 전쟁을 보았다. 좋은 전쟁은 세상에 존재할 수 없다는 것을 알았다. 김대중은 이때부터 전쟁 없는 세상을 꿈꾸었다.

　목포에 국군 해병대가 나타났다. 김대중은 다시 사업을 시작했다. 곧 지프차를 타는 청년 사업가로 돌아왔다. 바로 사업을 일으킬 수 있었던 데에는 세 가지 요인이 있었다. 경제 전반의 흐름을 간파했고, 모험을 피하지 않았고, 마지막으로 종업원들과 관계가 좋았다. 그해

10월 목포일보사를 인수했다.

　전세가 다시 기울었다. 1951년 새해 서울이 인민군 수중에 들어갔다. 이른바 1·4 후퇴였다. 모든 것이 다시 부산으로 옮겨 갔다. 김대중도 사업 기반을 부산으로 옮겼다. 전쟁으로 육로가 막히자 해운업은 호황이었다. 보유 선박 다섯 척과 빌린 십수 척을 운용해서 인근 뱃길을 장악했다. 사업은 날로 번창했다. 당시 김대중은 "세상에서 가장 쉬운 일이 있다면 그것은 돈을 버는 일"이라고 서슴없이 얘기했다. 훗날 곧잘 "사업만 계속했다면 손꼽히는 재벌이 되었을 것"이라고 말했다. 아마 이때의 성공이 있었기에 그리 자신 있게 얘기했을 것이다.

　그러나 전쟁보다 더 절망스러운 일들이 벌어졌다. 거창 양민 학살 사건이 터지더니 이어서 국민방위군 사건이 일어났다. 국민방위군은 중공군이 개입하자 이에 맞서기 위해 17세부터 40세까지의 남자들을 모집해 허겁지겁 편성한 부대였다. 전황이 불리해지자 이들을 후방으로 집단 이송했다. 이때 방위군 수뇌부가 보급품을 멋대로 처분하여 저희끼리 나눠 가졌다. 방위군들은 길 위에서 굶어서, 얼어서 죽었다. 사망자가 수만이었다. 그럼에도 방위군 수뇌들은 저마다 차에 돈을 가득 싣고 다녔다. 그걸 요정에, 고급 음식점에 뿌렸다.

　이듬해 5월 부산 정치 파동이 일어났다. 독재 정권을 연장하려는 음모였다. 당시 제2대 국회는 무소속 의원이 60퍼센트 이상을 차지하고 있었다. 대통령은 국회에서 간접선거로 뽑았다. 1952년 7월에 임기가 끝나면 이승만은 물러나야 했다. 이에 대통령 직선제로 헌법을 바꾸려 했다. 이승만 지지 세력은 폭력배를 동원하여 의사당을 포위했다. 계엄령을 선포하고 야당 의원들을 체포했다. 직선제 개헌안을 통과시키기 위해 구금 중인 야당 의원들을 의사당으로 데려와 정족수를 채웠다. 그렇게 해서 대통령 직선제 헌법 개정안이 통과되었다.

김대중은 큰 충격을 받았다. 정치에 뛰어들기로 결심했다. 이미 김대중은 정치가 바르지 못하면 국민의 생명과 재산을 지키지 못한다는 것을 사선을 넘으며 가슴에 새겼다. 부산 정치 파동은 잘못된 정치가 빚어낸 또 다른 비극이었다. 전선에서는 젊은이들이 죽어 가고 있는데 오직 정권만을 탐하는 무리들을 용서할 수 없었다. 그 무렵 토머스 제퍼슨의 경구가 머릿속을 맴돌고 있었다.

"과오를 개혁하려는 자들에게 순교의 횃불을 들어 준다는 점에서, 정치는 종교와 같다."

한국전쟁이 김대중을 일생 '평화를 만드는 사람'으로 만들었다. 인제 선거에 뛰어들었을 때 그는 이런 연설을 했다.

"하늘과 땅이 들어붙어야 합니다. 그래서 악을 없애야 합니다. 새 세상을 만들어야 합니다."

김대중은 세상을 바꾸기 위해서 정치판에 뛰어들었다. 실로 가슴 뛰는 일이었지만 그것은 고난의 시작이었다.

김대중은 정계에 뛰어들었다. 1954년 목포에서 제3대 민의원 선거에 무소속으로 입후보했다. 목포 지구 노동조합이 지지를 약속했기에 기대가 컸다. 하지만 관권이 개입하여 이를 간단히 무력화했다. 그 결과 10명의 후보 중에서 5등으로 낙선했다. 무소속의 한계를 절감했다.

이듬해 4월 상경했다. 하의도에서 공부를 하러 목포에 갔듯이, 이번에는 순전히 정치를 하러 서울로 올라갔다. 사업은 순차적으로 접었다. 김대중은 한국노동문제연구소에 출근하며 노동문제에 관한 글을 썼다. 아내는 미장원을 차렸다.

1956년 6월 가톨릭의 품에 안겼다. 명동성당 노기남 대주교실에서 김철규 신부가 의식을 집전했다. 세례명은 '토머스 모어'였다. 장면 부통령이 대부代父였다. 신부가 말했다.

"토머스 모어는 영국의 사상가요 정치가입니다. 가톨릭 교회에서 분리해 나온 헨리 8세의 명령을 따르지 않고 순교를 택한 분입니다."

김대중은 섬뜩했다. 훗날 김대중은 신학자 토마스 아퀴나스도 있는데 왜 목이 잘린 사람을 세례명으로 주는지 야속했다고 술회했다. 대법관 토머스 모어는 절대 권력자인 헨리 8세의 부당한 명령을 따르지 않았다. 둘째 아내의 딸이 왕위 계승자임을 공포하는 법령에 서명하기를 거부한 것이다. 왕의 좋은 신하보다는 기꺼이 하느님의 착한 종이 되었다. 반역죄로 런던탑에 갇혀 재판을 기다렸다. 그를 아끼는 지인들이 찾아와 왕과 타협해서 목숨을 건지라고 했지만 이를 거부했다. 죽음을 기다리며 딸에게 편지를 썼다.

"하느님께서 내 잘못이 아니라면 결코 버림받은 자가 되는 것을 허락지 않으실 것이다. 나는 하느님께 내 희망을 걸고 내 전부를 그분께 바치겠다."

토머스 모어는 가장 최근의 성인이며 역사에 시퍼렇게 살아 있다. 무슨 암시였을까. 김대중의 생도 험하기만 했다. 어떤 회유에도 양심을 지켰고, 감옥에서 하느님을 찾았으며, 무엇보다 역사 속에 살아 있는 정치인이 되고 싶어 했다. 토머스 모어의 행적을 뒤지면 놀랍도록 김대중의 삶과 닮아 있다.

김대중은 대부 장면을 흠모했다. 언행은 신중했고 모습은 온화했다. 사심이 없었고 양심적이었다. 이런 이유로 그해 9월 민주당에 입당해 장면이 속해 있던 신파에 합류했다.

민주당 입당 사흘 만에 '장면 부통령 저격 사건'이 일어났다. 전당대회 연설을 마치고 퇴장하는 장면을 향해 괴한이 권총을 쐈다. 범인은 제대군인이었다. 그 배후는 집권 세력이 분명했다. 김대중은 장면이 입원해 있는 병원을 찾아가 고개 숙여 한참을 울었다.

1958년 국회의원 선거에 나섰다. 민주당 후보로 다시 목포에서 출마하고 싶었지만 현역인 정중섭이 버티고 있었다. 결국 강원도 인제에서 출마하기로 했다. 당시에는 '지역감정'이라는 말 자체가 없던 시절이었기에 해볼 만하다고 여겼다. 그리고 군인들은 자유당 학정의 직접적인 피해자들이었다. 자유당 정권의 실상을 제대로 알린다면 승산은 충분하다고 여겼다.

출마하려면 후보 등록을 해야 했다. 후보 등록을 하려면 주민 100명 이상의 추천을 받아야 했다. 중복 추천은 허용되지 않았다. 김대중은 넉넉하게 130명의 추천을 받아 인제 군청 선거관리위원회에 등록을 마쳤다. 거리에 벽보를 붙이고 현수막을 내걸었다. 그런데 다음 날 선관위에서 등록이 무효 처리되었다는 통보가 왔다. 김대중과 자유당 후보를 중복 추천한 사람이 무려 70명이나 된다는 것이었다. 공작이었다. 군청 공무원과 경찰이 추천서를 일일이 들춰 보고 김대중을 추천한 주민들을 찾아가 자유당 후보도 추천토록 한 것이다.

다시 추천을 받아야 했다. 등록 마감까지는 하루가 남아 있었다.

주민들을 찾아가 사정을 얘기하고 추천을 부탁했다. 그런데 어느 집이건 추천서에 찍을 인감도장이 없었다. 이장들이 비료 배급에 필요하다며 몽땅 걷어가 버렸던 것이다. 할 수 없이 "김대중 후보를 추천한다. 김 후보 측이 도장을 새겨 날인해도 무방하다"는 문서를 만들어 손도장을 찍게 했다.

그러나 이번에는 도장을 새길 수가 없었다. 어느 도장방에 들러도 고개를 저었다. 경찰들이 이미 손을 썼기 때문이다. 어떻게 해서라도 도장을 새겨야 했다. 가장 손쉽게 도장을 새길 수 있는 재료를 찾아야 했다. 바로 호박 꼭지였다. 운동원들과 함께 묵은 호박을 구해서 호박에 이름을 새겼다. 바로 한국 선거 운동사에 기록된 '호박도장'이었다.

후보 등록을 마치고 서울로 올라갔다. 선거를 치르려면 서울에서 준비할 것이 많았다. 그런데 다시 등록이 취소됐다는 연락이 왔다. '호박도장'이 문제라는 것이었다. 곧바로 지프차에 올랐다. 마음이 급하니 길은 더 험하고 멀었다. 차가 두 번이나 뒤집혔다. 차체가 형편없이 구겨졌지만 다행히 엔진은 꺼지지 않았다. 오후 늦게 군청 선거관리위원회에 도착했다. 마침 김대중을 빼고 기호 추첨을 시작할 참이었다. 김대중은 멈추라고 고함을 질렀다. 상처투성이의 젊은이가 포효하니 장내가 일순 조용해졌다. 그러자 기호 추첨을 하러 나와 있던 자유당 후보가 소리쳤다.

"저놈을 끌어내라."

경찰들이 달려들어 김대중을 붙잡았다. 김대중은 책상 다리를 붙들고 버텼다. 그걸 놓으면 모든 것이 끝장이었다. 끝내 문밖으로 던져진 김대중은 누운 채로 하늘을 보았다. 마냥 서러웠다.

'부정하고 무도한 집단에게 싸워 보지도 못하고 꺾여서야 되겠는가. 저 남쪽 끝에서 가장 먼 인제로 올라와 이렇게 버려져야 하는가.'

김대중은 아내가 기다리는 하숙집으로 발길을 돌렸다. 아내에게 할 말이 생각나지 않았다. 갑자기 온몸이 쑤시고 아팠다. 그때서야 차량이 뒤집힐 때 생긴 상처들이 생각났다. 못난 몸을 어둠이 계속 가려 주었으면 좋겠다는 생각을 했다. 아내 차용애는 남편의 상처를 일일이 닦아 주고, 마음의 상처까지 보듬었다.

"옳은 길이면, 당신의 길이면 목숨 걸고 싸우세요. 당신에게 무슨 일이 생긴다면 자식 둘은 내가 책임질 테니 걱정 말고 당당하게 나가세요."

봄밤이 아팠다. 먼 산에서 새가 울었다. 부부는 잠을 이루지 못했다. 첩첩산중에 아는 사람 하나 없었다.

'우리 서러운 밤을 누가 기억해 줄 것인가.'

그날 일은 '후보 등록 방해 사건'으로 신문에 보도되었다. 선거가 끝나고 김대중은 자유당 당선자를 고소했다. 이듬해 재판에서 승소했다.

다시 보궐선거에 나갔다. 그러나 관권 부정선거는 여전했다. 자유당 후보는 경찰서장 출신이었다. 모든 조직을 동원하여 김대중을 옭아맸다. 전라도 출신의 연설꾼을 동원하여 김대중을 공산주의자로 몰았다. 또 뜨내기 외지인을 추방하자며 선동했다. 결정적인 것은 군 부대 내의 투표 부정이었다. 부대 책임자들이 투표용지를 일일이 검색했다. 사실상 공개투표였다. 김대중은 또 질 수밖에 없었다.

김대중은 여러 가지 가능성을 점검하며 희망을 품었지만 당시 휴전선 접경 지역에서 야당 후보가 당선되기란 불가능했다. 사실상 낙선하러 먼 길을 떠난 것이었다. 김대중은 "해볼 만하다"고 했지만 누구나 바보짓으로 여겼다. 김대중은 자금도 부족했다. 운동원들에게 겨우 설렁탕이나 짜장면을 먹였고, 주먹밥을 싸들고 유세를 다녔다. 삼륜차에 마이크를 달고 마을을 찾아 나섰다. 산이 깊어 해가 일찍 지면 달그림자를 밟으며 돌아왔다. 인제의 노인들은 지금도 그때 김대중의 처량한 모습을 기억하고 있다.

여당 측은 공권력을 동원하여 주민들의 유세장 접근을 철저히 차단했다. 김대중은 "내 유세를 들어 준 민간인은 고작해야 62명"이라고 말했다. 오죽 청중이 모이지 않았으면 이렇게 헤아렸을 것인가. 그래도 김대중은 포기하지 않았다. 텅 빈 유세장에서 하늘에 대고 연설을 했다. 그것은 어릴 적의 '야생 오리 길들이기'와 같았다. 진심을 알아줄 것이라고 믿었다. 그러나 진심은 알렸는지 몰라도 선거판에서는 질 수밖에 없었다. 이때 선거운동을 도왔던 정치인 김상현은 김대중이 큰 정치인이 될 수 있었던 것은 '인제 선거' 때문이라며 이렇게 평했다.

"사람들은 이기는 것만 하는데 김대중은 지는 싸움을 스스로 선택했거든. 두 번, 세 번 계속 떨어졌지만 국민들은 김대중을 알게 되었어. 전투는 백번 지더라도 전쟁에서 이겨야 하지. 이것이 전략가야. 그런 면에서 뛰어난 전략가였어."

1954년 목포, 1958년 인제, 1959년 다시 인제. 세 번을 연거푸 떨어졌다. 김대중에게는 아무것도 남아 있지 않았다. 쌀이 떨어졌지만 수중에 돈 한 푼 없었다. 사람 만나기가 무서웠다. 사람을 피해 무작정 버스를 탔고, 가다 보면 또 마땅히 내릴 곳이 없었다. 청년 사업가로 그간에 쌓은 부와 명성은 흔적도 없이 사라져 버렸다. 집에는 어머니와 아내 그리고 두 아들뿐이었다.

아내 차용애가 세상을 떠났다. 아내는 잇단 선거 패배 이후 가슴앓이를 했다. 남편 앞에서 긴 한숨을 한 번도 쉬지 않았으니 속으로는 더 아팠을 것이다. 김대중은 아내를 "선량하고 부드러운 외양 속에 바위처럼 단단한 의지를 숨긴 사람"이라고 말했다. 모든 것을 안으로 다졌기에 홀로 고통스러웠는지도 모른다. 1959년 8월 28일, 가슴앓이 증세가 심해져 약을 먹고 그만 혼수상태에 빠져 버렸다. 김대중은 병원을 향해 뛰쳐나갔다. 의사와 함께 집에 오자 아내는 숨져 있었다. 그러니 유언과 유서도 있을 수 없었다. 제대로 치료 한 번 못 받고 그렇게 죽음을 맞았다. 김대중은 통곡했다. 아내의 죽음 앞에 엎드려 있으니 함께 저세상에 있는 것처럼 느껴졌다.

대중 씨가 아니면 죽어 버리겠다던 아내, 서울 간 남편을 기다리다 방공호에서 아이를 낳은 아내, 가족 걱정은 하지 말고 장부의 길을 가라던 아내. 돌아보면 부러울 것 없는 부잣집 딸을 데려와 고생만 시켰다. 정치를 하지 않았더라면 아내는 살아 있을지도 몰랐다. 미안하고 또 미안했다. 너무 많은 것을 받았는데 하나도 갚지 못했다. 김대중은 밥을 넘길 수가 없었다. 아들 홍일이가 울면서 말했다.

"아버지 밥 안 들면 나도 안 먹을 거야."

그녀는 김대중의 말대로 '참 미련스럽게도 어진 영혼'이었다. 두 아들 교육비와 생활비까지 도맡아야 했지만 고단한 내색을 하지 않았다. 서울에 올라와 여덟 번이나 이사를 했다. 셋집을 전전하다 보니 집 있는 사람이 가장 부러웠다. 아내는 미장원을 해서 살림을 도왔다. 가게가 빚으로 넘어가자 집에서 손님을 받았다. 그러면서도 집에서 파마약 냄새가 나는 것을 미안해했다.

아내를 포천 천주교 묘지에 묻었다. 비탈길을 내려오며 김대중은 그녀 없이는 영원히 평지가 나오지 않을 것 같다는 생각을 했다. 김대중은 훗날 가장 절망적인 순간을 아내를 잃었을 때라고 술회했다. 살면서 그녀를 잊을 수가 없었다. 처음 만난 날 하얀 원피스에 양산을 쓴 모습, 어렵게 살면서 주머니를 털어 깨엿을 사다 주자 풋, 하고 웃던 모습, 재산을 모두 빼앗기고 전쟁 중에 군고구마 장사를 하던 모습. 한없이 그리웠다. 그리고 그녀는 죽어서도 줄곧 힘이 되었다. 김대중은 차용애를 깊이 사랑했다.

얼마 후에는 여동생이 세상을 떠났다. 이화여대 국문과에 다니다 몸이 아파 휴학을 했는데 병명은 심장판막증이었다. 그녀를 본 사람들은 이구동성으로 빼어난 미모를 칭찬했다. 책을 많이 읽고 조용하고 겸손했다. 그런데 병원에서 치료 한 번 제대로 받지 못하고 겨우 약이나 사다 먹었다. 가난했기에 아무 일도 할 수 없었다. 날마다 조금씩 죽어 가는 모습을 지켜만 봐야 했다. 김대중은 동생의 죽음 앞에서 가슴을 쳤다. 회한이 한없이 밀려왔다. 동생의 이름은 미자였다.

아내와 여동생보다 더 일찍 딸이 저세상으로 떠났다. 김대중에게는 눈에 넣어도 아프지 않을 딸이 있었다. 차용애와의 사이에 낳은 첫아이였다. 차마 묻지 못하고 있는데 친구가 지프차에 태우고 가서 산에 묻었다. 김대중은 따라오지 못하게 했다. 그 아이 이름은 소희였다. 김대중은 딸과 아내와 여동생을 일찍 떠나보냈다. 그래서 김대중이 그리는 여인상은 눈물에 젖어 있다.

대통령 김대중은 1999년 6월 토지문학관 개관식에 참석하여 치사를 했다. 그중에는 이런 내용이 들어 있다. 그것은 김대중이 바라보는 여인상의 한 상징이다.

저는 『토지』 주인공 용이의 애인인 월선이가 용이의 무릎 위에서 숨을 거두는 장면에서 그 아름다운 사랑에 많은 눈물을 흘렸던 기억이 지금도 생생합니다. 그리고 용이가 월선이에게 '니 여한이 없제?'라고 물었더니 월선이 '야, 없습니더'라고 대답하는 대목에서 한국 사람의 한의 본질을 다시 한 번 실감했습니다. 즉 월선에게 현실적으로 임박한 죽음보다는 자기가 사랑하는 애인과의 사랑의 결합이라는 사실이 행복을 가져다준 것입니다.

실제로 김대중은 이 대목을 읽으며 슬피 울었다. 김대중의 여인을 향한 한의 단면을 엿볼 수 있다. "모든 것을 바치면서도 조금도 후회하지 않는 여성, 슬픈 운명을 감내하면서도 사랑만큼은 끝내 움켜쥔 여성"을 김대중은 사랑했다. 순종형의 조선 여인이 아니라, 자신이 택한 최고의 가치에는 타협하지 않는 여인을 사랑했다.

정·부통령을 뽑는 3월 15일, 나라가 온통 불법·무법 천지였다. 사전 투표와 무더기 표 투입으로 자유당 표가 유권자보다 많은 지역이 속출했다. 경찰과 반공청년단이 투표소를 포위했고, 야당 참관인은 매를 맞고 쫓겨났다.

저 남쪽 마산에서 시민들이 일어났다. 경찰이 시위대를 향해 무차별 발포했다. 그날 밤 4월 혁명의 꽃, 김주열이 죽었다. 경찰이 발포한 최루탄은 터지지 않고 눈 속에 박혔다. 경찰은 주검이 너무 참혹하자 사체에 돌을 달아 수장했다. 그러나 김주열은 무거운 돌을 치우고 바닷물 위로 떠올랐다.

김대중은 민주당 선전부 차장이었다. 민주당은 4월 6일 부정선거 규탄 가두시위를 벌이기로 했다. 김대중에게는 구호를 외치며 시위대를 이끄는 역할이 주어졌다. 경찰은 일찌감치 무력 진압을 천명했다. 그때 남녘에서 올라오는 소식들은 피에 젖어 있었다. 시위는 갈수록 치열해졌고, 경찰은 사정없이 발포했다.

아침에 집을 나서려는데 두 아들이 절을 했다. 그날따라 어머니도 집 앞까지 따라나섰다. 부디 조심하라는 애원이었다. 김대중은 하늘을 보았다. 모든 것이 아득하기만 했다. 아내는 없고 자식은 어리고 어머니는 늙었다. 독재 정권의 칼날은 시퍼렇고 자신은 무능했다.

'내가 죽으면 누가 집안을 거둘 것인가.'

김대중은 반정부 집회에 처음 참여했다. 김대중은 무명이었다. 맨 앞에서 시위를 부추겨야 했으니 두렵고 떨렸다.

서울 시청 앞에서 부정선거 규탄 집회를 열고 마침내 가두시위에 돌입했다. 김대중은 확성기를 목에 걸었다. 시위대는 금세 수천 명으로 불어났다. 길 양편에서 시위대를 지켜보는 시민들은 수만 명이었다. 그런데 그날 경찰은 웬일인지 강경 진압을 하지 않았다. 을지로를 돌아 종로 탑골공원에 이르렀을 때 시위 열기는 한껏 고조되었다. 김대중은 외쳤다.

"부정선거 다시 하라!"

그러다 구호가 바뀌었다.

"이승만 정권 물러나라!"

김대중은 어느 순간 시위의 중심에 서 있었다. 아침의 두려움은 한낮의 햇살에 증발했다. 그날 민심의 실체를 알았다. 생애 처음으로 거대한 군중의 힘을 느꼈다.

기어이 4·19 혁명이 일어났다. 학생들이 거리로 나섰다. 피의 화요일이었다. 김대중은 낮과 밤을 가리지 않고 성명서를 작성했다. 4월 26일 이승만은 하야 성명을 발표했다. 대통령 나이 85세였다.

4·19 혁명은 김대중에게 많은 생각을 심어 주었다. 민심의 무서움을 깨닫는 동시에 민심을 얻으면 어떤 난관도 이겨 낼 수 있겠다는 믿음도 갖게 되었다.

이승만이 경무대를 떠나자 시민들이 몰려나와 눈물로 전송했다. 비록 독재자였지만 신속한 하야 결정은 대인다웠다. 나는 김대중도서관 집무실에서 물었다.

"이승만 대통령의 긍정적인 역할, 또는 독재정치의 불가피한 측면도 있지 않을까요?"

김대중은 한참 생각을 가다듬더니 말문을 열었다. 말 속에는 노기가 서려 있었다.

"그런 의견에 동의할 수 없습니다. 독립투사인 이승만 박사가 일본 앞잡이들을 요직에 앉히고 그들의 아첨을 받아들인 것은 도무지 이해할 수 없습니다. 이 대통령의 가장 큰 실수는 친일파를 대거 중용한 것입니다. 애국자들을 탄압했던 경찰이 그대로 있고, 국민을 선동했던 지식인들이 여전히 요직에 앉아 권력을 행사했어요. 그러니 세상이 변할 수가 없었습니다. 해방을 맞았어도 새 나라가 아니었어요.

일본군과 만주군 출신들에게 군대를 맡겼으니 무슨 변화가 오겠습니까. 친일파들은 자유민주주의를 능멸하며 부귀영화를 누렸어요. 해방 공간에서의 비극은 친일파를 제거하지 못한 데서 비롯되었다고 봐야 합니다. 또 이승만 정권에서 얼마나 많은 사람들이 죽었습니까. 왜 죽어야 하는지도 모르고 죽었습니다. 한국전쟁 중에도 민심을 속이고 독재를 획책했던 점은 용서받을 수 없습니다. 국부가 될 수 있었던 길을 스스로 걷어차 버린 것입니다."

내각책임제 실시를 골자로 한 헌법 개정안이 국회를 통과했다. 새 헌법에 따라 제5대 민의원과 제1대 참의원 선거를 1960년 7월 29일에 실시하기로 했다. 김대중은 다시 인제에서 민주당 후보로 나섰다. 민주당은 국민들에게 절대적 지지를 받고 있었다. 깃발만 들어도 당선될 정도였다. 그러나 시련은 여기서도 끝나지 않았다. 선거법이 바뀌어 부재자투표 제도가 도입되었다. 인제군 내 군인들 표가 고향으로 흩어지게 됐다. 개혁을 바라는 젊은이들의 표가 전국으로 빠져나갔다. 외지인 김대중은 다시 토박이 후보에게 지고 말았다. 1000표 차이였다. 김대중은 졌지만 민주당은 압승을 거뒀다. 민의원과 참의원 모두를 장악한 민주당은 대통령에 윤보선, 총리에 장면을 선출했다.

총리 장면은 현역 의원이 아닌 김대중을 대변인으로 전격 발탁했다. 파격이었다. 당 안팎의 반발에도 장면의 신임은 절대적이었다. 김대중은 그러한 기대에 부응했다. 열심히 일했다. 당시 민주당은 내부 분열이 심각했다. 신파와 구파로 나뉘어 집안싸움을 하더니 구파가 집단 탈당하여 신민당을 창당해 야당으로 돌아서 버렸다. 거기에 소장파로 구성된 신풍회가 각료 배분을 요구하며 끊임없이 시비를 걸었다. 거리에서는 연일 시위가 벌어졌다. 독재 정권에 억눌려 있던 욕구가 한꺼번에 분출되었다.

장면 내각은 흔들렸다. 대변인 김대중은 이런 소용돌이 한가운데 있어야 했다. 그런 혼돈의 와중에도 장면은 김대중에게 이렇게 말했다.

"내 사명은 다시 총리가 되는 것이 아닙니다. 선거를 통해 정권을 평화적으로 넘겨주는 것입니다. 이 땅에 평화적 정권 교체의 역사를 만드는 것입니다. 그것이 내게 주어진 사명입니다."

장면은 온건한 민주주의자였다. 선량하기 그지없었다. 김대중은 그 곁을 지키는 열정의 대변인이었다. 여당 대변인이기에 최신 정보를 바탕으로 정부 입장을 설명했다. "총리를 위해 일하는 사람은 김대중 한 사람뿐"이라는 얘기도 돌았다. 집권당 대변인을 맡으면서 어떻게 정책이 생산되어 유통되는 것인가를, 권력은 어디에 고여 있는가를 알게 되었다. 김대중은 가장 혼란스러운 시기임에도 사안마다 핵심을 정확히 짚어 냈다. 하루도 빠지지 않고 야당(신민당), 혁신계, 무소속 그룹의 대변인들과 싸웠다. 늘 3대 1의 설전이었지만 김대중은 밀리지 않았다. 오히려 다음 날의 싸움이 기다려졌다.

1961년 봄이 되자 장면 내각에도 훈풍이 불었다. 정치권이 안정을 찾아 가고 시위도 눈에 띄게 줄었다. 장면 내각과 여당은 의욕적인 국토종합개발계획을 세웠다. 또 경제개발계획도 수립했다. 이 계획들을 훗날 박정희 쿠데타 세력이 그대로 베껴서 마치 자신들이 만든 것인 양 발표했다.

김대중에게도 봄바람이 불어왔다. 인제 민의원 당선자가 3·15 부정선거에 연루되어 의원 자격을 박탈당했다. 김대중은 그해 5월 인제군 보궐선거에 출마했다. 그리고 마침내 당선됐다. 네 번의 낙선 끝에 승리를 거머쥐었다. 장면은 자신의 일처럼 기뻐했다. 빨리 보고 싶으니 얼른 서울로 오라고 재촉했다.

김대중은 밤늦도록 당선 인사를 다닌 후 잠에 빠져 있었다. 누군가 잠을 깨웠다. 그리고 군인들이 쿠데타를 일으켰다고 알렸다. 5월 16일 아침이었다. 놀라긴 했지만 나라가 흔들릴 사태라고는 느껴지지 않았다. 당시에는 쿠데타란 용어 자체가 낯설었다. 군인이면 나라를 지키는 최후의 보루였으니, 그들이 정권을 찬탈할 줄은 꿈에도 생각하지 못했다. 정부에 불만을 품은 일부 군인들의 투정쯤으로 여겼다.

인제를 출발하여 양평쯤에 이르니 대규모 병력이 서울 쪽으로 이동하고 있었다. 나중에 알았지만 쿠데타에 동원된 병력이었다. 서울 시가지는 이미 삼엄했다. 무언가 잘못되어 가고 있었다. 국회의사당은 완전 봉쇄되었고, 김대중은 의원 선서도 할 수 없었다. 더 큰 문제가 발생했다. 사태를 수습해야 할 총리의 행방을 알 수 없었다.

1961년 5월 16일 새벽 3시, 쿠데타 군이 한강교를 건넜다. 쿠데타 군은 중앙청과 육군본부, 중앙방송국 등을 접수했다. 쿠데타의 머리는 박정희 육군 소장이었다. 거사 이유는 "부패하고 무능한 현 정권과 기성 정치인들에게 더 이상 국가와 민족의 운명을 맡겨 둘 수 없다"는 것이었다.

총리는 시청 옆 반도호텔을 숙소로 사용하고 있었다. 그날 새벽 쿠데타 군이 들이닥쳤을 때는 이미 몸을 피해 버린 뒤였다. 장면은 숙소 건너편 미국 대사관에 숨으려 했지만 문이 닫혀 있었다. 할 수 없이 혜화동 성당 뒤편에 있는 카멜수녀원으로 숨어들었다. 수녀들은 깊숙한 방으로 안내했다. 그곳에서 묵상과 기도로 55시간을 보냈다. 그 55시간 동안에 제2공화국이 무너지고 있었다. 대한민국이 다른 세상으로 옮겨 가고 있었다. 총리가 미국 대사관으로 피신했다면, 또 신속하게 유엔군이나 미국 대사관에 연락을 취했더라면 나라의 운명이 달라졌을 것이다. 병력 3600명이 참여한, 어찌 보면 허술하기 짝이 없는 쿠데타는 진압됐을 것이다. 미국은 쿠데타를 용납하지 않았고, 그래서 백방으로 장면 총리를 찾았던 것이다.

쿠데타 발발 사흘째인 5월 18일 총리가 모습을 드러냈다. 각료회의를 열고 계엄령을 추인했다. 그날 오후 육군사관학교 생도들이 서울 시내를 행진했다. 그 뒤를 군인들이 뒤따랐다. 어깨에 '혁명군' 완장을 두르고 있었다. 그렇게 제2공화국은 사라졌다.

쿠데타 세력은 장면 정권이 무능력하고 부패했기 때문에 궐기했다고 선전했다. 그것은 거짓이었다. 훗날 간행된 『한국 군사혁명 재판사』 등을 보면 그들은 1960년 9월 10일 이미 쿠데타를 모의했다. 충무로에 있는 충무장에서 김종필, 김형욱, 오치성, 길재호 등이 군사정권의 밑그림을 그렸다. 민주당 정권이 내각 구성을 마친 것은 8월 23일이었다. 민주당 출범 18일 만에 쿠데타를 준비했던 것이다. 앞으로 부패하고 무능할 것을 미리 알고 거사를 준비한 꼴이니 말이 되지 않았다. 민주 정권 출범을 온 국민이 축하하고 있을 때 어둠의 세력들은 정부 전복을 모의하고 있었다. 이런 사실을 알고 그냥 지나칠 김대중이 아니었다. 훗날 정치를 재개하고 이를 낱낱이 파헤쳤다.

5·16은 명확한 이념이나 개혁의 설계도를 지참하고 진행된 거사가 아니었다. 무력을 동원한 권력 탈취에 불과했다. 혁명 공약만 봐도 급조된 명분에 불과했다. 군부는 정치 패권을 장악한 특권 집단이 되었고, 그 후 정치군인들이 득세했다. 김대중은 이때를 회상하며 "우리 민주주의 역사가 30년은 후퇴했다"고 단정했다.

박정희 대 김대중

이희호를 처음 만난 것은 1951년 부산에서였다. 이희호는 대한여자청년단의 외교국장이었고, 김대중은 청년 실업가였다. 김대중의 눈에 비친 이희호는 맑은 피부에 이지적인 눈매를 지닌 활달한 여성이었다. 그녀는 대학생들이 주축인 면우동지회의 회원이었다. 김대중은 그 모임에 준회원으로 가입하여 이희호와 많은 대화를 나눴다. 부산의 교외인 감천의 오솔길을 함께 걷기도 했다. 서로의 꿈과 미래를 펼쳐 보였고, 조국의 암담한 현실을 걱정했다. 그 후 이희호는 미국 유학길에 올랐고, 김대중은 정치에 뛰어들었다.

1959년 여름 우연히 이희호를 다시 만났다. 인제 재선거에서 떨어져 사람을 만나는 것조차 두려워하던 시절이었다. 종로 2가쯤을 걷고 있는데, 저쪽에서 이희호가 걸어오고 있었다. 일순 숨고 싶었다. 그런데 숨을 곳이 없었다. 그렇게 이희호와 재회했다. 근처 다방에서 서로 옛날을 더듬었다. 이희호는 '여인'으로 변모해 있었다. 김대중의 눈에 더욱 세련되어 보였다. 우연히 만났지만 결국 운명이었다.

이희호는 다시 해외 연수를 떠났다가 1961년 귀국했다. 이때부터 서로를 찾았다. 김대중은 인제 보궐선거에서 생애 처음으로 당선됐지만 5·16 쿠데타로 모든 것이 군홧발에 짓밟혀 버렸다. 집에는 노모와 동생들, 두 아들이 있었다. 정치적 야망은 사치였다. 하루하루 생존하는 것이 더 급하고 중했다. 이희호를 찾아가 그녀가 사주는 밥과 술을 넘겼다. 다시 정치 낭인이 되어 떠돌았다. 세상은 무정했다. 명대변인이란 명성도, 당선의 환호도 신기루 같았다. 이희호는 그런 김대중을 조용히 품었다.

1962년 봄날 김대중은 몹시 아팠다. 앓아누워 꼼짝하지 못했다. 몸도 몸이지만 마음이 너무 아팠다. 세상이 무너져 내리는 것 같았다. 며칠 동안 이희호를 만나지 못했다. 아프면 서럽다. 그래서 누군가를 간절하게 찾는다. 이희호가 사무치게 그리웠다. 사랑이었다. 자리에서 일어나자 곧바로 찾아갔다. 그리고 보고 싶었다고 말했다. 수척한 모습에 마음이 아팠던 이희호는 그 말을 듣고 울먹거렸다. 김대중은 그녀의 손을 잡았다.

"당신을 사랑합니다."

그날 3월의 탑골공원에는 어둠이 내리고 있었다. 이희호는 홀아비 김대중의 청혼을 받아들였다. 사랑에 조건이 있을 수 없지만 준수한 용모와 내면의 정의감이 그녀를 사로잡았다. 사랑에 겨운 김대중은 말했다.

"나는 가진 것이 없습니다. 그러나 목표가 있습니다. 이 땅에 참된 민주주의를 꽃피우고 국민들에게 꿈과 희망을 심어 주는 것입니다. 당신을 실망시키지 않겠습니다."

두 사람의 사랑은 갑자기 타오르지 않았다. 서서히, 은은하게, 고요히 스며들었다. 그리고 평생 서로를 어려워했다. 이희호가 곁에 있음에 김대중은 흔들리지 않았다. 김대중은 훗날 이렇게 회고했다.

"악의 유혹에 흔들릴 때, 죽음을 앞에 두고 변절하면 살려 주겠다고 회유할 때 아내 이희호를 생각했습니다. 평생 정의롭게 내 곁을 지킨 아내를 실망시킬 수 없었습니다."

이희호가 김대중을 지킨 셈이었다. 두 사람의 사랑은 살아가면서 더욱 깊어졌다. 이희호의 주변 사람들이 결혼을 적극 만류했지만 그것은 티끌 같은 것이었다. 신랑은 집권 여당의 대변인을 지낸 38세의 정치인이었고, 신부는 40세의 여성계 지도자였다. 1962년 5월 10일 이희호의 외삼촌 댁에서 결혼식을 올렸다. 넓은 한옥 대청이 식장이었다. 대신동 전셋집에 신혼 살림을 차렸다.

기존 정치인들은 정치 활동을 금지당했다. 사방을 둘러봐도 총과 칼이 번득일 뿐이었다. 김대중도 숨죽이고 있었다. 그러던 1963년 새해 '고'씨 성을 가진 중앙정보부 간부가 만나자고 연락을 해왔다. 박정희 정권은 새 정당을 창당하면서 인재들을 모으고 있었다. 나름대로 덕망과 실력을 겸비한 인물을 물색한다고 했다. 그들의 아지트인 반도호텔에서 정보부 간부를 만났다. 짐작은 했지만 신당 참여를 권유했다.

"당신이 실력 있고 유능하다는 것은 잘 알고 있습니다. 국회의원이 아니라 그 이상의 재목이라고 생각합니다. 중용하고 우대할 테니 우리와 함께 갑시다. 사람에게는 때가 있는 법 아니겠습니까."

그러나 김대중은 망설이지 않고 이를 거부했다.

"나는 당신들이 쓰러뜨린 민주당의 대변인을 지낸 사람이오. 당신들은 장면 정권이 부정부패하고 나쁘기 때문에 일어났다고 말하고 있는데, 나는 장면 정권이 가장 좋은 정권이니까 지지해 달라고 말하고 다녔소. 이제 거꾸로 당신네가 제일 좋은 사람들이라고 말한다면 국민들이 나를 뭘로 보겠습니까."

정보부 간부는 창당 책임자인 김종필을 만나서 얘기라도 한번 나눠 보라고 간청했다. 그러나 김대중은 그냥 일어섰다. 정보부 간부가 욕설을 퍼부었다.

"개 같은 자식, 주둥이만 살아서 지랄하고 있네."

옆방에서는 김종필이 면담 결과를 기다리고 있었다. 돌아보면 이때 김대중은 참으로 대단한 결심을 했다. 현실은 궁핍했고, 앞날은 극히 불투명했다. 일단 군부가 쿠데타에 성공했기에 당장엔 다른 세력이 이를 뒤엎을 수 없는 상황이었다. 김대중은 새 정당에 몸담으면 모든 것을 얻을 수 있었다. 그러나 그들의 회유를 즉석에서 의연하게 물리쳤다. 정치를 영달의 도구로 활용할 생각이었다면 절대 뿌리칠 수 없는 제의였다. 가장 어려운 처지에 내몰렸는데도 자신의 양심대로 행동했다. 서슬 퍼런 군부 세력의 영입 제의를 단호히 배격한 것은 작은 일화가 아니다. 이때부터 정치인 김대중을 새롭게 봐야 했다.

1963년 2월 정치 활동 규제 대상자에서 풀려났다. 김대중은 옛 동지들과 민주당을 재건했다. 그해 7월 창당대회를 열고 박순천 여사를 당수로 선출했다. 김대중은 대변인을 맡았다. 제5대 대통령 선거가 10월 15일 실시되었다. 박정희와 윤보선 후보가 박빙의 접전을 벌였다. 박 후보가 15만여 표 차이로 신승했다. 박 후보는 전라도에서 35만 표를 더 얻었다. 호남이 박정희를 대통령으로 만들었다. 그러나 그 후 대통령 박정희는 호남을 철저히 소외시켰다.

김대중은 이어서 치러진 제6대 국회의원 선거에 출마했다. 목포에서 민주당 후보로 나섰다. 정치인으로 그 명성을 남녘에까지 떨쳤으니, 이름의 무게가 상당했다. 김대중은 이렇게 외쳤다.

"목포의 아들인데도 객지를 떠돌았습니다. 이제야 고향에 돌아왔습니다. 고향에서 패하면 갈 곳이 없습니다. 저를 키워 주십시오."

선거는 혼전이었다. 당시 전라도민은 박정희와 공화당에 우호적이었다. 그래도 김대중은 미래의 정치인이었다. 김대중을 키워야 한다는 지역 정서가 일어났다. 그의 유세는 이때부터 번쩍거리기 시작했다. 유세장마다 청중들이 열광했다. 초등학교 시절 북교초등학교 운동장에서 벌어진 김대중의 유세를 들은 작가 김양호는 이렇게 회상했다.

연설이 계속되는 동안 사람들 얼굴이 후끈 달아오르고 붉게 변해 갔다. 목울대가 꿈틀거리고 이마에 핏대가 서고 머리에 수건을 질끈 묶은 사람들이 누가 먼저랄 것도 없이 김대중, 김대중을 연거푸 외치고 있었다. 사이사이 오메, 잘생긴 거, 인물이여, 인물 났네, 잘생긴 데다 똑똑하니 한자리하고도 남겠네, 아낙네나 할머니나 처녀나 가릴 것 없이 여자들 입에서 그런 소리가 터져 나왔다.

뒤를 돌아봤더니 조금이라도 잘 보려고 앞으로 밀려드는 사람들 머리통으로 교문 쪽이 바글바글했다. 까치발을 한 사람, 자전거 위에 올라간 사람, 나무 위에 올라간 사람 등 가지각색이었다. 늑목이며 미끄럼틀, 철봉 위에도 사람들이 잔뜩 올라가 있었다. 어떻게 올라갔는지 3층짜리 학교 건물 옥상에서도 사람들 머리가 새카맣게 내려다보고 있었다. (『내 어릴 때 꿈은 거지였다』, 「국회의원 선거 유세」에서)

선거운동이 한창이던 11월 22일 존 F. 케네디 대통령이 암살당했다. 김대중은 비보를 접하고 슬피 울었다. 치열하게 전개되던 선거의 한복판에서 그를 애도하며 울었다는 것이 놀라웠다. 사실 김대중은 '한국의 케네디'가 되고 싶어 했다. 당시 케네디는 변화를 외쳐 희망을 안겨 준 신비로운 인물이었다. 정치로 세상을 바꿔 보려는 김대중의 우상이었다. 그와 동시대에 함께 살고 있다는 것이 어쩌면 김대중에게는 희망이었다. 케네디는 보이지 않는 후원자였던 셈이다. 김대중은 목포에서 압승을 거두고 마침내 대망의 의사당에 입성했다.

박정희의 민정시대, 그것이 제3공화국이었다. 박 정권은 첫 과제로 한일 국교 정상화를 꼽았다. 박 정권은 이미 군정시대에 대일 청구권에 대해서 일본과 합의를 보았다. 일본이 무상경협 3억 달러, 정부 차관 2억 달러, 상업 차관 1억 달러를 제공키로 했다. 야당은 적극 반대했다. 야당과 각계 대표 200여 명이 '대일 굴욕 외교 반대 범국민투쟁위원회'를 결성했다. 하지만 김대중은 국교 정상화에 대한 '무조건 반대'에는 동의하지 않았다. 국익을 위해서 일본과의 수교는 피할 수 없다고 생각했다. 국제사회에는 영원한 동지도 영원한 적도 없는 법이다. 식민지였던 국가들이 침략자들과 수교를 하는 것은 침략 행위를 용서해서가 아니라 국익을 위해서였다. 강해져서 다시는 침략을 받지 않기 위해서라도 선진 기술은 받아들여야 했다. 당시 일본은 무섭게 성장하고 있었다. 그들의 성공을 질투하며 그저 바라만 보아서는 안 된다고 생각했다.

야당은 일제히 반대했다. 당시 제1야당인 민정당의 당수 윤보선은 한일회담을 매국 행위라고 질타했다. 어느 날 보니 김대중 홀로 '조건부 찬성'을 하고 있었다. 모든 비난이 김대중에게 쏟아졌다. 박 정권보다도 더 악질이라고 손가락질했다.

"김대중은 여당 첩자다. 사쿠라(여당에 매수된 야당 정치인) 중에서도 왕사쿠라다."

박 정권으로부터 거액을 받았다는 소문도 돌았다. 발행 은행과 수표 번호까지 나돌았다. 그래도 김대중은 소신을 굽히지 않았다.

"일본과의 수교는 필요하다. 다만 수교 조건에 불이익이 없도록 대안을 마련해야 한다."

그러나 김대중의 주장은 강경파들의 선명성 경쟁에 묻혀 버렸다. 아내는 사쿠라 남편을 두었다고 손가락질을 받았다. 여성운동의 동료들에게는 대놓고 싫은 소리를 들어야 했다. 아이들은 학교에서 첩자의 아들이라고 따돌림을 당했다. 사쿠라로 낙인찍히면 정치생명이 끝나는 시절이었다. 학생들과 시민들은 연일 반대 시위를 벌였다. 시위는 6월 3일 절정을 맞았고 정부는 서울 일원에 비상계엄령을 선포했다. 이른바 '6·3 사태'였다. 하의도의 아버지가 편지를 보내왔다.

"폐일언蔽一言하고…… 전도가 바닷길처럼 양양해야 할 아들이 사쿠라라고 불리고 있으니 도대체 어인 일인가? 세상에서 손가락질당할 일을 왜 하고 있는가?"

김대중은 당시를 이렇게 회상했다.

"죽을 만큼 고통스러웠다."

그래도 김대중의 선택은 옳았다. 김대중은 옳은 길이면 옳다고 얘기했다. 시류에 타협하거나 인기에 영합하지 않았다. 한일 국교 정상화는 피할 수 없는 시대적 조류였다. 박 정권은 무조건 밀어붙이고, 야당은 무조건 반대만 하면서 많은 것을 잃었다. 히로시마 한국인 피폭자, 한국인 강제 징용, 종군 위안부, 사할린 교포 귀환, 독도 영유권 등 민족사의 예민한 문제들을 놔둔 채 협정을 맺어 버렸다. 수교를 전제로 이런 조건들을 차근차근 따졌다면 한일 두 나라가 훨씬 건강한 관계로 발전했을 것이다. 김대중은 야당이 감정보다는 '어떻게'라는 명제에 천착했어야 한다며 땅을 쳤다. 반대를 위한 반대, 투쟁을 위한 투쟁을 김대중은 가장 경계했다.

김대중과 박정희는 1958년 만날 뻔했다. 김대중은 인제 국회의원 선거에서 후보 등록도 못하고 쫓겨났고, 하도 억울해서 인제 군청 근처에 있는 사단장 관사를 찾아갔다. 누군가 붙들고 호소하고 싶었다. 그러나 사단장은 외출하고 없었다. 발길을 돌리며 당번병에게 물었다.

"사단장 성함이 어떻게 됩니까?"

"박정희 장군이십니다."

두 사람은 이렇게 아슬아슬하게 비껴갔다. 만일 두 사람이 만났다면, 만나서 34세 김대중과 41세 박정희가 술 한잔했다면, 더러운 세상이라며 의분을 나눴다면 우리 현대사는 어떻게 되었을까. 육군 소장 박정희는 정치 신인 김대중을 어떻게 맞이했을 것인가. 그러나 운명은 두 사람을 갈라놓았다. 두 사람은 쫓다 쫓기고, 물다 물렸다. 한 사람이 능동이면 한 사람은 수동이어야 했다.

소문이 이상했다. 대통령 박정희가 김대중을 낙선시키려 움직이고 있다는 것이었다. 제7대 국회의원 선거를 앞두고 여야가 공천에 부심하고 있던 시점이었다. 소문은 갈수록 구체적이었다. 박정희가 중앙정보부와 내무부 간부들을 모아 놓고 지시를 내렸다는 것이다.

"여당 후보 20명이 낙선을 해도 좋으니 김대중만은 떨어뜨려라."

그러자 주변은 물론이고 동료 의원들까지 걱정을 했다. 일부 신민당 간부들은 전국구를 배정받거나 아예 지역구를 옮겨 야성野性이 강한 서울 지역에서 출마하라고 권했다. 처음엔 김대중도 겁이 났다. 그러나 깊이 생각할수록 회피할 일이 아니었다. 김대중은 도깨비가 나올까봐 무서웠지만 가야 할 길은 담대하게 걸어갔다. 목포에서 보란 듯이 출마했다.

소문은 사실이었다. 여당 후보로 육군 소장 출신 김병삼을 내세웠다. 체신부 장관을 지낸 그는 지역사회에 널리 알려진 인물이었다. 진도 출신임에도 불구하고 김대중의 대항마로 박정희가 직접 낙점했다. 대통령이 이토록 김대중을 꼽아 낙선 공작을 지시한 데는 나름의 이유가 있었다.

김대중은 제6대 국회에서 가장 열심히 의정 활동을 했다. '말 잘하는 김대중'은 사실 이때 완성되었다. 정부가 새로운 정책을 입안하면 반드시 문제점을 지적하고 대안을 제시했다. 국회도서관을 가장 많이 활용한 정치인이었다. 김대중이 발언을 하면 휴게실에서 바둑을 두던 의원들도 회의장에 들어왔다. 다 진 바둑을 던지지 않고 버티면 "김대중 말이나 듣자"며 돌을 거두라고 재촉했다.

김대중의 질의는 깊이가 있으면서도 매서웠다. 발언을 할 때면 철저하게 준비했다. 여론이 어떻게 반응할지도 면밀히 검토했다. 장관들은 쩔쩔 맸다. 그때마다 박정희는 탄식하며 다그쳤다.

"그 많은 장관들이, 그 많은 인재들이 어찌 김대중 한 사람을 당해 내지 못하는 거요. 한두 번도 아니고 어찌 된 일이오."

김대중은 국회에서 일문일답을 선호했다. 김대중이 나서면 장내에는 긴장감이 흘렀다. 일문일답으로 진행하면 '적당히'가 통하지 않았다. 김대중은 군사정권의 실정을 정면으로 공격했다. 그럴 때마다 박정희는 곤경에 빠졌다.

박정희는 김대중을 경계하기 시작했다. 박 정권에게 김대중의 '입'은 실로 두려웠다. 김대중은 거침이 없었고 매사에 당당했다. 박정희는 사람 보는 눈이 비교적 정확했다. 그리고 동물적인 정치 감각을 지녔다. 머리를 들면 그 누구든 응징했다. 철저한 견제로 그 밑에 2인자가 없었다. 박정희에게는 김대중을 언젠가는 정적으로 맞아야 한다는 불안감이 밀려들었을 것이다. 중앙정보부장을 지내다 역시 버림을 받은 김형욱은 미국 망명 중에 이런 말을 했다.

"김대중 씨에 대한 박정희 씨의 감정은 단순한 정적 관계가 아니라 깊은 열등의식을 바탕으로 한 증오에 가까운 것이다."

박정희에게 대중적 인물은 여와 야를 가리지 않고 위험했다. 박정희는 정당을 떠나 나라를 지배한다고 생각했다. 김대중은 그런 박정희에게 너무나 똑똑했다. 빼어난 대중 연설과 해박한 지식은 '불온한 무기'로 보였을 것이다. 박정희의 원모심려遠謀心慮의 그물에 김대중이 걸려들었던 것이다. 그래서 김대중을 대국민 선동술에 능한 요사스러운 정치꾼으로 치부했을지도 모른다. 영구 집권을 획책했던 박정희에게 '김대중 죽이기'는 열등감에서 뿜어져 나온 본능적 자기 방어였을 것이다.

지방자치제도가 없었기에 당시 대통령의 '말씀'은 지상 명령이었다. 대통령이 특정인을 지목하여 낙선을 지시한 것은 매우 이례적인 일이었다. 막상 출마를 했지만 보통 일이 아니었다. 정부 여당은 마음만 먹으면 선거에서 이길 수 있었다. 선거에서 지더라도 투·개표에서 부정을 저질러 간단히 뒤집어 버릴 수도 있었다. 엄청난 위기였다. 그러나 김대중의 각오는 비상했다.

'부정을 저지르면 정권 자체가 위기에 직면하는, 그런 극적인 상황을 만들어 낸다면 당선도 가능할 것이다.'

선거전이 치열해지자 박정희가 목포로 내려갔다. 청중 2만 명을 모아 놓고 지원 연설을 했다. 당시 법으로는 대통령과 공무원들이 선거 지원 연설을 할 수 없었다. 그러나 박정희는 법 위에 있었다. 목포 선거구는 김대중과 박정희의 대결장으로 변해 버렸다. 박정희는 김병삼 후보가 당선되면 목포를 적극 개발하겠다고 공약했다. 그것은 최고통치자의 협박이기도 했다. 거꾸로 뒤집으면 김대중이 당선되면 국물도 없다는 얘기였다.

선거판은 극도로 혼탁했다. 목포뿐 아니라 전국에서 여당의 부정 선거가 자행되고 있었다. 김대중은 목포에 온 박정희에게 공개적으로 물었다.

"박 대통령 본인이 나서서 부정선거를 부추기는 것은 3선 개헌에 목적이 있지 않은가. 수단 방법을 가리지 않고 무리를 하는 것은 개헌 말고는 달리 설명할 수 없다. 이에 대해 책임 있는 해명을 하라."

박정희는 이튿날 연설에서 반박했다.

"3선 개헌은 절대 안 한다. 3선 개헌이 무엇인지도 모른다. 3선 개헌한다는 주장은 순전히 정치적인 모략이다."

박정희의 즉각적인 반응은 의외였다. 그것은 3선 개헌을 심중에 두고 있었기 때문이다. 김대중이 마음을 정확히 읽어 내자 박정희는 당황했다. 그런 김대중이 더욱더 싫어졌다.

박정희의 노골적인 지원에도 목포 선거는 접전이었다. 박정희는 남쪽에서 올라오는 보고가 마음에 들지 않았다. 이번에는 아예 목포에서 국무회의를 열었다. 청와대를 유달산 기슭으로 옮긴 셈이었다. 회의 주제는 오직 '목포 발전'이었다. 그런 후에 경제기획원 장관 장기영은 목포에 수많은 공장을 짓겠다고 발표했다. 다른 장관들도 경쟁적으로 개발계획을 쏟아 냈다. 후보 김병삼이 경영하는 『목포일보』는 이를 받아서 보도했다. 신문은 집집마다 뿌려졌다. 『목포일보』는 과거 김대중이 경영했던 신문이다.

목포는 부풀어 올랐다. 인구 17만 명의 도시에서는 날마다 축제가 열렸다. 장밋빛 공약이 쏟아졌다. 대낮부터 술 냄새가 진동했다. 정부 여당은 모든 화력을 쏟아부었다. 그들은 각하의 자존심을 지켜야 했다. 그러나 김대중은 용감했다. 목숨을 내놓았다. 목포 시민들의 자존심에 호소했다.

나는 지금 박 정권의 독毒이 서린 칼날 앞에 서 있습니다. 이 약한 나 하나를 놓고 비수를 들고, 칼을 들고, 도끼를 들고, 낫을 들고 덤비고 있습니다. 나는 권력도 금력도 신문도 방송도 없습니다. 나를 구하는 길은 오직 시민 여러분에게 있습니다. 나는 권력도 돈도 없지만 나에게는 여러분이 있습니다. 여러분은 나를 구할 수 있습니다. 유달산에 넋이 있으면, 삼학도에 정신이 있으면, 영산강에 뜻이 있다면 나를 보호해 달라고 목포 시민 여러분과 같이 호소하고 싶습니다.

김대중의 외침은 비장했다. 본인이 스스로 전율할 정도였다. 청중들 반응은 폭발적이었다. 연설이 끝나도 자리를 뜨지 않았다. 악수 한 번 하려고 몇 시간씩을 기다렸다. 여학생들은 블라우스에 사인을 받았다. 그걸 그대로 입고 학교에 갔다. 누구는 손수건을, 또 누구는 모자를 벗어 건넸다. 목포역 앞에 있는 선거사무소로 사람들이 몰려와 김대중을 연호했다. 여당의 선거운동이 집요할수록 김대중을 향한 열기는 높아만 갔다. 유세장마다 길고 긴 사람의 꼬리가 김대중을 따라 움직였다.

어느새 선거판을 '목포의 전쟁'이라고 불렀다. 언론들은 취재기자를 늘렸고, 목포의 접전을 상세하게 보도했다. 외신들이 관심을 보이고, 주한 미 대사관에서도 직원을 상주시켰다.

어느 때부턴가 시민들은 "박 대통령이 왜 김대중을 죽이려 하느냐"며 의아해하기 시작했다. 그러고는 소곤거렸다.

"대통령감이니 싹을 미리 잘라 버리려는 수작 아니겠는가."

선거전은 '지역 개발론 대 큰 인물론'으로 펼쳐졌다. 시민들은 김대중을 키우자며 유세장을 찾았다. 김대중의 연설에 수만 명이 모였다. 목포는 끓어올랐다. 건드리면 4월 혁명 때의 마산보다 더한 시민들의 궐기가 있을 것 같았다. 민심은 김대중이었다. 하지만 선거에는 이기고 개표에서 질 수도 있었다. 바로 투·개표 부정이었다. 여당 측에서 개표 부정을 획책하고 있다는 소문이 돌았다.

선거운동이 끝났다. 늦은 밤 유달국민학교에서 개표가 시작되었다. 그날 밤 비가 내렸다. 그 빗속을 뚫고 시민들이 몰려들기 시작했다. 1만 5000명이 개표장을 완전히 둘러쌌다. '마지막 밤'을 지키기 위해서 나온 것이었다. 김대중은 몰래 인파 속에 묻혔다. 그리고 어둠 속에서 시민의 힘을 보았다. 뜨거운 눈물이 흘러내렸다. 주먹을 쥐었다.

개표가 시작되었다. 얼마쯤 시났을까, 갑자기 불이 나갔다. 정전이었다. 여기저기서 소리쳤다. 비명처럼 날카로웠다.

"불을 켜라!"

"표를 지켜라!"

실내에 조명 라이트가 켜졌다. 국내 및 외국 방송사의 카메라 불빛이 실내를 비췄다. 참관인들도 준비한 전등을 켰다. 밖에서 지켜보던 시민들은 일제히 "우~" 고함을 질렀다. 어둠을 삼킬 듯했다. 저들의 간담을 서늘케 하는 민심의 뇌성이었다.

다시 전기가 들어왔다. 그러다 다시 불이 나갔다. 시민들은 다시 고함을 질렀다. 그날 밤 세 차례의 정전 사태가 있었다. 하지만 시민들은 끝까지 흩어지지 않고 표를 지켜 냈다. 마침내 개표가 완료되었다.

"김대중 2만 9279표, 김병삼 2만 2738표."

6000표가 넘게 이겼다. 목포의 전쟁은 이렇게 끝났다. 김대중은 다음 날 트럭에 올라 시내 구석구석을 돌았다.

"목포 시민 여러분, 여러분의 힘으로 저는 당선되었습니다. 여러분의 영웅적인 투쟁이 승리했습니다. 여러분은 목포뿐 아니라 대한민국의 민주주의를 살렸습니다."

김대중은 죽기로 싸웠다. 그리고 마침내 살아서 호남선에 올랐다.

김대중은 이겼지만 선거는 공화당의 압승이었다. 의석의 3분의 2 이상을 차지했다. 이로써 개헌은 언제든 가능해졌다. 개헌에 대한 김대중의 우려가 현실로 나타났다. 하지만 박정희의 우려도 서서히 현실로 나타나고 있었다. 김대중이 떠오르고 있었다.

갑옷을 입다

기회는 천사의 얼굴로만 오는 것이 아니었다. 악마의 모습으로도 찾아왔다. 목포의 전쟁에서 이긴 김대중은 이미 정계 거물이었다. 정국을 보는 눈은 더욱 예리해졌다. 국회에서의 활동 또한 빼어났다. 한번은 중앙정보부장 김형욱을 국회에서 호되게 꾸짖었다. 동백림 사건이 일어났을 때였다. 중앙정보부가 사건을 조작하여 우방국들과 외교 마찰을 빚고 있었다. 조윤형 의원이 "동백림 사건으로 국가 체면이 말이 아니다"라고 따지자 김형욱이 발을 구르고 책상을 치며 의원들을 노려봤다.

"공산당 잡는 것이 죄입니까. 이것이 어느 나라 국회입니까."

여당 의석에서는 "공산당은 당연히 잡아야 한다"고 동조했다. 심지어 야당 중진 의원들까지 이를 거들었다. 김대중이 나섰다.

"여기 계신 여야 의원 여러분, 당신들 국회의원 맞습니까. 정보부장이 무서워서 동료 의원 발언에 그리 비난을 하는 겁니까. 같은 의원으로 부끄럽지 않습니까. 그리고 여보시오, 김 부장! 여기가 어딥니까. 국민을 대표하는 의사당입니다. 대한민국은 민주국가이고, 우리는 주권자를 대변하는 사람이오. 그런데 어디다 대고 호령입니까."

의사당에는 한동안 정적이 흘렀다. 당시 중앙정보부는 법 위에 군림했던 무소불위의 집단이었다. 한참 후 김형욱이 앞으로 나왔다.

"존경하는 김대중 의원님, 제가 잘못했습니다. 의원님들 죄송합니다. 질책을 듣고 나니 제가 경솔했던 것 같습니다."

김대중은 부당한 것을 참고 넘기지 않았다. 무엇이든지 정면으로 돌파했다. 양심에 따라 행동했다. 그날 이후 김형욱은 "제대로 된 정치인은 김대중밖에 없다"는 말을 공공연히 하고 다녔다.

1968년 1월 21일 북한 무장 게릴라들의 '청와대 습격 사건'이 일어났다. 게릴라들은 청와대 뒷산까지 침투해 왔다. 총격전 끝에 차례로 사살됐고, 한 사람만 붙잡혔다. 김신조라는 이름의 게릴라는 텔레비전에 나와서 거침없이 내뱉었다.

"박정희 멱을 따러 왔수다."

그러나 무장 게릴라들은 결과적으로는 박정희의 정치적 목숨만을 연장시켰다. 박정희는 북한 도발을 안보 위기로 포장하여 장기 집권을 획책했다. 우선 독재자 박정희 주변에서 3선 개헌 이야기가 불쑥불쑥 튀어나왔다. 여당 간부들은 비상시국이라는 말을 자주 입에 올렸다. 비상시국의 끝은 당연히 3선 개헌이었다. 지난 제7대 총선에서 대대적인 부정선거를 통해 개헌 의석을 확보한 목적이 바로 3선 개헌이었다. 올 것이 오고 있었다.

김대중은 지난 선거 때 이미 박정희의 3선 개헌 음모를 폭로했다. 박정희는 강력하게 부인했지만 결국 본인 입으로 3선 개헌을 하겠다고 선언했다. 김대중은 어떻게 그런 일들을 정확하게 예견할 수 있었을까. 그것은 '관찰과 성찰' 때문이었다. 훗날 김대중은 사안이 엄중할수록 "현미경같이 세밀하게 검토하고, 망원경같이 넓고 크게 생각하라"고 말했다. 그는 관찰할 때는 현미경을, 성찰할 때는 망원경을 동원했다. 박정희를 가늠하기 위해서 이승만을 비롯하여 국내외 독재자들을 살폈다. 그중 박정희와 유사한 과거와 성격을 지닌 독재자의 행적을 들여다보고 '미래의 박정희'를 유추해 냈다.

실제로 김대중은 1994년 7월 북한 주석 김일성이 사망했을 때도 북한 내부를 정확히 들여다봤다. 단적인 예가 아들 김정일이 주석직을 승계하지 않을 것이라고 예견한 것이다. 온 세계가 김정일의 주석직 승계를 예상하며 그 시기만을 재고 있을 때 김대중만은 이를 부정했다. 결국 김대중의 예상은 적중했다. 김정일은 인민들이 굶주리고 있는 판에 행정부 전체를 책임지는 주석직이 부담스러웠고, 주석직을 폐지하여 인민들에게 아버지를 숭모하는 모양새를 갖췄던 것이다. 어떻게 그걸 예견했냐고 물었다. 답은 의외로 간결했다.

"북한을 깊게, 침착하게 들여다봤습니다."

3선 개헌을 둘러싸고 날 선 공방이 거듭되었다. 신민당을 중심으로 '3선 개헌 반대 범국민투쟁위원회'가 결성되었다. 7월 19일 3선 개헌을 반대하는 시국연설회가 효창운동장에서 열렸다. 김대중은 그날 연사였다. 그는 연락을 끊고 호텔에 머물며 원고를 작성했다. 밤새 읽고 또 읽고, 고치고 다시 고쳤다.

효창운동장 일대에 청중들이 구름처럼 몰려들었다. 김대중은 '3선 개헌은 국체의 변혁이다'라는 주제의 연설을 했다. 우선 황소 이야기부터 꺼냈다. 황소는 공화당의 상징이었다.

조간신문을 보니까 경기도 안성에서 미친 황소 한 마리가 주인 내외간을 마구 뿔로 받아 중상을 입혔습니다. 마을 사람들이 이 황소를 때려잡으려고 몽둥이를 들고 나섰지만 잡지 못해서 마침내 지서 순경이 와 가지고 카빈총을 다섯 방이나 쏘아서 기어이 때려잡았습니다. 나는 이 신문을 보고 '과연 천도가 무심치 않구나' 이렇게 생각했습니다. 왜? 대한민국에서 황소를 상징으로 한 공화당이 지금 미쳐 가지고 국민 주권을 때려잡을 3선 개헌 음모를 하니까 미물 짐승인 황소까지 같이 미쳐서 주인한테 달려든 것이다, 이것이에요.

3선 개헌을 반대하는 데모가 지난 방학 전에 전국에 퍼졌습니다. 데모를 제일 치열하게 한 데가 어디냐? 서울이 아닙니다. 경상도, 정권의 본고장인 경상도에서 데모를 제일 치열하게 했어요. 그것도 박정희 씨가 나온 경상북도라 그 말이여. 대구서는 대학교뿐만이 아니라 모든 고등학교가 총동원됐어요. 그런데 한 가지 재미있는 것은 박정희 씨가 대통령 그만두고 나면 그 대학교 총장을 할 것이라는 영남대학교 학생들의 데모 구호가 재미있다 그 말입니다. 무어라 했느냐? "미친 황소가 갈 길은 도살장뿐이다" 그랬다 그 말입니다.

환호와 박수가 쏟아졌다. '연설은 과연 김대중'임을 확인시키는 명연설이었다. 그러나 이런 시국 집회의 열기에도 불구하고 공화당은 3선 개헌을 서둘렀다.

당시 공화당은 개헌 의석을 확보하고 있었지만 개헌안 통과는 불확실했다. 야당의 거센 저항도 부담이었지만 3선 개헌에 대한 여론이 워낙 나빠서 당내의 반발도 만만치 않았다. 야당 의원까지 돈으로 매수했지만 개헌안 처리를 자신할 수는 없었다. 비밀투표를 하면 통과된다는 보장이 없었다.

1969년 9월 14일 새벽, 공화당 의원들이 속속 국회 제3별관 특별위원회실로 들어섰다. 실내는 깜깜했다. 국회의장 이효상이 들어서자 비로소 불이 켜졌다. 공화당과 무소속 의원 122명이 모였다. 이효상은 제4차 본회의 개회를 선언했다. 개헌안을 상정하고 제안 설명은 유인물로 대체했다. 의원들 투표가 이어졌다. 아무도 말이 없었다. 새벽에 그림자극이 연출되고 있었다. 국민을 속이고 역사를 거꾸로 돌리는 사기극이었다.

이날의 '거사'는 25분 만에 끝났다. 새벽 2시 53분, 5·16 쿠데타가 일어난 시각과 거의 같았다. 이 역시 '헌정 쿠데타'였다. 의장은 의사봉이 없어 주전자 뚜껑으로 책상을 쳤다고 한다. 뒤늦게 이를 알아챈 신민당 의원들이 별관으로 몰려갔다. 공화당 의원들은 뒷문으로 도망쳤다. 야당 의원들은 마이크와 집기를 집어던지며 울부짖었다.

별관에서 벌어진 여당 의원만의 날치기 처리는 국회법을 완전히 위반한 것이었다. 야당에는 아무런 연락도 하지 않았다. 본회의장이 아닌 별관에서, 기자들도 없이 안건을 처리해 버렸다. 3선 개헌안은 다시 국민투표에 부쳐졌다. 그리고 압도적 지지로 통과되었다. 지방자치제를 실시하지 않는 나라에서 국민투표의 결과는 뻔했다. 공무원이 총동원되어 부정을 저지르니 하나 마나였다.

박정희의 3선을 향한 길이 닦였다. 야권은 다시 뭉쳐서 싸워야 했다. 신민당의 잠재적 대통령 후보는 유진오 총재였다. 그런데 갑자기 유진오가 뇌동맥경련증으로 쓰러졌다. 그리고 총재직을 사임했다. 신민당은 임시 전당대회를 열어 유진산을 총재로 선출했다.

원내총무 김영삼이 '40대 기수론'을 들고 나왔다. 갈수록 여론의 지지를 얻었다. 젊은 후보가 나서서 야당의 체질을 바꾸고 새바람을 일으키길 기대했다. 당내에서 '기수'로 등장할 사람은 김영삼 외에 김대중과 이철승이었다. 김영삼은 주류인 진산계가 밀고 있었다. 총재 유진산은 자신이 출마하고 싶었지만 여론이 워낙 좋지 않자 후보 지명권을 달라고 했다. 유진산은 당연히 주류인 김영삼을 염두에 두고 있었다. 김대중은 이에 단호히 반대했다.

대통령 후보는 결국 대의원 투표로 결정 나게 되었다. 김영삼은 대세론으로 김대중을 압박했다. 언론은 일찌감치 김영삼의 승리를 점쳤다. 투표는 요식행위에 불과하다고 보도했다. 당내의 우호적인 인사들도 후보 사퇴를 권할 정도였다. 그러나 비주류 김대중은 전혀 다른 계산을 하고 있었다. 당내 계파의 세 싸움보다는 직접 표밭을 파고들었다. 전국 방방곡곡을 찾아갔다. 대의원들은 김대중을 주시하고 있었다. 박정희와의 전쟁에서 이긴 부용담은 아직 살아 있었다.

"김대중이라면 박정희의 기를 꺾을 수도 있을 것이다."

이렇듯 당내의 밑바닥에서는 전혀 다른 기류가 흐르고 있었다. 그것은 민심이기도 했다. 김대중은 투표 전날 밤까지 숙소를 돌며 대의원들의 손을 잡았다.

1970년 9월 29일 전당대회가 열렸다. 그날 아침 이색적인 광경이 펼쳐졌다. 김대중 측은 애드벌룬을 띄우고 대회장 벽면에는 김대중 포스터를 촘촘히 붙였다. 어깨띠를 두른 수백 명이 시민회관(지금의 세종문화회관)을 에워쌌다. 그리고 김대중을 외쳤다. 그 맨 앞에 원로 의원 정일형이 피켓을 들고 있었다. 참으로 감동적이었다. 김대중은 그런 정일형의 모습을 평생 반추했다. 그날의 풍경은 욕설과 폭력으로 얼룩졌던 과거의 전당대회 모습이 아니었다. 신명이 묻어나는 축제였다. 김영삼 측에서는 생각지도 못했던 유쾌한 사건이었다. 그럼에도 주류 측은 이미 승리에 취해 있었다.

투표 직전 이철승은 사퇴 선언을 하고 퇴장해 버렸다. 1차 투표 결과가 발표됐다. 재적 885명 중 김영삼 421표, 김대중 382표, 무효 82표였다. 장내가 술렁거렸다. 무효표가 82표였으니 2차 투표 결과는 알 수 없었다. 무효표는 모두 이철승계였다. 그 표들을 흡수해야 했다. 이철승 측에서 사람을 보내와 '다음 총재를 선출할 때 이철승을 지지하겠다'는 내용의 각서를 써주면 김대중을 밀겠다고 했다. 김대중은 명함에 각서를 써주었다. 2차 투표 결과 역전극이 벌어졌다.

"재적 884명 중 김대중 458표, 김영삼 410표, 무효 16표."

김대중은 과반을 넘어 대통령 후보에 지명되었다. 40대 대통령 후보였다. 김대중은 박정희와 대결을 펼치게 됐다. 박정희가 피하고 싶었던 단 한 사람, 그가 갑옷을 입고 나타났다. 운명이었다. 풍운이 몰려오고 있었다.

대통령 후보 김대중은 정책 선거를 천명했다. 상대 후보 박정희에 대한 인신공격은 하지 않기로 했다. 정책으로만 승부하기로 했다. 향토예비군 폐지, 미·중·소·일 4대국의 한반도 전쟁 억제 보장(4대국 안전보장론), 남북한 화해와 교류, 공산권과의 관계 개선과 무역 추진, 대중 경제 노선의 추진, 사치세 신설, 학벌주의 타파, 이중곡가제 실시 등을 주요 공약으로 내세웠다.

당시 한국은 병영국가나 다름없었다. 박 정권은 안보를 내세워 끊임없이 국민을 위협했다. 그런 시점에 향토예비군 폐지, 4대국 안전보장론, 남북한 화해와 교류 등을 주장하자 정부 여당이 벌 떼처럼 일어났다. 연일 안보 의식이 결핍된 위험한 정치인으로 매도하며 공약 철회를 요구했다. 그러나 김대중은 물러서지 않았다. 모든 공약은 아침저녁으로 매만지며 소중하게 품어 온 것들이었다.

그렇다면 김대중은 왜 숱한 오해를 부를 수 있는 진보적 대북 정책들을 구상하고 있었을까. 그것은 정치에 입문하면서 품었던 초심이었다. 한국전쟁에서 체득한, 어떤 일이 있어도 한반도에서 전쟁은 없어야 한다는 생각을 실천하려 했다. 세상에 '착한 전쟁'은 없다. 김대중에게 전쟁은 의식 저편의 막연한 것이 아니고 늘 죽음이 뒤를 따르던 구체적인 것이었다. 지나가는 바람이 아니라 불처럼 생생한 것이었다. 국가가, 지도자가 전쟁을 결정하면 국민들은 그냥 죽어야 했다. 정치권력의 거대한 폭력에 민초들은 그냥 스러져야 했다.

더욱이 한국전쟁은 우리가 원해서 싸운 것이 아니었다. 강대국의 대리전이었다. 남과 북은 전쟁이라는 최악의 폭력에 내몰려 죽이고 죽어야 했다. 김대중은 정전 체제가 아니라 평화 체제를 구축하려 했다. 화해와 협력을 통한 남북 공존을 모색했다. 당시에는 급진적인 정책이었지만 세월이 지난 지금 돌아보면 가장 현실적인 포용 정책이었다. 그럼에도 김대중은 그 후 끊임없이 사상 검증에 시달렸고, 포용 정책도 위기를 맞곤 했다. 김대중은 망명객, 야당 총재, 대통령이 되어서도 이때의 정책들을 포기하지 않았다. 사형수로 갇혀 있을 때도 연구하며 다듬었다.

향토예비군 폐지 공약은 대단한 호응을 얻었다. 그러자 박정희가 앞장서서 공격했고 관변 단체들이 일제히 가세했다.

"북한의 남침을 유도하는 발언이다. 즉각 철회하라."

향토예비군은 북한 게릴라의 청와대 습격 사건으로 생겨났다. 하지만 박 정권은 이를 악용하여 국민을 군사 조직으로 묶어 관리했다. 예비역들은 시도 때도 없이 불려 나가 노역과 훈련을 해야 했다. 향토예비군은 본래의 취지에서 벗어나기 일쑤였고 그만큼 원성이 높았다.

혹자는 이렇듯 예비군 폐지를 주장했으면서도 대통령이 됐을 때는 왜 예비군 제도를 존속시켰느냐고 따져 묻기도 했다. 김대중은 이에 대해 구체적인 언급을 하지 않았다. 하지만 그 속내를 알 것 같다. 아마 더 큰 것을 보고 있었을 것이다. 당시 남북 정상회담의 걸림돌은 북쪽보다는 오히려 남쪽에 더 많았다. 예비군을 폐지하면 국론을 분열시킬 수 있었고, 자칫 남북 관계 개선의 동력을 상실할 수도 있다고 판단했을 것이다. 또 협상하기에 따라 예비군 제도 자체를 북한의 노동적위대 같은 조직을 해체하는 조건으로 활용할 수도 있었을 것이다.

'4대국 안전보장론'에도 여권은 길길이 뛰었다. 나라의 국방을 외국에 맡기려는 사대주의적 발상이라고 공격해 왔다. 박정희는 "우리의 적인 소련과 중공에게 자국의 안보를 맡기자니 무슨 소리냐"고 물었다. 그러나 김대중의 구상은 4대국에 국방을 맡기자는 것이 아니었다. 4대국에게 한반도에서 전쟁을 일으키지 않는다는 약속을 받아 내자는 것이었다. 일종의 불가침 조약을 맺게 하자는 것이었다. 김대중은 유세장에서 이렇게 꾸짖었다.

"이 나라에서 제2의 청일전쟁이나 러일전쟁은 하지 말라, 이 나라에서 다시 제3국을 조정해 가지고 6·25 같은 것은 획책하지 말라. 이런 나의 주장이 어째서 잘못이라는 것인가."

4대국에 남북한을 합하면 훗날 '한반도 핵 위기'를 해결하려고 만든 6자회담의 당사국이다. 김대중은 한반도를 둘러싼 힘의 논리를 간파했고 평화의 요건이 무엇인지를 정확하게 꿰뚫고 있었다.

정부 여당은 남북 화해와 교류, 평화통일론에 대해서도 공산주의와는 어떤 화해도 있을 수 없다며 김대중을 용공주의자로 몰아갔다.

"김대중이가 피리를 불면 김일성이 춤을 추고, 김일성이가 북을 치면 김대중이가 장단을 맞춘다."

그러나 선거가 끝난 후 불과 1년 후에 박 정권은 김대중의 공약과 똑같은 내용의 대북 정책을 추진했다. 남쪽의 제의로 '7·4 남북 공동 성명'을 채택한 것이다.

당시의 사회 분위기로는 통일이라는 말도 제대로 꺼내지 못했다. 대통령 후보 김대중은 병영국가에서 하늘 높이 쌓아 올린 '안보'라는 이름의 금기를 깨뜨렸다. 그때부터 통일을 입에 올릴 수 있었다.

김대중은 정책으로 박정희를 압도했다. 정부 여당이 정책을 선보이면 야당이 공격하던 과거의 양상을 완전히 바꿔 버렸다. 공화당은 방대한 행정기관과 당내의 정책 심의 기구가 있었지만 주목할 만한 정책을 만들어 내지 못했다. 정책 선거에서는 김대중의 완승이었다. 국정 전반을 7개 항목으로 정리한 선거 공약은 압권이었다.

"1인 독재에서 제2의 해방으로(법제 정치), 폐쇄 전쟁 지향에서 적극 평화 지향으로(통일), 예속 외교에서 자유 실리 외교로(외교), 정권 안보에서 민족 안보로(안보), 특권 경제에서 대중 경제로(경제), 불신과 절망에서 희망의 대중사회로(사회·복지), 질식·압박에서 자유·창조로(교육문화)."

이렇게 세련되면서도 명징한 공약은 일찍이 없었다. 그보다 더 놀라운 일은 이 모든 정책이 김대중 개인의 머리에서 나왔다는 사실이다. 야당인 신민당은 정책을 입안하는 기구가 아예 없었으며 대통령 후보를 보좌하는 정책 기구도 존재하지 않았다. 김대중은 스스로 깨친 것들을 꾸준히 숙성시켰다. 김대중의 공약에는 남북통일과 사회 변혁을 향한 꿈과 희망이 들어 있었다. 훗날 대통령 노무현은 정치인 김대중을 천재라며 머리를 숙였다. 퇴임 후 인터뷰에서 그는 이렇게 말했다.

> 내가 청와대에 들어와서 보니 정부의 구석구석에 김대중 대통령의 발자취가 남아 있었습니다. 내가 창조하는 것이라고, 내가 처음 시작한다고 생각하고 들어가 보면 김대중 대통령의 발자취가 있더란 말입니다. 정부 혁신 부문에도 그런 것이 있고, 내가 가치 있게 생

각하는 모든 것에.

짐짓 큰 뜻을 세우고 미답의 산봉우리에 올랐더니 김대중이란 인물이 오래전에 다녀갔다는 얘기다. 그것도 그 봉우리에서 세상을 내려다보며 오래 생각하고 그 소감까지 남겨 놓았으니 노무현은 퍽이나 놀랐을 것이다. 그 놀람을 그는 이렇게 전했다.

정치의 천재 DJ가 아니라 정책에서도 천재인 DJ를 탐구할 필요가 있습니다. 그 양반은 총체적인 능력, 역량이 천재급인 정치인입니다.

김대중은 1971년 새해 미국을 방문했다. 미국의 정치 지도자들은 대선 정국에 선풍을 일으키고 있는 젊은 정치인을 직접 보고 싶어 했다. 김대중은 자신의 구상을 거침없이 설파했다. 미국 정부의 관리들과 정당 지도자들은 한국에서 온 젊은 지도자에게 매료되었다. 에드워드 케네디Edward Kennedy 상원의원은 최상의 격려를 해주었다.

"당신은 '한국의 케네디'로 불리고 있던데, 우리 케네디 가는 지금까지 선거에서 패한 적이 없습니다. 그러니 김 후보도 반드시 승리해야 합니다. 지금 미국 정부는 한국의 독재 정권을 지지하고 있습니다. 하지만 우리는 이를 우려하며, 한국의 사태를 주의 깊게 보고 있으니 안심하고 선거에 전력을 다하십시오."

풀브라이트James William Fulbright 상원외교위원장과의 대화는 여러 가지를 생각하게 만든다. 풀브라이트는 김대중을 만나자마자 대뜸 물었다.

"당신은 한국 같은 군사독재 국가에서 정권 교체가 가능하다고 보고 출마했습니까?"

풀브라이트는 한국의 독재 정권에 대해서 비판적이었다. 질문을 하는 듯했지만 한국에서는 정권 교체가 극히 비관적이라고 단언하고 있었다. 하지만 그것은 김대중이 내심 기다리고 있던 질문이었다.

"당신네 조상은 200년 전에 독립과 자유를 위해 영국과 싸웠습니다. 그때 미국인들은 그 싸움에서 반드시 독립이 되리라는 보장을 받고 전쟁을 하지는 않았습니다. 오직 자유를 얻겠다는 일념으로 싸웠던 것입니다. 여러분의 위대한 건국 지도자 토머스 제퍼슨은 민주주의는 인민의 피를 먹고 자란다고 말했습니다. 지금 내가 하려는 일이 당장 성공할지 그 여부는 알 수 없지만 그것이 내가 하지 않으면 안 될 올바른 일이라고 믿습니다. 제퍼슨이 말한 대로 피와 눈물을 흘리며 싸워 나가면 반드시 자유와 민주주의를 획득할 수 있을 것으로 확신합니다. 우리는 계속 싸울 것입니다."

박 정권은 돈과 언론을 철저히 통제했다. 중앙정보부는 야당으로 흘러 들어가는 돈은 전방위로 감시했다. 아무 기업인이나 연행하여 "왜 김대중에게 돈을 주느냐"고 윽박질렀다. 영문도 모르고 끌려가 곤욕을 치렀고, 이를 전해 들은 기업인들은 김대중이란 이름만 들어도 저만치 달아났다.

반면에 후보 박정희는 나라 돈을 마음대로 썼다. 날마다 기공식을 가졌다. 어느 곳이나 대통령의 '특별한 관심 구역'이었다. 공무원은 대통령의 종업원이었고, 박정희는 대한민국의 사장이었다.

하지만 민심은 변화를 원했다. 유세장은 어디를 가도 뜨거웠다. 청중들이 구름처럼 몰려들었다. 김대중은 정권 교체에 대한 열망이 느껴졌다. 부산에서는 50만, 대구에서는 30만 명이 모였다. 하루에 열 차례도 넘게 연설을 했다. 이른 아침부터 밤늦게까지 전국을 누볐다.

"10년 세도 썩은 정치, 못 참겠다 갈아 치자!"

김대중은 바람처럼 달려갔다. 청중들은 열광했다. 김대중은 철인鐵人이었고, 선거는 접전 양상을 보였다. 박정희는 초조해졌다. 심복들을 불러 판세를 묻는 시간이 잦아졌다. 부하들 대답은 한결같았다.

"김대중의 인기는 거품입니다. 어림없습니다. 어찌 감히 각하의 영도력과 업적에 비하겠습니까."

그래도 불안했다. 1967년의 '목포의 전쟁' 때에도 비슷한 보고를 받았지만 결과는 김대중에게 졌다. 박정희는 정보 책임자를 하나씩 은밀히 불러 두 번 세 번 얘기했다.

"임자가 나를 구해야 해."

선거는 집권 공화당과 야당 신민당의 대결이 아니었다. 또 김대중과 박정희의 후보 간 다툼도 아니었다. 후보 김대중과 박정희의 지상 명령을 받들고 있는 중앙정보부의 싸움이었다. 김대중은 거침없이, 두려움 없이 유세장을 누볐다. 한반도의 반쪽, 남쪽이 들끓었다.

1971년 4월 18일은 정치 인생에서 특별한 날이었다. 서울 장충단 공원에서 유세가 있었다. 일찍 일어나 마당을 거닐었다. 선거를 겨우 열흘 정도 남겨 두고 있었다. 유세장에서 열광하던 청중들이 떠올랐다. 김대중은 뛰는 가슴을 진정시켰다. 문득 마당 한 켠을 보니 꽃들이 피어 있었다. 어느새 봄이었다. 꽃들과 눈인사를 했다. 동교동 집은 아침저녁으로 터질 듯 붐볐다. 인기가 치솟자 찾는 사람이 줄을 이었다. 달라진 위상에 스스로 놀랄 때가 많았다. 권력은 태어날 때가 가장 무서운 것인지도 모른다. 이제 후보 박정희에게 결정타를 날려야 했다. 이 땅에 진정한 봄을 불러오기 위해서는 장충단 유세가 중요했다.

오후 2시쯤 신민당 당사를 나왔다. 안국동 네거리에서 무개차에 올랐다. 사람들이 몰려들었다. 거대한 인파가 차를 에워쌌다. 군중 사이를 헤쳐 나가는 광경이 흡사 선박이 바다를 가르는 듯했다. 그 넓은 장충단공원이 터질 듯했다. 연단에 올라서니 눈 가는 곳은 모두 사람이었다. 100만 인파였다. 그날 생애 최고의 연설을 했다.

존경하고 사랑하는 서울 시민 여러분! (……) 오늘 여기 장충단공원의 100만이 넘는, 대한민국에서뿐만 아니라 세계에 유례가 없을 이 대군중이 모인 것을 보고, 서울 시민의 함성을 보고 이제야말로 정권 교체는, 우리의 승리는 결정이 났다는 것을 나는 여러분 앞에 말씀드릴 수 있습니다.

여러분! 이번에 정권 교체를 하지 못하면 이 나라는 박정희 씨 영구 집권의 총통 시대가 오는 것입니다. 공화당은 지난 개헌 때 이미 박정희 씨를 남북통일이 될 때까지 대통령을 시키려 했으나, 그 당시는 아직 자기 공화당 내부나 야당이나 국민이나 거기까지는 할 수 없어서 못했던 것입니다. 나는 공화당이 그런 계획을 했다는 사실과 이번에 박정희 씨가 승리하면 앞으로는 선거도 없는 영구 집권의 총통 시대가 온다는 데 대한 확고한 증거를 가지고 있습니다.

김대중은 박정희의 영구 집권 음모를 처음 폭로했다. 1967년 목포 선거에서 '3선 개헌'을 예고했을 때 박정희는 이를 강력 부인했지만 결국 개헌을 강행했다. 이번에도 김대중의 눈은 박정희의 속내를 정확히 들여다보고 있었다.

4·19는 학생의 혁명이었습니다. 5·16은 군대가 저질렀습니다. 이제 오는 4월 27일은 학생도 아니고, 군대도 아니고, 전 국민이 협력해서 이 나라 5000년 역사상 처음으로 국민의 손에 의해서 평화적으로 정권을 교체하는 위대한 민주주의 혁명을 이룩하자는 것을 여러분에게 호소하면서, 나와 뜻을 같이하는 여러분이 총궐기하는 의미에서 박수갈채를 보내주십시오.
여러분! 감사합니다. 나는 이번 선거에서 기어이 승리할 것입니다. 여러분은 이번 선거에서 나와 더불어 승리할 것입니다. 7월 1일은 청와대에서 새로운 취임식을 올리는 날입니다. 550만 서울 시민 여러분! 7월 1일에 청와대에서 만납시다.

이날 김대중은 "내가 정권을 잡으면"을 16번이나 외쳤다. 거대한 축제였다. 장충단공원 일대는 환호의 도가니였다. 청중들의 함성은 남산을 허물 듯했다. 모든 눈이 김대중 한 사람을 향했다. 비로소 야권에서는 승리를 점치기 시작했다.
유세가 끝나고 무개차에 오르자 다시 시민들이 에워쌌다. 동대문,

종로를 거쳐 광화문 쪽으로 향했다. 청중들은 이내 시위대로 변했다. "김대중", "정권 교체", "3선 반대"를 외쳤다. 흡사 4·19 혁명 전야를 방불케 했다. 이날 박정희는 대구 수성천변에서 유세를 했다. 장충단공원 유세 상황을 보며 여권 수뇌부는 경악했다.

박정희는 선거 이틀을 앞두고 장충단공원 유세로 맞불을 놓았다. 청중 총동원령을 내렸다. 그러나 청중 숫자와 유세장 열기는 김대중의 유세에 비해 현저히 떨어졌다. 박정희는 비장의 무기를 꺼내 들었다. 바로 눈물이었다.

"이번 출마가 국민들에게 표를 달라고 호소하는 마지막이 될 것입니다."

울먹이며 표를 구걸했다. 도대체 눈물을 흘려야 하는 이유가 없었다. 독재자의 눈물, 그 속에는 독毒이 들어 있었다. 선거가 끝난 후 일본 주요 언론들은 "박정희의 승인이 동정표에 있었다"고 분석했다. 그러나 박정희의 눈물을 믿은 국민들은 후회의 눈물을 흘려야 했다. 유세장의 약속처럼 박정희는 국민들에게 더 이상 표를 달라고 하지 않았다. 대신 선거 자체를 강탈해 버렸다.

판세가 극도로 혼미했다. 불안해진 정부 여당은 김대중을 용공 분자로 몰기 시작했다. 그리고 지역감정을 조장했다. 그대로 가다가는 전세를 뒤집을 수 없다는 판단에서였다. 사실 '빨간색' 낙인은 김대중이 아닌 박정희에게 찍어야 했다. 만주군 출신의 박정희는 여순 사건에서도 자유롭지 못했다. 또 형의 좌익 활동 등으로 행적 곳곳이 불온했다. 이는 미국 정부 기관과 국내의 여러 자료 등에서 밝혀진 사실이다. 거기에 비하면 김대중은 '가진 자'로 분류되어 인민군에게 총살을 당할 뻔했다. 그런데도 정작 붉은 물은 김대중에게 뒤집어씌웠다.

선거를 한 달쯤 남긴 3월 하순부터 간첩단 사건이 잇달아 터졌다. 중앙정보부와 보안사령부가 경쟁하듯 발표했다. 투표 4일을 앞두고는 지하당 간첩단 13명을 검거했다고 공표했다. 그리고 외무장관 최규하가 직접 김대중을 겨냥했다.

"김대중 후보의 언론·체육인 등의 남북 교류, 4대국 안전보장안 등의 공약에 대해 북한이 지지를 표명했다."

이승만 정권 때만 해도 선거판에 지역감정에 의한 편 가르기는 없었다. 경상도 사람이 전라도에 와서 국회의원에 선출되었다. 그런데 박정희가 집권하면서 나라가 갈라졌다. 경상도 우대 정책이 서로에게 미움을 심었다. 그리고 선거 막판에 '호남 고립'이라는 추악한 카드를 빼들었다. 국회의장 이효상은 이렇게 선동했다.

"신라 천 년 만에 나타난 박정희 후보를 다시 뽑아서 경상도 정권을 세우자. 쌀 속에 뉘가 섞이면 밥이 안 되는 법이다. 경상도 표에 전라도 지지표가 섞이면 조가 섞이는 것과 마찬가지다."

경상도 지역에 "전라도 사람들이여 단결하라"라는 선전물이 뿌려졌다. 후보 김대중의 벽보 밑에 "호남 후보에 몰표를 주자"라는 격문을 붙였다. 지역감정에 불을 질렀다. 중앙정보부의 공작이었다.

지역감정은 언론에서 더 조장했다. 경상도와 전라도는 그 대립의 뿌리가 삼국시대로까지 올라간다는 분석 기사를 실었다. 적대감이 '숙명적 관계'에서 비롯되었다는 투였다.

투표의 날이 밝았다. 김대중은 아내와 동교동 제1투표소에서 투표를 했다. 내외신 보도진의 집중 조명을 받았다. 그러나 김대중 부부의 표를 포함해 모두 2700표가 무효로 처리되었다. 이유는 선거관리위원장의 도장이 찍히지 않았다는 것이었다. 대통령 후보 김대중이 찍은 김대중의 표가 무효로 처리되었다. 부정선거와 맞서 싸워야 했던 김대중에게 그것은 하나의 상징이었다. 전국 각지에서 투표용지가 분실되고 중복·대리 투표가 적발되었다. 그러하니 그냥 묻혀 간 부정행위는 얼마나 많을 것인가. 개표는 29일 정오를 지나 완료되었다.

"박정희 634만 2828표, 김대중 539만 5900표."

94만여 표 차이였다. 하지만 김대중은 경상도를 제외한 거의 모든 지역에서 승리했다. 경상도에서만 150여만 표(경북 94만, 경남 56만 표) 차이로 참패했다. 그것은 지역감정 조장의 움직일 수 없는 증거였다. 이때부터 한국은 지역감정의 수렁에 빠져 버렸다. 패자인 김대중은 승자보다 더 '당당히' 성명을 발표했다.

> 나는 개인적으로 지극히 담담한 심정이다. 그러나 이번 선거에서 보여 준 국민의 평화적 정권 교체에 대한 애절하고도 열화와 같은 열망이 이와 같은 불법 부정으로 짓밟히고 이제 다시는 선거에 의한 정권 교체는 바라볼 수 없는 시점에 3·15 부정선거를 무색케 할 불법 부정선거의 결과를 묵인할 수 없다.

"지극히 담담하다"고 했지만 김대중은 너무 아쉬웠다. 유세장의 열기와 정권 교체를 원했던 유권자들의 간절한 표정이 떠올랐다. 김대중은 잘 싸웠다. 후회 없이 싸웠다. 정치가로서 하늘이 준 도량과 자신이 갈고닦은 식견을 유감없이 보여 주었다. 우리 현대사는 용기 있고 정직한 정치인 하나를 얻은 셈이었다.

그런데 만일 김대중이 1971년 선거에서 이겼다면 어찌 됐을까. 과연 정부 여당이, 아니 박정희가 승복했을까. 순순히 정권을 내놓았을까. 거의 완벽한 병영국가를 구축한 박 정권이 민심에 순순히 투항했을지는 미지수다. 역사에 가정은 있을 수 없지만 곧바로 영구 집권 수순에 돌입했던 박정희의 행적을 돌아볼 때 김대중의 승리가 선거 혁명으로 이어졌을지는 불투명하다. 어쩌면 이런 논의가 무의미할 수도 있다. 이미 박정희는 김대중의 승리를 훔쳐 갔기 때문이다. 김대중에게 독재국가에서 정권 교체가 가능한지 물었던 미국 상원외교위원장 풀브라이트의 의구심은 진행형이었던 셈이다.

이희호는 선거 후 망명 중인 남편에게 이런 편지를 보낸 바 있다.

요즘 생각하면 1971년에 당신이 당선되지 못한 것도 하느님의 뜻이 있었나봐요. 만일에 당선되셨다면 당신 생명도 주위의 몹쓸 사람들 때문에 위험이 따랐을 것 아닌가 하는 생각이 들어요.

중앙정보부는 김대중의 말처럼 여자를 남자로 만드는 것 말고는 모든 것을 할 수 있었다. 그들은 결코 각하의 패배를 인정하지 않았을 것이다. 사실 정상적인 방법으로 진행되었다면 적게 잡아도 100만 표 정도는 이긴 선거였다. 그 같은 사실은 그 후 여러 사람들이 증언했다.

누구는 그때 김대중이 정권을 잡았더라면 젊고 힘이 있었으니 나라를 멋지게 개조했을 것이라고 말한다. 그러나 그것도 역시 가정에 불과하다. 김대중은 대통령 선거에서 지고도 온갖 박해를 받으며 새 시대를 열었고 우리 역사를 새롭게 썼기 때문이다. 그는 지면서도 늘 이겼음을 상기할 필요가 있다.

망명

박정희 정권은 국회의원 선거를 1971년 5월 25일 실시한다고 발표했다. 대통령 선거를 치른 지 한 달도 안 되는 시점이었다. 야당이 대선 패배의 후유증을 추스르기 전에 국회를 장악하겠다는 일종의 기습이었다. 부랴부랴 준비를 서두르고 있는데 이번에는 총재 유진산이 자신의 선거구인 서울 영등포 갑구를 포기해 버렸다. 자신은 전국구로 옮기고 대신 무명의 정치 신인을 공천했다. '진산 파동'이었다. 교활했지만 어쩔 수 없었다. 유진산의 '공천 장사'는 개인의 문제가 아니었다. 당 전체가 회복할 수 없는 타격을 받을 수 있었다. 실제로 야당에 대한 지지 여론은 싸늘하게 식어 버렸다.

다시 김대중이 나서야 했다. 당으로서도 믿을 사람은 김대중뿐이었다. 영구 집권 음모를 막으려면 총의석의 3분의 1인 69석을 얻어야 했다. 하지만 당시로서는 불가능해 보였다. 김대중은 지역구를 포기하고 전국을 누볐다.

김대중은 여전히 번쩍거리는 스타였다. 청중들이 열광했다. 김대중은 박정희의 영구 집권 음모를 국민들에게 알렸다. 대통령 선거 때보다 더 많은 지역을 찾아갔다. 차 안에서 먹고 자며 유세장에서 유세장으로 이동했다. 어디를 가도 뜨거웠다. 후보들이 김대중을 찾았다.

"제발 한 군데만 더 들러 주시오. 대통령 선거 때 내가 김 후보를 위해 얼마나 애쓴지 아시오. 제발 들렀다 가시오."

후보들은 또 이렇게 외쳤다.

"김대중 대통령이 보고 싶다면 나를 국회로 보내 주십시오. 김대중 동지를 도와 정권 교체를 이루겠습니다."

또 어떤 이는 아예 길목을 지키고 있다가 차 앞에 드러누워 외쳤다.

"연설 한 번만 해주시오. 그냥 가려거든 아예 우리를 죽이시오."

할 수 없이 차를 돌려 예정에 없던 연설을 했다. 그러니 다음 유세가 늦어졌다. 그래도 청중들은 흩어지지 않고 기다렸다. 김대중이 연단에 오르면 한목소리로 외쳤다.

"대통령 선거 다시 하라!"

"차기 대통령은 김대중!"

민심은 다시 김대중을 부르고 있었다.

5월 24일 목포에는 아침부터 비가 내렸다. 전날 신안·목포 지역 유세를 마친 김대중에게는 서울에서의 마지막 지원 유세가 기다리고 있었다. 목포에서 비행기로 상경하려 했다. 그런데 예약한 비행기가 비 때문에 뜰 수 없다고 했다. 할 수 없이 광주에서 비행기를 타기로 했다. 광주를 향해 2차선 국도를 달렸다. 한참 가다 보니 김대중이 탄 차와 경호차 사이로 택시가 끼어들었다. 김대중을 알아보고 계속 따라오고 있었다. 그렇게 한참을 달렸다. 멀리서 대형 트럭이 나타났다. 김대중도 그걸 무심히 보고 있었다. 그런데 무서운 일이 벌어졌다.

트럭이 거의 직각으로 꺾어 들며 김대중이 탄 승용차를 향해 돌진해 왔다. 놀란 운전사가 가속 페달을 밟았다. 트럭은 트렁크 쪽을 들이받았다. 승용차는 4미터 아래 논 위로 떨어졌다. 트럭은 이어 뒤를 따라오던 택시를 정면으로 받아 버렸다. 택시 안의 두 명은 그 자리에서 숨지고 세 명은 크게 다쳤다. 승객 한 명이 병원으로 실려 가며 말했다.

"김대중 선생은 어찌 됐습니까? 선생님을 먼저 살려 주시오."

승용차 안의 김대중은 순간 정신을 잃었다. 깨어 보니 차는 반듯하게 세워져 있었다. 누가 아래에서 받은 듯했다. 그래도 팔의 동맥이 두 군데 잘렸고, 손목과 오른쪽 다리에 중상을 입었다. 특별보좌관 권노갑도 손목을 다쳤다. 뒤따르던 경호차에서 비서들이 뛰쳐나와 김대중을 병원으로 옮겼다. 하지만 서울의 유세장에서는 목 빠지게 김대중을 기다리고 있었다. 응급 치료만을 받고 함평 학교역에서 열차에 올랐다.

오후 3시로 예정된 영등포역 앞 유세는 김대중만을 기다리고 있었다. 김대중은 감감무소식이었다. 주최 측은 죄송하다는 사과와 곧 도착할 것이라는 안내 방송만 되풀이하고 있었다. 어느덧 비에 섞여 어둠이 내렸다. 그래도 청중들은 마냥 기다렸다. 밤이 깊어 9시가 넘어서야 마침내 김대중이 나타났다. 목과 팔에 붕대를 감고 연단에 올랐다. 청중들은 환호하면서도 '붕대 감은 모습'에 술렁거렸다. 김대중은 사고 경위를 설명하고 빗속에서 포효했다.

"나는 열 번 쓰러지면 열한 번 일어나고, 백 번 쓰러지면 천 번 일어나서 이 땅에 민주주의를 이루고 대중이 잘사는 나라를 만들겠습니다."

1만여 명이 내지르는 함성이 우레보다 컸다. 김대중은 이날 자정까지 서울 유세장 곳곳을 돌았다. 제대로 치료도 받지 못하고 강행군을 했다. 그렇게 해서 야당을 살렸지만 김대중은 '건강한 다리'를 잃었다. 유년 시절 하의도에서부터 단련한 뜀박질을 할 수 없었다.

이날의 사건은 의문투성이였다. 큰비가 아닌데도 목포에서 비행기가 뜨지 않았고, 사고를 낸 대형 트럭의 소유자는 공화당 비례대표 8번을 부여받은 변호사였다. 야당은 의혹들을 들춰 세상에 알렸다. 이때부터 정치인 김대중은 신변의 위협을 느끼며 살아야 했다.

김대중은 목포형무소에서 집단 학살의 위기를 넘긴 후 또다시 죽을 고비에서 살아났다. 이날 사고로 정치 인생에 입은 손실이 너무나 컸다. 후유증은 깊고도 깊었다. 고관절에 장애가 생겨 평생을 고생해야 했다. 정적들은 끊임없이 건강에 시비를 걸어왔다.

선거 결과는 야당의 대약진이었다. 204석 중에서 89석을 얻었다. 여당이 과반이 넘는 의석을 차지했지만 야당은 개헌을 저지할 수 있었다. 국회를 통한 영구 집권 음모는 저지할 수 있었다. 서울은 19개 선거구에서 18개를, 부산에서는 8개 선거구에서 6개를 차지했다.

선거 결과는 좋았지만 김대중에게는 신산의 세월이 기다리고 있었다. 당시의 한국은 박정희의 명을 받아 중앙정보부가 다스리고 있었다. 정보부의 해악은 이루 말할 수 없었다. 공포정치의 진원지였다. 그들의 비수는 김대중을 정조준하고 있었다. 어디를 가도 요원들이 미행하며 감시했다. 집 전화를 도청했고, 출입자들은 일일이 사진을 찍었다. 언론에 등장했던 '동교동' 그 동네 풍경은 살벌했다. 이웃집들을 통째로 빌려 주변 전체를 감시했다.

어느 날 언론에서 홀연 '김대중'이 사라졌다. 중앙정보부 요원들은 모든 매체를 샅샅이 뒤져 김대중을 지웠다. 강연을 하려 해도 장소를 구할 수 없었다. 어렵게 장소를 빌려도 곧바로 해약 전화가 왔다. 저들은 김대중이 박정희와 맞서는 길을 원천 봉쇄하려 했다.

'실미도 특수군 사건', '광주 대단지 폭동 사건', '한진빌딩 노동자 난입 사건' 등이 잇달아 터졌다. 그럼에도 민심이 떠난 독재정치는 그 어떤 해결책도 제시하지 못했다.

이때 공화당의 '4인방 항명 사건'이 터졌다. 야당이 제출한 각료 해임안을 공화당 의원들이 합세하여 통과시켰다. 박정희는 펄펄 뛰었다. 박정희의 명을 받은 요원들은 4인방을 색출해서 중앙정보부로 끌고 갔다. 번개처럼 빨랐다. 실세를 자처했던 공화당 중앙위 의장 김성곤, 정책위 의장 길재호는 벌거벗겨져 개처럼 두들겨 맞았다. 고이 기르던 김성곤의 카이저수염도 뜯겨 나갔다. 자신을 향한 도전에 박정희는 철저하게 응징했다. 제법 견고해 보였던 4인방의 아성은 모래성보다 보잘것이 없었다.

그러나 그것은 공화당의 내분으로 돌릴 일이 아니었다. 문제는 백주에 벌어진 박정희의 입법부에 대한 테러였다. 법과 질서를 능멸하는, 민의에 대한 패륜적 몽둥이질이었다. 하지만 신민당은 야성野性을 잃어 가고 있었다. 김대중은 중앙정보부의 불법 행위를 규탄하자고 했지만 야당은 움직이지 않았다. 김대중은 10월 23일 국회 본회의 대정부 질의를 통해 중앙정보부를 정면으로 질타했다.

> 지금 이 나라에서 중앙정보부는 만능의 폭군입니다. 못 하는 일이 없습니다. 선거 때 필요하면 정당을 만들어 조작하고, 부정선거를 자행하고, 여당의 공천에 개입하고, 야당의 분열 공작을 자행하고······. 공산당을 잡으라는 중앙정보부가 이 나라 정치를 완전히 지배합니다.
> 이 나라에서는 국민들이 또는 정치인들이 국무총리의 욕을 하거나 대통령에게 욕을 할망정 중앙정보부는 무서워서 비판을 못 합니다. 중앙정보부는 지금 완전히 무소불능의 권한으로 이 나라의 3권 위에 올라섰습니다.
> 국회에 대해서는 중앙정보부가 3선 개헌에 반대한 사람들을 구타하고 협박을 하더니 이번에도 또 그럽니다. 입법부가 완전히 중앙정보부에 의해서 유린당하고 있어요. 지금 우리가 이대로 가다가는 중앙정보부의 노예가 될 판입니다.
> 우리들은 이제 사생활의 자유도 없어요. 나는 바로 이런 중앙정보부에 대한 규탄을 하다가 비록 내 목숨이 끊어지는 한이 있더라도, 정보 정치의 제물이 되는 한이 있더라도 내 소신으로는 믿는 바를 이야기 안 할 수 없다, 이것입니다.

박정희는 점점 밀실을 좋아했다. 옳은 소리에 귀를 막으니 민심이 떠났다. 그 빈자리에 간신배나 아첨꾼이 들끓었다. 학생들이 시위에 나섰다. 움직임이 심상치 않았다. 그러자 곧바로 1971년 10월 15일 위수령을 발동했다. 대학 안에 무장 군인들을 풀었다. 그리고 12월 6일 비상사태를 선포했다. 이유는 '북한의 남침으로부터 국가를 지키기 위해서'였다. 박정희는 야욕의 발톱을 드러냈다. 그것은 장기 집권이었다.

김대중의 예언은 현실이 되어 가고 있었다. 다시 박정희와의 목숨을 건 싸움이 시작되고 있었다.

1972년 10월 17일 김대중은 일본에 있었다. 고관절 장애를 치료하기 위해 도쿄에 머물렀다. 오후 5시쯤 서울의 친구가 숙소인 제국호텔로 전화를 해왔다. 친구는 오후 7시에 박정희 대통령이 중대 발표를 할 것이라고 알려 주었다. 매우 불길했다. 고향 친구인 김종충과 텔레비전을 지켜봤다.

> 나는 우리 조국의 평화와 통일, 그리고 번영을 희구하는 국민 모두의 절실한 염원을 받들어 우리 민족사의 진운을 영예롭게 개척해 나가기 위한 나의 중대한 결심을 국민 여러분 앞에 밝히는 바입니다.

박정희는 국회를 해산하고 전국에 비상계엄령을 선포했다. 평화적 통일과 한국적 민주주의를 위해 국회를 해산하고 계엄령을 선포한다니, 수사修辭가 가소로웠다. 박정희는 초법적 조치들을 쏟아 냈다. 대통령을 통일주체국민회의에서 간접선거로 선출하고, 국회의원 3분의 1을 대통령이 추천토록 했다. 대통령이 3권 위에 군림할 수 있었고, 6년 임기에 연임 제한마저 철폐했다. 사실상 종신 집권이 가능한 총통제와 다름없었다.

정국은 김대중이 예상한 것보다 훨씬 빨리, 아주 나쁜 방향으로 흘러가고 있었다. 미루어 보건대, 김대중은 박정희의 야욕을 이미 간파하고 있었지만 이렇게까지 나올 줄은 몰랐던 것 같다. 야당 의원들을 포섭하여 개헌을 단행하리라 예상했던 것 같다. 그러나 박정희는 노골적으로, 어찌 보면 무식하게 일을 저질렀다. 박정희는 이때부터 민심에 길을 묻지 않았다. 여론을 살피거나 대화에 나서는 것을 귀찮아했다. 나라 안에 오직 박정희만 있어야 했다.

수많은 장면들이 떠올랐다. 탱크가 깔려 있는 살벌한 서울 거리, 김대중을 연호하던 유세장, 중앙정보부에 끌려가 고문을 당하는 측근과 동지들, 표정 없는 박정희의 얼굴, 학생들의 시위와 그 앞을 가로막는 완장 두른 계엄군…….

호텔 방은 담배 연기가 자욱했다. 도쿄의 밤이 깊어 가고 있었다. 도쿄 시민들이 진정 부러웠다. 나라가 평화로워야 국민들이 단잠을 잘 수 있다.

'독재의 살기가 없는 곳에서 잠들었으면…….'

중대 발표 직후 아내 이희호가 전화를 걸어 귀국을 만류했다.

"상황이 심상치 않아요. 아무래도 서울에 오시지 않는 것이 좋을 것 같아요."

가냘픈 목소리가 더욱 가늘어져 있었다.

'서울로 돌아가면 곧바로 붙잡혀 내일을 알 수 없는 처지가 될 것이다. 그렇다고 귀국을 안 하면 아내와 자식, 그리고 동지들은 어찌 될 것인가. 그래, 돌아가자. 독재와 싸우다 죽는다면 민주주의는 김대중의 무덤에서부터 피어날 것이다.'

하지만 금세 다른 생각이 떠올랐다.

'돌아가서 갇히는 게 능사는 아니지 않은가. 다행히 나는 나라 밖에 있다. 독재 정권의 실상을 세계에 알려야 하지 않을까.'

돌아가 함께 갇힐 것인가, 남아서 홀로 싸울 것인가.

번민을 거듭했다. 그러다 김대중은 왜 자신이 한국에 없을 때 박정희가 '10월 쿠데타'를 일으켰는지에 생각이 멈췄다. 그것을 운명으로 받아들이기로 했다. 먼동이 틀 때쯤 망명을 결심했다. 긴 밤이었다. 도쿄 주재 외국 보도진에 그 사실을 알렸다. 망명의 첫 아침, 첫 성명을 발표했다.

나는 박 대통령의 행위가 세계의 여론으로부터 준엄한 비판을 받음과 동시에 민주적 자유를 열망하여 이승만 독재 정권을 타도한 위대한 한국민의 힘에 의해 반드시 완전히 실패로 돌아갈 것을 확신하는 바이다.

같은 시각 한국에서는 군 수사관들이 동교동 집과 김대중 계파의 의원들 집을 일제히 덮쳤다. 김상현, 조윤형, 이종남, 김녹영, 조연하, 김경인, 박종률, 강근호, 이세규, 김한수, 나석호 의원이 군부대로 끌려갔다. 권노갑, 한화갑, 엄영달, 김옥두, 방대엽, 이수동, 이윤수 비서들도 잡혀가 고문을 당했다. 옷 벗기고 잠 안 재우기, 각목으로 때리기, 거꾸로 매달아 코에 물 붓기, 송곳으로 발바닥 찌르기……. 잡혀 들어간 사람들에게 김대중이 빨갱이라는 것을 시인하라는 것이었다. 비서 김옥두의 증언은 실로 처참하다.

> 몇 시간 동안 각목으로 사정없이 후려치고, 통닭구이 고문과 물고문을 한바탕 해댄 그들은 드디어 나를 의자에 앉혔다. 여전히 몸뚱이는 실오라기 하나 걸치지 않은 알몸으로 온몸은 이미 퉁퉁 부어올랐고, 푸르딩딩한 멍이 일직선을 긋거나 아니면 동그랗게 뭉쳐 있었다.
>
> 　여기저기서 핏물이 조금씩조금씩 몸 밖으로 빠져나오고 있었다. 어깻죽지는 빠질 것처럼 축 늘어져 버렸고 모든 게 귀찮고 차라리 죽어 버렸으면 하는 심정이 앞섰다. (……)
>
> 　어느 날은 의자에 앉히더니 뺀찌를 가지고 와 손톱을 뽑아 버리겠다고 잡아당기기도 했다. 손톱이 정말 곧 빠져 버릴 것처럼 아팠다. 손톱 밑에 금세 물집이 생겼다. 그러면서 또다시 머리카락을 한 묶음 잡아 뒤로 젖히더니 혀를 뺀찌로 잡아당기는 고문을 자행했다. 목구멍이 삽시간에 부어올랐고 숨을 제대로 쉴 수가 없었다. 그뿐이 아니었다. 통닭 바비큐처럼 몸뚱이를 또다시 매달더니 이번에는 고춧가루 물을 들이부었다. 어떤 날은 나도 모르게 그 자리에서 정신없이 오줌을 싸는 날도 있었다. (『다시, 김대중을 위하여』에서)

김대중은 한국 독재 정권의 실상과 박정희의 야욕을 발가벗겼다. 일본 언론에 기고를 하고 인터뷰를 했다. 한국 국민들은 결코 민주주의를 포기하지 않을 것이며 독재 정권에 맞서 싸우는 민주 세력이 살아 있음을 알렸다. 그리고 망명의 무대를 미국으로 옮겼다.

미국에서 누구라도 만났다. 에드워드 케네디 상원의원, 에드윈 라이샤워Edwin O. Reischauer 교수, 제롬 코언Jerome A. Cohen 교수, 마이크 맨스필드Mike Mansfield 민주당 원내총무, 휴 스콧Hugh Scott 공화당 원내총무 등을 만나 망명의 배경을 설명하고 도움을 청했다. 12월 14일 뉴욕 컬럼비아대학에서는 첫 대중 연설을 했다. 김대중의 연설은 재미교포들은 물론 미국인들에게도 깊은 인상을 심어 주었다.

주미 한국 대사관에서 근무했던 이근팔도 큰 감동을 받았다. 대학에 다닐 때 신익희, 장면 후보의 선거운동원으로 활동하며 거물들의 연설을 들었지만 김대중은 그들과 차원이 달랐다. 달변이라는 얘기는 소문으로 들어서 알았다. 하지만 김대중의 연설에는 호소력과 설득력이 있었다. 해결책과 비전이 들어 있었다.

어느 날 김대중은 이근팔에게 비서가 되어 달라고 부탁했다. 이근팔은 다섯 자녀를 둔 궁핍한 가정의 가장이었다. 김대중의 비서로는 도저히 생활비를 감당할 수 없었다. 그래도 망명객 김대중의 요청을 거절할 수 없었다. 흡사 무엇에 감전된 듯했다.

망명객 김대중은 초조했다. 유세장 청중들의 환호가 아직도 귓전을 맴돌고 있는데 돌아보면 혼자였다. 현실은 외롭고 갈 길은 보이지 않았다. 그러니 마음이 급했다. 한시도 쉬지 않았다. 책 읽고, 글 쓰고, 사람 만나고, 전화하고, 편지를 썼다. 비서 이근팔은 그런 김대중을 이렇게 평했다.

"앉아 있어도 달리고 있었다."

주미 한국 대사관 공보관장 이재현이 미국에 망명했다. 독재 정권에 맞선 용기 있는 항거였다. 재외 공관장의 망명을 김대중은 비상하게 바라보았다. 박정희 정권이 흔들리고 있음이었다. 이재현을 만나 박 정권의 붕괴 가능성을 타진했다. 그러나 그의 대답은 김대중을 실망시켰다.

"박 정권은 단기에 무너지지 않을 것입니다. 상당히 갈 것입니다. 각오를 다져야 할 것입니다."

이때 김대중 주변에서는 살벌한 일들이 벌어지고 있었다. 연설장에 깡패들이 난입하고, 연설을 방해하려는 공작이 사전에 발각되기도 했다. 모두 중앙정보부의 사주로 일어난 일이었다. 정보부원들은 김대중이 있다면 세상 끝까지 쫓아갔다. 아내 이희호가 인편에 편지를 보내왔다.

정부에서는 당신이 외국에서 성명 내는 것과 국제적 여론을 제일 두려워한다고 합니다. 박정희 씨만이 이 나라에 존재해 있고 그의 명만이 법이요, 모두 죽은 자의 묘지가 되어 있는 이곳에서 숨이라도 크게 쉬면 무슨 소린가 놀라서 벌을 내릴까 두려워하는 심정입니다. 특히 미워하는 대상은 당신이므로 그리 아시고 더 강한 투쟁을 하시고, 국민을 자유롭게 해방시켜 호흡을 크게 쉴 수 있게 해주기 위해서라도 급히 서두르지 마세요.

1973년 7월 6일 워싱턴 메이플라워호텔에서 '한국민주회복통일촉진국민회의'(한민통) 발기인 대회가 열렸다. 김상돈, 문명자, 임창영 등이 참여했다. 김대중은 비로소 반독재 투쟁의 해외 거점을 만들었다.

7월 10일 그는 다시 일본으로 돌아왔다. 한민통 일본 지부를 결성하기 위해서였다. 김대중은 하루하루를 분주하게 보냈다. 한민통 창립 준비를 하는 한편 언론과도 활발하게 접촉했다. 그중 월간 『세카이世界』의 야스에 료스케安江良介 편집장과는 가장 솔직하게, 가장 깊이 있는 대담을 했다. 김대중은 신념이 무엇이냐는 질문에 이렇게 답했다.

나는 악마가 지배하는 지옥에 떨어져도 신이 있다는 것을 믿습니다. 그리고 나의 신앙은 역사입니다. 나는 역사에서 정의는 절대로 패배하지 않는다는 것을 믿습니다. 또한 나의 유일한 영웅은 국민입니다. 국민은 최후의 승리자이며 양심의 근원입니다. 나는 이런 신념으로 살고 있습니다.

불온한 기운이 감지되었다. 재일 한국인 야쿠자들이 김대중을 노리고 있다는 제보가 들어왔다. 수석 비서 조활준은 분명 음모가 진행 중이라며 숙소를 날마다 옮기자고 했다. 조직적인 움직임이 포착되었다. 내 사견이지만 김대중이 일본으로 건너오자 정보 당국이 곧바로 '김대중 제거' 계획을 구체화했던 것 같다. 미국에서는 감히 엄두를 내지 못했지만 일본은 그래도 '해볼 만한 땅'으로 여겼음 직하다. 그러나 방법을 둘러싸고는 내부에서도 강온이 엇갈렸던 듯하다.

국내에서는 중앙정보부 6국장 이용택이 이희호를 찾아와 김대중의 귀국을 종용했다. 편지 속의 이희호는 잔뜩 긴장하고 있었다.

중앙정보부에서 당신에게 사람을 보내서 어떻게든지 귀국시켜 구속한다는 말이 들려요. 그리고 일본서도 당신 꼭 미행하는 줄 아시고 조심조심 하시고 몸을 제일 보호하세요. (1973년 1월 5일)

세간에서는 당신이 정부의 교섭을 받고 돌아와서 감투를 쓰게 된다는 낭설도 돌고 있습니다. 어떻게든지 당신을 못 쓰게 만들려 갖은 짓을 다하고 있습니다. (1월 11일)

가능하면 당신을 경호하는 몇 사람과 늘 같이 다니도록 하세요. 그리고 당신을 후원하는 분들도 조직되어서 움직이면 더욱 힘 될 줄 믿습니다. (2월 20일)

이 국장(중앙정보부 6국장) 말이 동백림 사건도 자기가 그들 스스로 오게 만들었대요. 귀국하면 생명이 위험하다는 등 말하지만 일본이나 미국에 있어도 만일에 생명을 자기들이 노린다 가정한다면 감쪽같이 없앨 수 있다고 했어요. (5월 15일)

이 국장이 무서운 사람으로 알려져 있고 당신을 귀국하게 하는 사명을 가지고 그 자리에 오게 된 듯하니 어떠한 일이 있어도 몸을 조심하셔서 끝까지 싸워 이기셔야 해요. 현재 한국의 정치인은 당신 한 분뿐이라고 말하는 사람이 많아요. 그럴수록 당신의 책임은 더욱 중하고 당신의 몸은 귀중하니까 늘 몸을 지키세요. (6월 20일)

저들이 당신의 명성이 높아지고 외국에서의 인정이 굳어질수록 당신에게나 우리 가족들에게 화살을 보낼 터이니 더욱더 조심하세요. (7월 8일)

불온한 기운들이 뭉쳐서 기어이 김대중에게 다가오고 있었다. 운명의 날이 오고 있었다.

1973년 8월 8일

김대중은 일본에서 일어난 '김대중 납치 사건'을 2007년 1월 23일 구술했다. 사건이 발생한 지 34년이 지났지만 당시의 순간들을 생생하게 기억하고 있었다. 죽음을 앞둔 시간 속에서 느꼈던, 전신을 휘감던 당시의 공포가 그대로 묻어 있었다. 김대중은 살아서 돌아온 8월 13일을 각별하게 챙겼다. 해마다 모임을 갖고 미사를 드렸다. 생과 사를 넘나든 순간들을 재구성해 보면 이렇다.

그날 도쿄의 아침은 끈적거렸다. 1973년 8월 8일, 더위가 며칠째 계속되고 있었다. 김대중은 일본에 온 통일당 총재 양일동을 만나러 숙소를 나왔다. 비서 겸 경호원 김강수가 따라나섰다. 김강수는 망명객 김대중의 신념과 인품에 매료된 청년이었다. 호텔 현관에서 택시를 잡아탔다.

11시가 넘어 그랜드팔레스호텔에 도착했다. 김강수와 함께 22층으로 올라갔다. 김강수에게 로비로 내려가 기다리라 이르고 2211호실 문을 두드렸다. 양일동이 반갑게 맞았다. 소파에 앉아 이야기를 나누고 있는데 노크 소리와 함께 국회의원 김경인이 들어왔다. 김대중과는 친척뻘이었다. 셋이서 함께 점심을 들었다. 그때 양일동은 이런 말을 했다.

"주일 한국 대사관 김재권 공사가 문안을 왔네. 그런데 자네를 꼭 만나야 할 일이 있다고 하더군. 그래서 금명간 자네를 만날 예정이라고 했네."

김대중은 대수롭지 않게 생각했다. 귀국을 종용하려고 그럴지도 모른다고 생각했다.

"아직 그 사람들과는 만날 일이 없습니다."

그러나 양일동은 김대중의 소재를 알린 셈이었다. 양일동 옆만 지키면 김대중은 오게 돼 있었다. 김대중은 일본 자민당 의원 기무라 토시오를 만나기 위해 2211호실을 나섰다. 오후 1시 15분경이었다. 김경인도 배웅차 따라나섰다. 바로 그때였다. 건장한 사내 대여섯 명이 어디선가 뛰쳐나왔다. 다짜고짜 김대중의 목덜미를 움켜쥐었다.

"이게 무슨 짓이냐!"

고함을 지르며 맞섰지만 사내들의 완력을 당해 낼 순 없었다. 그들은 김대중의 입을 틀어막고 옆방인 2210호실로 끌고 갔다. 사내들은 김경인을 양일동이 있는 2211호실로 다시 밀어 넣었다.

"무슨 짓이야, 어디서 왔느냐?"

양일동이 소리쳤다.

"양일동 선생님이시죠. 우리는 서울에서 왔습니다. 금방 끝납니다. 조금만 이야기하면 됩니다."

"그렇다고 사람을 이리 대할 수 있는가?"

김경인이 호통을 치자 사내 하나가 답했다.

"김경인 선생님인 줄 알고 있습니다. 이건 국내 문제니까 조용히 해주시기 바랍니다. 떠들면 한국인의 창피입니다."

분명한 서울 말씨였다. 두 사람은 잠시 기다려 보기로 했다.

같은 시각, 다른 사내들은 김대중을 침대 위에 내동댕이쳤다. 그리고 마취제를 적신 손수건을 코에 들이댔다. 마취제가 약했는지 김대중은 정신을 완전히 잃지는 않았다.

"조용히 해. 말을 듣지 않으면 죽여 버리겠다."

유창한 한국말이었다.

'이러다 죽을 수도 있겠구나.'

공포가 엄습했다. 사내들은 배낭, 밧줄, 화장지 등을 준비했다. 김대중을 살해한 후 토막 내어 배낭에 넣어 운반할 요량이었다. 그런데 김경인이 나타나자 계획을 바꿨다.

사내들은 김대중을 엘리베이터에 태웠다. 엘리베이터가 중간에 멈춰 서고 두 일본인이 탔다. 김대중은 일본말로 소리쳤다.

"살인자다, 구해 달라. 살인자다, 구해 달라."

그러자 두 일본인이 겁을 먹고 다음 층에서 황급히 내려 버렸다. 사내들은 김대중을 사정없이 때렸다.

"새끼, 죽고 싶어 환장했나. 쓸데없는 짓 하지 말라고 했잖아."

지하 주차장에 승용차가 대기하고 있었다. 김대중을 뒷좌석에 밀어 넣고 사내 둘이 양옆에 앉았다. 김대중의 머리를 좌석 바닥에 처박 았다. 차가 움직였다. 지하 주차장을 빠져나와 어디론가 달렸다.

2시까지도 김대중이 나타나지 않자 비서 김강수가 22층으로 올라왔다. 2211호실 방문을 밀치고 들어갔다.
"김대중 선생님을 모시는 사람입니다. 어디 계십니까?"
그제야 세 사람이 2210호로 달려갔지만 객실 문은 잠겨 있었다. 허겁지겁 객실 담당을 불러 2210호실 문을 열었다. 방 안에는 아무도 없었다. 약품 냄새만 났다. 한쪽 구석에 권총 탄창이 놓여 있었다. 김강수는 사색이 되어 사무실에 전화를 했다. 그렇게 납치 사실을 처음 알렸다. 수석 비서 조활준이 범죄 신고 전화인 110번에 연락을 취한 시각은 오후 2시 40분이었다.
연락을 받고 경찰과 기자들이 거의 동시에 들이닥쳤다. 두 개의 침대 사이에는 커다란 배낭 두 개, 색 한 개, 1.3미터짜리 밧줄이 놓여 있었다. 사이드테이블에는 권총 탄창 한 개, 마취제가 들어 있는 영양제 병, 대형 봉투 등이 놓여 있었다. 사건을 세상에 처음 알린 것은 NHK 속보 자막이었다. 오후 3시 50분이었다.

납치 차량은 고속도로를 달렸다. 김대중은 여전히 사내들의 다리 밑에 처박혀 있었다. 조금이라도 움직이면 발로 걷어찼다. 어디로 가는지, 시간이 얼마나 됐는지 알 수 없었다. 이윽고 어느 빌딩 주차장 같은 곳에 차를 세웠다. 빌딩 사무실 안에서 묶인 끈을 풀어 주었다. 옷도 모두 벗겼다. 양복 주머니를 뒤져 현금과 신분증명서, 명함 등을 빼어 갔다. 허름한 옷으로 갈아입히고, 신발도 운동화 같은 것으로 갈아 신겼다.

다시 끈으로 몸을 묶고 포장용 강력 테이프로 온몸을 감았다. 얼굴은 코만 남겨 두었다. 밖은 어느새 어두워지고 있었다. 사내들은 김대중을 차 안으로 옮겼다.

30분 정도 달렸을까, 파도 소리가 들렸다. 김대중은 고향 하의도 앞바다를 떠올렸다. 목포와 부산에서 해운회사를 운영할 때 늘 듣던 소리였다. 바다, 고향 같은 바다에서 죽을지도 모른다는 생각을 했다.

'사람들은 흙으로 돌아가는데 나는 바다로 돌아가는가.'

해안 선착장에서 모터보트로 옮겨졌다. 보트 위에서 누군가 머리에 보자기를 씌웠다.

'내 인생도 이것으로 끝나는 것인가.'

묶인 손으로 십자가를 그었다. 그러자 사내 하나가 배를 걷어찼다. 김대중은 소리쳤다.

"때릴 것 없소. 나는 이미 죽음을 각오한 사람이오. 모든 것을 각오하고 있는데 더 이상 때릴 필요가 없지 않소."

다음 날 새벽 사내들은 김대중을 큰 배에 태웠다. 배는 파도에도 거의 흔들림이 없었다. 500톤급으로 1000마력이 넘는 듯했다. 김대중은 배의 흔들림만으로도 크기와 성능을 알 수 있었다. 사내들은 김대중을 갑판 쪽으로 데려갔다. 끈을 풀고 테이프를 떼어 냈다. 그런 다음에 양손을 가슴에 모은 뒤 온몸을 묶었다. 등에 널빤지를 대고 몸의 세 곳을 다시 묶었다. 입에는 나뭇조각을 물린 뒤 붕대로 감았다. 양 눈에는 스카치 테이프를 다섯 번씩이나 붙였다. 그 위에 다시 붕대를 감았다. 작업 중에는 누구도 말하지 않았다. 양쪽 손목에 쇳덩이를 달았다. 그리고 나서 작은 목소리로 말했다.

"던질 때 벗겨지지 않겠어?"

"글쎄, 이불에 묶어 던지면 떠오르지 않는다던데. 솜이 물을 먹어서."

사내들은 실제로 이불을 씌우지는 않았다. 이야기 속에 가끔 '상어'라는 말도 튀어나왔다. 김대중은 바닷속에서의 최후의 순간이 어른거렸다.

'바닷속에 던져지면 쇳덩이를 벗길 수 있을까. 아마 힘들 것이다. 바닷속이니 몇 분이면 끝이 날 거야. 그렇게 되면 고생도 끝나겠지. 그래, 이 정도 살았으면 된 것 아닌가.'

그러다 다른 생각이 떠올랐다.

'아니야, 살아야지. 어떻게 이리 허망하게 죽는단 말인가. 살고 싶다. 아직 할 일이 많다. 상어에게 하반신을 뜯겨 먹혀도 상반신만이라도 살고 싶다.'

그런 생각을 하며 팔목에 힘을 주었다. 꿈쩍도 하지 않았다. 죽음의 순간이란 이런 것인가. 김대중은 아득히 가라앉는 느낌이었다.

그때였다. 김대중의 눈앞에 예수님이 나타났다. 기도도 드리지 못하고 그저 죽음 앞에 떨고 있는데 예수님이 바로 앞에 계셨다. 성당에서 보았던 모습 그대로였다. 김대중은 예수님의 옷자락을 붙들고 매달렸다.

"살려 주십시오. 아직 제게는 할 일이 남아 있습니다. 우리 국민들을 위해 해야 할 일들이 있습니다. 저를 구해 주십시오."

김대중이 예수를 영접한 후 '살려 달라'는 기도는 처음이었다. 순간 붉은 섬광이 일었다. 테이프가 감겨 눈을 뜰 수가 없는데도 또렷이 느껴졌다. 그리고 폭음이 들렸다.

"비행기다."

선원들이 이리저리 뛰어다녔다. 배가 요동을 치며 미친 듯이 달렸다. 바다 위에서 무슨 일이 벌어지고 있었다. 배는 30분쯤 정신없이 달리다 속도를 줄였다. 사위가 조용했다. 김대중은 바닥에 처박혀 귀만 열고 있었다.

"김대중 선생 아니십니까?"

경상도 말씨였다. 김대중은 겨우 고개만 끄덕였다.

"지난 대통령 선거 때 선생님을 찍었습니다."

그 말을 듣자 살길이 열리는 것 같았다. 눈앞이 환해졌다.

"선생님은 이제 살았습니다."

입의 붕대를 풀어 주더니 담배에 불을 붙여 물려 주었다. 오랜만에 연기를 삼키니 머리가 핑 돌았다.

'내가 살아서 담배를 피우는구나.'

사내가 주스를 가져와 권했다. 김대중이 물었다.

"여기가 지금 어디요?"

"도쿠시마德島 근해입니다."

"그럼 이 배가 항구에 들르면 경찰에 연락을 해주십시오. 일본 경찰은 나를 도울 것입니다."

사내는 알았다고 했다. 하지만 배는 항구에 닿지 않았다. 9, 10일 이틀 동안 바다에 떠 있었다. 그런 극한상황에서도 잠이 밀려왔다. 졸다가 깨기를 반복했다. 눈을 가려 여전히 깜깜할 뿐이었다. 다시 배가 움직였다.

11일 새벽 주위가 소란스러웠다. 배 밖에서 한국말이 들려왔다. 항구에 정박한 것 같았다. 그날 밤이 깊어서야 배에서 끌려 내려왔다. 미군들이 사용하는 스리쿼터에 실려 몇 시간을 가다가 다시 지프차로 옮겨졌다. 김대중은 한국 땅에서 이리저리 끌려다녔다.

8월 13일 납치 엿새째 되는 날 사내 하나가 말을 걸었다.

"김대중 선생, 이야기 좀 합시다. 선생은 왜 해외에 나가서 국가에 반대하는 투쟁을 벌이는 겁니까?"

"그런 게 아니오. 내가 박정희 정권을 반대하고 있는 것은 사실이지만 자유민주주의와 반공 체제를 부인하거나 반대한 일은 없소. 대한민국에 반대한 적은 한 번도 없소. 내가 반대한 것은 독재 정권이지 국가가 아니오."

"국가가 정권이지, 국가와 정부가 다른 게 뭡니까?"

사내가 볼멘소리로 되물었다. 김대중은 가만 있었다. 사내가 말을 돌렸다.

"김대중 선생, 협상 좀 합시다."

"말해 보시오."

"지금부터 선생을 차에 태워 자택 근처에 풀어 드릴 작정입니다. 상부의 명령입니다. 차에서 내리시면 거기서 소변을 보십시오. 그사이에 눈의 붕대를 풀어서도 안 되고 소리쳐도 안 됩니다. 소변을 다 본 뒤에는 집으로 돌아가셔도 좋습니다. 어떻습니까?"

김대중은 고개를 끄덕였다. 사내들은 서울 시내를 이리저리 한참

동안 달린 후에 김대중을 내려 주었다. 김대중은 소변을 보고 붕대를 풀었다. 한참 지나자 사물이 보였다. 낯이 익었다. 동교동 집에서 가까운 주유소 근처였다. 골목길에서는 더위를 식히러 나온 주민들이 두런두런 얘기를 나누고 있었다. 평온한 밤이었다. 달빛이 참으로 밝았다. 오래전 목포형무소에서 탈출했을 때처럼. 김대중은 살아서 돌아왔다. 세 번째, 네 번째의 죽을 고비를 넘겼다. 달빛은 김대중의 험한 운명을 비추고 있었다.

김대중은 걸음을 뗐다. 고관절 장애가 있는 데다 오래 끌려다녀서 그런지 다리가 아팠다. 절뚝절뚝 걸었다. 집으로 가는 골목길, 아침에 집을 나선 것 같았다. 일본과 미국을 오갔던 격정의 망명 생활이 불과 한나절의 일 같았다. 꿈만 같았다. 인생이란 이런 것일까. 김대중은 다시 집 앞에 서 있었다. 시간은 밤 10시를 막 지나 있었다. '김대중 이희호' 문패 아래에서 초인종을 눌렀다.

식구들이 뛰쳐나왔다. 아내가 보였다. 가족과 비서들에 둘러싸인 김대중이 말했다.

"하느님께서 살아 계심을 체험했습니다. 주님의 은총으로 살아왔어요. 모두 기도합시다."

김대중의 뇌리에는 그때까지도 배 위의 예수님 모습이 또렷이 남아 있었다. 아니, 일생 동안 떠나지 않았다. 생각할수록 은혜롭고 신비로웠다. 훗날 김수환 추기경을 만나 물었다.

"추기경께서는 그런 현상을 어떻게 보십니까?"

"그 순간 기도하고 있었다면 환상을 보았을 가능성이 있습니다. 하

1973년 8월 8일

지만 다른 생각에 잠겨 있을 때 예수님을 본 것이라면 실제로 나타나셨을 것입니다. 중요한 것은 환상이냐 아니냐가 아니겠지요. 결국은 믿음의 문제일 것입니다."

　기도를 마치고 살펴보니 온몸이 상처투성이였다. 아랫입술은 곪았고, 두 손목과 발목에는 피멍이 들어 있었다. 왼쪽 눈썹 위에는 피가 맺혀 있었다. 김대중은 자신의 상처가 흡사 남의 것처럼 보였다. 그때까지 아프지도 않았다. 도무지 실감이 나지 않았다. 죽음과 삶 사이는 그저 한순간이었다. 모든 것이 아득하다가 다시 생생하게 떠올랐다.

　기자들이 몰려들었다. 회견은 다음 날 새벽까지 계속되었다. 김대중은 기자들 앞에서, 그 새벽에 울고 말았다.

　여러 기록과 증언들을 살펴볼 때 김대중의 생환은 미국이 도왔기에 가능했다. 주한 미국 대사관은 8월 8일 오후 3시경에 '납치 정보'를 입수했다. 미국 CIA가 하비브Philip Habib 대사에게 알렸다. 하비브는 즉각 청와대에 미국이 납치 사실을 알고 있고 한국 정부의 동향을 예의 주시하고 있다고 통보했다. 그렇다면 당시 절체절명의 순간에 나타난 비행기는 어디서 날아온 것일까. 나는 어디에서도 단정적인 증거를 찾을 수는 없었다. 하지만 여러 정황을 늘어놓고 이를 맞춰 보면 일본 본토에서 날아온 일본 국적기가 거의 틀림없다. 미국은 납치 사실을 일본에 알렸고, 한국 정부도 '김대중 살해 계획'이 들통 나자 일본에 공작선 위치를 알려주며 후속 조치를 부탁했을 것으로 추정된다.

　하버드대 교수 제롬 코언도 마침 일본에 머물던 재미교포 임창영의 연락을 받고 미 국무장관 키신저Henry Alfred Kissinger에게 전화를 했다. 키신저는 유엔총회에 참석 중인데도 전화를 받았다. 코언이 그만한 무게와 명성을 지니고 있었기 때문이다.

"키신저 장관, 우리의 친구 김대중 씨가 일본에서 납치를 당했다고 합니다. 몇 시간 안에 그가 처형될지도 모르겠습니다. 우리가 그를 살려야 합니다."

키신저는 모든 조직을 동원하여 진상을 파악하고 김대중을 구할 것을 지시했다.

'김대중 납치 사건'은 여러 증언과 문건을 통해서 범행의 윤곽이 드러났다. 중앙정보부장 이후락의 지휘 아래 총 46명이 9개 조로 나뉘어 치밀하게 계획한 공작이었다. 미국도 1998년 비밀 문건을 공개하며 중앙정보부의 소행임을 밝혔다. 박정희 대통령은 명시적 또는 묵시적으로 승인했을 가능성이 크다고 분석했다.

박정희가 지시한 것임은 확실해 보인다. 미국에 망명한 전 중앙정보부장 김형욱도 1977년 6월 미국 하원 청문회에서 주목할 만한 증언을 했다. 그는 납치 사건이 박정희의 재가 없이는 이루어질 수 없다고 단언하며, 가담 인물들의 명단을 소위원회에 제출했다. 김형욱은 별도의 성명도 발표했다.

> 무엇보다 박 대통령이 가장 두려워하는 존재는 1971년 그와 대결했던 야당 대통령 후보 김대중 씨와, 미국의 대한 정책을 좌우하는 미국 국회였다. 박 대통령은 자신이 가장 두려워하는 개인인 김대중 씨의 문제를 이른바 '김대중 납치 사건'으로 해결하려 했다.

이후락은 1980년 '서울의 봄' 때 친구 최영근에게 박정희 대통령의 지시로 "납치할 수밖에 없었다"고 털어놓았다. "김대중을 없애라"는 지시를 받고 너무 놀라서 차일피일 미루자 한 달쯤 뒤에 다시 불러 호통을 쳤다는 것이다. 결국 자신의 부하들이 모두 반대했는데도 명령에 따를 수밖에 없었다고 고백했다.

김대중의 소재를 알린 통일당 총재 양일동은 납치 사건과 아무 연관이 없는 것일까. 나는 양일동의 행적이 아무래도 석연치 않았다. 김대중을 만나 호텔에서 귀국을 권유했다는 사실도 뭔가 걸린다. 그러나 김대중은 양일동을 적극 변호했다.
"솔직한 사람으로 일부러 함정에 빠뜨릴 사람이 아니다."
하지만 아내 이희호는 양일동이 일본으로 떠난다는 사실을 김대중에게 알리며 그를 너무 믿지 말라는 편지를 보냈다.

> 양일동 씨, 김경인 씨가 오늘 일본으로 떠난대요. 경인 씨가 (김)종충 씨 전화번호 가지고 갔으니까 연락될지 모르나 양 씨도 요즘 당신 말 많이 하고 있대요. 그러나 어느 만큼 믿느냐는 생각할 필요 있어요. 양 씨도 오늘의 현실을 보고 당신 생각하는 것이 자기에게 도움이 되니까 생각하는 거지, 이 나라 생각보다는 자기 이해를 더 앞세워 생각함으로서 순수하게 받아들일 수 없다고 생각합니다.
> (1973년 7월 13일)

그리고 호텔에서의 행동에도 의혹의 시선을 거두지 않았다. 이희호의 회고록 『나의 사랑 나의 조국』을 들춰 보자.

나는 신문 보도를 통해서 김 의원과 양 총재가 납치 당시 그곳에 있었던 사실을 알고 매우 섭섭했었다. 왜 곧 호텔 측에 알려서 괴한이 남편을 납치해 갔다고 전하지 못했을까. 왜 좀 더 소리 질러 옆방에 들리도록 못했을까.

이희호의 의문은 지금도 유효하다. 이희호는 분명 양일동을 믿지 못하고 있었다. 단순히 아내의 직관이었을까. 납치를 당한 후 김대중의 경호원 김강수가 2211호 방문을 두드릴 때까지 두 사람은 호텔 방에서 아무런 조치도 취하지 않고 머물렀다. 그 40분 동안은 그들의 해명에도 불구하고 여전히 의혹의 시간이다. 어쨌든 김대중은 양일동 때문에 납치를 당했다. 소재를 알린 것이 단순 실수인지 몰라도 의혹의 시선을 명쾌하게 거둘 수는 없다. 지나간 순간들을 다시 역사 속에서 꺼낼 수는 없지만.

납치 사건을 수사하던 일본 경찰은 범행 현장에서 의미 있는 지문 하나를 발견했다. 주일 한국 대사관 1등 서기관 김동운의 지문이었다. 이로써 한국 기관원이 범행에 관여한 사실이 드러났다. 그것은 한국의 공권력이 일본의 주권을 침해했다는 명백한 증거였다. 납치 사건으로 한일 정부는 강경하게 대치했다. 일본 정부는 예정된 한일 각료회의를 무기한 연기했다. 국교 정상화 이후 최초의, 최대의 시련이었다.

사태가 심각해지자 박정희는 사죄의 친서를 쥐어 주며 국무총리 김종필을 일본으로 보냈다. 그리고 결탁을 통해 사태를 해결하려 했다. 거액이 일본으로 흘러 들어갔다. 소문에 의하면 3억 엔이 넘었다. 어쨌든 한일 정부는 납치 사건을 적당히 봉합했다. 이런 행태를 일본 『아사히신문朝日新聞』은 '허튼 연극'이라며 비난했다.

김대중은 납치 사건에 관련된 모든 사람들을 용서했다. 누구라도 위에서 시켰다면 어쩔 수 없는 일이었다. 김대중 납치에 깊숙이 관여한 주일 공사 김재권(김기완)은 공직에서 물러나 미국으로 이민을 떠났다. 1977년 6월 22일 전 중앙정보부장 김형욱은 미국 하원 국제관계위원회(프레이저 위원회) 공청회에서 김재권의 역할에 대해 증언을 한 바 있다. 프레이저 위원장이 일본에서의 납치 책임자가 김기완이냐고 묻자 그는 분명하게 답했다.

"그렇습니다. 그가 책임자입니다. 그가 제게 그렇게 말했습니다."

세월이 흘러 2008년 그의 아들 성 김(김성용)이 6자회담 대표로 한국에 왔다. 비서들은 그가 김재권의 아들이라고 보고했다. 김대중은 놀랐다. 하지만 이내 정색을 하고 말했다.

"분명한 것은 아버지와 아들은 다르다는 것입니다. 그 아버지와 관련된 부분에 대해서는 문제 삼지 마시오. 외부에 알리지도 마시오."

사람의 인연은 정말로 알 수가 없다. 아버지는 김대중을 죽이려는 공작에 가담했지만 그의 아들은 김대중의 햇볕정책에서 비롯된 평화회담에 대표로 참여했다. 악연이 선한 기운으로 다시 솟아났는지 모른다. 역사도 윤회의 회전문을 들락거리는 것일까. 김대중 납치에 관여하지 않았다면 이민을 가지 않았을 것이고, 아들을 미국 외교관으로 키울 수도 없었을 것이다. 아버지의 빚을 아들이 갚는다면, 그것은 용서에 대한 응답일 것이다.

김대중은 늘 이렇게 말했다.

"사람은 용서하되 죄는 밝혀야 합니다."

납치 사건이 발생한 후 34년 만인 2007년 10월 '국정원 과거 사건 진실 규명을 통한 발전위원회'가 정부 차원의 첫 공식 결과를 내놓았다. 여기에서도 "박 전 대통령의 직접 지시 가능성을 배제할 수 없으며, 최소한의 묵시적 승인은 있었다고 판단된다"고 발표했다. 그러면서 "박 대통령이 사건과 무관했다면 사건 발생 후 이후락 정보부장을 처벌하는 게 당연한데도 그러지 않았고, 사건 은폐를 지시한 점 등은 박 대통령이 사건의 공범 또는 주범임을 보여 준다"고 밝혔다.

사실 그런 정도라면 '박정희의 지시에 의한 살해 공작'이라고 명시해야 했다. 김대중은 공식 발표를 보고 낙담했다. 사람은 용서해도 죄는 밝혀 역사에 남겨야 한다고 생각했기 때문이다. 실제로 김대중은 대통령으로 재직 시에 납치 사건을 파헤치고 싶었다. 그렇지만 참았다. 적어도 권력이 개입한 사건을 또 다른 권력으로 파헤치면 안 된다는 생각이었다. 또 진상이 밝혀지면 자신을 죽이려 했던 사건을 대통령인 자신이 사과해야 하는 일이 벌어질 수도 있었다. 김대중은 생전에 몇 번이나 단호하게 얘기했다.

"거듭 밝히지만 나는 '없애 버리라'는 당시 대통령의 지시로 납치당했다. 나는 앞으로 제대로 된 진상 규명이 이루어지길 기다릴 것이다. 그리고 한국과 일본 정부의 사과를 꼭 받고 싶다. 내 생전에 이루어지지 않을 수도 있을 것이다. 그러나 언젠가, 누군가에 의해서 밝혀질 것이다. 나는 기다리겠다. 진실이 역사가 되어야 한다는 것을 믿기 때문이다."

　김대중은 이제 이 땅에 없다. 언제 누가 진실을 밝혀 역사에 바칠 것인가.

유신의 심장이 터지다

김대중은 동교동 자택에 갇혔다. 경찰은 납치 사건의 범인을 잡겠다며 팔을 걷어붙였다. 그러나 이내 수사의 과녁이 바뀌었다. 김대중의 해외 활동을 추궁하기 시작했다. 하기야 대통령의 지시로 중앙정보부가 저지른 범죄를 누가 밝히겠는가. 집 주위에 경찰 초소가 일곱 군데나 설치되었다. 평소에는 200~300명, 비상시에는 3000명이 겹겹이 에워싸고 있었다. 누군가는 '세계에서 가장 안전한 집'이라고 했다.

정치인에게 연금은 잔인했다. 정치란 사람을 상대로 하는 것인데 사람과의 접촉이 끊겼으니 마음을 다스리기가 힘들었다. 훗날 김대중이 군부에 의해 가택 연금을 당하고 있던 버마의 아웅 산 수 치Aung San Suu Kyi 여사에게 누구보다 큰 관심을 보인 것은 연금의 무서움을 알았기 때문이다.

김대중은 날마다 침실에서 양복을 차려입고 넥타이까지 맨 다음 서재로 나왔다. 일종의 출근이었다. 그리고 줄곧 서재에 머물다 해 질 녘에는 다시 침실로 퇴근했다. 정신적 공황을 이겨 보려는, 자꾸 가라앉는 자신을 일으켜 세우려는 안간힘이었다.

해가 바뀌어도 연금은 풀리지 않았다. 누구도 찾아오지 못했고 누구를 찾아갈 수도 없었다. 사람이 그리웠다. 때로는 말을 한마디도 하지 않았는데 하루해가 지기도 했다. 그때의 침묵은 너무도 무거웠다. 김대중을 자꾸 나락으로 떨어뜨렸다.

가택 연금 중에도 국가 기념일은 꼭 챙겼다. 식구들과 비서, 집안의 일꾼들을 모아 놓고 기념식을 가졌다. 국민의례를 하고 기념사를 했다. 의식은 진지했다. 어디에 있든지, 무엇을 하든지 김대중은 대충 넘어가지 않았다. 자신에게 엄격했다. 집안 사람들을 불러 모으고 기념일의 의미를 설명하며 세상에 합류했다. 그런 노력으로 김대중은 무너지지 않았다.

각계의 민주화 욕구가 거세게 분출하고 있었다. 야당은 '헌법개정 청원운동본부'를 결성하고 서명운동에 돌입했다. 그러자 박 정권은 1974년 1월 8일 유신헌법에 따라 대통령 긴급조치 1, 2호를 선포했다. 장준하, 백기완 등 개헌 청원 운동의 주역들이 끌려갔다. 그들은 일반 법정이 아닌 비상군법회의에 회부되었다.

그해 2월 고향 하의도에서 부음이 올라왔다. 아버지가 돌아가셨다. 항의도 해보고 애원도 했지만 저들은 장례식에도 가지 못하게 막았다. 아버지는 끝내 김대중을 보지 못하고 땅에 묻혔다. 저들은 김대중이 나타나면 시위가 일어날지 모른다고 지레 겁을 먹었다. 아버지는 남녘 섬에 누워 있고, 자식은 서울에서 통곡했다. 천추의 한이었다.

광복절 29돌 기념식이 서울 장충동 국립극장에서 열렸다. 대통령 내외가 참석한 행사였다. 박정희가 축사를 시작한 지 5분쯤 지났을 때였다. 식장에 총성이 울렸다. 박정희를 겨냥한 총탄은 연단을 벗어나 육영수 여사의 머리에 맞았다. 범인은 재일교포 2세 문세광이었다. 육 여사는 병원에서 숨졌다.

당시 김대중은 육 여사를 호의적으로 생각하고 있었다. 김대중은 "박 대통령은 정치인으로서 알게 모르게 육 여사의 덕을 많이 봤다"고 평가했다. 육영수의 부드러움이 있었기에 박정희의 차가움이 엷어졌음을 지적한 말이다. 김대중은 '육 여사가 없는 청와대'를 떠올렸다. 불길하기만 했다.

연말에는 '동아일보' 광고 탄압 사건이 일어났다. 기자들이 자유 언론 실천을 다짐하고 반정부 시위 등을 보도하자 정부가 광고주들에게 압력을 넣어 광고를 해약토록 했다. 『동아일보』는 광고 없이 신문을 발행했다. '백지 광고'였다. 백지 광고는 독재의 만행을 폭로하는 또 다른 광고였다. 그러자 시민들의 광고가 들어오기 시작했다. 백지는 격려 문구로 채워졌다.

"자유 언론 만세!"

"민족의 새벽은 옵니다."

"우리는 너의 고난을 외면하지 않을 것이다."

독자들은 기사보다 광고를 먼저 읽었다. 김대중은 백지 광고 사태가 발생하자 곧바로 격려 광고를 냈다. 연금 상태라서 비서 김옥두를 보냈다. 광고료와 함께 친필로 광고 문안을 써 보냈다. 격려 광고 1호였다. 1975년 1월 1일자 8면에 "언론의 자유를 지키려는 한 시민"이란 명의로 게재되었다.

> 언론 자유는 우리의 생명이다. 그것 없이는 인권도 사회정의도 학원과 종교의 자유도 그리고 국민의 자발적 참여에 의한 국가안보도 존재하지 않는다. 언론 자유는 민주 국민의 혼이요 모든 소망의 근원이다. 이것을 지키는 것은 우리의 절대적 의무요 양도할 수 없는 권리다. 『동아일보』의 백지 광고란은 권력의 음모와 오만의 단적인 증거이며 국민의 알 권리에 대한 정면 도전이다. 이는 『동아일보』만의 문제가 아니라 우리 모두의 사활에 관한 문제인 것이다.

학생들의 시위가 갈수록 거세졌다. 그러자 박 정권은 1975년 5월 13일 긴급조치 9호를 선포했다. 유신헌법의 부정·반대·왜곡·비방·개정 및 폐기를 주장하거나 청원·선동 또는 이를 보도하는 행위를 일체 금지했다. 이를 위반하면 영장 없이 체포했다. 유언비어를 날조·유포하거나 사실을 왜곡해 말하는 것도 처벌했다. 그것은 달리 말하면 유신헌법이 최악의 반민족적·반시대적 악법이라고 내외에 선전한 셈이었다.

박정희는 유신헌법에 대해 찬반을 묻는 국민투표를 제안했다. 그 결과를 자신의 신임과 연계했다. 유신 체제에 대한 비난을 모면하기 위한 사기극이었다. 정부는 국민투표 결과 79.8퍼센트 투표율에 73.1퍼센트가 찬성했다고 발표했다. 박정희는 이것이 국민의 뜻이니 다시는 체제에 도전하지 말라고 했다. 그러고는 긴급조치로 구속된 인사들과 학생들을 석방했다. 김대중에게도 간혹 가택 연금을 풀었다.

긴급조치 정국에서 아주 이상한 일이 벌어졌다. 대통령 박정희와 신민당 당수 김영삼이 단독 회담을 했다. 그 악명 높은 긴급조치 9호가 발동한 지 일주일 만이었다. 두 사람은 배석자 없이 만났고 회담 내용은 일절 밝히지 않았다. 그래서 비밀 회담이라 불렸다. 회담 이후 김영삼은 대정부 투쟁 수위를 현저히 누그러뜨렸다. 그러자 시중에 온갖 의혹이 나돌았다. 김영삼이 박정희에게 거액의 자금을 받았다는 설, 차기 대권을 약속받았다는 설 등이 그것이었다. 이런 의혹에도 김영삼은 말이 없었다. 당수가 이럴 정도이니 야당의 존재가 참으로 하찮았다.

박정희의 긴급조치는 이 땅에서 희망을 거세해 버렸다. 모든 분야에 살기殺氣가 스며들었다. 지식인들은 침묵했다. 그리고 자기 검열에 걸린 자신을 발견하고는 치욕에 몸을 떨었다. 젊은이들은 스스로를 '긴조(긴급조치) 세대', '유신 세대'라 비하했다. 머리카락이 길어도, 치마가 짧아도 잡혀갔다. 노랫말이 조금만 이상해도 금지곡이란 딱지를 붙였다. 학생들은 고개를 숙였고, 부모들은 먼 산을 보았다. 허무와 체념 그리고 탄식이 번졌다. 서로의 눈치를 보며 비굴함에 잠을 이루지 못했다.

박정희 이름 뒤에 존칭을 생략하면 국가원수 모독죄로 끌려갔다. 공권력은 거대한 폭력에 불과했다. 눈을 부릅뜬 채 국민을 노려보고 있었다. 이대로 가다가는 국민 모두가 병영국가의 병사가 되어 갈 뿐이었다. 그런데도 야당은 보이지 않았다.

김대중은 깊이 고민했다. 행동하지 않는 양심은 악의 편이었다. 시대의 양심을 깨울 방법을 모색했다. 다시 일어나 외치고, 다시 감옥에 가기로 했다.

김대중은 이 땅의 민주주의가 살아 있음을 알리기로 했다. 3·1절을 택해 대국민 선언문을 발표하기로 했다. 이를 위해 김수환, 정일형과 긴밀히 상의했다. 그때 정일형의 부인 이태영에게서 재야인사들도 모종의 선언을 준비하고 있다는 얘기를 들었다. 문익환 목사가 주도하고 있었다. 문익환은 성명서 초안을 만들어 안병무 등 재야인사들과 협의했다. 문익환은 사람들을 만나고 종일 문안을 구상하며 그 일에 매달렸다. 그걸 지켜보며 부인 박용길은 이렇게 말했다.

"요즘 우리 문 목사를 보면 마치 신들린 사람처럼 발이 땅에 붙지 않고 떨어져 다닌다."

문익환은 국내 처음으로 신·구교가 참여하는 공동성서번역위원회 위원장을 맡고 있었다. 그러나 어릴 적 만주 용정에서부터 친구였던 장준하의 의문사 소식을 접하고 통곡했다. 문익환은 타살을 확신하며 이렇게 말했다.

"일본군 장교 박정희가 광복군 간부 장준하를 살해했다."

문익환은 성서 밖으로 뛰쳐나갔다. 예수의 말씀은 거리에 있었다. 그 후 치열하게 민주화 운동을 벌였다. 3·1 구국 선언문 사건은 새로운 인생의 전환점이었다. 문익환은 제자이며 선교교육원 수석 연구원인 김성재를 불러 자신의 결심을 밝히고 도와달라고 했다. 김성재는 김대중과 문익환 간의 연락을 맡았다. 두 사람은 정보 당국에 의해 철저히 감시당하고 있었다.

김대중과 문익환의 성명서 초안을 받아든 김성재는 깜짝 놀랐다.

내용이 거의 같았기 때문이다. 박정희 군사독재의 반민주·반민중·반통일을 통렬하게 질타하고 있었다. 다만 재야 쪽 성명서 초안의 일부 표현이 과격하고, 이는 탄압의 빌미를 줄 수 있으니 조정하자고 했다. 김성재는 거인들의 교감을 지켜보며 가슴이 뛰었다. 그것은 역사의 맥박이었다.

선언문은 '한복'이라는 암호로 서로에게 건네졌다. 김대중이 목동 이모 집(이희호의 동생)에 한복을 맡기면 김성재가 그것을 찾아와 재야 인사들에게 전했다. 재야에서 수선을 마친 한복은 다시 이모 집에 전달했다. 그러면 동교동 비서 김옥두가 찾아갔다. 마침내 한복이 완성되었다. 민주주의 회복, 자주적 경제 정의 실현, 민족 통일을 골자로 한 구국 선언문이 탄생했다.

김대중은 명동성당을 찾아가 김수환 추기경을 만났다.

"이대로는 안 되겠습니다. 제가 감옥에 가겠습니다."

추기경은 말이 없었다. 김대중의 손을 잡았다. 현실은 절망이 지배하고 있었지만 맞잡은 손에서 희망이 피어올랐다.

1976년 3월 1일 저녁, 서울 명동성당에 신도 700여 명이 모였다. 미사가 끝나고 신·구교가 함께 기도회를 마련했다. 문동환 목사가 설교를 했다.

이스라엘 백성을 이집트에서 데리고 나온 모세는 가나안으로 들어가기 전에 민족의 지도권을 여호수아에게 넘겨주었습니다. 그랬기에 후에 가장 위대한 예언자라고 높이 찬양을 받았습니다. 그러므로 박정희도 이 시점에서 물러선다면 한국 역사에서 높이 평가받는 인물이 될 것입니다.

이어서 자그마한 체구의 여교수 이우정이 앞으로 나와 '민주 구국 선언서'를 읽었다.

우리의 비원인 '민족 통일'을 향해서 국내외의 민주 세력을 키우고 규합하여 한 걸음 한 걸음 착실히 전진해야 할 이 마당에 이 나라는 일인 독재 아래 인권은 유린되고 자유는 박탈당하고 있다.
　이리하여 이 민족은 목적의식과 방향감각, 민주주의에 대한 신념을 잃고 총파국을 향해 한 걸음씩 다가서고 있다. 우리는 이를 보고만 있을 수 없어 여야의 정치적인 전략이나 이해를 넘어 이 나라의 먼 앞날을 내다보면서 '민주 구국 선언'을 선포하는 바이다.

장내에서는 숨소리 하나 들리지 않았다. 사회 구석구석에 스며 있던 공포와 두려움을 걷어 내는 외침이요, 국민들을 깨우는 기도였다. 선언문 낭독에 이어 촛불 시위를 벌였다. 민주 구국 선언문에는 함석헌, 윤보선, 정일형, 김대중, 윤반웅, 이우정, 문동환, 안병무, 서남동, 이문영 등 모두 10명이 서명을 했다. 김대중은 다시 감옥에 가야 했다. 대통령 박정희가 김대중을 그냥 둘 리 없었다. 그날 오전 박정희는 국무총리 최규하가 대신 읽은 3·1절 식사에서 "유신 체제의 정신은 3·1 운동 정신과 같다"고 했다. 궤변이었다.

관련자들이 하나둘 잡혀 들어갔다. 김대중은 3월 8일 새벽에 끌려갔다. 문익환·문동환·윤반웅·서남동·이해동 목사, 문정현·신현봉·함세웅 신부, 이문영 교수, 안병무 박사 등이 구속되었다. 긴급조치 9호를 위반한 혐의였다.

재판이 열렸다. 그러나 법정에서는 피고들이 '유신 독재'를 재판했다. 민주주의 강의실이나 다름없었다. 불구속 피고인 함석헌은 법정에 상복을 입고 나타났다. 신현봉 신부는 검사가 호명하면 "아이고, 아이고" 곡을 했다. 판사가 놀라서 물으면 천연덕스럽게 답했다.

"한국의 인권과 민주주의가 죽어서 곡을 합니다."

피고들은 하나같이 당당했다.

> 많은 민주화 동지들과 같이 감옥 생활을 할 특권을 받은 것에 감사합니다. (문익환)

> 감옥에 있는 것이 예수의 고난에 동참하는 것이라고 생각하니 오히려 기쁩니다. 나에게 죄가 없기에 판사가 석방할까봐 오히려 걱정을 했습니다. (이문영)

오히려 검사와 판사가 죄인처럼 기가 죽어 있었다. 구속자들은 재판이 있는 매주 토요일 호송 버스에서 만나 서로 안부를 물었다. 뜨거운 기운이 감돌았다. 예전에는 본 적도 없었지만 오랜 친구처럼 느껴졌다. 같이 있음이 힘이었다. 그 후 이 땅의 민주화 운동은 이들로부터 줄기와 가지가 뻗어 나갔다. 김대중은 이 사건을 통해 재야 지식인과 종교인들의 진면목을 알게 되었다. 당시에는 재야인사들과 거의 일면식이 없었다. 하지만 순수한 열정은 서로의 가슴을 열게 했다. 김대중은 감동했다.

"감옥에 오지 않았다면 어디서 이처럼 좋은 친구들을 만났을 것인가."

내가 보기에도 김대중은 이때 진정한 '평생 동지'들을 얻었다. 독재자 박정희가 맺어 준 우정이었다. 이들과의 인연은 민주화 투쟁의 고비 때마다 동지애로 다시 피어났다. 김대중은 머나먼 민주화 투쟁의 길에서 소중한 길동무를 얻었다.

김대중은 5년형을 선고받았다. 1977년 4월 진주교도소로 이감되었다. 서울에서 가장 먼 교도소였다. 김대중을 만나기 위해 경향 각지에서 민주 인사들이 몰려왔다. 그러나 교도소 측은 면회를 금지했다. 날마다 수십 명이 교도소 담 밑에서 찬송을 부르고 구호를 외쳤다.

감방에서 세상에 내보낼 수 있는 것은 편지뿐이었다. 편지를 쓰는 동안에는 모든 것이 간절해졌다. 김대중은 자신이 가장 낮은 곳으로 내려와 하느님 앞에 엎드려 있음을 알렸다.

오늘의 예수는 종이신 예수이며, 이것은 처음부터 그의 참모습인 것입니다. 섬김을 받으러 온 것이 아니라 섬기러 오신 예수, 제일 낮은 자가 제일 높은 자라 한 예수, 「누가복음」 1장 51절부터 53절에 기록된 예수, 죄인이며 억눌린 자들을 구원하고 해방하기 위해 찾아왔으며 그들을 위해 헌신하고 싸우다가 십자가에 못 박힌 예수인 것입니다.

이희호는 그런 남편을 진심으로 존경했다.

가장 낮고 천한 자리에서 겸손을 새삼 터득하시며 깊은 신앙생활을 하시는 오늘의 당신의 모습이 숭고하게만 보입니다. 당신 때문에, 특히 겪고 계신 그 어려움 때문에 내 생이 더 값지고 더 뜻있으며, 많은 사람을 참된 사랑으로 대할 수 있으며, 긍지와 소망으로 내일의 새 빛을 바라보면서 심의深意의 가시밭길을 뒤따라 나갈 수 있는 행복마저 느낍니다.

이희호는 겨울에도 방에 불을 넣지 않았다. 남편이 교도소에서 추위에 떨고 있을 모습을 상상하면 따뜻한 잠을 청할 수 없었다. 면회는 한 달에 한 번밖에 할 수 없었다. 손수 짠 털장갑과 털옷을 넣어 주었다. 속옷도 다림질해서 향수를 뿌렸다. 김대중은 그걸 받으면 바로 입지 못했다. 코에 대면 아내의 냄새가 났다. 가슴에 품고 있으면 마음이 따뜻해졌다.

1977년 12월 19일 김대중은 서울대병원으로 옮겨졌다. 저들은 인도적인 조치라고 발표했다. 그러나 그것은 입원이 아니라 '특별한 감옥'으로의 이감이었다. 서울대병원 201호실에 가두더니 교도소보다 더 엄중하게 감시했다. 20여 명이 늘 지키고 있었다. 모든 창문을 폐쇄하여 한줄기 빛도 들어오지 않았다. 종일 전등을 켜놓아 해가 지는지 뜨는지 알 수가 없었다. 특별한 감옥은 점점 지옥으로 느껴졌다.

단 하나 아내를 매일 볼 수 있다는 것이 위안이었다. 이희호는 식사를 챙겨서 점심과 저녁에 면회를 왔다.

아내가 들고 온 음식물과 휴대품은 철저히 검열을 받았다. 이야기조차 제대로 나눌 수 없었다. 면회할 때면 교도관들이 따라 들어와 대화 일체를 엿들었다. 편지도 쓸 수 없었다. 저들은 필기구 자체를 지니지 못하게 했다. 어느 날 아내가 작은 못 하나를 쥐어 주었다. 그 후 껌 껍질이나 포장지에 못으로 꾹꾹 눌러 편지를 썼다. 저 유명한 '못으로 쓴 하얀 글씨'였다. 그 편지는 화장실 두루마리 화장지 가운데 구멍에 숨겨 두었다. 그러면 아내가 화장실에 들러 편지를 꺼내 양말이나 빈 밥그릇에 넣어 가지고 나갔다. 못으로 쓴 편지는 불빛에 비춰 다시 옮겨 적은 후 지인들에게 보냈다.

돌아보면 교도관 몰래 못으로 편지를 쓴다는 것은 얼마나 남루한 일인가. 처음에는 아내에게조차 부끄러웠다. 만일 교도관의 눈에 띄었다면 저들은 또 얼마나 조롱했을 것인가. 국민 46퍼센트의 지지를 받은 대통령 후보가 교도관 몰래 편지를 쓴다는 것이 치욕으로 느껴졌다. 그래도 그렇게 살아 있음을 알리고, 밖으로 소식을 전해야 했다.

김대중에게 하루는 너무도 길었다. 누워 있는 것 자체가 흡사 관 속에 들어와 있는 느낌이었다. 왼쪽 귀에서 이명 증세가 나타났다. 한줄기 바람이 그리웠다. 하늘 한 조각이라도 보고 싶었다. 단 몇 초라도 흙 위에 서 있고 싶었다.

박 정권은 인도적인 조치라고 대외에 천명했지만 실상 김대중은 죽어 가고 있었다. 제발 다시 교도소로 보내 달라고 요청했다. 하지만 들은 척도 하지 않았다. 김대중은 9월 7일 단식에 돌입했다. 귀와 입을 막아 버리고 손과 발이 묶여 있으니 할 수 있는 것은 단식뿐이었다. 단식투쟁 소식이 전해지자 병원 앞에서는 날마다 집회가 열렸다. 3·1 민주 구국 선언에 연루된 인사들은 김대중을 제외하고 모두 풀려났다. 그들이 다시 뭉쳐 소리쳤다.

"김대중 선생을 석방하라, 아니면 우리를 다시 구속하라."

나중에는 참으로 기막힌 구호가 나왔다.

"김대중 선생을 다시 감옥으로 보내라."

재야인사들은 성명을 발표하고, 동조 단식을 하고, 농성을 벌였다. 김대중은 일주일 만에 단식을 중단했다. 원래 건강이 좋지 않은 데다 장 출혈 증상까지 나타났기 때문이다. 가족들의 만류를 받아들여야 했다.

1978년이 저물고 있었다. 여느 때처럼 누워 있는데 누군가 깨웠다.

"오늘 석방합니다."

도무지 실감이 나지 않았다. 꿈결 같았다. 박정희는 제9대 대통령 취임을 하며 김대중을 특별사면했다. 12월 27일, 2년 10개월 만에 집으로 돌아왔다. 그리고 곧바로 가택 연금을 당했다. 이번에는 집이 감옥이었다. 언론에는 김대중이란 이름 자체를 쓰지 못하게 했다. '형 집행정지 정치인', '원외의 모 인사', '당외 인사', '동교동 모씨' 등으로 지칭했다.

박 정권을 뒤흔드는 대형 사건들이 잇달아 터졌다. 박정희 대통령은 국가를 관리할 의욕마저 상실한 듯 보였다. 다만 권력에 대한 욕심만이 남아 있었다. 민심을 살피기보다는 힘으로 밀어붙였다. 이런 가운데 'YH 노조 신민당사 농성 사건'과 '부마釜馬 항쟁'이 일어났다.

부당 해고로 일터를 잃은 여성 노동자들이 야당인 신민당사를 찾아 농성을 벌였다. 경찰은 이를 무력으로 진압했다. 여성 근로자들을 무자비하게 구타하고 모두 끌어냈다. 국회의원, 당원, 기자들도 두들겨 맞았다. 새벽의 유혈극이었다. 제1야당 당사는 폭격을 맞은 듯했다.

1979년 10월 부산에서는 학생 시위가 잇달았다. 17일에는 시민들이 시위대에 대거 합세했다. 박정희는 18일 부산에 비상계엄령을 선포하고 공수부대를 투입했다. 마산에서도 노동자와 학생들이 거리로 쏟아져 나왔다. 이번에는 마산과 창원 일대에 위수령을 선포했다. 욕구가 분출하면 힘으로 눌렀다.

'유신'은 대통령이 밤이 되면 찾아가는 안가에서만 겨우 숨이 붙어 있었다. 4·19처럼 국민 저항은 북상 중이었다. 일부 측근은 두려움에 떨었다. 모이면 술이었다. 술에 취한 박정희는 한갓 범부에 불과했다. 독재를 지탱할 모략도, 힘도 남아 있지 않았다.

10월 26일, 그날 밤도 박정희는 안가에서 심복들과 술을 마셨다. 술상에 '부마 사태'가 올라왔다. 정보부장은 사태가 심각하다고 했다. 경호실장 차지철은 "까불면 전차로 싹 깔아뭉개 버리자"고 눈을 부릅떴다. 그러자 정보부장 김재규가 권총을 뽑았다.

"각하, 버러지 같은 자식을 데리고 정치를 하니 제대로 되겠습니까."

경호실장이 피를 흘렸다. 다시 총구는 대통령을 향했다. 총성이 안가의 어둠을 찢었다. 유신의 심장이 터졌다. 그러자 독재에 기생하며 박정희를 떠받들던 정치인, 학자, 고위 관리들은 연기보다 더 빨리 사라졌다. 유신은 저잣거리에 던져졌다.

스스로 죽음을 택하다

"간밤에 박정희 대통령이 살해당했답니다."

1979년 10월 27일 새벽 4시쯤 미국 로스앤젤레스에서 걸려 온 전화였다. 바다를 건너온 소식은 새벽처럼 서늘했다. 김대중은 자신도 모르게 신음을 물었다. 거실로 나와 담배를 찾았다.

'박정희가 없는 한국은 어디로 갈 것인가.'

박정희는 18년 동안이나 무소불위의 권력을 휘둘렀다. 독재 정권이었지만 국민들은 '대통령 박정희'에 익숙했다. 박정희가 없는 한국은 혼돈 속으로 빠져들 가능성이 높았다. 다시 마당에 내려와 하늘을 보았다. 독재자 박정희가 없는 하루가 밝아 오고 있었다.

1979년에 들어서면서 박정희는 이미 위험한 지도자였다. 하는 일마다 앞뒤가 맞지 않고 상식을 한참이나 벗어나 있었다. 국민을 적으로 돌렸다. 국내 현안은 물론이고 외교도 난마처럼 얽혀 있었다. 유신 체제는 절벽을 향해 달리고 있었다. 김대중이 보기에 예전의 박정희가 아니었다. 나라 전체가 위험했다.

박정희를 만나야겠다고 생각했다. 도대체 대통령이 무슨 생각을 하는지, 또 앞으로 무엇을 하려는지 알고 싶었다. 그리고 그에게 위기의 실체를 제대로 전해 주고 싶었다. 1979년 4월에 측근이며 동지인 예춘호, 양순직, 박종태를 청와대로 보냈다. 세 사람은 경호실장 차지철을 만나 면담을 주선해 줄 것을 요청했다. 김대중은 박정희의 눈을 보면서 얘기를 나누고 싶었다. 그러나 면담은 거부당했다. 차지철이 대통령의 심리 경호를 위해서 내린 결정인지, 아니면 실제로 박정희 자신이 거절한 것인지는 알 수 없었다.

사실 김대중은 딱 한 번 박정희를 만난 적이 있었다. 1968년 새해 청와대로 세배를 가서 5분쯤 얘기를 나눴다. 박정희는 친절하고 정중하게 대했다. '목포의 전쟁'(1967년 국회의원 선거)에서의 앙금이 있었겠지만 그 어떤 내색도 하지 않았다. 김대중은 당시 박정희에게 좋은 인상을 받았다. 만나면 박정희를 설득할 자신도 있었다. 진심을 내보이면 마음을 얻을 것이라 믿었다. 그러나 기회는 오지 않았다. 시대에 풍운을 불러오던 박정희와 김대중, 두 사람은 생전에 딱 5분 동안 만났다. 비극이었다.

박정희가 남긴 가장 큰 해악은 지역감정 조장이었다. 그것은 이승만이 친일파를 비호하며 중용한 것과 거의 같은 무게의 잘못이었다. 박정희는 경상도를 품고 전라도를 내쳤다. 전라도에 대해서는 세 가지 차별을 했다. 문화적 차별, 지역개발 차별, 인재 등용의 차별을 했다. 지역감정을 집권의 도구로 활용했다.

박정희는 평생 일본에 대해 호의를 가지고 살았다. 일본 육군사관학교를 졸업하고 해방되기 전까지 일본 관동군에 배속되어 장교로 복무했다. 국정 전반을 일본식으로 따라 하려 했다. 한일 관계 정상화에 일정 부분 공헌한 것이 사실이지만 호혜적 한일 관계를 정립하지는 못했다. 일제 강점에 대한 피해 보상 청구도 구걸하다시피 했다. 정통성이 희박한 쿠데타 세력이었기에 어쩔 수 없었을 것이다.

김대중은 목숨을 걸고 독재에 맞서 싸웠다. 그것은 박정희와의 싸움이기도 했다. 박정희와 그를 추종하는 무리들은 김대중을 세 번이나 죽이려 했다. 그때마다 기적적으로 살아났다. 중앙정보부는 세상 끝까지 따라다녔다. 박정희는 김대중을 끊임없이 견제하고 위협했지만 또 그만큼 김대중을 두려워했다.

일각에서는 박정희를 가난을 몰아낸 대통령으로 기억한다. 그러면서 그의 행적을 '개발독재'라고 미화하기도 한다. 하지만 독재를 해야만 경제 발전이 용이하다는 견해에 김대중은 동의하지 않았다. 군사정권의 경제개발 5개년 계획은 장면 정권이 마련한 것이었다. 민주주의를 신봉하던 장면 정권이 이를 추진했다면 어찌 되었겠는가. 역사에 가정은 없다지만 김대중은 우리 민족의 저력으로 보아 군사정권보다 경제를 더 부흥시켰을 것이라고 믿고 있었다. 그럼에도 김대중은 박정희가 '우리도 하면 된다'는 긍정적인 인식을 국민들에게 심어 준 것만큼은 인정하고 있었다.

세월이 흘러 그의 맏딸 박근혜가 김대중을 찾아왔다. 2004년 8월 12일, 박정희가 살해당한 지 25년 만이었다. 그녀는 거대 야당(한나라당)의 대표였다. 박근혜는 아버지 일에 대해 사과했다.

"아버지 시절에 여러 가지로 피해를 입고 고생하신 데 대해 딸로서 사과 말씀 드립니다."

김대중은 그 말이 무척 고마웠다. 박근혜의 손을 잡았다.

'세상에 이런 일도 있구나.'

김대중은 박정희가 환생하여 화해의 악수를 청하는 것 같았다. 사과는 독재자의 딸이 했지만 정작 김대중 자신이 구원을 받는 것 같았다.

어찌 보면 김대중을 세계적인 인물로 만든 것은 박정희였다. 박정희의 무자비한 핍박과 끝없는 증오가 없었다면 김대중은 그렇게 일찍 세상에 알려지지 않았을 것이다. 그런 의미에서 박정희가 김대중을 키웠는지 모른다. 가해자 박정희, 피해자 김대중. 역사는 어떻게 두 사람을 기록할 것인가.

나는 두 사람에 대한 평가가 당장에 내려질 수 없다고 본다. 더욱이 국민들에게 전·현직 대통령의 호감도 따위를 묻는 것은 더욱 의미 없는 일이다. 왜냐하면 알맹이는 없고 구호만 남은 이념과 지역감정이 세상을 지배하고 있기 때문이다. 먼 훗날 이 땅에서 미움과 증오가 사라졌을 때, 우리 후세들은 누가 우리 민족에게 바른 길을 제시했는지 알 것이다.

10·26 사태 후 김재규에 대한 평가가 분분했다. 확실히 "야수의 마음으로 유신의 심장을 쏘았다"는 김재규의 말은 그럴듯했다. 여론은 온정적이었고, 일각에서는 그의 행동을 영웅시하기도 했다. 그러나 김대중은 그렇게 보지 않았다. 『뉴스위크 News Week』와의 회견 중 그

는 이런 질문을 받았다.

"많은 사람들이 김재규를 민주주의의 영웅이라고 하는데, 어떻게 생각하십니까?"

"민주주의는 쿠데타나 암살로 되는 것이 아닙니다. 국민의 힘으로 이루어져야 진정한 민주주의입니다."

모두 민주주의가 앞당겨질 것이라고 낙관하고 있을 때 김대중은 다른 생각을 하고 있었다. 민중이 독재를 응징하지 않고 독재자가 부하에게 살해당했다는 것이 결코 민주주의에 이롭지 않다고 보았다. 우리 역사는 민족의 전환기에 늘 예기치 않은 시련에 부닥쳤다. 권력 공백기에 어떤 일이 일어날지 몰랐다. 권력이 스러진 자리에는 필연적으로 목숨을 건 권력 다툼이 있게 마련이다. 사실 당시의 유신 체제는 거대한 바람 앞에 선 작은 등불 같은 것이었다. 민주화 바람은 태풍이 되어 북상 중이었다. 하지만 김재규의 총격으로 유신(독재)의 심장과 함께 태풍(민주화)의 눈까지 터져 버렸다. '궁중 모반'으로 인해 민주 세력이 결집하여 정국 주도권을 잡을 수 있는 공간이 줄어들었다.

실제로 김대중은 10·26 사태가 일어나기 1년 전쯤 서울대 병실(특별 감옥)에서 이런 메모를 썼다.

> 우리의 민주 회복은 우리 힘이 중심이 돼야 한다. 이것이 부동의 철칙이다. 우리는 또 그만한 민중의 각성과 참가도 얻어 가고 있다. 우리의 투쟁이 선행하지 않으면 외부의 지원이나 간섭을 기대해도 소용없으며 옳지도 않다.

우리의 투쟁 방법은 비폭력 적극 투쟁이라는 간디나 킹 목사의 방법이 가장 적합하다. 자발적으로 줄을 지어 투옥하고 그리하여 감옥에서, 법정에서 전국적으로 싸우면 전 국민의 호응은 명약관화하다. 지금 정부는 그걸 가장 두려워하고 있다. (1978년 10월 21일)

국민이 일어나 독재 정권을 무너뜨리는 것이 가장 효율적인 민주 회복의 방법이었다. 그래서 최후의 승자가 국민이어야 했다. 김대중은 유신 체제의 종말이 어른거릴 즈음에 이런 생각을 품고 있었지만, 현실은 그런 바람을 외면해 버렸다.

대통령 대행 최규하가 '대행' 꼬리를 뗐다. 12월 6일 유신헌법에 의해 다시 체육관에서 대통령을 뽑았다. 최규하는 긴급조치 9호를 해제하고 김대중을 연금에서 풀어 주었다. 그리고 불과 6일 후 12·12 사태가 일어났다. 계엄령하에서 계엄사령관이 체포되는 기막힌 일이 벌어졌다. 일련의 정치군인들이 육군 참모총장 공관에서 계엄사령관을 연행했다. 대통령 재가도 없이 저지른 하극상이었다.

10·26 사건 이후 힘의 공백에는 전두환이 있었다. 12·12 사태를 보며 김대중은 전두환과 그 주변에 있는 정치군인들의 힘을 느꼈다. 정치군인들은 박정희에게 배운 대로 군사 반란을 일으켰다. 정치군인의 후계자들이었고, 독재의 자식들이었다.

1980년 새해가 되자 정국은 매우 혼란스러워졌다. 도대체 나라의 권력이 어디에서 나오는지 알 수 없었다. '안개 정국'이었다. 그런 가운데 2월 29일 김대중을 포함한 678명에 대한 사면·복권 조치가 내려졌다. 김대중은 7년 만에 정치를 재개할 수 있었다. 이날 이후 이른바 '서울의 봄'이 시작되었다.

4월 14일 전두환은 합동수사본부장과 보안사령관에 중앙정보부장 서리를 추가로 맡았다. 나라의 모든 정보기관을 장악했다. 김대중은 전두환의 야심이 드디어 수면 위로 올라왔다고 보았다. 김대중은 대중 연설을 시작했다. 청중들은 다시 열광했다. 김대중은 과격 시위와 사회 혼란을 가장 경계했다. 그것이야말로 신군부가 노리고 있는 것임을 간파하고 있었다.

소문이 흉흉했다. 유신 잔당들이 군대를 동원해서 권력을 장악하려 한다는 설, 이원집정제 개헌 음모가 진행되고 있다는 설 등이 떠돌았다. 시국은 김대중이 우려한 대로 흘러가고 있었다.

5월 7일을 전후해서 학생들이 일제히 거리로 쏟아져 나왔다. 물론 젊은이들이 '수상한 정국'을 그대로 보고만 있을 수는 없었을 것이다. 그런데도 군인들은 시위를 전혀 막지 않았다. 5월 13일과 14일에 전국의 주요 도시에서 대대적인 가두시위가 벌어졌다.

"비상계엄 해제하라!" "전두환은 물러가라!" "유신 잔당 타도하자!" "언론 자유 보장하라!" "정부 개헌 중단하라!"

서울역 앞에서도 연일 대규모 시위가 있었다. 5월 15일에는 10만 명이 모였다. 전경 버스 한 대가 불타올랐다. 안개 정국을 조마조마하게 바라보고 있던 국민들은 매우 불길했다. 사건은 신군부가 세상에 머리를 쳐드는, 이를 위해 여론 조작극을 벌일 수 있는 빌미가 되었다. 사실 '서울의 봄' 속 군부는 분주하게 움직이고 있었다. 하지만 나설 명분이 없었기에 안개만 피우고 있었다. 반면에 민주 세력은 세상을 바꾸는 동력이 부족했다. 그렇기에 학생들의 과격 시위가 군부에게는 기회였다.

그날 밤 학생 대표들은 가두시위 중단을 선언했다. '서울역 회군'이었다. 신군부에게 정변의 구실을 주지 말자는 것이 이유였다. 김대중은 회견을 통해 이를 환영했다. 정말 16일에는 대학가가 조용했다. 거리는 거짓말처럼 평온했다.

그날 밤 신군부 세력이 총검을 쳐들었다. 이튿날인 5월 17일 전군지휘관 회의를 열어 비상계엄 확대안을 의결했다. 그리고 밤 9시 50분 국무회의를 열어 이를 통과시켰다. 전두환의 5·17 쿠데타였다.

동교동 김대중의 집. 밤 10시가 넘어 초인종이 울렸다. 문을 열자 검은 그림자들이 쏟아져 들어왔다. 경호원들이 막아서자 소총 개머리판을 휘둘렀다. 경호원들이 쓰러졌다.

다시 우르르 응접실 쪽으로 몰려갔다. 그리고 김대중에게 총구를 들이댔다.

"합수부에서 나왔습니다. 잠깐 가셔야겠습니다."

김대중은 탁자 위의 담배를 챙겨 들고 일어났다. 군인들이 뒤에서 총을 겨누며 뒤따랐다. 아내 이희호가 소리쳤다.

"가자는 말 한마디면 나설 분인데 왜 총을 겨누느냐."

그리고 다시 말했다. 울음이 섞여 있었다.

"하느님이 당신과 함께 계실 것입니다."

남산 중앙정보부 지하실에 갇혔다. 김대중은 저들의 기세로 보아 아무 데나 끌려가 그냥 죽을 수도 있겠다는 생각을 했다. 실제로 군인들은 연행 과정에서 반항하면 죽여도 좋다는 명령을 받았다.

지하에는 취조실이 붙어 있었다. 비명소리가 시도 때도 없이 들려왔다. 그들이 누구인지 처음에는 몰랐다. 조작된 '김대중 내란 음모 사건'에 연루된 사람들이란 것을 나중에 알았다. 김대중에게도 잠을 재우지 않고 같은 질문을 반복해서 물었다. 수사관도 수시로 바뀌었다. 전남대생 정동년에게 돈을 주고 반정부 운동을 사주했다는 혐의였다. 그러나 김대중은 그가 기억에 없었다. 정동년은 고문에 못 이겨 거짓 진술을 했다. 훗날 정동년은 그 일이 괴로워 두 번이나 자살을 시도했다.

김대중은 주범이고 다른 사람들은 종범이었다. 종범들에게 가해진 고문은 상상을 초월했다. 연행 때부터 집에서 죽도록 맞은 김종완은 고문을 도저히 견뎌 낼 수 없었다.

고문과 악형이 며칠 동안 잠을 재우지도 않고 계속되었다. 잠이라는 것이 얼마나 무서운 것인지를 나는 그때 알았다. 앉아 있다가 졸면 그들은 나를 세워 놓았다. 세워 놓아도 졸음이 쏟아졌다. 나는 서서도 잤다. 서서도 자면 그들은 옆으로 다가와서 갑자기 걷어차거나 벽으로 밀어 쓰러뜨렸고, 펜대 같은 날카로운 물건으로 이마와 옆구리 등을 사정없이 찔렀다. (『김대중 내란음모의 진실』, 「군화발에 짓밟힌 민주화의 봄」에서)

김종완은 죽을 결심을 했다. 동맥을 끊으려 깡통 뚜껑을 숨겨 놓았다. 하지만 발각되었다. 지하 감방에서는 죽을 수도 없었다.

시인 고은도 죽으려 했다. 처음에는 혀를 깨물려 했다. 그보다는 이마를 철문 모서리에 찧는 게 더 낫겠다는 생각을 했다. 뇌를 파괴시켜 단번에 죽기로 했다. 화장실 입구의 쇠모서리를 눈여겨보아 두었다. 그런데 그날 밤 꿈에 어머니가 나타나 "죽지 마라"라고 말했다. 고은은 자살을 포기했다.

태어나서 처음 따귀를 맞은 이택돈도 구타를 견디지 못하고 정신을 잃었다. 깨어나 보니 자신은 매 맞는 짐승에 불과했다. 치료를 하러 온 의사에게 간청했다.

"저승 가서도 원망을 하지 않을 것이니, 나를 주사로 죽여 주오."

지역감정은 지하 감방에까지 따라 들어왔다. 경상도 사람인 예춘호와 한완상에게는 이렇게 윽박질렀다.

"야 이 새끼야, 경상도 놈이 왜 전라도 놈을 돕나."

"이 자식은 국가관도 없고 전라도 놈만 따라다니는 한심한 경상도 놈 아닌가."

나는 김대중이 중앙정보부 지하 감방에서 취조를 받는 영상을 보았다. 한 번도 공개되지 않은 희귀 영상물이었다. 화면은 흐릿했지만 김대중은 군복을 입었고 간간히 담배를 피웠다. 수사관의 말투는 비교적 공손했고, 김대중을 선생님이라 칭했다. 어차피 죽일 대상이었으니 김대중에게는 가혹한 고문을 가할 필요가 없었을 것이다. 김대중은 수사관에게 함께 잡혀갔던 아들 홍일이가 잘 있는지 물었다.

"우리 애 다치지는 않았습니까? 애가 아버지를 잘못 만나서……."

"우리 아버지 건강은 어떠시냐, 저는 아무 일 없다고 아버지께 말씀드려 달라, 저 대신 보살펴 달라, 이렇게 얘기합디다."

김대중은 많이 말랐고, 수척한 모습에 표정이 없었다. 사형을 앞둔 아버지가 자식을 걱정하고 있었다.

'서울의 봄'은 점차 핏빛으로 물들어 갔다. 광주에서는 무서운 소문들이 날아왔다. 거리는 살벌하고 누구도 내일을 알 수 없었다. 일시에 잡혀간 사람들의 가족들은 그들이 왜, 어디로 끌려갔는지 알 수가 없었다. 백방으로 수소문했지만 생사조차 알지 못했다. 걸핏하면 남편이 잡혀가는 박용길(문익환의 아내), 김석중(이문영의 아내), 이종옥(이해동의 아내)은 운동권 삼총사였다. 그들에게는 감시자들이 이중 삼중으로 따라붙었다. 삼총사는 용감했고, 그 분야의 선수들이었다. 감시망을 뚫고 외신 기자와 선교사들을 만나 도움을 청했다.

한번은 잡혀간 사람들의 부인들을 모두 모이게 했다. 그리고 전세 버스를 불러 강릉 경포대로 떠났다. 감시를 피해 서로를 보듬는 서러운 여행이었다. 하지만 김대중의 아내 이희호는 가택 연금을 당해 동참할 수 없었다. 모두 드넓은 백사장에서 바다를 향해 남편의 이름을 불렀다. 누구는 사랑한다고 외쳤고 누구는 비명만 질렀다. 대답 대신 파도만 밀려왔다. 마지막은 울음이었다. 참으로 억울했다.

돌아오는 길에 오죽헌 대나무숲에 내렸다. 다시 울며 악을 썼다. 대나무들이 놀라 제 몸을 비볐다. 관광객들은 영문도 모르고 이들을 지켜보았다. 버스에 올라타서도 함께 노래를 불렀다. 노래는 이내 눈물에 젖었다. 뱉지 못하고 삼켜야 했다.

세월은 무심했다. 서울의 봄을 빠져나온 나무들이 검푸른 잎을 달고 있을 때쯤이었다. 가족들은 잡혀간 사람들이 살아 있다는 소식을 들었다. 중앙정보부에 갇혀 조사를 받고 있다는 것이었다. 그리고 7월 10일 육군교도소로 이송되었다는 통보를 받았다. 부인들은 남한산성으로 달려가 남편이 살아 있음을 확인했다. 이때 언론은 온통 '김대중 내란 음모 사건'을 대서특필하고 있었다. 정작 잡혀간 사람들은 그런 사실조차 모르고 있었다.

김대중이 '5월 광주'를 알게 된 것은 항쟁이 일어난 지 50여 일 만이었다. 7월 10일 합동수사단장 이학봉 대령이 찾아왔다.

"당신이 우리와 함께 간다면 대통령직만 빼고 어떤 자리도 드리겠습니다. 만일 우리 요구를 거부하면 살려 둘 수 없습니다. 반드시 죽이겠습니다. 재판은 요식행위에 불과합니다. 협조하면 살고, 거부하면 죽는 것입니다."

김대중은 가혹한 취조에 지쳐 있었다. 제안이 너무 의외라서 정신이 아득했다. 이학봉은 나중에 다시 오겠다며 나갔다.

조금 있으니 수사관이 신문 뭉치를 던져 주었다. '광주 사태'를 보도한 신문들이었다. 검은 바탕에 고딕체의 흰 글씨가 눈을 찔렀다. 망치로 머리를 맞은 듯했다.

"시민 100명도 넘게 사망…… 김대중 석방·계엄령 해제 요구."

김대중은 정신을 놓아 버렸다. 깨어 보니 링거 주사를 맞고 있었다.

'김대중을 외치다 죽어 간 사람들을 어찌한단 말인가. 의로운 시민들을 짓밟은 무리들이 감히 나와 손을 잡겠다고 하다니……'

그들이 가증스러웠다. 김대중은 죽기로 했다. 사흘 후 이학봉이 다시 찾아왔다.

"협력할 수 없으니 당신들이 죽인들 내 어찌하겠소."

8월 14일 오전, '김대중 내란 음모 사건'에 대한 첫 계엄보통군법회의가 열렸다. 비로소 이 사건에 연루된 24명이 한자리에 모였다. 군검찰은 김대중을 '내란 음모, 내란 선동, 계엄법 위반, 국가보안법 위반, 반공법 위반, 외국환 관리법 위반' 등의 혐의로 기소했다. '내란죄'는 최고 형량이 무기징역이었다. 그래서 국가보안법 '반국가 단체 수괴' 혐의를 추가했다. '한국민주회복통일촉진국민회의'(한민통)를 반국가 단체로 규정하고 김대중이 한민통 의장에 취임했다고 조작했다. 재판은 결과를 정해 놓고 각본대로 일정에 맞춰 진행되고 있었다. 김대중은 이제 죽어야 했다.

9월 13일 군법회의에서 변호사의 최후 변론이 있었다. 그리고 김대중의 최후진술이 있었다. 김대중은 한 치의 흐트러짐도 없이 '김대중 내란 음모'의 거짓을 지적했다. 또 민주주의를 해야 하는 이유와 그럴 능력이 우리 국민에게 있음을 설파했다. 그리고 모든 것을 정리했다.

나는 아마도 사형 판결을 받고 또 틀림없이 처형당하겠지만 내가 처형당한다는 것은 처음부터 각오하고 있는 것입니다. 나는 여기서 이 기회를 빌려 공동 피고 여러분께 유언을 남기고 싶습니다.

내 판단으로는 머지않아 1980년대에는 민주주의가 회복될 것입니다. 나는 그걸 확실히 믿고 있습니다. 그때가 되거든 먼저 죽어

간 나를 위해서든, 또 다른 누구를 위해서든 정치적인 보복이 이 땅에서 다시는 행해지지 않도록 부탁하고 싶습니다.

　이것이야말로 내 마지막 남은 소망이기도 하고 하느님의 이름으로 하는 내 마지막 유언입니다.

최후진술이 끝나자 방청객들이 일제히 일어났다. 법정에서 애국가가 흘러나왔다. 헌병들이 달려왔다. 그래도 노래는 끊이지 않았다. 다시 〈우리 승리하리라〉를 불렀다. 방청객들은 하나씩 끌려 나갔다. 누구는 헌병의 손을 깨물었다. 모두 울부짖었다.
"민주주의 만세!" "김대중 선생 만세!"
피고들도 울었다. 단 한 사람 김대중은 울지 않았다. 한완상은 그 순간을 이렇게 회상했다.

우리 공동 피고 24명이 가장 잊을 수 없는 순간은 아마도 DJ의 최후진술 때가 아닐까 한다. 그날 우리는 애국가를 불렀다. 법정소음죄에 해당되지만 끓어오르는 의분심을 가눌 길 없어 정말 평생 처음으로 창자로 애국가를 불렀다. 아니, 애국가가 우리 속에서 저절로 터져 나왔다고 해야 할 것이다. DJ는 1시간 40분 가까운 긴 시간 동안 당당히 자기의 의견을 개진했다. 그의 침착함에 나는 놀랐다. 이른바 세인트saint의 경지에 들지 않고서는 사형 구형을 받았던 피고인이 그토록 태연하고 침착하게 자기 심경을 말할 수 없을 것이었다.(『김대중 내란음모의 진실』, 「서울의 짧은 봄, 긴 겨울, 그리고······」에서)

설훈은 재판정에서 김대중을 난생처음 보았다. 그는 김대중의 뒷좌석에 앉아 김대중의 숨소리까지 정확히 들었다. 설훈은 당시를 이렇게 회상했다.

> 신군부가 그분을 두고서는 대한민국을 마음대로 할 수 없다는 것을 알았고, 그래서 꼭 죽이겠다고 작정했다는 것을 깨달았다. 김대중 선생은 자신이 죽더라도 역사에서는 승리자가 될 것이라는 순교자적 결심으로 타협을 거부하고 투쟁했던 것이다.
> 그는 우리들의 지도자였고, 희망이었고, 적어도 나에게는 나를 헌신해야 할 대상이었다. 나는 재판받는 동안 수도 없이 '이분이야말로 지도자구나' 하고 경탄할 수밖에 없었다. (……)
> 헌병들의 태도가 먼저 변해 갔다. 재판이 진행될수록 젊은 그들도 사실을 알게 되었고 우리들을 동정하게 되었다. 형이 확정되어 순천교도소로 이감되어 갈 때 길 안내를 하던 전남 출신 헌병은 내가 고속도로 변에서 무등산을 보고 '저게 무등산이냐'고 묻고 울어 버리자 나와 함께 울었다. 그때 우리들은 광주라는 말만 들어도 눈물이 나오고 가슴이 설레었다. (『김대중 내란음모의 진실』, 「영원히 잊지 못할 그 모습」에서)

선고를 내릴 시간이었다. 김대중은 부축을 받고 일어섰다. 방청석에는 김대중 가족만 없었다. 아내 이희호는 떨려서 법정에 들어설 수 없었다. 김대중은 살고 싶었다. 제발 사형만은 면하기를 바랐다. 재판관의 입을 뚫어지게 바라보았다. 입술이 옆으로 찢어지면 사, 사형이고 입술이 앞으로 튀어나오면 무, 무기징역이었다. 입이 나오면 살고 찢어지면 죽었다. 재판관 문응식의 입이 찢어졌다.

"김대중 사형!"

용서의 힘

　죽음이 곁에 있었다. 언제 사형장으로 끌려갈지 몰랐다. 밤이면 목에 밧줄이 걸리는 꿈을 꾸었다. 소스라쳐 깨면 온몸이 땀에 젖어 있었다. 멀리서 교도관이 저벅저벅 걸어오면 온 신경이 곤두섰다. 사형을 집행하러 오는, 흡사 저승사자의 발걸음 같았다.
　사형수였기에 죽이면 죽어야 했다. 법정에서는 의연했지만 감방에서는 공포에 떨었다. 아니, 법정에서도 죽음의 그림자를 떨쳐 내지 못했다. '주범' 김대중을 법정에서 처음 본 '종범' 설훈은 한복을 입고 법정에 들어서는 모습을 이렇게 기억하고 있다.

　나는 수많은 얼굴을 대했지만 그렇게 무심한 모습은 본 적이 없다. (……) 화가 난 듯도 하고, 어떻게 보면 슬픔이 한껏 어려 있기도 하고, 또 어떻게 보면 겁먹은 모습 같은, 수많은 감정들이 뭉뚱그려져 합쳐진 얼굴! 내게 그분의 첫 모습은 완벽한 '무표정' 그 자체였다.
(『김대중 내란음모의 진실』, 「영원히 잊지 못할 그 모습」에서)

김대중은 자택에서 끌려올 때 군인들의 광기 어린 표정과 언동에서 살기를 느꼈다. 언제든 명령만 떨어지면, 아니 명령이 없어도 얼마든지 자신을 죽일 수 있겠다는 생각을 했다. 실제로 김대중은 자신을 '쥐도 새도 모르게' 처단할까봐 가슴을 졸였다. 훗날 자신의 수감 사실이 언론에 보도된 사실을 알고서야 조금 안도할 수 있었다. 적어도 재판 없는 죽음은 면했기 때문이다. 어쩌면 사는 것과 죽는 것이 백지 한 장 차이였다. 지난 네 차례의 죽을 고비에서 이미 체득하고 있었다. 그러나 살아 있음과 죽어 버림은 하늘과 땅만큼의 차이였다.

김대중은 하루하루를 힘겹게 버텼다. 쿠데타 세력에 협조를 거부하고 죽음을 택했지만 속으로는 살고 싶어서 몸부림치고 있었다. 김대중은 저들의 "함께 일하자"는 회유에 마음이 흔들렸음을 고백했다. '가족들과 함께 호주 같은 나라로 떠나 아무도 모르는 곳에서 조용히 살면 어떨까' 하는 생각이 들었다고 했다. 하지만 비록 밤에는 흔들렸으나 새벽에는 마음을 바로잡았다. 몸무게가 하루가 다르게 줄었다. 얼굴에서는 표정이 빠져나갔다. 사건에 연루된 다른 사람들은 가혹한 고문을 당했어도 사형만은 면했다. 감옥도 사람 사는 세상이라 서로 만나 함께 떠들며 웃었다. 그러다 가끔씩 그들의 '만들어진 주범' 김대중과 마주쳤다. 김대중을 보고 역시 '만들어진 종범'들은 너무나 놀랐다. 김대중은 유령 같았다. 아무런 표정 없이, 어떤 동작도 없이, 시선을 고정한 채 걸어갔다. 종범들은 김대중의 죽음을 떠올리며 몸을 떨었다.

죽음을 앞두고 김대중은 사후 세계를 많이 생각했다. 그리고 하느님을 찾았다.

'내가 죽은 후 하느님이 없다면 이는 얼마나 허망한 것인가. 내가 지금까지 살아온 것들은 무엇이란 말인가. 태어나서 나름대로 최선을 다해 살았는데, 그런 것들이 바람에 티끌이 날리듯 사라진다면……'

해답은 예수 그리스도였다. 예수가 하느님의 아들이라면 하느님은 존재하는 것이었다. 예수님이 하느님의 아들임을 증거하는 것은 부활이었다. 김대중은 그런 '믿음'을 아내에게 편지로 썼다.

> 예수님의 부활을 믿을 수 있다면 하느님의 계심, 죄의 구속, 성신의 같이 계심과 그 인도, 언제나 돌보시는 하느님의 사랑, 그리고 천국영복天國永福의 소망 등 모든 것이 믿어질 수 있다고 생각되었습니다.
> 예수님의 부활은 신앙의 신비이기도 하지만, 역사적 사실로서도 근거가 상당히 객관적이라 생각합니다. 예수님의 수난 때 그분을 버리고 자기만 살기 위해서 도망쳤던 사도들이 그분이 그렇게도 비참하고 무력하게 돌아가신 후에 새삼스럽게 목숨을 건 신앙을 가지고 온갖 고난과 죽음을 감수하면서 복음 전달에 헌신할 수 있었던 것은 부활하신 예수의 체험 없이는 불가능한 일입니다. 더구나 예수 생존 시는 대면조차 없었으며 그 돌아가신 후에는 열정과 사명

감을 가지고 그리스도 교도를 박해한 사도 바울의 회심과 그의 초인적이며 결사적인 포교 활동, 그리고 마침내 겪은 순교는 그가 체험한 부활하신 예수 없이는 설명할 길이 없다고 생각됩니다. (1980년 11월 21일)

예수의 부활에 대한 믿음, 그것은 감옥에서 죽음을 기다리는 김대중의 힘이었다. 죽음 속으로 들어감은 얼마나 두려운가. 이제는 부활하신 예수의 옷소매를 놓지 않아야 했다. 당시 김대중은 죽음을 맞이할 준비를 하고 있었다. 일종의 체념이었다. 나는 자료를 정리하다 김대중이 감옥에서 쓴 수상隨想과 촌상寸想을 발견했다. 김대중의 당시 심경이 그대로 담겨 있었다. 죽음 앞에서 쓴 글들은 또 다른 유언이었다.

나의 유일한 개인적 욕망은 현실적인 성공이 아니라 하느님과 국민 앞에 충실하게 삶으로써 먼 후일에 역사가가 이 시대를 기록할 때 그 어느 한구석에 "그 당시 김대중이라는 사람이 있었는데 자기 양심과 국민 앞에 충실히 살다가 죽었다"고 씌어짐으로써 우리의 후손들에게 조그마한 참고나마 되는 것이다. (1980년 11월 26일)

하느님은 나의 행적대로 심판하실 것이고 우리 국민도 어느 땐가 진실을 알 것이며 역사의 바른 기록은 누구도 이를 막지 못할 것이다. 하느님이 안 계신다면 내가 어떻게 마음의 평화를 유지할 수 있겠는가? 국민과 역사에 대한 신뢰가 없다면 나의 일생은 완전히 실패작

이었다는 한탄 이외에 나의 입에서 나올 말이 무엇이겠는가. (1980년 12월 3일)

사람이 신념대로 살아갈 수 있으려면 어디까지 내놓을 수 있느냐가 관건인 것 같다. 가난을 견딜 수 없는 사람은 돈 앞에서 좌절된다. 권력에 연연한 사람은 지위 앞에서 무릎(을) 꿇는다. 신념은 있으되 감옥살이까지는 할 수 없는 사람은 그 선에서 은퇴한다. 다 버릴 수 있으나 차마 목숨까지 내놓을 수 없다는 사람은 생명의 위협 앞에서는 당연히 굴복한다. 사람이 신념대로 산다는 것과 어디까지 내놓을 수 있느냐 하는 것은 밀접한 함수관계가 있다. (1980년 12월 21일)

김대중은 죽음 앞에서 하느님과 역사와 국민을 찾았다. 언젠가는 자신의 억울한 죽음을 바르게 평가할 것이라고 믿었다. 또 자신의 목숨까지 버리며 지킨 신념에 대해 자부심을 가지고 있었다.

김대중은 또 「눈물」이라는 일기 같은 수상을 썼다. 자신은 남 앞에서는 울지 않으려 애쓰지만 원래는 눈물이 많은 사람이라며 이렇게 쓰고 있다.

요즘 이 절박한 순간을 앞두고 애써 눈물을 참지만 아무래도 모레 있을 홍걸과의 대면에서는 눈물을 참지 못할 것 같다. 지난 5월 17일 구속된 이래 처음 만나는 것이다. 몹시 망설였지만 그래도 마지막 한 번 보지 않을 수가 없는 것이다. 제발 나와의 슬픈 대면이 사춘기의 그에게 큰 상처를 안 주기를 빌고 빈다.
　　손녀들과의 면회는 단념했다. 정화는 아직 철이 덜 들어서 괜찮지만 지영이는 만 다섯 살에다 아주 예민한 아이인데 요즘 아버지도 오래 못 본 데다 나를 만나서 할아버지의 우는 꼴을 보이면 그 애의 평생 기억에 남을 것 같아서 보고 싶기는 한이 없지만 참아야겠다. (1980년 11월 27일)

　나는 이 수상을 읽으며 가슴이 아팠다. 김대중이 말하는 "절박한 순간"이란 사형 집행을 말함일 것이다. 그 순간을 앞두고 막내 아들을 "마지막 한 번 보지 않을 수 없는" 사형수 김대중. 손녀들도 간절히 보고 싶지만 우는 모습을 보여 줄 수 없어 단념하는 사형수 김대중. 감방 안에서 홀로 울고 있는 김대중의 모습이 선명하게 떠올랐다.

　김대중에 대한 사형선고 소식은 삽시간에 세계로 퍼져 나갔다. 미국 국무장관 에드먼드 머스키Edmund Sixtus Muskie는 "미합중국은 김대중 씨에게 극형이 내려진 것에 대해 심히 우려한다"는 성명을 발표했다. 백악관 안전보장회의의 일원이었던 도널드 그레그Donald Gregg는 국방장관 해럴드 브라운Harold Brown과 함께 서울로 건너와 대통령 전두환을 만났다. 만일 김대중을 처형한다면 국제사회에 그 여파가 심각할 것이라고 전두환을 설득했다. 서독 사회주의 인터내셔널SI 의장 빌리 브란트Willy Brandt는 총회에서 '김대중 구명 동의안'을 통과시켰다. 서독의 외무장관 겐셔Hans-Dietrich Genscher는 유럽공동체의 모든 국가가 한국 정부에 항의할 것을 제안했다. 일본 정부는 차관 제공을 보류했다.

옥중의 김대중은 '브루노 크라이스키 인권상'을 수상했다. 전 오스트리아 총리 크라이스키Bruno Kreisky를 기리기 위해 제정된 이 상을 수감 중인 김대중에게 주기로 한 것은 하나의 상징이었다. 김대중이 민주 투사임을 세계가 알고 있으니 '김대중을 죽이지 말라'는 압력이었다. 세계 주요 언론은 일제히 한국 신군부를 비난하는 논평과 해설을 내보냈다. 오로지 한국 언론만 침묵하고 있었다.

이런 국제적인 노력 외에도 '김대중을 살려 달라'는 민초들의 기도가 끊이지 않았다. 많은 사람들이 밤을 새워 울며 기도했다. 누구는 산속에서, 누구는 골방에서 금식 기도를 했다. 교회와 사찰에서 이름 없는 이들이 김대중을 위해 무릎을 꿇었다. 김대중을 생각하면 눈물부터 나오는 사람들이 많았다. 김대중은 핍박받는 시대의 의인이었다.

원로 정치인 정일형도 그중 한 사람이었다. 그는 중병에 걸려 누워 있으면서도 오로지 김대중만을 생각했다. 문병을 간 강원룡 목사의 손을 잡고 그는 눈물을 흘렸다.

"우리 대중이를 살려 줘, 대중이를 살려 줘."

강 목사의 손등에 눈물이 떨어졌다. 강원룡도 울지 않을 수 없었다. 이 얼마나 애틋한 장면인가. 훗날 김대중은 정일형·이태영 부부의 헌신적인 사랑을 눈물로 회고하곤 했다. 정일형은 결국 김대중을 보지 못하고, 석방을 보지 못하고 세상을 떴다.

교황 바오로 2세도 주한 교황청 대사를 청와대에 보내 사형 집행을 보류해 달라는 메시지를 전했다. 그것도 세 차례나 보냈다. 1980년 12월 11일에는 대통령 전두환에게 감형을 요청하는 서신을 보냈다.

사형선고를 받은 김대중 씨에 대해 순수하게 인도적 이유로 자비를 베풀어 주실 것을 요청합니다.

사형수 김대중에게는 또 다른 악재가 생겼다. 미국 대통령 선거에서 도덕성과 인권을 강조했던 지미 카터Jimmy Carter가 패했다는 소식이었다. 보수파인 공화당 후보 로널드 레이건Ronald Reagan이 당선된 것이었다. 김대중은 하늘이 무너졌다. 감옥에서 발을 뻗고 소리 내어 울었다. 이제 김대중의 운명은 내일을 기약할 수 없었다.

실제로 쿠데타 군의 대령급들인 허화평, 허삼수, 이학봉 등은 책상을 두드리며 환호했다. 김대중을 처형해야 한다고 수뇌부를 압박했다. 그러나 신군부의 머리는 신중할 수밖에 없었다. 아무리 새로운 보수 정권이 들어섰다고 해도 미국의 눈과 귀는 열려 있었기 때문이다.

대통령 카터는 당선자 레이건에게 김대중을 챙겨야 한다고 강력하게 요구했다. 레이건 행정부는 김대중을 잊지 않았다. 마침 한미 정상회담에 목을 매달던 신군부에게 통보했다.

"김대중을 살려야 당신네 대통령이 백악관에 들어올 수 있다."

이듬해 1월 김대중은 무기징역으로 감형됐다. 세계 여론에, 미국의 요구에 신군부가 굴복한 것이다.

1981년 1월 31일 청주교도소로 이감되었다. 저녁을 먹고 이불 속으로 들어갔다. 이내 눈물이 났다. 죽음을 면한 기쁨의 눈물이었다. 이불을 둘러쓰고 하염없이 울었다. 그 눈물은 오직 하느님만이 지켜봤을 것이다. 역시 살아 있어야 무엇이든 할 수 있었다.

청주교도소의 김대중 감방은 세 칸이었다. 가운데 칸이 김대중의 감방이고 양 옆은 비어 있었다. 복도는 콘크리트 벽으로 막아 버렸고 감방 둘레에는 담장을 새로 쌓았다. 그러고서도 낮에는 세 명이, 밤에는 두 명이 지켰다. 감옥 속의 또 다른 감옥이었다.

김대중은 추위를 무척 탔다. 감방 안은 전기난로를 켜놓아도 물이 얼었다. 추위에 벌벌 떨면서 아침을 맞곤 했다. 한줌 햇살이 너무도 그리웠다. 그럼에도 무기수 김대중의 얼굴에는 사형수 때 지워진 표정들이 하나씩 돋아났다.

죽음이 곁에 있는데도 김대중은 '자신을 죽일' 사람들을 용서하고 있었다. 사형선고를 받고 감방에서 쓴, 지금까지 세상에 알려지지 않은 「용서」라는 수상을 보자.

우리가 남을 용서한다는 것은 내가 선하고 의롭기 때문이 아니다. 나도 용서받아야 할 죄인이기 때문이다. 나는 이전에는 자기가 죄인이라는 말을 몹시 싫어하고 어리석은 소심자小心者의 말이라고 생각했었다. 그러나 지금 생각해 보면 그런 사고방식을 가졌던 나야말로 얼마나 어리석은 몰지각沒知覺을 범했던 것인가!

나는 나의 지난 일생을 돌아볼 때, 제일 내가 남몰래 저지른 가지가지의 수치스러운 일들, 악한 행위들 그리고 마음에 품었던 수많은 사악하고 부끄러운 것들을 생각할 때 만일 그것들을 모두 극장의 스크린에다 그대로 비추면서 사람들로 하여금 이를 지켜보라 한다면 과연 나는 나의 가족으로부터조차 현재의 믿음과 존경을 유지할 수 있을까? 절대 불가능하다. 나는 내가 죄인이기 때문에 남을 용서해야 하고 기꺼이 용서한다.

용서는 따지고 보면 남을 위한 것이 아니라 자기를 위한 것이다. 우리는 용서함으로써 인격적으로 의로워지고 정신적으로 건강해진다. 용서하지 않고 남을 증오하고 저주한다는 것은 자기를 괴롭히고 고독하며 편협하게 만들 뿐이다.

용서만이 진정한 대화와 화해의 길이다. 타인의 결함과 과오에 대한 용서 없이 어떻게 합의에 이르는 대화와 공동의 목적을 위한 화해가 가능할 것인가?

용서 없이는 사랑이 없다. 부부간이건 부자간이건 벗과의 관계건 용서할 때만 사랑의 문은 열린다. 우리는 용서하고 또 용서해야 한다. 그리고 용서받고 또 용서받는 것이다. (……) (1980년 11월 25일)

사형수 김대중은 죽음 앞에서도 용서를 얘기하고 있다. 훗날 군사 쿠데타의 머리인 전두환·노태우를 용서한 것은 이렇듯 감옥에서 이미 결심한 것이었다. 김대중은 자신뿐만 아니라 아우와 자식, 비서, 동지들이 가혹한 고문을 당하고 감옥에 갔지만 가해자들을 용서했다. 참으로 비범한 일이다. 그렇지만 전두환·노태우의 중죄를 용서한 것에 대해서는 지금도 논란이 계속되고 있다. 특히, 용서를 넘어 대통령 재직 시에는 전두환과 만찬을 하기도 했다. 광주 시민들을 집단 학살한 무리의 수괴와 함께 밥을 먹다니 도저히 이해할 수 없었다. 희생자 중에는 "김대중 석방"을 외치다 숨진 사람도 있었을 것이다.

용서가 신념이라고 하지만 쿠데타 주범들을 처벌하지 않은 것은 또 다른 죄가 될 수도 있었다. 국민의 동의 없이 개인의 신념으로 국사범을 용서해도 되는 것인가. 이에 대해서는 김대중을 보는 눈이 정확했던 서남대 교수 김욱도 매우 부당하다고 지적했다. 그는 영남 패권주의 세력과의 타협에 불과하다며 질타했다.

> 김대중은 "우리 민족이 3·1 운동, 8·15 해방, 4·19, 10·26, 그 어느 때도 독립과 민주화의 목적만 추구했지 정치적 보복은 결코 하지 않았다는 사실에서 큰 교훈과 용기를 얻고 있"다고 말했지만 그것은 모두 반동 세력에 의해 반격당한 역사다. 그 반격을 극복하기 위해 우리는 더 많은 피를 흘려야 했고 넓은 의미에서 말한다면 지금도 우리는 역사의 잘못을 단죄하지 못한 역사적 후유증을 앓고 있다. 마찬가지다. 김대중 역시 전두환과의 만찬을 통해 정치적 안정을 얻는 데는 도움이 됐을지 모르겠지만 단죄 없는 역사라는 오류의 한 페이지를 장식한 것만은 틀림없는 사실이다. (『김대중의 끝나지 않은 이야기』에서)

역사를 바로 세우기 위해 단죄는 불가피했다는 것이다. 김욱의 질타가 아니더라도 쿠데타의 머리인 전두환을 용서한 것에는 문제가 있어 보인다. 지금까지도 김대중의 '개인적 신념'으로 역사의 죄인들이 풀려나 활보하고 있음을 탄식하는 사람들이 많다.

그런데 김대중에게는 '옥중에서의 다짐' 외에도 주목할 만한 '용서의 이유'가 있었다. 그것은 우리 민족이 지닌 '한恨'에 대한 김대중의 생각이었다.

한은 민중의 좌절된 소망이다. 한은 민중의 그 좌절된 소망이 어느 땐가 이루어지기를 바라는 민중의 기다림이다. (……) 한은 패배가 아니기 때문에 이를 안고 전진해야 한다. 한은 또한 원망이나 복수로 연결되지도 않는다. 나의 일생을 회고하더라도 한에 차 있다고 말할 수 있다. (『행동하는 양심으로』에서)

김대중은 일찍부터 우리네 한은 목적을 달성해야 풀리지 보복으로는 풀리지 않는다고 얘기했다. 춘향의 한은 사랑하는 낭군 이 도령을 만나면서 풀었지 변 사또에 대한 보복으로 풀려 하지 않았다는 것이다. 흥부의 한은 배고픈 것이 해소됨으로써 풀렸고, 흥부는 오히려 그토록 박해했던 형 놀부를 도와주었다는 것이다.

김대중은 광주 시민들이 비록 억울한 죽음을 당했지만 이를 보복으로 갚지 말아야 한다고 했다. 광주의 한은 광주 시민들이 그토록 바라던 민주 회복으로 풀어야 한다는 것이다.

김대중은 또 우리 민족은 패자들에게 관대했음을 들었다. 1985년 한 월간지에 실린 김대중의 기고문을 살펴보자.

사실 우리 민족은 패자에게 언제나 관대하다. 해방 후 그토록 우리를 박해했던 일본 사람들에게 우리 국민은 얼마나 관대했던가. 일인들이 패전 후 만주나 북한에서 소련군에게 겪었던 그 무시무시한 박해의 이야기를 들어볼 때 우리는 얼마나 관대했던가를 알 수 있다.

(『월간조선』 1985년 8월호에서)

이 글로 미루어 김대중은 우리 역사와 민족에게서 '용서'에 대한 긍정적인 면을 찾아냈음을 알 수 있다. 역사적으로 우리 민족은 침략자 또는 지배자들에게 관대했다. 강대국들이 한반도에서 숱한 악행을 저질렀지만 이들에게 보복을 하지 않았다. 김대중은 "대륙에 혹처럼 붙어 있는 한반도"라는 말을 자주 입에 올렸다. 그처럼 작은 나라가 지금까지 살아남은 것은 역설적이게도 '용서의 힘'이었다고 본 것이다. 결국 용서는 수상에서 밝힌 것처럼 "자기 자신을(우리 모두를) 위한 것"이었다. 하지만 김대중은 이를 공론화하지는 않았다. 자칫 패배의식으로 해석되어 논란을 불러올 수도 있었기 때문이다. 정치인이 입에 담기에는 부적절하다고 판단했을 것이다.

김대중은 '용서의 힘'을 믿었던 것 같다. 한 발짝 더 나아가면 그 많은 외침外侵이 있었고 이에 굴복했지만 이는 부끄럽고 수치스러운 역사가 아니라는 것이다. 그 많은 침략 국가들 중 상당수가 멸망했거나 쇠락했지만 우리 민족만이 굳건히 살아남았음에 주목했다. 김대중은 망명 시절인 1983년 3월 12일 워싱턴에서 이런 연설을 했다.

> 우리는 열등감을 버려야 합니다. 제국주의적인 발상에서 온 민족에 대한 가치 평가를 버려야 합니다. 만일 남의 나라에서 짓밟고 침략하고 남의 것을 빼앗고 나 혼자만 살기 위해서 이웃이야 어찌 됐든 좋다는 식으로 밀고나가는 그런 나라가 위대한 민족일 것 같으면 한국은 위대한 민족이 아닙니다.

김대중은 서양의 역사에서도 '용서의 힘'을 찾아냈다. 영국이 프랑스나 러시아보다 먼저 의회정치를 꽃피운 것은 '용서의 결단'이 있었기 때문이라며 이렇게 설파했다.

> 영국은 1649년 청교도혁명 때 국왕 찰스 1세를 처형했습니다. 그 같은 정적政敵에 대한 극한적 처벌과 보복은 극심한 혼란과 내분을 초래했습니다. 그 결과 크롬웰이라는 더욱 지독한 독재자의 지배를 받아야 했습니다.
>
> 이 경험을 값진 교훈으로 삼은 영국 국민들은 그 후 1688년의 명예혁명 때는 찰스 1세의 왕권 지상주의를 그대로 답습한 그의 둘째 아들 제임스 2세를 축출할 때, 그가 프랑스로 도망갈 수 있는 길을 열어 주었습니다. (……)
>
> 제임스 2세는 프랑스에 머물며 망명정부를 세우고 그의 아들, 그의 손자에 이르기까지 무려 3대에 걸쳐 왕권을 수복하겠다며 영국 정부를 괴롭혔습니다. 영국 정부는 그러한 사태를 예상했지만, 정치 보복을 함으로써 입게 될 정치사회적 후유증에 비하면 오히려 그편이 낫다는 판단을 내렸던 것입니다. (『다시, 새로운 시작을 위하여』에서)

용서는 과연 어떤 모습이어야 하는가. 용서받은 자들의 반격과 보복당한 자들의 또 다른 형태의 보복, 그것들을 어떻게 보아야 하는가. 이제 우리는 '김대중의 용서'도 역사에 물어야 한다. 훗날 이 땅의 눈 밝고 마음 어진 이들이 이를 평가할 것이다.

논란은 접어 두고, 분명한 것이 있다. 김대중은 일찍이 가해자들을 용서하겠다고 다짐했고 대통령이 되어 마침내 이를 실천했다. 또 약속대로 재임 기간 동안 정치 보복은 일절 하지 않았다. 정부 수립 이후 대통령이 되어 정치 보복을 하지 않은 사람은 김대중이 처음이었다.

4월 어느 날 아들 홍일에게서 편지가 왔다. 발신지는 대전교도소였다. 교도소의 아들이 또 다른 교도소의 아버지에게 글을 올렸다. 지난해 5월 17일 아버지와 함께 잡혀 왔으니 거의 1년 만이었다. 겉봉의 아들 글씨를 보는 것만으로도 가슴이 미어졌다. 내내 편지를 품고 있다가 밤이 되어서야 이불 속에서 편지를 읽었다. 누가 보면 안 될 것 같았다. 알전구를 이불 속으로 끌고 들어가 한 자 한 자 읽었다. 편지는 "사랑하는 아버지께"로 시작했다.

> 꿈속에서도 간절히 만나 뵙고 싶어 애를 쓰던 아버지께 편지를 쓴다고 생각하니 먼저 눈시울이 뜨거워지는군요. 무엇보다도 먼저 저희 가족들과 많은 분들의 기도를 들어주시어 아버지의 생명을 지켜주신 주님의 크신 은혜에 감사를 드리고 있습니다. (……)
> 아이들이 식사 때와 잠잘 때 "할아버지와 아빠가 건강하게 지내고 빨리 우리들한테 돌아오게 해달라"고 기도한다는군요. 아이들의 기도가 이루어지기를 간절히 바라는 마음입니다.

글씨가 보이지 않아 눈물을 닦아 냈지만 이내 또 눈물이 쏟아졌다. 편지를 읽고 또 읽었다. 이불 속에서 홍일이 이름을 불렀다. 아들은 편지가 검열당할 것을 알고 추신을 달았다.

이 편지를 취급하시는 분들께— 이 편지를 아버지께서 받아 보실 수 있도록 선처하여 주시기를 간절히 부탁드립니다.

편지를 가슴에 품고 누웠으나 잠을 이룰 수 없었다.
'나를 고문하고, 나를 죽이지 왜 아들에게 형벌을 가하는가.'
신군부 고문 기술자들은 "김대중이 빨갱이임을 인정하라"며 홍일에게 온갖 고문을 자행했다. 거짓 증언을 할 수도 없고, 고통을 이겨낼 힘도 없었다. 김홍일은 죽기로 했다. 책상 위로 올라가 머리를 시멘트 바닥에 찧었다. 그때의 충격으로 평생 병마가 따라다녔다.

점차 감옥 생활에도 '여유'가 생겨났다. 김대중은 독서에 몰두했다. 신학, 철학, 정치, 경제, 역사, 문학 등 모든 분야의 책을 읽었다. 다시없는 배움의 시간이었다. 김대중은 "감옥이야말로 나의 대학이었다"고 술회했다. 아내 이희호는 600권의 책을 차입해 주었다.

김대중은 아널드 토인비Arnold Toynbee가 지은 『역사의 연구 Study of History』(12권)를 깊이 읽었다. 문명은 도전에 대한 응전의 산물이라는 견해에 눈이 환해졌다. 특별한 영감과 용기를 얻었다. 앨빈 토플러 Alvin Toffler가 쓴 『제3의 물결The Third Wave』을 읽고 농경과 산업사회 다음에는 지식정보사회가 도래한다는 것을 알았다. 그의 내면은 호기심으로 일렁거렸다. 그 후 미래 사회를 예측하는 서적들을 탐독하며 만일 훗날 국가를 경영하게 되면 반드시 정보 강국을 만들겠다고 다짐했다. 또 김대중은 '하느님은 선하시고 전능하신데 왜 이 세상에는 악이 존재하는가'라는 문제에 대한 답을 찾고자 했다. 온갖 서적을 읽으며 번민을 거듭해도 그 해답을 찾을 수 없었다. 그러다 프랑스 신부 테야르 드 샤르댕Pierre Teilhard de Chardin의 일련의 저서에서 실마리를 찾았다.

하느님이 세상을 만드신 것은 사실이다. 그러나 하느님은 완전한 것을 만드신 것이 아니라 미완성의 세상을 만드셨다. 그리하여 이 세상은 지금 완성을 향한 역사役事의 과정에 있다. 이 때문에 이 세상에는 완성의 과정에서 일어나는 마찰 현상이 있는 것이다. 그것이 질병이요, 인간의 범죄요, 사회적 불의 등이다.

왜 박정희, 전두환 같은 정치군인들이 득세하고 바르게 살려는 사람들이 박해를 받느냐는 물음에 대한 답이었다. 김대중은 샤르댕 신부의 저서를 모두 들여보내 줄 것을 이희호에게 요청했다. 그러나 국내 서점에는 그 어디에도 없었다. 이희호는 천주교 측에 부탁을 했고, 서교성당의 한 수녀가 지닌 것을 가까스로 구해서 넣어 주었다.

김대중의 지적 호기심과 집중력은 놀랍기만 하다. 김대중과 가장 가까운 거리에 있었던, 국민의 정부 부속실장 김한정은 이렇게 말했다.

"김대중 대통령은 깊은 인상을 받은 지식이나 논리, 철학 등은 자신의 것으로 육화될 때까지 탐구하며 성찰했다."

김대중은 무엇이든 깊이 빨아들였다. 김대중을 흠모했던 하버드대학 교수 에드워드 베이커Edward Baker는 김대중에게 상대방의 지식과 생각을 자신의 것으로 만드는 놀라운 흡인력이 있다는 것을 간파하고 이렇게 말했다.

"김대중 씨는 지식을 마치 스펀지처럼 빨아들였다."

옥중에서의 또 다른 즐거움은 편지 쓰기였다. 편지는 한 달에 딱 한 번 보낼 수 있었다. 법적 근거가 없는 횡포였지만 어쩔 수 없었다. 사연은 길고 봉함엽서는 달랑 한 장이니 글씨를 작게 써야 했다. 온 정신을 집중하여 쓰다 보니 깨알처럼 작게 쓸 수 있었다. 확대경 없이는 읽을 수 없었다. 김대중은 그렇게 29통의 편지를 보냈다.

김대중의 옥중서신은 훗날 책으로 묶여 나왔다. 1983년 미국에서 '민족의 한을 안고'라는 제목으로 먼저 출판되었고, 와다 하루키和田春樹 교수 등이 번역한 일어판이 출간되었다. 또 영문판으로도 나왔다. 국내에서도 이듬해 『김대중 옥중서신』으로 출간됐다. 책은 대단한 반향을 일으켰다. 김대중의 지식과 사상의 깊이에 독자들은 감탄했다. 진정 잘 사는 것이 무엇인지, 역사가 우리에게 무슨 말을 하고 있는지, 우리 민족이 나아갈 길은 어디에 있는지를 분명하게 제시했다. 젊은이들 사이에서는 『옥중서신』에서 언급한 책들을 찾아 읽는 이른바 '김대중 따라 책읽기'가 유행했다. 글을 모르는 할머니가 『옥중서신』을 읽기 위해 글을 깨쳤다는 감동적인 일화도 이때 만들어졌다.

다시 길 위에 서다

　이명耳鳴 증상이 나타났다. 왼쪽 귀였다. 오랜 독방 생활에 김대중의 몸은 무너지고 있었다. 고관절 장애는 고통 자체였다. 다리가 붓고 곧잘 쥐가 났다. 1982년 12월 10일 안전기획부 간부가 김대중을 찾아왔다.
　"몸도 불편하다고 들었는데, 미국에서 치료받지 않으시겠습니까?"
　뜻밖이었다. 하지만 혼자 미국으로 떠난다는 것은 상상할 수 없었다. 민주화 투쟁을 하다 갇힌 동지들, 그리고 자신의 이름을 부르다 수감된 광주 시민들을 그냥 두고 갈 수는 없었다.
　"정 뜻이 그러하다면 나를 풀어 주고 국내에서 치료받게 해주시오."
　안기부 간부는 말 없이 그냥 돌아섰다. 그런데 얼마 후 아내가 찾아와 미국으로 출국할 것을 간곡하게 권했다. 이번에는 김대중이 답을 하지 않았다.

김대중은 왜 저들이 미국행을 권하는지 따져 보았다. 전두환 정권은 출범하자마자 정치인과 민주 세력을 탄압하며 철권을 휘둘렀다. 정통성이 없었으니 그럴 수밖에 없었다. 이에 대한 국내외의 역풍이 일었다. 또한 김대중을 석방하라는 국제사회의 압력은 갈수록 거세졌다. 김대중 석방은 국내외 국면 전환을 위해 꼭 필요했다.

며칠 후 다시 아내가 면회를 왔다. 이번에도 이희호는 간곡하게 미국행을 설득했다. 가족들과 동지인 안병무, 예춘호 등도 출국을 권유했다고 전했다.

"해외에서 국제 여론을 환기할 분은 당신뿐이라고 모두들 얘기한답니다. 그리고 더욱 중요한 문제는 우리가 미국으로 떠나가야 구속된 분들도 나올 수 있답니다."

그 말에는 반박을 할 수 없었다. 김대중은 결국 미국행을 결심했다. 그러자 안기부 간부가 찾아와 각서를 써달라고 했다. 이런 요지였다.

"병 치료에만 전념하고 정치 활동은 안 하겠으니 선처해 달라."

김대중은 이를 거부했다. 그러자 출국을 위해서 필요한 절차일 뿐 절대 공개하지 않을 것이라고 말했다. 안기부장 노신영은 이희호에게 이렇게 약속했다.

"절대 발표하지 않을 것입니다. 제 인격을 믿으세요."

김대중은 각서를 썼다. 그러나 저들에게 '인격'은 없었다. 각서는 문공부 장관 이진희가 기자회견을 하면서 즉각 공개해 버렸다. 김대중은 신군부 쿠데타 세력에게 선처를 구걸하는 비루한 정치인이 되어 버렸다. 하지만 그런 속사정을 알릴 사람도, 방법도 없었다. 어쩌면 김대중은 저들에게 속아 주었는지도 몰랐다. 인격에 오물을 투척하고 이미지를 구겨서 정치생명을 끊으려는 수법을 김대중이 모를 리 없었을 것이다. 김대중은 12월 16일 서울대병원으로 옮겨졌다.

출국을 앞두고 이희호는 비서들을 동교동으로 불러 모았다. 정표나 기념물이 될 만한 김대중의 물건을 나눠 주었다. 누구는 담배 파이프를, 누구는 김대중이 덮었던 담요를, 누구는 반지를 받았다. 언제 다시 만날지 알 수 없었다. 이희호가 말했다.

"우리가 죽지 않고 살다 보면 반드시 다시 만날 날이 올 것입니다. 무엇보다 건강을 지키세요."

모두 고개를 숙였다. 비서들은 주먹으로 눈물을 훔쳤다. 김대중 없는 동교동, 김대중 없는 야당 그리고 대한민국을 떠올렸다. 간절히 뵙고 싶었다. 그 앞에서 절이라도 올려야 했다. 성치 않은 몸을 끌고 다시 망명길에 오른다니……. 정권은 무도했고, 시절은 여전히 수상했고, 현실은 서러웠다.

12월 23일 밤 김대중은 아내, 두 아들(홍업, 홍걸)과 함께 극비리에 김포공항으로 실려갔다. 가로등은 모두 꺼져 있었다. 공항은 어둠에 잠겨 있었다. 차에서 내리니 비행기 트랩 앞이었다. 노스웨스트항공이었다. 김대중이 막 자리에 앉았을 때 청주교도소 부소장이 나타났다. 주머니에서 종이 한 장을 꺼내 읽었다.

"형 집행정지로 석방한다."

김대중은 그 누구의 배웅도 받지 못했다. 이희호가 눈물을 훔쳤다. 그 시간 서울 밤거리에는 캐럴이 나뒹굴고 있었다. 한 해가 저물어 가고 있었다. 비행기는 어둠을 걷어차며 이륙했다. 그리고 이내 어둠에 잠겼다. 1973년에는 납치당해 모국 땅으로 끌려왔는데, 9년 후에는 이국 땅으로 쫓겨나고 있었다. 다시 망명객으로 떠돌아야 했다. 고단한 시간 속으로 들어가야 했다.

'9년이란 세월의 간극에서 변한 것은 무엇인가.'

김대중은 시상詩想을 더듬었다.

잘 있거라 내 강산아 사랑하는 겨레여
몸은 비록 가지마는 마음은 두고 간다
이국 땅 낯설어도 그대 위해 살리라

인제 가면 언제 올까 기약 없는 길이지만
반드시 돌아오리 새벽처럼 돌아오리
돌아와 종을 치리 자유종을 치리라

새벽처럼 돌아오고 싶겠지만 앞날은 알 수 없었다. 자유의 종을 미친 듯이 치고 싶겠지만 현실은 너무도 냉혹했다. 김대중은 다시 자신을 일으켰다.

'살아 있음이 얼마나 큰 축복인가.'

사망의 골짜기에서도 내일을 준비했던 김대중, 그가 밤하늘을 날고 있었다. 칠흑의 어둠을 뚫고 새벽을 향해 가고 있었다.

노스웨스트 항공기는 12월 23일 밤 10시 45분 워싱턴 내셔널공항에 도착했다. 깊은 밤에 김대중이란 망명객이 모습을 드러냈다. 그러자 300여 명이 김대중을 연호했다. 최성일, 한완상, 이근팔, 패리스 하비Pharis J. Harvey 목사 등이 보였다. 김대중의 사진과 '행동하는 양심'이란 문구가 적힌 피켓을 들고 있었다. 문동환 목사가 환영사를 했다.

"다니엘을 사자굴 속에서 건지신 하나님은 김대중 선생을 악랄한 독재자 전두환의 손에서 건지셨습니다. 그것은 앞으로 김 선생께서 한국의 민주화와 통일에 큰 역할을 하셔야 하기 때문입니다."

문 목사가 큰 눈에 눈물을 담았다. 문동환은 김대중의 앞날이 험난하리라는 것을 누구보다 잘 알았다. 아내 이희호가 연신 눈물을 찍어 냈다. 에드워드 케네디 상원의원의 수석 비서관이 환영 메시지를 읽었다.

망명객 김대중을 찾는 사람들이 많았다. 교회와 대학, 인권 단체와 협회에서 김대중을 초청했다. 미국에 머물던 2년 1개월 동안 150회가 넘는 연설을 했다. 주제는 거의 대부분 한국의 민주주의와 인권이었다. 김대중은 늘 길 위에 있었다. 어디서 누가 불러도 달려갔다. 수십 명이 모여 있는 연설회에서도 최선을 다했다. 물론 수천 명이 모인 집회도 많았다.

그해 9월부터 하버드대학 국제문제연구소CFIA, Center for International Affairs 객원 연구원으로 활동했다. 에즈라 보겔Ezra Vogel, 제롬 코언, 에드워드 베이커, 벤저민 브라운Benjamin Brown, 쿠퍼Cooper 교수 등을 만나 의견을 교환했다. 하버드 체류 중에도 강연 요청은 끊임없이 들어왔다. 하버드대학 '아시아법률센터' 강연에서는 이런 질문을 받았다.

"당신은 지금 망명까지 하면서 한국의 민주주의를 위해 싸우고 있는데, 그것이 과연 가능합니까? 민주주의는 서구 사회의 산물입니다.

한국의 전통에는 민주주의 요소가 없지 않습니까?"

사실 김대중은 이런 질문을 많이 받았다. 주한 미군 사령관 위컴John A. Wickham도 쿠데타에 성공한 전두환 정권을 지지하며 이렇게 말했다.

"한국인은 들쥐와 같아서 누가 지도자가 돼도 따를 것이고, 체질상 민주주의가 맞지 않다."

주한 미국 대사 리처드 워커Richard Walker는 이런 폭언을 했다.

"한국 국민은 민주주의를 누릴 자격이 없다."

한국에 파견된 고위 관리들 생각이 그럴진대 일반 미국인들의 의식은 어떨 것인가. 김대중은 미국인들의 조소 섞인 질문이 아팠다. 한 민족의 역사를 뒤져 의구심을 걷어 내려 최선을 다했다.

첫째, 단군신화를 비롯한 우리 민족의 건국 설화들 속에서 민주주의의 근본 정신의 하나인 민본 정신을 엿볼 수 있습니다. 단군신화에 나오는 홍익인간 사상은 백성을 근본으로 해야 한다는 전제로 이루어졌습니다. 신라나 가야의 건국 설화를 보면 백성이 모여 왕을 추대합니다. 어떤 나라 건국 설화에서도 찾아보기 힘든 예입니다. 동학의 '인내천人乃天'은 사람이 곧 하늘이라는 것이니 사람 섬기기를 하늘같이 하라는 '사인여천事人如天'을 기본 사상으로 하고 있습니다.

둘째, 최근 100년의 역사가 곧 권위주의에 맞서 싸운 투쟁의 기록입니다. 조선왕조가 망한 지 9년 만에 일어난 3·1 운동에서 왕정복고를 주장한 사람은 거의 없었습니다. 프랑스가 대혁명 후에도 근 200년 동안 끈질긴 왕정복고의 역사를 거듭했던 것과 비교해 보더라도 놀라운 일이 아닐 수 없습니다. 1960년 4·19 혁명, 1979년 부마 항쟁, 1980년 광주 항쟁 등이 민주 정신에 입각한 투쟁이었습니다.

셋째, 조선왕조 500년을 지배하던 유교의 근본 정신은 민본주의였습니다. 따라서 흔히 유교적 전통을 가진 나라가 민주주의에 친숙하지 않다는 주장은 잘못된 것입니다. 놀라운 것은 맹자의 주장입니다. 맹자는 이렇게 말했습니다. "임금은 하늘의 아들이다. 천자는 하늘을 대신해서 백성에게 선정을 베풀 사명을 받았다. 그런데 천자가 하늘의 뜻을 어기고 백성에게 학정을 한다면 백성은 들고일어나 임금을 쫓아내고 새로운 임금을 들여올(易姓革命) 권리가 있다."

넷째, 우리나라는 국민의 교육 수준이 세계 정상급입니다. 민주주의는 국민의 교육 수준 없이는 창출될 수 없으며, 교육받는 국민만이 주권 의식과 책임 의식을 통해서 민주주의를 지켜 나갈 수 있습니다.

이러한 나라에서 민주주의를 하지 못한다면 어느 나라에서 민주주의를 할 수 있다는 말입니까.

김대중은 망명 생활 내내 형편이 어려웠다. 망명 일지와 같은 김대중의 육필 메모를 보면 돈에 관한 얘기들이 빈번하게 나온다.

요즘은 경제문제로 고민이 크다. 사무실의 집으로의 철수를 고려 중. (1984년 3월 8일)

가구 렌트에 2500불이 들어서 아파트 얻는 것은 포기해야 할 형편.
(1984년 5월 5일)

그런데도 국내에서는 김대중이 미국에서 호화 생활을 한다는 소문이 퍼져 있었다.

"고급 아파트에서 잘 먹고 잘 입는다. 손가락에는 커다란 루비반지를 끼고 다닌다."

"수많은 경호원들을 데리고 떵떵거리며 살고 있다."

김대중이 서울을 떠나올 때도 "대통령이 제공한 특별 전세기를 타고 갔다", "이희호가 이순자에게 20만 달러를 받았다"는 등의 얘기가 사실처럼 굴러다녔다. 모두 정보부가 꾸며 낸 터무니없는 루머였다. 국내 언론은 그런 루머를 양념을 쳐서 슬쩍슬쩍 보도했다. 용서하지 못할 행태였지만 김대중에게는 이를 반박할 아무런 무기가 없었다.

김대중은 틈틈이 그간 주창해 온 '대중 경제론'을 다시 들여다보았다. 그리고 유종근 박사의 도움을 받아 『대중참여경제론』으로 발전시켰다. 유종근은 김대중의 논리를 정확하게 간파하여 그 속에 생기를 불어넣었다. 이 논문집은 하버드대학 측으로부터 높은 평가를 받았고, 부교재로 채택되었다.

하버드대학에서는 지식뿐만 아니라 사람도 얻었다. 필리핀 야당 지도자 베니그노 아키노Benigno Aquino도 만났다. 김대중과 아키노는 조국을 떠나와 이국땅에서 똑같이 민주화 운동을 하고 있었다. 두 사람은 만나자마자 친해졌다. 현실을 보는 눈과 가슴에 품은 이상이 같았기 때문에 다른 설명이 필요 없었다. 아키노는 소탈하고 호방했다.

그의 부인 코라손 아키노는 상대적으로 과묵하고 차분했다. 어느 날 아키노가 말했다.

"우리가 아예 모임을 하나 만들면 어떻겠습니까?"

"좋지요. 우리 아시아의 민주주의를 위한 공동의 조직체를 만들어서 함께 일합시다."

언젠가는 '아시아민주전선' 같은 민주화 운동의 구심체를 만들기로 했다. 아키노는 명석하고 친화력이 뛰어났다. 그런 아키노가 갑자기 귀국을 서둘렀다. 아키노는 세계의 비상한 관심 속에 귀국길에 올랐다. 하지만 마닐라공항에서 비행기 트랩을 내려오다 총격을 받고 쓰러졌다. 비극적인 장면이 긴급 뉴스로 종일 방영됐다.

김대중은 큰 충격을 받았다. 즉각 아키노 피살 관련 성명을 발표했다. 재미 필리핀인들의 집회에도 참석해 추모 연설을 하기도 했다. 그러나 아키노의 죽음은 남의 일이 아니었다. 김대중도 귀국을 서두르고 있었다. 역시 목숨을 거는 일이었다.

한국에서는 1984년 5월 18일 '민주화추진협의회'(민추협)가 발족 선언을 했다. 그리고 6월 14일 결성 대회를 가졌다. 지도부는 동교동계와 상도동계가 철저히 반분했다. 김영삼은 공동의장에, 김상현은 김대중을 대신하여 공동의장 대행에 취임했다. 망명 중인 김대중은 고문을 맡았다. 민추협은 민주화 여정에 새로운 힘을 불어넣었으며, 독재 타도의 선봉에 섰다.

그해 여름 김대중은 귀국을 결심했다. 한국에는 민주화 동지들이 있었고, 그토록 존경하고 사랑하는 국민들이 있었다. 그들의 고난에 동참해야 했다. 또 김대중 자신의 귀국이 민주화 운동에 도움이 될 수 있을 것이라고 판단했다. 김대중은 "80년대에는 한국에서 민주화가 이루어질 것"이라고 장담했다. 이를 실현하기 위해서라도 정면 승부를 해야 했다.

사실 김대중은 향수에 시달리고 있었다. 망명지의 향수는 지독했다. 이국에서 어느덧 환갑을 맞고 있었다. 한국, 그 품에 안기고 싶었다. 그때 남긴 육필 메모에서 절절한 심경을 엿볼 수 있다.

> 요즘은 한국으로 돌아가고 싶은 생각이 너무도 간절하다. 돌아만 간다면 감옥도 달게 받겠다. 우리 국민을 위한 것이라면 무엇이나 바치고 싶다. 바칠 것이 너무 적은 것이 한이다. (1984년 4월 15일)

미 국무장관 조지 슐츠George Shultz에게 한국으로 돌아가겠다는 편지를 보냈다. 며칠 뒤에는 대통령 전두환에게도 등기우편을 보내 귀국을 통보했다. 그로부터 얼마 후 한국에서 안기부 요원이 찾아왔다. 귀국을 강행하면 신변의 안전을 보장할 수 없다고 말했다. 또 미 국무부 동아시아 담당 차관보가 면담을 요청했다.

"미국 정부의 이름으로 부탁을 드립니다. 귀국을 미루시면 좋겠습니다."

미국 정부까지 나서서 만류하니 일단 보류했다. 하지만 생각할수록 역시 돌아가야 했다. 그러던 어느 날 『뉴욕타임스 New York Times』 기자에게서 전화가 왔다.

"오늘 한국에서는 청와대 정무 담당 비서관이 당신이 귀국하면 투옥하겠다고 발표했습니다. 그래도 귀국을 하겠습니까?"

김대중은 어떤 위협이나 박해가 있어도 귀국하겠다는 의사를 밝혔다. 그리고 자신이 귀국해야 하는 이유와 한국의 실상도 알렸다. 이 같은 내용이 보도되자 엄청난 반향이 일었다. 인터뷰 요청이 쇄도했다. 여론은 한가지로 모였다.

"김대중을 제2의 아키노가 되게 해서는 안 된다."

상황은 역전되었다. 미국 정부가 여론의 눈치를 보기 시작했다. 급기야 한국 정부에 김대중의 안전 귀국을 보장하라고 촉구했다.

1985년 1월 18일 동교동계와 상도동계가 주축을 이룬 신당이 탄생했다. 민추협을 모체로 한 신한민주당(신민당)이 창당한 것이다. 국회의원 선거일이 2월 12일로 잡혀 있었다. 선거에 도움이 되려면 그 전에 한국으로 돌아가야 했다. 그래서 잡은 날이 2월 8일이었다.

1월 19일 로스앤젤레스에서 고별 강연을 했다. 그랜드올림픽오디토리엄에 5000여 명이 모였다. 김대중은 외쳤다.

"한국 정부가 나를 다시 투옥한다면 전 세계 여론과 인류의 양심, 그리고 우리 국민이 결단코 용납하지 않을 것이고, 나를 제2의 아키노로 만든다면 그들도 같은 운명에 처해질 것입니다."

그것은 두려움을 쫓는 거대한 의식과도 같았다. 전 미국 대통령 지미 카터, 서독 대통령 폰 바이츠제커Richard von Weizsacker, 전 서독 총리 빌리 브란트, 일본 사회당 당수 이시바시 마사시石橋政嗣 등이 귀국을 축하하는 전문을 보내왔다. 그것은 김대중의 안전을 보장하라는 국제사회의 압력이었다.

귀국일이 다가오자 김대중은 극도로 초조해졌다. 하루가 어떻게 지나가는지 모를 지경이었다. 저명인사 37명이 귀국길에 동행하겠다고 나섰다. 모두 인간 방패를 자처했다. 에드워드 페이건Edward Feighan과 토머스 포글리에타Thomas M. Foglietta 하원의원, 퍼트리샤 데리언Patricia Derian 전 국무부 인권 담당 차관보, 토머스 화이트Thomas White 전 대사, 퇴역 해군 대장, 패리스 하비 목사, 브루스 커밍스Bruce Cumings 교수, 인권운동가, 가수, 아메리칸익스프레스 사장 등이 그들이었다.

목숨을 건 여행이 시작되었다. 노스웨스트 항공기가 워싱턴 내셔널공항을 이륙했다. 2월 6일 오전 10시 15분이었다. 탑승객들은 긴장감을 쫓으려 애써 큰 소리로 떠들거나 농담을 건네기도 했다. 그러나 이내 기내는 침묵 속으로 빠져들었다. 무슨 일이 일어날지 몰랐다. 떠나올 때는 한밤중에 가족들만 있었지만 돌아갈 때는 대낮에 수많은 동지들이 곁에 있었다. 그런데도 표정들이 어두웠다.

일본에 내렸다. 숙소인 나리타공항 근처의 홀리데이인호텔에서 보도진이 기다리고 있었다. 사진기자만 100명이 넘는 듯했다. 회견장에서 귀국의 당위성을 이야기했다. 그것은 전두환 정권을 겨냥한 것이기도 했다.

"내일 나의 운명이 어떻게 되든 나의 귀국은 필요합니다. 커다란 의미가 있습니다. 나는 특별한 사건을 일으킬 생각도 없지만 그렇다고 비겁한 짓도 하지 않을 것입니다."

다음 날 마침내 한국행 비행기에 올랐다. 김대중은 동행한 사람들에게 당부했다.

"아키노는 비행기에서 내릴 때 정부 기관 요원의 안내를 받고 가다 살해당했습니다. 나는 절대 특별 안내는 받지 않겠습니다. 일반인들과 출입 심사 창구로 가겠습니다. 내가 다른 곳으로 끌려가지 않도록 도와주십시오."

저들이 살해 의도를 지녔으면 어디서든 어떻게든 죽일 것이다. 그래도 김대중은 그렇게 당부했다. 정말이지 두려운 길이었다.

2월 8일 오전 11시 40분 김포공항에 내렸다. 공항 인근은 사람들의 물결로 출렁거렸다. 오직 김대중을 보려고 모인 30만 명이었다. 그러나 김대중은 그런 인파를 볼 수 없었다. 일행이 공항 빌딩에 들어서자 사복 경찰이 뛰쳐나왔다. 동행 인사들이 얼른 김대중과 이희호를 에워싸고 경찰들을 필사적으로 막았다. 그러자 경찰이 폭력을 휘둘렀다. 공항은 아수라장으로 변해 버렸다. 경찰들은 김대중과 이희호를 대기 중인 마이크로버스에 강제로 태웠다. 김대중은 호주머니 속에 든 귀국 성명서를 꺼내지도 못했다.

세계 언론은 공항에서의 폭력을 타전했다. 『뉴스위크』는 「폭풍의 귀국」이라는 머리기사를 실었다.

> 지난주에 수천 명의 군중이 깃발을 흔들며 "김대중"을 외쳤다. 군중들은 서울 김포국제공항 밖의 회색빛 대로변에 줄지어 있었다. 한국의 야당 지도자가 탄 NWA 191편은 공항에 안착했다. 그는 군중들에게 인사하기를 원했다. 그러나 한국 정부는 김대중 씨와 부인, 그리고 미국인 고관들을 비행장의 출입 제한 구역으로 몰고 갔다. 거기서 50여 명이 넘는 사복 요원들이 이 야당 지도자를 수행원들과 분리시켜 끌고 갔다. 그들은 미국인 몇 사람을 주먹으로 치고

발로 차고 땅바닥에 내동댕이쳤다. 그러고 나서 그들은 김대중 씨를 엘리베이터 안으로 처박았다. 김대중 씨와 부인은 백색 마이크로버스에 실려 공항 뒷길을 통해 자택으로 압송되었고, 자택에 도착 즉시 가택 연금에 처해졌다.

'폭풍의 귀국'은 선거 정국에서도 폭풍을 일으켰다. 나흘 후에 치러진 선거에서 그 위력이 입증됐다. 신민당은 지역구 50석, 전국구 17석을 얻어 무려 67석을 차지했다. 서울·부산·광주·인천·대전 등 5대 도시에서는 전원이 당선됐다. 민심을 가뒀던 둑이 터져 전두환 정권을 덮쳤다. 선거 혁명의 가운데에 김대중이 있었다. 제1야당인 민한당은 81석에서 35석으로 줄어들었다. 민심의 물줄기는 관제 야당인 민한당을 쓸어버렸다.

집에 돌아온 김대중은 수시로 가택 연금을 당했다. 연금은 마포경찰서장이 통보하면 그걸로 끝이었다. 주요 행사나 모임이 있으면 어김없이 연금을 당했다. 김대중의 집에 몰린 경찰 숫자를 헤아리면 그날 열릴 행사의 의미와 규모를 알 수 있었다. 연금은 짧으면 하루, 길면 두 달이 넘었다. 어떤 때는 대문 앞에서 길을 막기도 했다. 그럴 때면 "차라리 교도소에 보내라"며 일갈했다. 연금이 계속되자 비서들은 김대중의 집을 '동교동 교도소'라 불렀다.

김대중이 남긴 육필 메모를 보면, '박종철 군 추모 준비회'의 참석을 가로막는 연금 조치를 당하며 이렇게 한탄했다.

우리 국민에게 최대의 불행은 절망감이다. 국민은 그들이 직면한 문제들 즉 인권 유린, 부패, 사회적 불의를 어디에도 호소할 길이 없다. 언론도, 국회도, 사법부도 모두 정부의 어용이요 시녀다. 이런 문제를 국민에게 호소하고 싶어도 집회의 자유도, 시위의 자유도 없다. 국민은 절망감에 사로잡힌다. 이것이 가장 두렵고 위험한 문제다. (1987년 1월 26일)

당원과 시민 및 학생들이 집 근처에서 연금 해제를 외치며 기습 시위를 벌였다. 집 안에서도 시위를 벌였다. 김옥두, 남궁진 비서가 벌인 '지붕 위의 시위'였다. 두 비서는 사다리를 타고 올라가 기왓장을 밟고 현수막을 펼쳐 들었다.

"김대중 선생 불법 감금 해제하라."

이불 광목 호청을 뜯어서 만든 현수막이었다. 그리고 "불법 감금 해제하라"고 외쳤다. 두 사람의 외침이 얼마나 멀리 가겠는가. 하지만 이 위험한 시위는 외신을 타고 세계로 퍼져 나갔다. 김대중은 그 광경이 너무 아파서 차마 볼 수 없었다. 귀국 이후 1987년 6·29 선언으로 사면·복권될 때까지 무려 55차례나 가택 연금을 당했다.

남쪽의 독재국가 필리핀에서 의미 있는 혁명이 일어났다. 독재자 마르코스가 '피플 파워'(민중의 힘)에 굴복하고 1986년 2월 25일 권좌에서 쫓겨났다. 필리핀 민주화 운동의 상징인 코라손 아키노 여사가 집권했다. 김대중은 일주일 전 독재자 마르코스의 퇴진을 예견하며 이런 메모를 남겼다.

레이건 대통령이 전일의 태도를 바꾸어 필리핀 선거의 부정을 비난하고 나섰다. 마르코스는 결국 필리핀 국민과 세계 여론의 규탄 앞에 머지않아서 쓰러질 것이다. 한국에도 민주주의가 80년대 후반에 반드시 성취될 것이다. (1986년 2월 17일)

필리핀에서의 민주 정권 탄생은 낭보였다. 봄바람이 되어 한국에 상륙했다. 직선제 개헌 서명운동이 전국으로 번져 나갔다. 개헌 추진위 지부 결성식이 속속 열렸다. 부산에 4만, 광주에 10만, 대구에 2만 명이 모였다. 김대중은 연금을 당해 녹음 연설을 해야 했다. 얼굴 없는 연설인데도 국민들은 환호했다. 전두환 정권은 허둥댔다. 정권 말기 현상이 나타나고 있었다. 김대중은 '1979년 유신 말기'를 떠올렸다. 하루도 빠짐없이 터지는 최루탄 속에는 뭔가 다른 게 들어 있었다. 1980년 안개 낀 '서울의 봄'과는 달랐다. 남쪽에서 올라오는 봄바람을 맞으면 '힘'이 느껴졌다. 바로 민중의 힘이었다.

새벽.

2부

6월, 그 불멸의 시간

서울대생 박종철 군이 치안국 대공분실의 취조 중 고문에 의해서 사망. 분노와 슬픔을 금할 길이 없다. 언제까지 이 악惡의 정권이 계속될 것인가. 전력을 다해서 싸워야겠다. 내일 긴급 의장단 소집. 악한 정부는 호랑이보다 더 무섭다지만 그 악한 정권과 싸우지 않고 방관하는 사람들의 책임은 호랑이의 재난보다 더 크다. 박 군의 부모의 심정을 생각하고 아버지가 불과 20만 원의 월수입으로 자식을 가르쳤던 일을 생각할 때 슬픔과 애잔한 심정을 금치 못하겠다.
(1987년 1월 16일, 김대중의 육필 메모)

박종철이 사망했다. 경찰은 사인이 쇼크사라고 했지만 부검을 담당한 의사는 "물고문을 의심한다"는 소견을 냈다. 온 나라의 시선이 박 군의 죽음에 쏠렸다. 여론의 압박에 당국은 물고문 혐의를 인정하고 경찰관 두 명을 구속했다. 그러나 물속에 가라앉았던 사건은 4개월 후 다시 수면 위로 떠올랐다.

5월 18일 밤 명동성당에서는 '5·18 광주 항쟁 희생자 7주기 추모 미사'가 열렸다. 김수환 추기경이 강론을 했다.

> 광주의 한, 그것은 민족의 한이요, 역사의 한입니다. 민족의 가슴에 칼을 찔러 깊은 상처를 내고 피를 흐르게 한 그 어처구니없는 사람들은 스스로 민족 앞에 나서서 죄를 고백하고 속죄해야 합니다. 아마도 이 길만이 한을 덜고, 우리 겨레로 하여금 광주의 상처를 아물게 하는 길이 되지 않을까 생각합니다. 그리고 이것이 그들 자신을 구하는 길이요 나라를 구하는 길입니다.

정확히 전두환 정권을 겨냥한 것이었다. 미사가 끝난 후 김승훈 신부는 "박종철 군 고문치사 사건의 진상이 조작되었다"는 성명을 발표했다. 김 신부는 "사건 및 범인의 조작 책임은 현 정권 전체에 있다"며 사건 축소·은폐에 연루된 사람들의 처벌을 요구했다. 검찰은 재수사를 벌여 고문에 직접 가담한 경관 세 명을 추가로 구속했다.

민심은 극도로 흉흉했다. 사태가 심상치 않자 전두환은 전면 개각을 단행했다. 국무총리 노신영, 안기부장 장세동, 내무부 장관 정호영, 검찰총장 서동권을 경질했다. 반면 재야 단체와 종교계, 여성계 대표들이 모여서 '호헌 철폐 민주 헌법 쟁취 국민운동본부'(국본)를 결성했다. 국본은 함석헌, 김대중, 김영삼, 문익환, 김지길, 윤공희, 홍남순 등을 고문에 추대했다. 김대중은 연금 중이라 결성식에 참석하지 못했다. 국본은 6월 10일 '고문 살인 은폐 조작 규탄 및 호헌 철폐 민주 헌법 쟁취 국민대회'를 열기로 했다.

6월 10일 정오, 서울 잠실실내체육관에서는 민정당 전당대회 및 대통령 후보 지명대회가 열렸다. 대통령 후보로 노태우가 선출되었다. 그것은 계속해서 체육관 대통령을 뽑겠다는 선포였다. 이에 앞서 전두환은 국민들의 직선제 개헌 열망을 깔아뭉개며 호헌을 선언했다. 이른바 4·13 조치였다.

잠실체육관에는 흥이 넘쳤다. 유명 연예인들이 총출동했고 노태우의 애창곡 〈베사메무초〉가 춤과 함께 넘실거렸다. 전두환은 노태우의 손을 치켜들었다. 그러나 그들만의 축제였다. 잠실체육관은 민심의 바다에 외롭게 떠 있었다. 그날 국민들의 위대한 승리, 6월 항쟁의 막이 올랐다.

거의 같은 시각 성공회 대강당에서는 호헌 철폐 범국민대회가 열렸다. 그리고 옥외 방송이 시작되었다.

우리는 민주주의를 갈망하는 온 국민의 이름으로 지금 이 시각 진행되고 있는 민정당의 대통령 후보 지명이 무효임을 선언한다.

방송은 도심을 흔들었다. 전국 주요 도시에서 시위가 벌어졌다. 오후 6시가 되자 차량에서 일제히 경적이 울렸다. 시위대가 도심으로 향했다. 사무직 노동자들이 사무실을 박차고 거리로 쏟아졌다. '넥타이 부대'였다. 이날 시위에는 전국 22개 도시 514곳에서 30만 명이 넘게 참가했다. 경찰은 최루탄을 난사했다.

서울 시내에서 경찰에 쫓긴 시위대가 명동성당으로 들어가 농성을 벌였다. 공안 당국은 농성 중인 시민, 노동자, 학생들을 '체제 전복 국기 문란 행위자'로 몰고 공권력 투입을 서둘렀다. 이때 신부들이 나섰다.

도덕성과 정통성을 잃은 현 정권에 대한 투쟁은 정당하며 사제의 양심으로 농성대를 끝까지 보호할 것이다.

또 김수환 추기경이 '최후'를 책임지겠다고 나섰다.
"그 사람들이 들어오면 제일 먼저 나를 보게 될 것이고, 나를 쓰러뜨려야 신부님을 볼 것이고, 신부님을 쓰러뜨려야 수녀님들을 볼 수 있을 것이다. 학생들은 그다음에야 볼 수 있을 것이다."
결국 전두환 정권은 공권력을 투입할 수 없었다. 미국 정부도 주한대사 제임스 릴리James Lilley를 외무장관에게 보내 폭력 진압에 반대한다는 뜻을 분명히 했다.
김대중은 집에서 비서들의 보고를 받았다. 비서실장 권노갑과 비서 한화갑, 이협은 실시간으로 상황을 전했다. 김대중은 넥타이 부대가 합세했다는 것에 매우 놀랐다. 그것은 곧 중산층이 움직이고 있다는 것이었다. 시위는 김대중의 바람대로 비폭력, 비용공, 비반미로 흘러가고 있었다. 누가 봐도 전두환 정권의 종말이 어른거렸다.
6·10 대회가 열리기 전날인 9일 연세대생 이한열이 최루탄을 맞고 쓰러졌다. 연세대 교문을 사이에 두고 전경 및 백골단과 학생들 사이에 격렬한 공방이 있었다. 이때 날아온 최루탄 하나가 이한열 군의

뒷머리를 때렸다. 이 군은 병원으로 옮겨졌으나 이미 뇌사 상태였다. 언론은 최루탄을 맞아 피 흘리는 이한열과 그를 뒤에서 껴안고 있는 다른 학생의 사진을 일제히 보도했다. 시민들은 분노했다. 4·19의 꽃 김주열을 연상케 했다. 그 한 장의 사진이 곧 6월 항쟁의 상징이 되었다. 이한열은 '6월의 꽃'이었다.

국본은 6월 18일 '최루탄 추방의 날' 행사를 열었다. 전국에서 150만여 명이 시위에 참가했다. 이날의 시위는 정권의 넋을 빼버렸다. 6월 항쟁으로 전두환 정권은 기로에 섰다. 시위대에 정면으로 맞설 것인지, 아니면 민주화 요구를 수용할 것인지 결정해야 했다.

바로 이때 민정당 대표 노태우가 기자회견을 열었다. 직선제 개헌과 함께 김대중을 사면·복권한다고 발표했다. 이른바 전두환 정권을 구하기 위한 '6·29 선언'이었다. 시국 사범 석방, 대통령 선거법 개정, 국민 기본법 신장, 언론 자유 창달, 지방자치제 실시 등 8개 항을 제시했다. 이는 대통령 전두환에게 건의하는 형식이었다. 전두환은 이를 즉각 수용했다. 전두환은 더 이상 강공책이 불가능해진 국면에서 모든 공을 노태우에게 돌렸다. '각본과 감독 전두환, 주연 노태우'였다. 정권의 치밀한 각본임은 틀림없지만 6월 항쟁으로 얻어 낸 귀한 결과물이었다. 1987년 6월, 그 치열했던 시간은 역사 속에서 불멸할 것이다.

정치권은 대통령 임기를 5년으로 하고 재선은 금지한다는 데 합의했다. 대통령의 비상조치권과 국회해산권도 없앴다. 김대중은 정·부통령제와 대통령 4년 중임을 주장했지만 여당이 격렬하게 반대했다. 김대중과 김영삼이 대통령과 부통령 후보로 나서는 것은 막아야 했을 것이다. 새 헌법은 국민투표에서 93.1퍼센트의 지지를 받았다.

곧바로 대통령 선거전에 돌입했다. 야권은 후보 단일화가 최대 현안이었다. 김대중과 김영삼 중 누가 단일 후보로 적합한가. 야권은 두 패로 나뉘어 갑론을박했다. 김영삼 측은 "김대중은 작년 11월 불출마 선언을 했다"며 약속을 지키라고 했다. 그 '불출마 선언'이란 것이 대체 무엇인지 살펴보자.

1986년 10월 '건국대 사태'가 일어났다. 26개 대학 2000여 명이 시위를 하다가 건국대 건물 안으로 쫓겨 들어갔다. 당국은 이들을 '친북 공산 혁명 분자'로 몰아 진압했다. 무려 1274명을 구속했다. 그 와중에 다시 '금강산댐 사건'이 터졌다. 북한이 금강산댐을 건설하고 있으며 이를 터뜨리면 서울은 물바다가 될 것이라고 발표한 것이다. 언론은 "63빌딩 절반이 잠긴다", "원폭 투하 이상의 피해", "100미터 물기둥이 강타"와 같은 속보를 연일 쏟아 냈다. 훗날 금강산댐은 완전히 조작된 정보로 안기부가 꾸며 낸 허구임이 밝혀졌지만 당시에는 대단한 파괴력으로 정국을 얼어붙게 만들었다.

시국은 참으로 엄중했다. 김대중이 상황을 살펴보니 1980년 서울의 봄 끝자락과 비슷했다. 위기를 조장하여 다시 군부가 나설 수도 있었다. 제2의 쿠데타설이 떠돌았고, 김대중 체포설이 사실인 양 나돌았다. 김대중은 당시 이런 메모를 남겼다.

> 나의 피체被逮설이 나돌아 증시의 주가가 크게 하락했으며 집에 전화가 걸려와 사실 여부(를) 확인하는 이들이 있었다. (1986년 10월 14일)

김대중은 깊이 고민했다.

'지금 무엇을 해야 하는가.'

난국을 헤쳐 나가는 데는 대선 불출마 선언이 가장 유효해 보였다. 11월 5일 민추협 사무실에서 성명서를 읽었다.

> 최근에 일어난 건국대학교에서의 사태에서 오늘의 현실을 가져오는 데 아무 책임도 잘못도 없는 우리 젊은 자식들이 무더기로 희생되는 것을 볼 때, 그리고 또 앞으로 이러한 사태가 다시 일어날 수도 있는 현실을 감안할 때, 나의 마음은 천 갈래 만 갈래 찢어지는 심정이다.
>
> 현 난국을 수습하는 길은 국민의 절대 다수가 원하는 대통령 중심 직선제로의 개헌에 의한 조속한 민주화의 실현밖에 없다. 그러나 전두환 정권은 이러한 국민적 열망에 귀를 기울일 생각이 없는 것이다.
>
> 이제 나는 여기서 대통령 중심제 개헌을 전두환 정권이 수락한다면 비록 사면·복권이 되더라도 대통령 선거에 출마하지 않겠다는 나의 결심을 천명한다.

김대중의 불출마 선언은 이렇게 나왔다. 헌정 중단 같은 파국을 피해 보려는 고육책이었다. 그런데 전두환은 대통령 직선제 개헌을 전제로 한 불출마 선언을 간단히 일축해 버렸다. 전제 조건들이 즉각 거부당했으니, 불출마 선언 자체도 폐기된 셈이었다.

그리고 당시에 서독을 방문 중이던 김영삼은 현지에서 회견을 하며 중대한 얘기를 했다. 그 역시 당시의 시국에 불안감을 떨치지 못하고 있었다. 김대중의 불출마 선언을 어떻게 생각하느냐는 질문에 그는 이렇게 답했다.

"김(대중) 의장이 망명에서 돌아온 뒤 나는 김 의장에게 '당신이 나이도 다섯 살이나 위이고 하니 사면·복권이 되면 당신을 대통령 후보로 지지하겠다'고 얘기했으며, 지금도 이 생각에 변함이 없다."

그런데도 김영삼 측에서는 불출마 선언 약속을 지키라고 했다. 그리고 언론들은 불출마 선언을 '살아 있는 약속'으로 연일 크게 보도했다. 언론은 발언의 배경을 따지지도 않았다. 나쁘고 불리한 것은 모두 김대중의 몫이어야 했다. 김대중의 자존심인 '행동하는 양심'에 비수를 꽂았다. 언론은 김대중에게 '뭔가 분명하지 않은 음험한 인물'이라는 멍에를 씌우고 거기에 맞춰 기사를 생산했다. 김대중은 다시 깊게 찔렸다.

1987년 9월 김대중은 광주와 목포를 찾았다. 광주는 16년 만이었다. 광주역 광장과 시내의 모든 도로는 사람들로 채워졌다. 김대중은 엄청난 환영 열기에 고무되었다. 수많은 현수막 중에서 유독 눈길을 끄는 것이 있었다.

"우리의 눈물을 닦아 주십시오."

그것이 무엇을 뜻하는지 김대중은 잘 알고 있었다. 김대중은 곧바로 망월동 5·18 묘역으로 이동했다. 묘역 주변에서도 수만 명이 기다리고 있었다. 김대중은 5·18 희생 유가족과 부상자들을 껴안고 울었다. 무슨 말이 필요할 것인가. 끝없이 흐느꼈다. 유족도 김대중과 함께 울었다. 그 울음은 채록되어 지금 김대중도서관에 보관되어 있다. 김대중은 울면서 추도사를 읽었다.

> 영령들이시여! 무등산이 어머니의 품처럼 너그럽고 인자한 눈길로 우리를 지켜보고 있습니다. 사랑하는 우리들의 고향 광주를 아직은 노래하지 않으리라고 절규한 시인의 다함없는 고통의 깊이를 나는 이해합니다. 광주는 오늘도 계속되고 있으며, 광주를 우회해서는 민족사의 바른 전개가 불가능하기 때문입니다. 한라에서 백두까지 평화와 자유와 민주의 찬가가 울려 퍼지는 그날, 광주는 구원의 상징으로 영원한 별빛이 되어 민족의 앞길을 인도할 것입니다.

다시 금남로 입구에서 도청까지 카퍼레이드를 벌였다. 환영 인파가 6차선 도로를 가득 메웠다. 수십만 명이 김대중을 외치고 있었다.
다음 날 목포와 하의도를 찾아갔다. 김대중은 다시 고향 사람들의 환대에 감격했다.

> 목포, 하의도 너무도 기대 이상의 성공. 목포와 하의(도)는 나의 어머니, 무엇으로 보답할 것인가. (1987년 9월 9일 육필 메모)

귀경길에 대전역 광장에서 연설을 했다. 청중이 5만 명도 넘었다. 열기로 광장이 터질 듯했다. 김대중은 저것이 민심이라고 생각했다. 저렇듯 간절하게 정권 교체를 바라는 민심을 외면해서는 도리가 아니라는 생각을 굳혔다. 김대중의 광주·대전 방문은 계산된 행보였다.

자신을 지지하는 열기를 내외에 과시함으로써 출마 명분과 당위성을 획득하려 했을 것이다. 그러나 이를 지켜보는 다른 무리들은 이를 간파하고 대통령병 환자의 정치적 쇼로 치부해 버렸다. 김대중의 지지자들이 그렇게 열성적으로 뭉쳐 있는 것을 보고 위기 의식을 느끼는 무리도 있었다. 소리 낼수록, 다가갈수록 멀어져 가는 사람들. 열광하는 지지자들은 결국 소수였고, 멀리서 보고 있는 관망자들은 다수였다. 그것은 김대중의 슬픈 운명이었다. 당시 김대중은 그것을 몰랐던 것 같다. '1971년 대선의 열기'만을 기억하고 있었다.

김영삼 측과의 단일화 협상은 계속 겉돌았다. 김대중은 출마를 두고 고심하고 있었다. 그때 출마를 결심하게 한 결정적 계기가 있었다. 동교동 측 대표인 양순직, 최영근, 이중재 등이 상도동 측과 협상을 하고 와서 놀라운 이야기를 전했다.

"만일 김대중이 후보가 되면 군부가 그날로 죽여 버릴 것이다. 군부가 빨갱이라고 비토하니 DJ가 후보가 돼선 안 된다고 말했습니다."

김대중은 귀를 의심했다. 민주화 동지들이 독재자들의 눈치를 살피고 있었다. 군정 종식과 민주주의를 위해 피 흘린 사람들이 할 얘기는 아니었다. 함께 뭉쳐서 싸웠던 공동의 적은 바로 '군사정권'이었다. 그런데 정작 군부의 비토를 겁낸다니 있을 수 없는 일이었다. 이 말을 전해 들은 함석헌, 문익환, 안병무 등 재야인사들도 개탄했다. 김대중이 나서야 한다고 입을 모았다.

"이제 더 이상 협상은 의미가 없습니다. 뜻을 세우시오."

시민 단체와 재야인사들이 속속 김대중 지지를 선언했다. 그중에서도 민주통일민중운동연합(민통련)의 지지 결정은 김대중을 더욱 고무시켰다. 민통련은 김대중, 김영삼을 초청하여 정책 세미나를 열었다. 두 사람의 식견과 비전 그리고 주요 정책을 알아보는 후보 검증 작업이었다. 예상대로 김대중은 모든 면에서 김영삼을 압도했다. 민통련은 야당 단일 후보로 김대중을 추천하기로 결정하고 결의문을 발표했다.

> 민통련은 이 시점에서라도 두 지도자가 희생적 양보를 통해 후보 단일화를 이루는 것이 이상적이라고 보지만, 이것이 불가능할 경우 김영삼 총재가 살신성인의 희생정신으로 김대중 고문의 손을 잡으면서 망국적인 지역감정을 해소하고 이번 선거에서 범국민적 후보가 압승하여 군사독재를 끝장내는 데 협력할 것을 진심으로 촉구한다.

김대중과 김영삼이 담판까지 벌였지만 후보 단일화는 겉돌았다. 결국 김대중과 김영삼은 갈라섰다. 김대중은 평화민주당을 창당했다. 당명은 가장 좋아하는 단어인 민주와 평화를 합쳐 만들었다. 1987년 11월 12일 중앙당 창당 및 대통령 후보 추대 전당대회를 열었다. 김대중은 대통령 후보로 추대됐고, 또 생애 처음으로 정당 대표인 총재에 취임했다. 선거전은 1노(노태우) 3김(김대중, 김영삼, 김종필)의 각축이었다.

김대중은 한복을 입고 유세장을 누볐다. 그의 말 한마디 한마디에 청중이 열광했다. 여의도와 보라매공원 유세에는 기록적인 인파가 몰렸다. 각각 130만, 200만 명이 모였다. 평화민주당의 상징색은 노랑이었다. 유세장은 온통 노랑 물결이었다. 특히 선거 사흘 전에 열린

보라매공원 유세장에는 선거 사상 가장 많은 청중이 모였다. 김대중과 지도부는 감격했다. 내뱉는 말은 감탄사뿐이었다. 그것으로 선거는 끝난 것처럼 보였다. 김대중도 압승을 의심치 않았다. 연설회가 끝난 후 10만여 명은 서울시청까지 행진을 했다. 참석자들은 거칠 것이 없었다. 내일이면 세상이 바뀔 것 같았다. 거리는 넘치는 인파로 교통이 마비되었다. 그때 오도 가도 못한 버스 속 승객들은 눈을 흘겼다. 다른 무리들은 흡사 점령군처럼 행진하는 사람들을 노려봤다. 참석자들에게는 신명 난 축제였지만 멀리서 바라보는 사람들에게는 '그들만의 한풀이'로 비쳤다. 고 전인권 박사도 이렇게 지적했다.

그렇다면 왜 김대중의 연설은 위험해 보였을까? 그것은 일단 그의 연설회장에 많은 사람이 모였기 때문일 것이다. 그것도 우리가 미워하는 전라도 놈들이 구름처럼 모여들었기 때문일 것이다. 사실 우리가 미워하고, 잘 이해하고 싶지도 않은 사람들이 많이 모여 있으면 그것 자체로 위험해 보이게 마련이다.
내가 끼고 싶지 않은 곳에 많은 사람들이 모여 저희들끼리 뭐라고 떠들고 있으면, 그 자체로 나에 대해서 큰 음모를 꾸미고 있는 것처럼 느껴질 수 있다. 그러나 분명히 얘기하지만, 김대중의 대중 연설회장은 커다란 교실에 지나지 않았다. 애통한 전라도 학생들이 모여 있는 커다란 교실이었다. (『김대중을 계산하자』에서)

교실에 모여 있는 학생들, 배우러 또는 보고 싶어 올 사람만 오는 교실의 학생 수를 따져 보고 '선생님'이 감격했으니 허망한 일이었다.

천하의 김대중도 선거판을 읽지 못했다. 김대중은 당시에 흥분하고 있었다. 김대중을 연호하던 1971년의 유세장 열기가 재연되는 것으로 알았다. 그러나 16년 동안 세상은 많이 바뀌어 있었다. 국민들의 눈에 김대중은 '1971년의 대통령 후보'가 아니었다. 김대중은 어느덧 빨갱이, 거짓말쟁이, 대통령병 환자, 위험한 과격분자로 바뀌어 있었다. 군사정부의 지속적인 공작에 속속 속아 넘어갔다. 처음에는 설마 하다가도 지속적인 세뇌 작업에는 어쩔 수 없었다. 그런 국민이 야속하겠지만 국민들을 탓할 수는 없었다. 김대중이 입고 있던 '한복'에도 거부감을 가질 정도였다.

김대중은 당시 떠돌던 '4자필승론'에도 기댄 것으로 보인다. 1노 3김이 모두 지역을 기반으로 했으니 수도권에서 이기는 후보가 승자가 될 수 있고, 그런 면에서는 김대중이 가장 유리하다는 것이 4자필승론의 실체였다. 그러나 그것도 허상에 불과했다. 우선 돈과 조직에서 앞선 정부 여당의 후보를 간과했던 것이다.

정부 여당은 여론조사에서 선두를 달리는 김대중을 무차별 공격했다. 용공 음해와 과격 이미지 조장에 집중했다. 노태우 측이 내세운 "안정이냐 혼란이냐"라는 구호는 실상 김대중을 겨냥한 것이었다. 그들은 유세장이나 거리에 '좌경 후보 김대중, 붉은 행동 열 가지'라는 유인물을 뿌렸다.

게다가 대한항공 여객기 폭파범으로 지목됐던 김현희가 선거 전날 압송되어 입국했다. 우연을 가장한 선거 공작이었다. 국민들은 이내 '안보 무드'에 젖어 들었고, 선거 기간 내내 이념 공세에 시달려야 했던 김대중에게는 절대 불리한 상황이 전개됐다. 다음 날이 투표일인데도 언론은 김현희만 대서특필했다. 그것은 또 다른 김대중 낙선 운동이었다.

그럼에도 김대중은 승리를 의심하지 않았다. 그렇지만 전국 곳곳에서 이상한 일들이 벌어졌다.

> 1987년 대선 때 경북 문경군 마성면 하내리에
> 공정선거감시단으로 귀향했을 때
> 어머니는 내내 아무 말도 하지 않았다
> 군청 강당에서 개표를 하는데
> 서성초등학교 투표함에서 김대중 표 석 장이 나오자
> 마치 반공궐기대회처럼 술렁거리기 시작했다.
> 올그락불그락 관료들 앞에서 새마을 지도자가 소리쳤다.
> 빨갱이 세 놈이 있었구만, 내 안 봐도 다 안다카이!
> 비밀투표였지만 공개적인 비밀이었다.
> 후배 재국이와 나, 그리고 나머지 한 표는 누구일까
> 찬바람에 깡소주를 마시면서도 내내 궁금했었다
> 이른 새벽 술 냄새라도 풍길까봐 막 돌아눕는데
> 어머니가 혼잣말처럼 말했다.
> 내는 안다, 저 선상님은 간첩이 아니라카이, 그렇제?
> (이원규의 시 「말 안 해도 알제, 잘 알제?」에서)

김대중은 유일하게 불온한 후보였다. 호남과 수도권을 제외한 모든 지역에서는 빨갱이 후보였다. 4자필승론은 결국 '4자필패론'이었다.

12월 16일 대통령 선거가 끝났다. 득표율은 노태우 36.6퍼센트, 김영삼 28.0퍼센트, 김대중 27.1퍼센트였다. 도저히 믿을 수 없는, 믿기지 않는 패배였다. 2등도 아닌 3등이라니. 석 달 전에 실시한 여론조사(『중앙일보』 1987년 9월 22일자)에서는 김대중 지지율이 22.7퍼센트인데 김영삼은 고작 6.1퍼센트였다. 그런데 이런 참담한 결과가 나올 수 있는가.

김대중은 선거 결과에 엄청난 충격을 받았다. 당시의 공황 상태를 한 월간지에 이렇게 고백했다.

> 나는 여의도나 보라매공원에서 보여 준 엄청난 국민의 함성과 나와 함께 서너 시간씩 카퍼레이드를 할 때의 열기 등등 여러 가지 상황에 비추어 선거의 결과가 저렇게 되리라곤 생각지 않았어요. (……) 하느님이 이번에는 나에게 기회를 주시리라 믿었는데, 결과가 그렇게 못 돼서 내 자신이 하느님의 뜻을 잘못 판단한 것이 아니냐는 반성을 했습니다.

유세장의 열기로 봐서는 선거 결과를 도저히 믿을 수 없었을 것이다. 보라매공원과 여의도에 모인 엄청난 군중들은 누구란 말인가. 그렇다면 다소 과장을 해서 유세장에 온 사람들만 찍었다고 봐야 할 것이다. 선거 결과에 억울한 것들이 너무도 많았다. 그러나 2등도 아닌 3등이 따질 수는 없었다. 선거는 김대중의 오판에 의한 완패로 끝나고 말았다.

선거가 끝나자 온 나라가 깊은 침묵 속에 잠겼다. 선거 후유증은 깊었다. 특히 김대중과 김영삼이 갈라서자 지지 세력들도 양패로 나뉘어 싸웠다. 그러다 6월 항쟁으로 쟁취한 직접선거에서 독재자의 후계자에게 양쪽 모두 패했다. 야권은 최악의 상황이 연출되자 어찌해야 할지를 모르고 넋을 놓고 있었다. 언론은 패인을 후보 단일화 실패로 돌렸다. 비난이 들끓고 원성이 하늘을 찔렀다. 김대중은 회한에 젖어 이렇게 후회했다.

"나라도 양보했어야 했다. 너무도 후회스럽다. 국민들에게 분열된 모습을 보인 것은 분명 잘못이다."

그러나 언론은 김대중을 나무랐지만 실상은 '호남 때리기'였다. 김대중이 왜 김영삼에게 양보했어야만 했는가. 그것은 여론이 만들어 낸 김대중은 안 된다는 우리 사회에 은밀히 퍼져 있는 '김대중 불가론'을 바탕에 깔고 있음이었다. 애초부터 후보 단일화 논의는 김대중에게는 권력욕을 부각하고, 김영삼에게는 당선 가능성을 부각한 불공정한 것이었다. 그렇게 민주 진영의 단합을 외쳤던 김영삼은 얼마 지나지 않아 곧바로 군부 세력과 야합, 3당 합당으로 다시 호남을 고립시켜 버렸다. 소위 민주 투사라는 사람들이 순식간에 독재의 소굴로 들어가 버렸다. 이쯤 되면 "후보 단일화가 바로 김대중의 양보"라는 저들의 숨은 속셈을 알 수 있다.

영남 사람들에게 '호남 대통령'은 생각만 해도 불쾌한 것이었다. 그런데 김대중은 그런 불쾌함을 넘어 두려운 존재였기 때문에 '김대중 죽이기'에 나선 것이다. 언론도 마찬가지였다. 김대중은 알고 있었다. 자신에게 쏟아진 비난 여론이 턱없이 부당하지만 김대중은 사과를 해야 했다. 정치를 계속 해야 했기에, 다시 대통령에 나와야 했기에. 여전히 소수이고, 그래서 소외받는 전라도 출신이기에.

선거 패배의 책임은 김대중에게 돌아왔다. 김영삼은 패장인데도 머리를 세우고 김대중에게 연일 삿대질이었다. 다시 야권 통합을 하라는 여론이 고개를 들었다. 김영삼은 아예 평민당을 민주당으로 흡수 통합하겠다고 나섰다. 똑같은 패자인데 유독 김대중에게만 비난의 화살이 촘촘히 박혔다. 평화민주당은 존폐의 기로에 놓여 버렸다. 이때 김대중은 승부수를 던졌다. 1988년 2월 각계 재야인사 91명을 영입했다. 박영숙, 이길재, 문동환, 성래운, 임채정, 이해찬, 이상수, 고영근 등이 김대중이 마련한 새 옷을 입었다. 재야인사들의 제도권 진입은 정치사의 한 획을 긋는 사건이었다.

총선일은 4월 26일이었다. 개정 헌법에 따라 17년 만에 소선거구제로 치르는 선거였다. 김대중은 총재직을 사퇴하고 전국구 11번으로 등록했다. 민심이 김대중을 버린다면 정치 인생을 마감하겠다는 어찌 보면 대국민 호소요, 어찌 보면 벼랑 끝 승부수였다. 다시 고단한 유세 장정에 돌입했다. 평민당 후보가 있는 곳이면 어디든 달려갔다. 총선 결과 평민당은 70석(지역구 54, 전국구 16)을 얻었다. 김대중도 당선의 기쁨을 누렸다. 자신의 당선이 눈물겨웠다. 민정당은 125석, 민주당은 59석, 공화당은 35석을 차지했다. 평민당은 일약 제1야당으로 도약했다. 또 사상 처음으로 국회는 '여소야대'가 되었다.

김대중은 그해 5월 7일 임시 전당대회에서 총재로 다시 추대되었다. 국회는 5월 30일 개원했다. 김대중은 16년 만에 의원 배지를 달았다. 제1야당 총재가 되어 여의도 의사당에 들어갔다. 모두 "김대중은 끝났다"고 했지만 다시 우뚝 일어섰다.

일흔에 다시 시작하다

대통령 노태우, 야당 총재 김영삼과 김종필이 청와대에서 긴급 기자회견을 가졌다. 1990년 1월 22일, 노태우는 두 사람을 양옆에 세우고 민주정의당, 통일민주당, 신민주공화당의 '3당 합당'을 선언했다. 노태우는 "역사의 사명", 김영삼은 "하나님의 뜻", 김종필은 "구국의 결단"이라고 했다.

3당 합당은 민의에 대한 쿠데타였다. 투표로 모아 준 국민의 뜻을 저버린 패륜이었다. 노태우는 '여소야대' 정국이 출현하자 "하늘의 뜻으로 알고 겸허히 받아들이겠다"고 밝혔다. 그런데 하늘의 뜻을 팽개쳐 버렸다.

김대중은 김영삼이 노태우와 야합했다는 것이 믿기지 않았다. 무슨 영화가 보장되었는지는 몰라도 멀리 보면 역사에 죄를 짓는 행위가 분명할진대 왜 그런 결정을 내렸는지 이해할 수 없었다. 김영삼은 개인만 투항한 것이 아니고 자신의 당원들을 이끌고 군부의 소굴로 들어갔다. 김영삼 곁에는 민주 투사들이 즐비했기에 이들에게도 몹쓸 짓을 한 셈이었다. 그 후 우리 정당사는 정체성 혼란을 겪어야 했고, 독재와 반독재 세력의 결합으로 부작용이 속출했다. 그의 집권욕은 벌써 역사의 버림을 받았다.

노태우는 사실 김대중에게도 합당을 제의했다. 1989년이 저물 무렵, 대통령과 야 3당 대표가 회담을 가졌을 때였다. 회담이 끝난 후 노태우는 김대중에게 따로 얘기할 게 있다고 했다. 둘만 남게 되자 노태우가 말했다.

"김 총재, 이제 고생 그만하시지요. 나하고 같이 갑시다."

"무슨 말씀입니까?"

"나하고 당을 같이 합시다. 그래서 좋은 일이나 나쁜 일이나 같이 겪읍시다."

김대중은 깜짝 놀랐다. 한참 생각을 정리한 후 답했다.

"나는 군사정부를 반대하고 또 5·17 쿠데타를 반대한 사람입니다. 그런데 어떻게 대통령과 같이 당을 할 수 있겠습니까."

"김 총재, 그런 걸 따지지 말고 나라를 구한다는 생각으로 동의해 주십시오."

"오늘의 여소야대는 국민이 선택한 것입니다. 민정당과 평민당이 합치는 것은 민의를 배반하는 엄중한 사건입니다."

노태우는 더 이상 할 말이 없었다. 김대중은 그렇게 통합 제의를 뿌리쳤다. 그러나 노태우는 3당 통합을 강행했다. 전라도를 고립시키며 지역주의를 조장하는 최악의 카드였다. 김영삼은 노태우의 후계자로 권력을 탐냈고, 김종필은 내각제 개헌을 통한 집권을 꿈꾸었을 것이다. 노태우도 훗날 김영삼에게 버림을 받았으니 결과적으로 제 발등을 찍은 셈이었다.

3당이 통합하여 민주자유당(민자당)이 출범했다. 299석 중 221석을 차지하는 공룡 정당이었다. 야당은 평민당과 의원 8명의 '꼬마 민주당'이 있을 뿐이었다. 민주당에는 합당을 거부한 이기택, 김정길, 노무현, 김광일 등이 남아 있었다. 정국은 민자당의 독주로 이어졌다. 광주 민주화 운동 관련 보상 법안을 여당 단독으로 처리했다. 또 여야 합의로 통과된 지방자치법을 어기고 지자제 선거를 연기하려 했다.

김대중은 지방자치제 실시, 정치 사찰 중지 등을 내세우며 무기한 단식에 돌입했다. 지자제는 김대중의 평생의 바람이었다. 김대중은 스스로 '미스터 지방자치'로 불렸으면 했다. 박정희가 살해된 후 김대중을 만난 하버드대학 교수 라이샤워는 이런 충고를 했다.

"우선 과제가 지자제 실시입니다. 민주화는 지자제에서부터 시작됩니다."

김대중의 생각도 같았다. 중앙정부가 지방 권력까지 장악하고 있으면 평화적 정권 교체는 요원했다.

단식 8일째가 되자 탈수증상이 나타났다. 주변 사람들이 세브란스 병원으로 옮겼지만 김대중은 단식을 멈추지 않았다. 소속 의원들은 총회를 열어 '단식 중지 결의안'을 채택하고, 동조 농성을 벌였던 당원들도 총재의 단식 중단을 간곡히 요청했다. 그러나 김대중은 듣지 않았다.

민자당 대표최고위원으로 변신한 김영삼이 병실을 찾아왔다. 김영삼은 여러 가지 말로 김대중을 달랬다. 김대중이 말했다.

"여러 말이 필요 없소. 3당 합당을 다시 깨겠다는 것이 내게는 가장 기쁜 위로의 말이오."

"비록 여당에 가담했지만, 나는 민주주의를 잊은 적이 없는 사람이오. 후광, 나를 너무 욕하지 마시오."

"3당 합당 자체가 민주주의를 배반한 것이에요. 민주주의와 가장 먼 곳으로 가 있으면서 민주주의를 어떻게 한다는 것이오."

김영삼은 할 말이 없었다. 그냥 웃어 넘겼다. 김대중은 다시 진지하게 말했다.

"이보시오, 거산(김영삼 아호). 나와 김 대표가 민주화를 위해 싸웠는데, 민주화란 것이 무엇이오. 바로 의회정치와 지자제가 핵심 아닙니까. 지방자치는 지금이 아니면 영원히 기회를 놓칠 수도 있소. 여당으로 가서 다수 의석을 가지고 있다 해서 어찌 이를 외면하려 하시오."

김영삼은 고개를 끄덕였다. 마침내 노태우 정권은 지방자치제 실시를 약속했다. 36년 만에 지방자치 시대가 열렸다. 김대중은 13일 만에 단식을 풀었다. 김대중은 그때 지자제를 실시하지 않으면 결코 평화적 정권 교체를 이루지 못할 것이라는 확신을 지니고 있었다. 이렇듯 풀뿌리 민주주의는 오로지 김대중의 신념과 용기로 이루어졌다. 지자제 도입으로 주민들이 주인이 되었다. 지자체장들은 권력보다 주민들을 살피게 되었다. 자연히 지방행정은 질적인 변화를 가져왔다. 함평 나비축제, 청도 소싸움, 광주 비엔날레 등 성공한 사업들도 지자제의 산물이다. 김대중이 없었다면 이명박 서울시장도, 박원순 서울시장도 없었다. 그런 사실을 요즘 사람들은 모르거나 너무 쉽게 잊고 있다.

김대중은 민주당 총재 이기택과 만나 '꼬마 민주당'과 통합하기로 합의했다. 1991년 9월 16일 두 당의 통합 전당대회가 열렸다. 당명은 민주당, 김대중·이기택이 공동대표를 맡았다. 야권 통합을 이룬 후 1992년 3월 총선을 치렀다. 민자당과 민주당의 대결에 재계 원로 정주영이 만든 통일국민당이 끼어들었다. 총선 결과는 민자당의 참패였다. 민자당은 기존의 219개 의석에서 149개로 줄었다. 민주당은 63개 의석에서 97개로 불어났고, 국민당은 31개 의석을 차지했다. 언론은 "민자당 참패, 민주당 약진, 국민당 돌풍"이라고 보도했다. 3당 야합에 대한 준엄한 심판이었다.

정국은 다시 '제14대 대통령 선거' 속으로 들어갔다. 김대중, 김영삼, 정주영의 3파전이었다. 그런데 돌연 안기부가 대형 간첩단 사건을 터뜨렸다. 1992년 10월 발표한 '이선실 간첩단 사건'은 누가 봐도 대통령 후보 김대중을 겨냥한 것이었다. 북한 권력 서열 22위인 이선실이 남한에 잠입하여 공작 지도부를 구축하고 재야 단체, 정계, 노동계, 학계 등 400명을 조직원으로 포섭했다는 것이었다. 이제는 새삼스러울 것도 없는 북풍이었다. 안기부는 간첩 이선실이 동교동 김대중 자택에서 이희호와 기념사진을 찍었다는 소문까지 퍼뜨렸다.

민자당 대변인 박희태가 논평을 냈다.

"이번에 적발된 북한 간첩단의 지령문을 보면 민주당 후보를 단일 후보로 밀어 반드시 당선시키라는 내용이 있다."

그러면 안기부는 북에서 간첩단에게 그런 지령을 내린 것이 사실이라고 확인을 해주었다. 당직자, 선거대책본부 간부들이 돌아가면서 김대중을 때렸다. 그럼에도 중반 판세가 김대중에게 유리하자 다시 거짓 정보를 흘렸다.

"북한 김일성 주석이 이번 선거에서 김대중 후보를 지지하도록 대남 방송을 하고 있다."

언론이 이를 받아 대대적으로 보도했다. 민자당 선거대책위원장인 정원식이 나섰다.

"북한은 민민전 방송을 통해 민주당과 전국연합이 정책 연합 형식으로 김대중 후보를 범민주 단일 후보로 추대키로 합의한 데 대해 환영의 뜻을 표한 바 있다."

김대중은 그 허구성을 지적하며 반격을 했지만 언론은 딴청을 부렸다. 매체마다 여론을 조작하여 부풀려 보도하는데 어찌 해볼 도리가 없었다.

김대중 지지자들은 가슴을 쳤다. 정부 여당은 다시 가장 손쉽고, 가장 악랄한 방법으로 '김대중 죽이기'에 나섰다. 김대중이 겨우겨우 추슬러 민심 앞에 서면 또 여지없이 빨갱이로 몰아 버렸다. 김대중을 싫어하는 자들은 다시 이죽거렸다. 김대중의 실체를 알려고 하지 않았다. 오히려 알면 귀찮았다. 양심에 부대껴야 하기 때문이었다. 누구는 핏대를 세워서, 누구는 무언으로 이에 동조했다.

세상은 다시 김대중의 사상 논쟁으로 시끄러웠다. 그러나 약자는 빨갱이로 몰리는 김대중 쪽이었다. 가난하고 힘 없고 또 항상 쪽수에서 밀리는 사람들이었다. 전라도 사투리는 숨을 곳이 없었다. 빨갱이 논쟁이 벌어지면 어느 시인의 말처럼 "말 없이 눈물을 찬밥에 말아 거칠게 씹어 삼키곤 했다."

그해 여름, 서산남부농협 신축공사장에는 아침부터 뜨거운 햇볕이 섭씨 30도를 오르내렸는데요, 새참으로 나온 컵라면과 소주잔을 앞에 두고 철근팀과 목수팀들이 한바탕 붙은 적이 있었습니다. 예덕리 장씨와 홍천리 김씨가 멱살까지 붙잡고 험악하게 싸운 이유가 다름 아닌 김대중은 빨갱이다, 아니다였어요. 사소한 말다툼으로 시작한 언쟁이 결국 예덕리 장씨 아저씨가 에이 씨발놈의 세상! 하면서 망치자루를 던지고 집으로 돌아가면서 끝이 나고 말았습니다. 저는 똥마려운 강아지처럼 한쪽 구석에 쪼그려 앉아 담배를 피우고 있는데, 어이, 자네는 음료수도 해태걸로만 먹는다메, 묻더군요. 할 수 있다면 3미터가 넘는 장빠루로 세상 천장을 피 터지게 한번 뚫고 싶었습니다. (유용주의 시 「뜨거운 사투리」에서)

다시 통탄할 일이 벌어졌다. 민주화 동지라는 대통령 후보 김영삼이 색깔론 공세를 폈다. 군사정부의 수법 그대로 흑색선전을 했다. 유세장에서마다 김대중을 향해 이렇게 소리쳤다.

"최근 북한은 평양방송을 통해 이 김영삼이를 낙선시키고 민주당 후보를 당선시키라고 지령했습니다. 북한이 원하는 대통령을 뽑아야 합니까, 아니면 우리가 원하는 후보를 대통령으로 뽑아야 합니까."

그러면서 "사상이 의심스러운 후보는 대통령이 되어서는 안 된다"고 거품을 물었다. 언론은 이러한 흑색선전을 아주 보기 좋게 포장하여 안방에 전달했다. 30년 민주화 동지의 입에서 나올 수 없는 말이었다. 5·16 군사 쿠데타 이후 30년 만에 민간인 후보끼리의 대결이었지만 그 수법은 군사정권과 하나도 다르지 않았다.

김대중은 충격을 받았다. 오직 선거에 이기려고 동지를 용공으로 모는 김영삼, 그는 옛날의 동지가 아니었다. 적의만 번득였다. 권력을 쟁취하기 위해서는 아무것도 보려 하지 않았다. 선거가 끝난 후 김대중은 그런 김영삼에 대해 이렇게 술회했다.

"수단 방법을 가리지 않고 목적을 달성하고야 마는 김영삼 씨가 부럽지는 않지만 외경스럽다."

김영삼은 수단 방법을 가리지 않고 동지를 짓밟으며 권력을 좇았다. 그 후 김대중의 마음속에서 민주화 동지 김영삼은 사라져 버렸다. 자서전 구술을 할 때 김영삼에 대한 인물평을 묻자 김대중은 아무 말도 하지 않았다. 긴 침묵이 흘렀지만 그날은 입을 열지 않았다.

김영삼은 용공 발언에 대해 사과하지 않았다. 선거 후 민주당이 그토록 집요하게 요청했지만 입을 열지 않았다. 그리고 임종을 앞둔 김대중을 찾아와서 "우리는 화해했다"고 말했다. 언론도 "병상 화해"라고 보도했다. 그러나 그것은 본인 생각일 뿐이다. 김대중은 김영삼과 화해할 수가 없었다. 가해자가 사죄하지 않는데 어찌 피해자 혼자 화해를 할 수 있단 말인가. 김대중은 김영삼을 그냥 용서했다.

김영삼 후보 측은 천문학적인 선거 자금을 살포했다. 김영삼이 스스로 "이러다가는 나라가 망하겠다"고 할 정도였다. 당시 대통령 노태우는 "3000억 원을 선거 자금으로 김영삼에게 줬다"고 회고록을 통해 19년 만에 폭로했다. 그리고 김대중에게는 20억 원을 줬다. 김대중은 그 20억 때문에 두고두고 곤욕을 치렀다. 결국 사과까지 했다.

김영삼은 노태우에게서 받은 3000억 이외에도 선거 자금을 무차별적으로 끌어모았다. 선거 캠프나 자신이 직접 받은 선거 자금까지 합치면 상상할 수도 없는 액수였을 것이다. 원 없이 쓰고도 남았을 것이다.

그럼에도 김대중은 승리를 확신하며 표밭을 누볐다. 그런 김대중이 오죽 측은했으면 노태우가 당시를 떠올리며 회고록을 통해 미안해했겠는가.

"김(대중) 총재가 상황을 유리한 것으로 오판하고 있다고 생각하니 연민의 정마저 일었다."

김대중은 노태우와 김영삼이 추악한 거래를 했던 사실을 끝내 모르고 서거했다.

김영삼 측의 공세는 계속됐다. 찬조 연사, 홍보물, 당직자들을 총동원하여 붉은 물을 끼얹었다. 김대중 측에서도 당하고 있을 수만은 없었다. 특단의 대책을 마련했다. 김영삼의 자질과 여자 문제를 정면으로 제기할 것을 건의했다. 그러나 김대중은 이를 말렸다.

선거 막판에 이르러 '초원복집 사건'이 터졌다. 부산 지역 기관장들이 "김영삼 당선을 위해 지역감정을 조장하자"고 결의하는 모임이 발각된 것이었다. 그날 모임의 녹취록은 더러워 귀를 씻어야 할 지경이었다. 언론인들을 돈으로 매수·회유할 것을 논의하고, 김대중 후보가 당선되면 혁명적 상황을 맞을 것이라는 망언을 거침없이 쏟아 냈다. 전 법무부 장관 김기춘은 민간에서 지역감정에 불을 지르라고 독려했다. 참으로 소름 돋는 일이었다.

김대중은 '초원복집 사건'이 호재로 작용할 줄 알았다. 경상도 유권자들도 지역감정을 선동하는 무리들에게 격분하고 있을 줄 알았다. 그러나 김대중에게는 초대형 악재였다. 엄청난 역풍이었다. 경상도 지역에서 김영삼의 몰표가 쏟아졌다. 12월 18일 선거가 끝났다. 김대중은 다시 경악했다.

"김영삼 997만여 표, 김대중 804만여 표, 정주영 388만여 표."

서울 동교동은 어둠에 잠겨 있었다. 김대중의 집은 큰길에서 움푹 들어간 골목길에 있다. 평소에도 낮은 집이 그날따라 더욱 납작 엎드려 있었다. 1992년 12월 19일 새벽 3시, 김대중은 일어나 불을 켰다. 그리고 기도를 올렸다. 아내 이희호가 그 모습을 지켜보고 있었다. 아내를 한참 바라보다가 입을 열었다.

"지난 40년이 아득하다는 느낌이오. 그 세월 동안 민주주의를 위해서는 죽음도 마다하지 않았는데……. 민주주의와 정의와 통일을 위해 모든 것을 바쳤소. 나의 이런 노력은 다른 사람은 몰라도 당신은 잘 알 것이오. 그런데도 다시 국민의 마음을 얻지 못했소. 내가 할 일은 여기까지인 것 같소. 결연하게 정리하려고 하는데 당신도 동의해 주었으면 좋겠소."

아내가 고개를 끄덕였다. 어느새 눈물을 글썽이고 있었다. 아내를 끌어안았다. 국민에게 고할 성명 문안을 생각하려니 지난날들이 주마등처럼 스쳐 지나갔다. 김대중은 생각을 가다듬었다. 남편의 구술을 기다리는 이희호의 어깨가 들썩거렸다. 다가가 다시 손을 잡았다.

"우리 사형선고 받았을 때를 생각하면 이 정도는 웃을 일 아니오."

김대중의 정계 은퇴 성명은 눈물로 작성됐다.

오전 8시 30분 마포 중앙당사에 들어섰다. 당원들이 울음을 터뜨렸다. 당사는 울음바다였다. 김대중은 당원들의 손을 일일이 잡았다. 곧장 5층 기자실로 올라가 은퇴 성명을 읽었다.

존경하는 국민 여러분!
저는 또다시 국민 여러분의 신임을 얻는 데 실패했습니다. 저는 이것을 저의 부덕의 소치로 생각하며 패배를 겸허한 심정으로 인정합니다.
저는 김영삼 후보의 대통령 당선을 진심으로 축하하는 바입니다. 저는 김영삼 총재가 앞으로 이 나라의 대통령으로서 정치, 경제, 사회 모든 분야에서 성공하여 국가의 민주적 발전과 조국의 통일에 큰 기여 있기를 바라 마지않습니다.
국민 여러분!
저는 오늘로써 국회의원직을 사퇴하고 평범한 시민이 되겠습니다. 이로써 40년의 파란 많았던 정치 생활에 사실상 종말을 고한다고 생각하니 감개무량한 심정을 금할 길이 없습니다. 그간 국민 여러분의 막중한 사랑과 성원을 받았습니다. 진심으로 감사드립니다. 국민 여러분의 하해 같은 은혜를 하나도 갚지 못하고 물러나게 된 점 가슴 아프고 송구스럽게 생각합니다. (……)
이제 저는 저에 대한 모든 평가를 역사에 맡기고 조용한 시민 생활로 돌아가겠습니다. 국민 여러분과 당원 동지 여러분의 행운을 빕니다.

목소리에서 슬픔이 묻어났다. 여기서 은퇴 성명을 잘 들여다보자. 한 가지가 빠져 있다. 그가 늘 쓰는 '존경하고 사랑하는 국민 여러분'에서 '사랑하는'이 빠져 있는 것이다. 그것은 우연일까. 아니다. 김대중은 치밀하다. 그렇기에 일부러 뺏을 것이다. 그토록 다가갔지만 끝내 마음을 열지 않은 '무정한 국민'이었다. 용공 조작과 지역감정 조장에 넘어간 유권자들이 야속했을 것이다. 그날만큼은 그런 유권자들에게 사랑한다는 말을 한다면 그건 정녕 빈말일 것이다. 김대중은 선거가 끝나고 케임브리지대학으로 떠난 후 그곳에서 이런 메모를 남겼다.

> 가장 큰 슬픔은 낙선보다도 지역감정과 용공 조작에 좌우되는 우리 국민, 미래를 위한 변화보다도 이기적 안전에 집착하는 국민에 대한 실망이다.

그러나 국민에게 버림받아도 다시 국민을 믿을 수밖에 없었다. 그것은 김대중의 숙명이었다.

김대중의 정계 은퇴는 그를 따르는 사람들을 비탄에 빠뜨렸다. 낙선보다 은퇴가 더욱 서러웠다. 그날 남녘엔 진눈깨비가 흩날렸다. 누구는 김대중 선생이 아직도 웃고 있는 선거 벽보에 볼을 부비며 울었다. 누구는 떨어져 나간 포스터를 다시 붙이며 울었다. 밤 9시 텔레비전 뉴스에 초췌한 김대중이 절뚝거리며 나타났다. 그 뒷모습을 보며 누구는 "에이 몹쓸 양반"이라며 울었다. "선거는 쪽수니까 새끼들 많이 낳자"며 소주를 털어 넣는 사람도 있었다. 술에 취해 하늘에 욕을 하는 사람, 텔레비전을 부숴 버린 사람, 가슴을 쥐어뜯는 사람……

그래도 누군가에게 해꼬지를 할 수는 없었다. 그것은 스스로 약자라는 것을 인정하는 셈이었다. 속으로 삼켜야 했다. 그것이 김대중과 김대중을 지지하는 사람들의 비극이었다. 희희낙락하는 저들에게 남루한 꼴을, 약한 모습을 보일 수는 없었다. 약자들은 그렇게 처절하게 울부짖었다.

"어느 날 나타나서 마음만 설레게 해놓고 이제 또 가버리면 우리는 어떡하란 말인가."

"당신이 있어 숨을 쉬고 꿈을 꾸었는데 이제 어쩌란 말인가."

"생전에 당신 대통령 되는 것 보는 것이 소원인데 이렇게 무정하게 가버리면 이제 어쩌면 좋은가."

"대통령 안 되어도 좋으니 그냥 곁에 계시면 안 되겠는가."

그날 눈이 내렸다. 그래도 슬픔은 덮을 수 없었다. 선거는 축제라지만 김대중을 보내야 하는 그해 겨울은 참으로 잔인했다. 동교동 사저에 전화와 편지가 쇄도했다. 모두 울부짖고 있었다. 비록 패배했지만 김대중은 지지자들의 사랑을 확인했다.

언론은 온갖 화려한 수사를 쏟아 냈다. "정치 거인", "현대사 거목", "지조의 정치인", "민주 외길 40년" 등 영웅으로 띄워 올렸다. 후보일 때는 온갖 독설을 동원하여 매도하더니 떠난다니 찬양 일변도였다. 그러나 속 깊이 들여다보면 '지난 날은 위대하다고 할 테니 다시는 나타나지 말라'는 것이었다. 정치인 김대중의 '매장'은 극히 화려했다.

그러나 김대중은 떠나지 않았다. 김대중에게 정계 은퇴는 가장 효율적인 정치 행위였다. 한국에서 패배를 곱씹는다는 것은 근천스러운 일이었다. 지지자들을 볼 염치도 없었다. 대통령 후보로 나서서 세 번 떨어졌으니 국민들에게 할 말이 없었다. 국내에서는 운신의 폭이 너무도 좁았다. 동교동 자택으로 당원과 시민들이 날마다 수백 명씩 찾아왔지만 그들에게도 마땅히 할 말이 없었다. 정치판을 떠나 있어야 했다. 그래야 다시 돌아올 수 있었다. 김대중은 그 절망의 시간에 다시 자신을 점검했다. 김대중은 이렇게 술회했다.

나는 어려운 일을 당할 때마다 버릇처럼 내 안의 문제점과 가능성을 점검했다. 백지에 가운데 줄을 긋고 오른쪽에는 내가 안고 있는 문제점, 왼쪽에는 아직 남아 있는 가능성들을 적어 비교했다. 이번에도 그렇게 해보니 왼쪽에 많은 것들이 적혀 있었다.
 우선 800만이라는 국민들의 지지가 있었다. 또 항상 서로를 사랑하고 아껴 주는 아내와 자식들, 그리고 나를 위해 목숨을 아끼지 않았던 수많은 동지들이 있었다. 나는 또 건강을 지니고 있었다. 험한 대통령 선거를 세 번이나 치르고 40년 동안 가시밭길을 헤쳐 왔지만 건강했다. 그리고 내 안에는 열정이 남아 있었다.

은퇴한 사람이 이렇게 철저히 자신을 분석할 수 있는가. 그것은 지지자, 가족, 동지, 건강에 열정까지 있으니 후일을 도모하자는 것이었다.
 김대중은 영국 케임브리지대학의 초청을 받아 유학을 떠났다. 말이 좋아 유학이지 정치적 유배였다. 1993년 1월 26일 출국하기로 했다. 김영삼 정부가 출범하기 전에 떠나야 했을 것이다. 공항에서는 수천 명이 기다리고 있었다. 그들 앞에서도 의미심장한 인사말을 했다.

저는 정치는 떠났지만 국민 여러분 곁까지 떠난 것은 아닙니다. 생의 마지막까지 국민에게 봉사하겠습니다. (……)

역사는 한때 좌절은 있어도 영원한 후퇴는 없습니다. 절망하지 않는 국민에게는 패배가 없습니다. 국민 여러분이 바라는 자유와 번영과 복지의 나라, 그리고 통일된 조국의 꿈은 반드시 실현되고 만다는 굳은 믿음 아래 좌절 없는 전진을 계속해 주실 것을 바라 마지않습니다. 앞으로 새로운 희망 속에 여러분과 다시 뵙기를 기약하겠습니다.

김대중은 국민 곁은 떠나지 않았다고 말했다. 또 새로운 희망 속에 다시 만나자고 했다. 그것은 듣는 사람에 따라 해석을 달리할 수 있는 말이었다. 여건이 숙성되면 다시 돌아오겠다는 말이었다. 김대중은 은퇴한다고 해서 비非정치인이 될 수 없었다. 그것 또한 숙명이었다. 그는 영원한 정치인이고 또 정치인이어야 했다. 김대중은 케임브리지에서도 대선 국면을 돌아봤다. 단순한 후유증이라 하기에는 패배의 상처가 너무도 참혹했다. 2월 27일에 쓴 육필 메모에는 이런 내용이 있다.

대선 이후 기도가 잘 되지 않는다. 1980년 고난 때도 이러지는 않았는데.

그러면서 생각을 벼렸다.

어떻게나 이대로 죽을 수도 포기할 수도 없다. 그래도 하느님을 믿고, 역사를 믿고, 국민을 믿고, 나를 믿고 역사 속에 승부를 걸면서 나가 보자. 무엇이 되는 것보다 어떻게 사느냐가 중요하다는 신념을 견지하면서.

또 언론에 대해서도 섭섭함을 넘어 한탄하고 있다.

우리의 정치, 아니 나라 일을 망친 가장 큰 책임자는 언론이다. 그러나 그들은 막강의 힘이 있다. 바꿔 볼 길도, 고쳐 볼 길도 없다.

그럼에도 김대중은 다시 희망을 품고 있었다. 육필 메모에는 또 이런 내용이 보인다.

하루에는 밤이 있다. 그러나 확실한 것은 전부가 밤이 아니라는 사실이다.

김대중은 이국땅에서 새로운 시작을 준비하고 있었다. 그의 나이 일흔이었다.

전라도를 아는가

〈모래시계〉라는 드라마가 있었다. 1995년 1월과 2월에 SBS에서 방영했다. 평균 시청률이 50퍼센트가 넘어 밤이면 거리가 한산했다. 그래서 '귀가시계'라 불리기도 했다. 드라마 배역 중에서 가장 비열한 깡패 두목이 있었다. 그런데 그 악질 깡패만 전라도 사투리를 구사했다. 같은 고향에서 자란 젊은이들의 이야기인데도 주인공들은 전라도 말을 쓰지 않았다. '나쁜' 조연만 전라도 사투리로 거짓말을 토했다.

천신만고 끝에 다시 정계 복귀를 모색하던 김대중은 신음을 토했다. 그리고 기자들에게 이렇게 말했다.

"〈모래시계〉를 만든 사람들, 감독이나 피디를 용서할 수 없습니다."

당시 정치부 기자였던 강신철은 그 내용을 정확히 기억하고 있었다. 왜 나쁜 배역은 전라도 사투리를 써야 하는가. '전라도 출신들은 거의 믿을 수 없으니 의심하고, 경계를 늦춰서는 안 된다'는 무의식이 시킨 것인가. 비단 〈모래시계〉만이 아니었다. 드라마에서 사기꾼, 거짓말쟁이는 물론이고 파출부, 수다쟁이, 공사장 인부 등 이른바 우리 사회 하층민들은 모두 전라도 사투리를 썼다. 김대중은 또 이렇게 말했다.

"수십 년 동안 특정 지역을 차별하면 그 지역민은 저급한 문화를 지닌 열등한 사람들이 될 수밖에 없습니다. 그만큼 지역 차별이 무서운 것입니다. 인재 등용, 지역 발전, 문화의 혜택 등에서 전라도는 줄곧 소외되었습니다. 물론 약간의 문화적 지역 이기주의에 의한 차별은 있을 수 있습니다. 그러나 권력이 의도적으로 한 지방을 비호하고 한 지방을 차별했습니다. 5·16 군사 쿠데타 이후 지역 차별 정책은 계속되었습니다. 과거 군사정권, 그리고 영남 패권주의에 함몰되어 있는 사람들은 역사에 죄를 짓고 있습니다. 그 해악은 실로 가늠조차 하기 어려울 정도입니다."

김대중 본인이 지역감정의 최대 피해자인데도 정적들은 그를 지역감정의 화신으로 매도했다. 김대중은 선거 때마다 지역감정에 피눈물을 흘렸다. 김대중은 곧 전라도이고, 전라도는 소수였다. 김대중이 등장하는 역대 선거는 정부 여당에서 보면 어쩌면 가장 쉬웠다. 김대중을 전라도와 함께 묶어 버리고 붉은 물만 끼얹으면 선거는 그것으로 끝이었다. 김대중은 그렇게 매번 졌다. 식견이나 정책은 아무런 의미도 없었다. 지역감정 조장은 정부 여당의 선거 전략이었다.

"전라도에는 저열하면서도 위험한 사람들이 모여 살고, 그곳에 김대중이라는 두목이 있고, 그 두목은 빨갱이고, 그런데도 전라도 사람들은 김대중을 열렬히 따르고 있다."

그러면서 "90퍼센트가 넘게 김대중을 지지하는 것을 봐라. 상식적으로 어찌 그럴 수 있단 말인가. 그들은 상식적인 집단이 아니다"라는 말을 은밀히 퍼뜨렸다. 90퍼센트가 넘게 지지할 수밖에 없는 상황이나 피맺힌 사연들은 들으려 하지도 않았다. 아니, 들을 필요가 없었다. 선거가 다가오면 대한민국은 문명사회를 팽개치고 부족사회로 돌아갔다. 지역 연고가 판단의 유일한 기준이었다.

처음에 전라도 사람들은 김대중이 전라도의 한을 풀어 줄 수 있는 유일한 존재라고 믿었고, 그래서 김대중이 자랑스러웠을 것이다. 독재와 맞서 분연히 일어나 당당히 싸우는 모습을 보며 환호했다. 그러나 전라도 출신이라는 한계에 부딪혀 선거에서 자꾸 떨어지자 오기가 발동했고, 오기가 분노로 변했다가 이내 한恨으로 굳어졌다. 한은 김대중의 말대로 보복으로는 풀리지 않았다. 또 보복을 할 수도 없었다. 전라도 사람들의 한은 김대중이 대통령이 되어야 풀렸다. 그래서 김대중을 대통령으로 만드는 데 모든 전제나 조건 등을 삭제해 버렸다. 김대중이 대통령만 된다면 더 이상 바랄 것이 없었다.

그런데도 경상도 정권은 그동안 전라도와 김대중을 함께 묶어 고립시키는 데 전력을 다했다. 그러다 보니 전라도는 점점 '이상한 고장'이 되어 갔다. 전라도는 외로운 섬이었다. 전라도에 대한 멸시와 차별이 끝없이 지속되자 전라도 사람끼리도 서로 삿대질하는 일까지 벌어졌다.

"언제까지 천대를 받아야 하는가. 제발 저들에게 책잡히지 말자.

우리가 잘해서 전라도 사람들도 괜찮다는 이야기 좀 들어 보자."

전라도 사람들은 세상을 조심조심 건너야 했다. 전라도 사람이 모여 살면 그곳은 빈촌이었다. 늘 당하면서도 뾰쪽한 수가 없었다. 조직 사회에서 살아남으려면 적당히 타협을 해야 했다. 전라도를 고향으로 등에 지고 있으면 무겁기만 했다. 살아가는 데 최대의 걸림돌이며 수모의 원천이었다. 그래서 고향을 숨기고 사투리를 감췄다. 자신이 태어난 땅을 저주하는 일, 이보다 더 잔인한 일이 있을까. 우리 사회에는 이런 말이 있다.

"전라도 사람인데도 용케 그 자리까지 갔다."

유능하다는 말이면서도 그 속에는 얼마나 잘 보였으면 출세했겠느냐는 비아냥이 숨겨져 있다.

경상도 정권이 들어선 후 경상도는 모든 것이 '긍정적인' 땅이었다. 가수 김상희는 유행가 〈경상도 청년〉을 불렀다.

> 내 마음을 나와 같이 알아줄 사람은
> 경상도 그 청년 한 사람뿐입니다.
> 덥수룩한 얼굴에 검은 수염은
> 나이보다 칠팔 세 위로 보지만
> 구수한 사투리에 매력이 있어
> 단 한 번 데이트를 하였답니다.

경상도 사나이에 대한 노래이지만 어쩐지 '경상도 찬가'로 들린다.

물론 김상희는 그럴 뜻이 없었는지도 모른다. 〈모래시계〉 제작진도 악의는 없었는지 모른다. 극적 사실감이나 생동감을 불어넣다 보니, 사투리를 고르다 보니 무심코 그리 됐을 수도 있다. 하지만 '무심코' 했다면 그것 또한 얼마나 섬뜩한가. 그 속에는 엄연한 사실事實이 숨어 있다.

경상도 사람들은 사투리를 버리지 않는다. 경상도 사투리는 입에 달고 다닐수록 자랑이었다. 몹시 시끄럽고 발음이 불분명해도 흉이 아니다. 그러나 전라도 사투리는 성공한 사람들이 입에 달고 살아서는 안 되었다. 5·18 민주 항쟁을 정면으로 다룬 영화 〈화려한 휴가〉에서조차 주인공들은 전라도 말을 일절 쓰지 않는다. 출신이나 직업이 그렇고 그런 조역들만 전라도 사투리를 '사정없이' 쓰고 있다.

시중에 유통되는 말 중에 경상도 청년은 있지만 전라도 청년은 없다. 경상도 사나이는 있지만 전라도 사나이는 없다. 전라도는 '개똥쇠'와 '리꾸사꾸', '더플백'들만 살고 있는 '하와이'에 불과했다. 지난 세월 거의 반세기 동안의 지역 차별은 이렇듯 사람과 땅마저 비틀어 버렸다.

김대중을 가장 정확하게 '계산'했던 고 전인권 박사는 남진보다 나훈아를 더 좋아'해야만' 했던 이야기를 이렇게 털어놓았다.

> 나의 초등학교 시절, 남진과 나훈아는 우리나라 가요계를 양분했던 인기 가수였다. 그런데 나와 내 친구들은 한결같이 나훈아를 좋아했다. 그 이유는 단 한 가지, 남진은 전라도고 나훈아는 경상도였기 때문이다. 이게 1960년대 후반 경상도가 아니라 강원도에서 벌어진 일이다. 그 때문인지는 몰라도 나는 지금도 나훈아를 좋아

한다.

　남진은 왠지 간사스럽고, 주는 것 없이 밉고, 금방이라도 거짓말을 할 것 같다는 것이 내 친구들의 느낌이었다. 반면 나훈아는 투박하고 씩씩하고 남자답고 사나이의 의리를 지킬 것같이 보였다. 약간 소도둑놈(?)을 방불케 하는 나훈아의 그 못생긴(?) 얼굴이 얼마나 멋져 보였는지 모른다. (……)
　간사한 것보다 진실한 것, 계집애 같은 것보다 사나이다운 것, 전라도보다 경상도적인 것이 좋다는 것을 배워야 할 나이였다. 이쯤 되면 남진과 나훈아의 라이벌 스토리는 연예계의 뒷이야기 수준을 넘어 우리의 정신세계에도 매우 체계적인 영향을 미쳤다고 평가해도 좋을 것이다. (『김대중을 계산하자』에서)

　전라도는 그러나 사투리까지 차별받는 그런 변방이 아니었다. 김대중은 대통령 퇴임 후 새로 지은 전남 도청사에 들러 이순신 장군이 말한 "약무호남 시무국가若無湖南 是無國家"를 방명록에 적고 서명했다. "호남이 없으면 나라가 없다"는 자부심의 표출이었다. 임진왜란 당시 조선은 전 국토가 유린당했다. 명나라 원군이 오기 전까지는 전 국토 중에서 오직 호남 한 지역만 남아 있었다. 호남이 없었다면 망국의 비운은 피할 수 없었다.
　정유재란 때도 마찬가지였다. 원균은 처절하게 패했지만 이순신은 남은 배 12척으로 일본 전함 133척을 물리쳤다. 이순신과 호남 사람이 있어 왜란을 막아 낼 수 있었다. 경상도 청년, 경상도 사나이가 아니라 전라도 청년과 전라도 사나이들이 나라를 지켜 낸 것이다. 그리고 그 땅 위에서 여전히 전라도 사람이 살고 있다.

1992년의 대통령 선거에서 김대중에게 투표했다고 고백한 김수환 추기경은 그 이유를 이렇게 말했다.

"그가 대통령이 된다면 지역감정이 크게 완화될 수 있으리라고 생각했기 때문입니다. 선거를 앞두고 곰곰이 생각해 본 결과 나는 오랫동안 소외돼 온 사람들과 뜻을 함께해야겠다는 결론을 내렸습니다."

김대중은 낙선을 위로하러 온 추기경에게 이렇게 말했다.

"호남 사람들이 선거 때마다 김대중을 찍은 것이 아닙니다. 그동안 당한 푸대접이 하도 서럽고 억울해서 그들은 각자 자기 자신에게 투표한 것입니다."

김대중은 이렇게 호남 사람들의 한이 자신을 통해 표출되고 있음을 잘 알고 있었다. 그래서 이런 고백을 했다.

"그 당시 선거(1992년)가 끝나고 광주에서 발행한 신문을 보니까 어떤 사람이 이런 말을 했습니다. '김대중 씨가 강원도에서만 태어났어도 이미 대통령이 되었을 것이다.' 난 이 말을 들었을 때 호남 사람인 그 사람의 심정을 생각하며 얼마나 가슴이 쓰렸는지 모릅니다. 오죽하면 그가 그런 말까지 했겠는가를 생각하니, 고마움과 슬픔이 교차하여 눈시울이 젖어 왔습니다. 그러나 나는 속으로 외쳤습니다.

'여보시오, 그런 말은 꿈에도 하지 마시오. 나는 호남 사람인 것을 자랑으로 생각합니다. 대통령이 못 되어도 좋습니다. 추악한 지역감정에 굴복하거나 영합할 생각은 티끌만큼도 없습니다.'"

김대중은 전라도 출신이었기에 대권은 멀고도 멀었다. 다시 말하지만 김대중을 떨어뜨리는 데는 지역감정만 자극하면 그만이었다. 김대중은 전라도와 함께 추락을 거듭했다. 모든 선거 전략은 '호남 고립 작전'이었다. 호남은 늘 소수였고 '졸'이었다. 그래서 김대중은 전라도에 내려가면 안 되었다. 지역감정을 선동한다고 몰아붙일 것이 뻔했기 때문이다. 가고 싶었지만 갈 수가 없었다. 김대중은 『자서전』에서 이렇게 울고 있다.

> 고향의 품에 안겨 실컷 울고 싶을 때도 많았다. (……) 전라도 사람의 한을 알고 있으나 나는 그걸 다 풀어 드리지 못했다. 모든 지역감정의 부정적인 부산물이 호남 지역에 떨어지는 것을 보면서도 나는 어찌할 수 없었다.

대흥사 아래 여관 동네
술 파는 할머니
막걸리와 도토리묵 차려주고
앞치마에 눈물 찍는다.

우리 선생님
고생도 징허게 많이 허신 양반
떨어져도 눈물 나고……
되야도 눈물 나고……

김장배추 뽑아 어수선한 밭에
진눈 마른눈 퍼부어쌓는데

말 못하는 진눈깨비도

옳은 말씀이라고

떨어져도 눈물 나고……

되야도 눈물 나고……

(심호택의 시의 「1997년 겨울 해남」)

돌아와 돌을 맞다

　영국 케임브리지에서의 생활은 시간이 보일 만큼 여유로웠다. 김대중은 패배의 상처를 조금씩 닦아 냈다. 확실히 과거의 망명과는 다른 시간을 보냈다. 책을 읽고 숲길을 걸으며 사색에 잠겼다. 천체물리학자 스티븐 호킹Stephen Hawking, 사회학자 앤서니 기든스Anthony Giddens, 민주주의 연구자 존 던John Dunn 등의 석학들과 지구촌의 당면 과제와 인류의 미래에 대해 이야기했다.
　호킹은 김대중에게 많은 영감을 주었다. 그는 눈과 귀와 두뇌를 제외하고는 모든 신체가 불구였다. 그런데도 삶을 미워하지 않았다. 눈에서 빛이 나고 입가에선 미소가 떠나지 않았다. 역경 속에서도 천체물리학의 새 장을 열어 가는 그의 창조적 자세가 경이로웠다. 김대중은 그 열정과 힘이 어디에서 나오는지 물었다. 호킹의 대답이 천연덕스러웠다.

"아내와 자식이 있으니 먹여 살려야 하고, 그러기 위해서는 열심히 살아야 합니다."

김대중은 그의 긍정적 삶에 고개를 숙였다. 그리고 용기를 얻었다. 호킹은 김대중의 장래에 대해서도 관심을 보였다. 역경 속에서도 남을 배려하고 결국 자신도 행복하게 살아가고 있었다. 호킹과는 같은 지붕 아래에서 벽 하나를 사이에 두고 살았다.

영국 케임브리지대학에 둥지를 내린 지 한 달이 될 즈음에 김대중은 비로소 국민에 대한 평소의 생각을 회복했다.

국민은 나를 버려도 나는 국민을 버릴 수 없다. 국민은 나의 생명의 근원이요 삶의 이유이기 때문이다. (1993년 2월 28일 육필 메모)

수많은 인사들이 김대중을 보기 위해 영국으로 건너왔다. 김대중을 위해 여러 가지 선물을 가지고 왔다. 홍어를 비롯해서 인삼, 젓갈, 생선 등 다양했다. 그리고 거의가 마지막에는 한국에서 가져온 자신만의 '정치'를 조심스럽게 풀어 놓았다. 정계 복귀였다. 그때마다 김대중은 "그럴 생각이 없다"고 말했다. 그러나 면담을 마치고 귀국길에 오른 사람들은 이렇게 말했다.

"언제일지는 몰라도 김대중은 돌아온다."

김대중은 영국에서 한반도의 통일 문제에 매달렸다. 독일을 세 차례나 찾아갔다. 독일은 통일로 영토는 합쳐졌지만 사람들은 그대로였다. 서독인과 동독인이 그대로 있었다. 독일 대통령 폰 바이츠제커는 김대중에게 "베를린 장벽은 무너졌지만 마음의 장벽은 그대로 있다"고 말했다. 바로 흡수통일의 후유증이었다. 한반도가 준비 없이 통일을 하면 독일보다 더 큰 문제가 일어날 것이 불 보듯 뻔했다. 남과 북은 전쟁까지 치른 사이였다. 독일처럼 어느 날 갑자기 통일이 된다면 남과 북이 겪게 될 갈등과 혼란은 우리 민족의 앞날에 재앙이 될 수밖에 없었다.

1993년 3월 북한이 핵확산금지조약NPT을 탈퇴했다. 세계 언론은 북한 경제가 붕괴할 수도 있다는 예측을 쏟아 냈다. 영국에서 바라보니 한반도에 먹구름이 몰려오고 있었다. 김영삼 정부의 대북 강경 정책이 심상치 않았다. 남북 관계는 최악으로 치닫고 있었다. 어느 정당도, 그 누구도 대안을 마련하지 못했다. 그러는 사이에 북한과 미국은 핵 문제를 둘러싸고 전쟁의 위기로 치닫고 있었다. 김대중은 귀국을 서둘렀다.

김대중은 다시 모국 땅을 밟았다. 1993년 7월 4일, 김포공항에서는 수천 명의 환영 인파가 김대중을 기다리고 있었다. 김대중은 아파트를 얻어 거처를 경기도 일산으로 옮겼다. 그리고 통일 문제 연구에 몰두했다. 그러나 김대중은 정치에 끈을 놓지 않았다. 귀국 후 일정 수첩에 쓴 메모에는 정계 복귀를 암시하는 내용이 적혀 있다.

1. 은인자중하며 실수하지 말 것(1994년 여름까지)
2. 주시, 검토하면서 때를 기다릴 것(실수, 민심)
3. 개혁 후퇴, 수구화 필두로 민심 잃는다.

김대중의 예측대로 민심이 점차 김영삼 정부를 떠나갔다. 취임 초기에는 공직자 재산 공개, 청와대 앞길 개방, 안기부·기무사 기구 축소와 민간 사찰 중지, 군내 하나회 해체 등 잇단 개혁 정책을 발표하여 대단한 인기를 모았다. 한때는 지지도가 90퍼센트를 넘었다. 그러나 김대중은 김영삼의 한계를 알고 있었다. 문민 정부를 내세웠지만 권력 창출에 태생적 한계가 있었다. 군사독재 세력과의 야합은 이미 부작용을 잉태하고 있었다. 우리 사회의 위기를 한국병으로 진단하고 이를 척결하는 이른바 '신한국 건설'은 구호에 불과했다.

1994년 새해에 김대중은 김영삼 정권을 훤히 들여다보고 있었다. 이런 육필 메모가 있다.

> 첫째, 1년 보아 주었으니 이제부터 본격 비판 일 듯. 둘째, YS의 국정 능력 한계 보인 것. 셋째, 국정 운영을 제도보다 깜짝쇼로 한다. 넷째, 외교능력 백지(국내 정치하듯 일과성으로 했다). 다섯째, 북한과의 협상 능력 문제, 민족적 양심도 의심, 남북 직접 협상보다 미의 동북아 정책에 놀아나다.

이것을 보면 김대중은 김영삼의 앞날을 정확히 예견하고 있었다.

김대중은 영국에서 구상한 연구재단 설립을 서둘렀다. 한반도 통일과 민주주의, 아시아 평화를 위한 산실을 꿈꾸며 아시아·태평양 평화재단을 출범시켰다. 1994년 1월 27일 서울 창천동 아륭빌딩에서 현판식을 가졌다. 해외 고문으로는 전 소련 대통령 미하일 고르바초프, 전 필리핀 대통령 코라손 아키노, 전 독일 외상 한스디트리히 겐셔가 참여했다. 김대중은 이사장직을 맡았다.

5월 5일 김대중은 미국·캐나다 방문길에 올랐다. 북한과 미국은 '북한의 핵 개발'을 둘러싸고 일촉즉발의 위기를 맞고 있었다. 미국은 무력 응징 카드를 만지작거렸다. 김대중은 5월 12일 워싱턴 내셔널프레스클럽에서 연설을 했다. '미국의 대아시아 정책에 대한 충언'이었다. 김대중은 북핵 문제를 '일괄 타결 package deal'할 것을 촉구했다.

> 북한과 미국은 두 가지씩을 서로에게 양보해야 합니다. 북한은 핵에 대한 야심을 포기하고 남쪽의 안보를 보장해야 합니다. 미국은 북한과 외교를 통해 경제협력에 나서고 팀스피릿 훈련을 중단하는 등 북한의 안보를 보장해야 합니다.

아울러 국제적으로 신뢰받는 인물을 북한에 특사로 보낼 것을 제안했다. 연설이 끝나자 누가 특사로 가장 적합한 인물이냐는 질문이 들어왔다.

"가장 적합한 인물은 지미 카터 전 대통령이라 생각합니다."

김대중은 연설 전날 이미 카터에게 전화를 걸어 의사를 타진했다. 연설에서 특사로 실명을 거론해도 좋겠냐고 묻자 카터는 흔쾌히 동의했다. 김대중의 그날 연설은 그해의 '베스트 스피치'에 뽑혔다. 김대중의 제안은 미국을 움직였다. 미국 정부는 '카터 특사'를 정밀하게 검토했다.

6월에 접어들자 북한과 미국의 관계는 더욱 악화됐다. 한 치 앞을 내다볼 수 없었다. 미국의 잇단 경고에도 북한은 핵 연료봉 추출을 강행했다. 미 국방장관 윌리엄 페리William J. Perry는 북한의 핵 개발을 저지해야 한다는 결론을 내렸다. '저지'는 핵 시설에 대한 공격이었고, 그것은 곧 전쟁이었다. 페리는 클린턴William Jefferson Clinton 대통령이 주재하는 국가안보회의에 3단계 작전 계획을 상정했다. 다시 한국전쟁이 발발한다면 어찌 될 것인가. 개전 후 3개월 안에 미군 5만 2000명, 한국군 49만 명, 민간인 100만 명이 희생당할 것으로 예측되었다. 펜타곤이 계산해 낸 것이었다.

이때 한반도의 전쟁 구름을 헤치고 카터가 평양으로 날아갔다. 그는 김일성 주석의 초청을 받아 사흘 동안 북에 머물렀다. 카터는 남북 정상회담이라는 선물을 안고 판문점을 넘어왔다. 극적 반전이었다. 김영삼과 김일성은 남북 정상회담 일정에 합의했다. 김대중은 "민족사의 앞날에 서광이 있을 것으로 기대된다"는 논평을 냈다. 모두 그날을 기다리며 남북 화해의 새날을 기대하고 있었다. 그러나 그날은 오지 않았다. 북한 주석 김일성이 7월 8일 돌연 사망한 것이다.

어쨌든 김대중의 연설에서 비롯된 '카터 특사 파견'으로 한반도에서 전운을 벗겨 낼 수 있었다. 김대중은 9월에 미국 애틀랜타로 날아가 카터를 만났다. 그리고 한반도 평화를 위한 노력에 사의를 표했다. 그러자 카터는 김대중에게 찬사를 보냈다.

"당신이 나를 북에 가도록 만들었습니다. 내가 가지 않은 상황에서 김일성 주석이 사망했다면 한반도에서는 이루 말할 수 없는 긴장 국면이 조성되었을 것입니다. 아니, 이미 어떤 사태가 일어났을지도 모릅니다. 그런 의미에서 당신의 공로를 높이 평가하고 싶습니다."

전 미국 대통령 지미 카터는 김대중에게 공功을 돌렸다. 그는 신군부로부터 김대중의 목숨을 구하는 데 앞장섰고, 그렇게 해서 다시 살아난 김대중의 제안으로 전쟁 위기에서 한반도를 구하는 데 일조했다.

사람들은 김대중의 이런 노력을 잘 알지 못한다. 1994년의 한반도에는 '거대한 위기'가 있었다. 언제 터질지 모르는 폭탄이었다. 김대중은 북핵 위기의 돌파구를 마련하기 위해 최선을 다했다. 김대중이 국경을 넘나들며 혼신의 힘을 쏟고 있을 때 김영삼 정권은 일관성 없는 대북 정책으로 혼선만 불러왔다. 원칙이 없으니 대북 정책은 냉온탕을 오갔다. 결국 북한이나 미국에 믿음을 심어 주지 못하고 끝내 어정쩡한 강경책으로 남북 관계를 후퇴시켜 버렸다.

김대중은 육필 메모에서 김영삼 정부의 대북 정책 실패와 이에 따른 후유증을 정확히 짚어 내고 있다.

> 거듭된 주장 변화와 대북 타협 기피로 위신 저하, 정부 통일 정책과 역량에 대한 국민적 불신, 미국과의 심각한 불신 관계, 일·중·러의 한국 정부 불신.

김영삼은 김대중의 정계 복귀를 잔뜩 경계하고 있었다. 3김 시대의 마지막 승자는 김영삼 자신이어야 했다. 청와대·안기부·경찰 합동으로 '김대중 전담 부서'를 두고 감시했다. 정치 사찰 극비 문서는 대통령 김영삼의 책상에 올라갔다. 김대중에 대한 견제와 탄압은 예전과 다름없었다. 김대중이 쓴 저서의 판매를 방해하고, 아태재단 후원회를 수사하고, 김대중과 그 측근들의 전화를 도청했다. 동교동 자택 주변에는 경찰 안가가 네 채나 있었다. 이런 사실들은 언론이 폭로해서 알려졌다. '문민'을 표방했던 무리가 저지른 일이라서 충격이 더 컸다. 6·27 지방선거가 임박하자 대통령 김영삼은 '세대교체론'을 이야기했다. 그것 또한 김대중을 겨냥한 것이었다.

"차기 대통령은 세대교체된 새 인물이 나올 것이다. 대통령으로서 이를 위해 최선을 다할 생각이다."

김대중은 이를 간파하고 있었다. 그것은 수평적 정권 교체를 막기 위한 술수였다. 하지만 김대중은 정계로 한 걸음씩 다가가고 있었다.

지방선거가 다가오고 있었다. 단체장 선거와 시·도의원 선거가 34년 만에 부활해 1995년 6월 27일 치러지게 됐다. 민주당은 김대중을 찾았다. 지원 유세를 강력하게 요청했다. 동교동 집에는 후보들의 발길이 끊이지 않았다. 김대중은 정당 연설회 연설원으로 등록했다. 전국을 돌며 다시 유세 강행군에 돌입했다. 가는 곳마다 현수막이 걸려 있었다.

"우리는 김대중을 기다린다."

김대중은 김영삼 정부의 실정을 공격했다. 그리고 '지역등권론等權論'을 주장했다. 지역 패권주의와 지역 차별을 극복하기 위한 대안이었다.

"우리는 그동안 TK와 PK 패권주의 속에서 살아왔습니다. 특정 지역이 모든 권한과 혜택을 독점하고, 나머지 지역은 소외받았습니다. 하지만 이번 6·27 지방선거를 계기로 지역 패권주의는 결정타를 입을 것입니다. 이번 선거로 패권주의가 아닌 등권주의, 수직적이 아닌 수평적으로 대등한 권리를 가진 지방화 시대가 열릴 것입니다."

언론에서는 "지방선거의 결과에 따라 김대중의 정계 복귀 여부가 결정될 것"이라고 보도했다. 그러면서도 행간에는 '선거를 통해 김대중의 정계 복귀가 무산될 것'이라는 속내를 드러냈다.

선거 결과는 여당인 민자당의 참패였다. 15개 시·도지사 선거에서 겨우 다섯 곳에서만 승리했다. 서울시장 선거에서는 민주당의 조순, 무소속의 박찬종에 밀려 3위를 차지하는 데 그쳤다. 민주당은 광역단체장 4명, 기초단체장 84명을 당선시켰다. 특히 서울에서는 시장을 비롯해 구청장 25명 중 23명, 133명의 시의원 중 122명이 당선됐다.

언론 보도대로라면 김대중은 정계 복귀의 길이 열린 셈이었다. 하지만 민주당에는 대표 이기택이 버티고 있었다. 이기택은 여당이 주장했던 세대교체론을 들먹거렸다. 정치판에 들어오지 말라는 것이었다. 김대중과 이기택은 지방선거 공천 문제로 이미 갈등을 빚은 바 있었다. 경기지사 후보로 김대중은 이종찬을, 이기택은 장경우를 밀었다. 김대중의 간곡한 설득에도 이기택은 장경우를 고집했다. 만일 장경우가 패하면 대표직을 내놓겠다며 버텼다. 결국 장경우는 선거에서 지고 말았다. 하지만 이기택은 약속을 뒤집었다. 지방선거에서 이겼으니 대표직에 눌러앉겠다는 것이었다. 당시 민주당에는 9개 계파가 있었다. 이기택과 각 계파의 수장들은 뭉쳐서 김대중의 입성을 저지하고 있었다.

결국 김대중은 민주당과 결별했다. 온갖 애환이 스며 있는 마포 당사도 포기했다. 민주당과의 작은 다툼만 있어도 여론이 용서하지 않을 것이라는 판단을 했다. 모든 것을 다시 시작하기로 했다. 김대중의 정계 복귀 명분은 '야당다운 야당의 재건'이었다. 김대중은 정계 복귀에 관한 당시의 소회를 글로 남겼다.

> 나는 내가 없어서는 안 될 것 같다는 생각 때문에 다시 돌아섰다. 화려하게 등장했던 문민 정부는 '문민독재'라는 신조어를 낳아 놓고 있었으며, 그 복지부동 속에서도 인천과 부평에서는 세금 도둑 사건이 터졌다. 곧이어 성수대교가 붕괴되고 아현동 가스 폭발로 이어졌다. 국민들은 하나같이 다음에 일어날 대형 사고는 하늘일 것인지 바다일 것인지 점치기도 했다. 국민들의 자조감만 날로 커지고 있었던 것이다. 내 입장에서는 특히 야당의 행태가 못마땅했다. 민주당은 내가 일구어 낸 정당으로 내 분신이면서 동시에 전부이기도 했던 정당이었다. 그런데도 야당의 역할을 제대로 수행하지 못함으로써 여당의 독주를 수수방관할 뿐이었다. 그들은 예산 심의도, 추곡 수매 문제도, 또 국정감사도 전부 포기하면서 정부와 여당이 좋아할 일만 자행하고 있었다. (『나의 삶 나의 길』에서)

정치인들이 일시적으로 은퇴했다 다시 돌아온 경우는 많았다. 드골 전 프랑스 대통령도, 닉슨 전 미국 대통령도 은퇴했다가 다시 나왔다. 김영삼도 1980년 10월 정계 은퇴를 선언했다가 복귀해서 대통령을 하고 있었다. 훗날에는 노무현에게 선거에서 지고 은퇴 선언을 했던 이회창도 슬그머니 정치판에 돌아왔다. 그러나 김대중에게는 '어물쩍'이 통하지 않았다. 여기저기서 돌을 던졌다. 그래도 김대중은 참아야 했다. 꼭 다시 돌아가 정치를 해야 했기에.

김대중은 마침내 1995년 7월 18일 정계 복귀를 천명했다. 은퇴를 선언한 지 2년 7개월 만이었다.

저는 지난 40년 동안 많은 시련을 무릅쓰고 우리나라의 민주화와 평화통일을 위해 노력해 왔습니다. 이제 그 노력의 완성을 신당을 통해서 이룩하여 국민 여러분께 마지막 봉사를 하고자 합니다. 그리하여 오늘의 비판이 반드시 국민적 수용과 지지로 변화될 수 있도록 성심을 다하겠습니다. 국민 여러분께서는 너그러운 심정으로 지켜보아 주시고, 저희들이 여러분의 기대에 부응할 때는 아낌없는 성원을 보내 주시기 바랍니다.
저는 지금 가장 겸손한 마음으로 다시 한 번 국민 여러분께 사과의 말씀을 드립니다. 한편 신당이 이 시대가 요구하는 국민적 여망을 책임 있게 달성하는 정당으로 발전함으로써, 오늘 제 결단의 충정이 국민 여러분으로부터 이해와 지지를 받을 수 있도록 모든 것을 바쳐서 노력하겠다는 점을 아울러 다짐하는 바입니다.

"마지막 봉사", "가장 겸손한 마음", "사과의 말씀" 등의 문구를 동원하여 국민의 이해를 구했다. 하지만 예상대로 여권은 일제히 포문을 열고 거짓말쟁이, 대통령병 환자라고 공격했다.
김대중은 정말 대통령이 되고 싶었다. 그래서 세상을 바꿔 보고 싶었다. 평생 품고 있었던 두 가지 꿈, 민주 국가 완성과 민족 통일에 기여하고 싶었다.
김대중과 그를 따르는 무리는 신당을 창당했다. 당명은 새정치국민회의였다. 김대중은 당 총재로 추대되었다. 1995년 9월 5일 창당대회가 열렸다. 서울 올림픽공원에서 열린 대회는 일곱 시간 동안 진행됐다. 1만여 명이 내지르는 함성이 드높았다.

노태우의 비자금 사건이 터졌다. 노태우가 비자금 4000억 원을 차명으로 은행에 분산 예치하고 있음이 밝혀졌다. 국민들은 경악했다. 검찰은 수사에 착수했고, 노태우는 10월 27일 대국민 사과를 했다. 재임 중 5000여 억 원을 조성해서 사용하고 현재는 1700억 원 정도가 남아 있다고 밝혔다. 노태우는 눈물을 흘렸다. 민심이 들끓었다. '노태우 비자금'은 정국을 강타했다. 이어서 여권에서는 비자금 일부가 김대중에게도 흘러갔을 것이라는 의혹을 제기했다.

김대중은 중국 방문 중에 그 소식을 들었다. 김대중은 댜오위타이 釣魚臺호텔에서 기자들과 만나 당시 대통령인 노태우에게 20억 원을 받았다고 밝혔다. 김대중이 그토록 서둘러 고백한 것은 김영삼이 들어앉아 있는 청와대와 노태우가 웅크리고 있는 연희동 측이 모종의 결탁을 할 수 있었기 때문이다. 그것은 '김대중 죽이기'로 나타날 수 있었다. 노태우의 혐의에 대해서는 적당히 수위를 조절하고는 김대중에게 화살을 돌릴 수도 있었다. 여권이 김대중의 '20억 수수'를 몰랐을 리 없었다. 기자들이 김대중에게 20억 원 수수 사실을 밝히게 된 동기를 묻자 "연희동 측이나 여권이 화살을 나에게 돌리려 해 괘씸한 생각이 들었다"고 말한 데서도 알 수 있다.

"김(영삼) 대통령이 먼저 자신과 관련한 모든 정치자금 의혹을 명백히 밝혀야 한다. 나는 20억 원을 받았지만 김 대통령은 당시 노(태우)

씨는 물론 각계로부터 엄청난 돈을 받았다."

하지만 현직 대통령 김영삼은 어떤 답도 하지 않았다. 그로부터 15년이 넘게 지난 후 노태우로부터 3000억 원을 받았음이 드러났다. 3000억 원 대 20억 원. 혹자는 그리 말한다. "받은 사실이 중요하지 액수는 중요하지 않다." 그러나 어찌 3000 대 20이 같을 수 있는가. 아무리 높은 도덕성을 요구받은 김대중이지만 참으로 억울했을 것이다.

김대중의 말대로 "정치는 생물"이고 그런 만큼 정치는 돈을 먹어야 했다. 과거 우리 정치에서는 돈이 많은 것들을 움직였다. 김대중도 돈에서 자유스러울 수는 없었다. 끊임없이 돈을 만들고 끊임없이 돈을 써야 했다. 김대중은 평소에 "부정하거나 문제가 있는 돈, 대가가 있는 돈은 받지 않았다"고 말했다. 이는 역으로 돈을 받았다는 고백이다. 그러나 김대중은 일생 궁핍했다. 늘 돈 때문에 걱정이었다.

김대중에게 돈을 준다거나 편의를 봐주는 것은 모험이었다. 정보기관이 몇 겹의 그물을 치고 감시했기 때문이다. 걸리면 끝이었다. 작은 도시에서 음식점을 하던 여주인이 유세차 내려온 김대중에게 끼고 있던 반지를 건넨 적이 있었다. 그 음식점은 다음 날 영업정지를 당했.

대우그룹 회장 김우중은 그럼에도 김대중이 야당을 꾸려 갈 때 용감하게 '모험'을 했다. 김대중에게 김우중은 고마운 사람이었다. 그런데 대통령이 된 후 대우그룹이 해체 위기를 맞았다. 빚더미에 올라앉은 대기업들이 구조 조정을 서두르는데도 대우그룹은 덩치를 키웠다. 김우중은 김대중을 만나려고 무진 애를 썼다. 그러나 김대중은 독대하지 않았다. 면담 때는 곁에 꼭 수석 비서관이나 관료를 배석시켰다. 대우그룹은 끝내 해체되었고, 김우중은 해외를 떠도는 낭인 신세로 전락했다.

돈에 얽힌 얘기가 많다. 지자제 도입을 관철하기 위해 단식투쟁을 하고 있을 때였다. 김대중이 탈수증상을 보이자 주변 사람들이 세브란스병원으로 옮겼다. 당시 김대중의 단식과 그의 몸 상태는 국민적 관심사였다. 공보비서 김한정은 당보 발행 계획을 보고하러 김대중을 찾아갔다. 김한정은 단식투쟁 속보 발행을 맡아 하고 있었다. 왜 지자제를 해야 하며, 총재 김대중은 왜 목숨을 건 단식투쟁을 하는지를 신기로 했다. 김한정은 당보 30만 부를 발행하여 지구당에 보내겠다고 보고했다. 김대중은 그 와중에도 고개를 저으며 말했다.

"반으로 줄이세요. 지금 우리가 돈이 없어요."

목숨을 건 단식을 하면서도 총재가 돈 걱정을 하고 있었다. 김한정은 서둘러 병실을 나와 하늘을 보았다.

또 김대중은 노벨평화상 상금 11억 원 중 3억 원만을 김대중도서관에 기부했다. 사람들은 전액을 쾌척하지 왜 그리 소심하냐고 생각했을 것이다. 세상에 존재하는 가장 큰 상, 상 중의 상을 받았으니 보람되게 쓰기를 바랐을 것이다. 그를 지지하는 사람은 더욱 그랬을 것이다. 그러나 김대중은 8억 원을 남겨 두었다. 아마 자신이 먼저 떠나면 홀로 남겨질 아내를 위해 쓰여지길 바랐을 것이다. 실제로 민주화의 산실이며 김대중의 꿈과 고뇌와 눈물이 스며 있는 이희호 명의의 동교동 집은 이런저런 이유로 수억 원에 근저당권이 설정되어 있다는 소식이다. 일각에서는 이러다 압류되는 것 아니냐는 우려와 탄식이 흘러나오고 있다. 또 김대중의 유산을 보존하고 계승하기에는 '김대중평화센터'도 작고 가난하다. 그럼에도 세간에는 김대중이 엄청난 재산을 숨겨 두고 있다는 소문이 사실인 양 굴러다니고 있다.

 아무튼 김대중은 노태우에게 돈을 받았다. 현직 대통령이 격려금으로 준 돈을 뿌리치기는 쉽지 않았을 것이다. 하지만 부정하게 모은 돈을 받은 것은 큰 잘못이었다. 김대중은 20억 수수설로 당시에도 곤욕을 치렀지만 일생에서도 큰 오점을 남겼다. 그동안 숱한 금전 관련 루머와 악선전에 휘말렸어도 이렇듯 자신의 입으로 사과를 한 것은 처음이었다. 김대중은 훗날 이를 자책했다.

 "받아서는 안 될 돈이었다. 국민에게 고백은 했지만, 돈과 관련된 추문이었으니 내 정치 인생에서도 부끄러운 일이었다."

 김대중의 고백에도 여권의 공세는 멈추지 않았다. 김대중이 받았다고 자백해 버리자 그것 말고도 또 있을 것이라며 몰아붙였다. '20억+알파 수수설'이 그것이다.

 노태우 비자금 사건은 자꾸 커지더니 노태우는 물론 전두환까지 구속되는 사태로 비화했다. 김영삼은 이 사건을 계기로 '역사 바로 세우기'를 내세워 5·18 특별법을 만들었다. 신군부 세력이 줄줄이 끌려 나와 법정에 섰다. 검찰이 출두를 요구하자 전두환은 자신의 집 골목에서 성명을 발표했다. 김영삼을 향해 직격탄을 날렸다. 김영삼 정권의 출범 경위, 김영삼의 역사관을 문제 삼았다. "내란 세력과 영합해 온 김 대통령도 응분의 책임을 져야 하는 것이 순리"라고 말했다. 신군부의 소굴로 들어간 김영삼을 질타하고 있었다.

 이때 정치권에는 대통령 김영삼을 향해 칼을 가는 또 한 사람이 있었다. 바로 김종필이었다.

김영삼과 상도동계는 3당 야합의 동지인 김종필을 '세계화'의 바람으로 날려 버렸다. 이벤트성 깜짝쇼를 좋아하는 김영삼은 호주 시드니 구상이라며 갑자기 세계화를 외쳤다. 실무부처들은 전혀 준비도 되지 않은 상태에서, 그것이 무엇인지도 모르고 있는데 세계화를 추진하라는 명을 받았다. 그리고 김종필은 세계화의 이미지에 맞지 않는다고 연일 면박을 주었다. 당시 주류인 상도동계는 김종필을 당 대표로 인정하지 않았다.

잇단 수모를 당하자 처세의 달인 김종필도 배겨 내지 못했다. 민자당을 탈당하여 자유민주연합을 창당했다. 김종필은 다시 소수 정당의 수장으로 전락했다. 주머니 하나 달랑 차고 이리저리 어슬렁거리고 있었다. 주머니 속에는 내각제 문서가 들어 있었다. 김대중은 그런 김종필을 유심히 바라보고 있었다.

마지막 도전

1997년은 대통령 선거의 해였다. 김대중은 다시 선거에 나섰다. 네 번째 도전이었다. 나이 73세였다. 일생에 마지막 출마였다. 자민련 후보는 총재 김종필로 결정되었다. 여당은 당명을 민자당에서 신한국당으로 바꿨다. 대통령 후보 경선에서는 총재 이회창이 승리했다. 이회창은 후보 확정 이후 지지율이 급락했다. 반면 후보 경선에서 떨어진 이인제의 지지율은 상승했다. 이인제는 여론조사 결과를 내세워 후보 교체를 주장했다. 그렇다고 물러날 이회창이 아니었다. 이인제는 결국 탈당하여 국민신당을 창당하고 곧바로 출마했다.

『경향신문』 창간 특집 여론조사(10월 6일)에서는 김대중이 압도적 선두였다. 김대중 35.8퍼센트, 이인제 24.2퍼센트, 이회창 20.3퍼센트, 조순 7.2퍼센트, 김종필 4.4퍼센트였다. 이회창은 이인제보다 뒤졌다. 그러나 김대중은 불안했다. 정부 여당이 네거티브 공세를 펼칠

때는 어떻게 될지 알 수 없었다. 수첩의 메모를 보면 김대중은 여권의 공세를 예상하고 사안별 대응책을 준비하고 있었다.

- 3김 청산 — 나는 모든 희생 다해서 민주주의 여기까지 온 데 참여했다. 군사정권이나 부정부패와 관련 없다. 나의 입장은 (다른 김 씨들과) 다르다.
- 세대교체 — 건강과 능력이 문제다. 전두환 40대, 노태우 50대, 김영삼 60대였지만 모두 실패했다. 나는 건강하다. 내게는 나라 일을 바로잡을 철학과 준비가 (되어) 있다.
- 20억 (수수) — 나는 정당하게 밝혔다. 다른 사람들은 숨겼다. 정당한 사람은 죄를 받고 숨긴 사람들은 상을 받아서는 안 될 것이다.
- 정계 은퇴 공약 (번복) — 비판 감수하겠다. 정부나 야당이 나라 망치는 것 묵과할 수 없어서 사명감 때문에 나온 것 이해해 달라. 정계 복귀해서 국민회의 만든 후 전·노 비자금, 광주 학살, 노동법 날치기, 한보 비리 등의 척결에 최선 다한 것 인정해 달라. 우수한 인재도 우리 당에 가장 많이 모였다.

김대중은 이렇게 단단히 준비하고 있었지만 여권은 전혀 다른 건을 준비하고 있었다. 10월 7일 '김대중 비자금 사건'을 터뜨렸다. 이회창의 지지율이 제자리에 머물자 서둘러 마련한 것이었다. 사무총장 강삼재는 김대중이 670억 원의 비자금을 관리해 왔다고 폭로했다. 또 노태우에게 20억 원 외에 6억 원 정도를 더 받았다고 주장했다.

10월 10일 여권은 김대중이 1992년 대통령 선거에서 10개 기업으로부터 134억을 받았다고 추가로 발표했다. 이를 발표한 대변인 이사철이 눈을 부릅떴다. 이회창은 "이번 선거는 혁명적 과업을 수행하는 것"이라며 폭로전을 부추겼다. 10월 14일 국회 국정감사장에서도 추가로 폭로했다. 일가, 친인척 40여 명 명의로 10년간 378억 원의 비자금을 관리해 왔다는 것이었다. 이번에는 정형근, 홍준표가 나서서 침을 튀겼다. 신한국당은 김대중을 특정범죄가중처벌법상 뇌물 수수 및 조세 포탈 혐의로 대검찰청에 고발했다. 숨 돌릴 시간도 없이 연일 터뜨렸다. 의혹은 삽시간에 산더미처럼 커져 버렸다.

검찰이 수사에 착수하면 사실 여부와 관계없이 김대중은 치명타를 입을 것이 뻔했다. 김대중의 주변을 뒤지고, 주변 사람들을 소환하고, 당사나 사무실 등을 압수 수색하면 모든 관심이 집중될 것이다. 그리고 이를 언론이 무엇인가 있는 것처럼 중계하면 선거는 그걸로 끝이었다. 신한국당은 연일 검찰을 압박하며 수사를 촉구했다.

그러나 훗날 선거가 끝나고 비자금 사건을 수사하자 이 모든 폭로가 조작이었음이 드러났다.

아무튼 김대중에게는 최대의 위기였다. 이때 검찰총장 김태정은 비자금 사건 수사를 15대 대통령 선거 이후로 유보한다고 발표했다.

"과거의 정치자금에 대해 정치권 대부분이 자유스러울 수 없다고 판단되는 터에 대선을 불과 2개월 앞둔 시점에서 이 사건을 수사할 경우 극심한 국론 분열, 경제 회생의 어려움과 국가 전체의 대혼란이 분명하다고 보인다."

검찰총장의 발표는 사실 민심이 선택한 것이었다. 시중에는 또다시 김대중에게 사건을 조작해서 불이익을 안긴다면 민란이 일어날 것이라는 소문이 돌고 있었다.

　김대중은 자민련 후보 김종필과의 후보 단일화에 매달렸다. 김종필을 잡아야 했다. 선거판은 마지막에 결국 지역감정을 일으키게 되어 있었다. 이를 방어하려면 충청권의 맹주 김종필이 필요했다. 당내에서는 재야 출신 소장파들이, 당 밖에서는 종교계 등 재야인사들이 반대했다. 그러나 색깔론 망령과 3당 합당 이후 호남 고립의 정치 구도를 깨뜨리기 위해서는 후보 단일화가 절실했다.
　필요한 것은 정권 교체였다. 역으로 그런 점을 잘 알기에 김종필과 자민련은 한껏 몸값을 올렸다. 차고 다니던 주머니에서 내각제를 꺼냈다. 후보를 양보하는 대신 많은 것을 얻겠다는 것이었다. 김대중과 국민회의는 양보를 거듭했다. 내각제 개헌도 할 수 있다고 했다. 그리고 마침내 김대중DJ과 김종필JP의 DJP 연합이 성사됐다. 두 사람은 이렇게 합의했다.
　"대통령 후보는 김대중 총재로 단일화하고, 집권 시 실질적인 각료 임명 제청권과 해임 건의권을 갖는 실세 총리는 자민련 측에서 맡도록 한다."
　국민통합추진회의(통추)의 김원기 대표와 노무현, 김정길 등 8인의 상임집행위원들이 국민회의에 입당했다. 김대중은 이들을 크게 반겼다. 백만의 원군을 얻은 듯했다.
　김대중의 국민회의 창당으로 당세가 극도로 위축된 민주당은 서울시장 조순에게 총재직과 대통령 후보를 제의했다. 조순은 시장실을 박차고 나와 대선에 뛰어들었다. 그러나 조순은 자신을 너무 믿었다.

서울시장에 당선시킨 것이 김대중의 힘이었다는 것을 망각하고 있었다. 서울시장 당선 후에도 그는 막말을 서슴지 않았다.

"김대중 씨가 내 도움을 받았지, 내가 김대중 씨 도움을 받지는 않았다."

조순의 지지도는 형편없었다. 처지가 참으로 딱했다. 그런 조순을 이회창이 노려보고 있었다. 가만히 다가가 낚아챘다. 이회창과 조순은 신한국당과 민주당이 합치는 데 합의했다. 당명을 한나라당으로 바꿨다. 이렇게 선거 한복판에서 민주당이 사라져 버렸다. 어지러운 합종연횡이었다. 대선 정국은 김대중, 이회창, 이인제 3자 대결로 재편되었다.

선거 막판 대한민국에서는 경제 신탁통치라는 굴욕적 상황이 전개됐다. 외환 위기로 국제통화기금IMF에 구제금융을 요청한 것이다. 한국전쟁 이후 최대 국난이었다. 30년 동안의 고도성장 신화가 한순간에 무너져 내렸다. IMF 실무단이 한국에 날아와 구제금융 조건 등을 따지고 돌아갔다. 마침내 IMF 총재 미셸 캉드쉬Michel Camdessus가 서울로 날아왔다. 그리고 대선 후보들을 불러 합의문 이행 각서에 서명토록 했다. 무능한 대통령 김영삼은 아무 할 일이 없었.

정부와 여당이 다시 색깔론 공세를 폈다. '혹시나' 했더니 '역시나'였다. 그냥 지나갈 무리가 아니었다. 전 천도교 교령 오익제가 월북하는 사건이 일어났다. 그는 한때 국민회의 종교특위 위원장이었다. 그러자 공안 당국과 한나라당은 그의 월북에 김대중이 연루됐을 것이라며 칼을 들이댔다. 언론은 "오익제가 평양방송에 나와 국민회의 후보와 월북 직전까지 통일 문제를 자주 상론했다고 말했다"고 보도했다. 당국자의 말을 인용했지만 공작에 동조한 것이었다.

북한을 방문한 재미 목사를 사주하여 일본 도쿄에서 회견을 하도록 했다. 북한 부주석 김병식이 김대중에게 보낸 것이라며 세 통의 편지 사본을 공개했다. "지금이야말로 이남에서 자주적 민주 정권이 서야 한다. 선생이 대선에서 꼭 승리하길 바란다"는 내용이었다. 그러나 북풍의 위력은 현저히 약화되어 있었다. 유권자들은 이미 김영삼이 5년 전에 일으킨 북풍이 결국 허풍이었다는 것을 알고 있었다.

김대중의 건강 이상설도 퍼뜨렸다. 그리고 정식으로 건강을 문제 삼았다. 사실 시중에는 김대중의 건강에 대해 여러 가지 소문이 돌아다녔다.

"길을 걷다 쓰러졌다."

"회의 도중 신기하 의원을 찾았다."

신기하는 비행기 추락 사고로 괌에서 숨진 사람이었다. 김대중은 세브란스병원에서 받은 종합검진 결과를 공개했다. 그런데도 끈질기게 건강에 문제가 있다고 시비를 걸어왔다.

지역감정의 망령도 되살려냈다. 한나라당 측은 "이인제 지지는 곧 김대중 당선"이라고 선전했다. 5년 전에도 그랬다. "정주영 지지는 곧 김대중 당선"이라 선동했던 것이다.

김대중에게는 하루하루가 살얼음판이었다. 지지자들은 다시 마음 졸이며 이를 지켜봤다. 모든 것이 아슬아슬했다. 김대중에게 닥친 위기는 열두 번도 넘었다. 그때마다 위기가 호기로 반전되었다. 이때 비로소 텔레비전 토론이 성사되었고, 항간의 음해나 공작은 본인이 직접 해명할 수 있었다. 김대중은 시청자들에게 준비된 대통령임을 알렸다. 마지막 토론회에서는 마지막으로 이렇게 호소했다.

불행히도 저는 세 번이나 도전했지만 실패했습니다. 국민들이 저를 이때에 쓰시려고 뽑아 주지 않은 것 같습니다. 저는 위기의 강을 건너는 다리가 되겠습니다. 모든 분이 제 등을 타고 위기의 강을 건너십시오. 저는 다음에는 더 이상 기회가 없습니다. 두 분은 다음에도 기회가 있습니다. 저에게 꼭 한 번 기회를 주십시오.

김대중은 부모의 묘를 이장했다. 경기도 이천으로 옮겼다. 묘 자리가 명당이라는 소문이 돌았다. 거처도 동교동을 떠나 일산으로 옮겼다. 김대중이 천주교 신자임을 감안하면 이해하기 힘든 일들이었다. 그러나 이번만은 주변의 요청을 뿌리치지 않았다. 모든 것이 마지막이었기 때문이다.

김대중의 '준비된 대통령'이란 외침은 멀리, 깊이 퍼졌다. 선거판에 여러 가지 좋은 조짐들이 나타났다. 여당에서 떨어져 나온 후보 이인제는 보수 표와 영남 표를 잠식했다. 환란에 이은 IMF 구제금융 신청은 경제 대통령을 자임한 김대중에게 절대적으로 유리했다. 자민련 총재 김종필은 색깔론 공세와 지역감정 조장을 일정 부분 희석했다. 또 김원기, 노무현 등의 통추 인사들이 합류해서 개혁적 이미지를 떠받쳐 주었다. 일찍이 이보다 유리한 선거 환경은 없었다.

1997년 12월 17일, 선거는 하루밖에 남지 않았다. 김대중은 서울 시내 열두 곳을 찾아갔다. 마지막 유세는 명동 입구에서 열렸다. 겨울 해는 짧았다. 어느새 어둠이 내렸다. 거리에는 청중이 가득했다. 생애의 마지막 유세였다. 지든 이기든, 이제는 더 이상 표를 달라고 할 수 없었다. 김대중은 최후의 연설을 했다.

조그만 섬 하의도에서 태어나 이만하면 출세했습니다. 그러나 40여 년간 갈고닦으며 준비해 온 것들을 국가와 민족을 위해 꼭 한 번 써보고 싶습니다. 저는 감옥에서도, 미국에 망명 중일 때도 대통령이 될 준비를 했습니다. 전 세계에서 대통령이 될 준비를 저만큼 많이 한 사람도 아마 없을 것입니다. 저에게 꼭 한 번 기회를 주십시오. 잘할 수 있습니다.

청중이 김대중을 연호했다. 거리에는 불빛들이 출렁거렸다. 사회자 김민석이 소리쳤다.

"내일 이 나라의 정권이 교체됩니다. 김대중 대통령이 탄생합니다. 고난의 시대가 끝나고 희망의 시대가 시작됩니다."

김대중은 최선을 다했다. 하지만 판세는 박빙이었다. 누가 이길지는 아무도 몰랐다. 그리고 12월 18일 운명의 날이 밝았다. 그래도 선거운동은 끝나지 않았다. 저 남쪽 전라도 사람들은 이심전심으로 숨죽이고 투표율을 지켜보고 있었다. 초반에 투표율이 높으면 경상도 기권자들을 자극할 수 있었다. 서남쪽에 모여 사는 사람들은 그렇게 선거판을 지켜보고 있었다. 김대중의 마지막 도전이면서도 당선 가능성은 어느 때보다도 높았다.

전라도 사람들은 오전 투표를 자제했다. 그날 오후 3시 광주의 투표율은 전국에서 가장 낮았다. 살얼음이 언 강물 위를 걷는 것처럼, 어두운 밤길에 촛불을 받쳐 든 것처럼 모두 조심했다. 누구는 휘파람을 불지 않았고, 누구는 손발톱을 깎지 않았다. 크게 웃지도 않았다. 거기에는 이념도, 논리도 없었다. 오직 김대중만이 있었다.

김대중은 아내와 함께 투표를 했다. 그날 오후 서울 삼성의료원을 찾아갔다. 선거 전날 사랑하는 동생 대의가 세상을 떠났다. 김대중은 동생 대의의 유언을 듣고는 가슴을 쳐야 했다. 대의는 마지막으로 이런 말을 남겼다.

"나의 죽음을 알리지 마라. 형님께 누가 될 수 있으니."

고령에다가 건강 시비에 휘말린 김대중에게 '동생이 먼저 죽었다'는 것이 알려지면 좋을 리가 없었다. 동생은 김대중보다 먼저 죽는 것을 미안해했다. 늘 뒷전에서 그림자로 살았지만 끝내 형이 대통령이 되는 것을 보지 못하고 눈을 감았다. 형을 보고도 아우는 말이 없었다. 김대중은 오열했다.

투표가 끝나고 개표가 시작되었다. 출구 여론조사는 김대중이 1퍼센트포인트 앞선 것으로 나타났다. 개표 초반에는 이회창이 앞서다가 그 후 한동안 엎치락뒤치락 혼전을 벌였다. 이윽고 밤 10시가 지나자 김대중이 앞서기 시작했다. 새 역사가 펼쳐지는 감동적인 시간이었다. 자정께 김대중의 당선이 확정되었다. 제15대 대통령이었다.

"김대중 1032만 6275표, 이회창 993만 5718표, 이인제 492만 5591표."

새날 새벽이 밝았다. 일산 김대중의 집 앞에 사람들이 몰려왔다. 물어 물어 찾아들었다. 집을 알고 있는 사람도 "대통령의 집이 어디냐"고 소리 내어 물었다. 참말로 대통령이 되었냐는, 꿈은 아닐 것이라는 확인이었다. 박수를 치고 환호성을 울렸다. 그러나 돌아서서 우는 사람들이 더 많았다.

"하여간 김대중 선생 때문에 미치겠구먼."

〈애국가〉, 〈우리의 소원은 통일〉, 〈목포의 눈물〉을 불렀다. 왜 그런 노래를 불러야 하는지 정확히 몰랐다. 그저 누가 부르니 모두 따라 불렀다. 마침내 눈물 나게, 참말로 눈물 나게 김대중이 이겼다. 평화적 정권 교체를 이뤘다. 우리 역사에서 처음으로 백성이 권력을 바꿔 버렸다. 민중의 위대한 승리였다.

사형수에서 대통령으로. 우리 역사에 이런 인물은 없었다. 야당 후보가, 고졸 학력으로, 서자가, 섬사람이, 전라도 사람이, 70대 고령으로, 네 번째 도전 끝에 당선됐다. 그것은 기적이었다. 김대중의 호는 출생지 지명에서 따온 '후광'이었다. 후광리는 하의도의 간척지였으니, 호처럼 김대중은 바다를 메워 길을 내는 고난의 삶을 살았다. 그리고 다섯 번의 죽을 고비를 넘기고 마침내 나라를 책임지는 단 한 사람이 되었다. 외신은 일제히 김대중에게, 그리고 김대중을 선택한 국민들에게 경배했다.

"영원한 반대자의 역사적 승리."

"한국 민주주의의 혁명."

12월 30일 대통령 당선자 신분으로 3군 지휘부가 있는 대전 계룡대를 방문했다. 정적들이 "김대중의 최대 비토 그룹"이라고 떠벌린 군의 심장부였다. 김대중은 차기 군 통수권자였다. 본청 계단에 이르자 장성 70여 명이 도열하여 경례를 올렸다. 이들 어깨에 달린 별이 120개였다. 이들과 오찬을 함께했다. 3군 총장이 차례로 건배사를 바쳤다.

"통수권자에게 충성을 다하겠습니다."

지난날이 험했으니 앞날은 따사로워야 했다. 그러나 나라 경제는 수직으로 추락하고 있었다. 나라 빚이 얼마나 되는지 도대체 가늠할 수도 없었다. 김대중은 당선되자마자 나라 곳간부터 열어 보았다. 금고가 텅 비어 있었다. 국가 부도 위기는 진행형이었다. 식물 대통령 김영삼을 대신하여 동분서주했다. 달러가 들어온다면 누구든 만났다. 차기 대통령 김대중의 독백이 아직도 가슴을 친다.

"그동안 벌어 놓은 국제적인 명성이 있다면 이를 팔아 달러로 바꾸고 싶었다."

그 말은 빈말이 아니었다. 세계는 김대중을 믿고 한국을 돕기 시작했다. 그리고 국내에서는 금 모으기 운동이 벌어졌다. 백성들이 나라의 빈 곳간을 자신들이 지닌 금붙이로 채워 넣었다. 은행마다 금붙이를 든 사람들이 줄을 섰다. 날마다 감동이었다. 사실 금 모으기는 김대중의 아이디어였다. 구한말에 국채보상운동을 벌였듯이 집집마다 장롱 속에 숨어 있는 금을 모으면 외환 위기를 타개할 수 있을 것 같았다. 소비자 보호 단체 간부들과 간담을 하면서 제안한 것이었다. 금 모으기는 외국인들에게도 깊은 인상을 심었다. 세계가 감동했고, 그들은 한국의 미래를 믿기 시작했다.

1998년 2월 25일 대통령 취임식이 있었다. 김대중은 국립현충원을 참배하고 공무원 출근 시간인 오전 9시에 청와대로 들어섰다. 정적들이 김대중을 향해 끊임없이 화살을 날리던 철옹성, 그곳에 당당히 입성했다. 김종필 국무총리 및 한승헌 감사원장 임명 동의안에 '김대중'이라고 한글로 서명했다. 첫 공식 업무였다.

취임식장으로 향했다. 날씨는 맑고 포근했다. 국회 앞 광장에서는 4만여 명이 기다리고 있었다. 최규하, 전두환, 노태우, 김영삼 등 전직 대통령이 모두 참석했다. 김대중은 취임 선서를 했다.

나는 헌법을 준수하고 국가를 보위하며 조국의 평화적 통일과 국민의 자유와 복리의 증진 및 민족 문화 창달에 노력하며 대통령으로서의 직책을 성실히 수행할 것을 국민 앞에 엄숙히 선서합니다.

이렇게 '국민의 정부'로 이름 붙여진 새 정권의 대통령에 취임했다. 나는 취임식을 지켜보고 「대통령 김대중」이란 칼럼을 썼다.

김대중 대통령. 취임식장엔 햇살이 쏟아졌다. 눈부셨다. 취임사를 하던 그는 목이 메었다. "모든 영광과 축복을 국민에게 돌린다." 그렇다. 그는 암흑시대에 지지자들이 놓아 준 눈물의 강, 그 강줄기를 타고 올라가 마침내 대통령이 됐다. 그가 대통령이 되기를 열망했던 사람들도 목이 메었을 것이다. 하지만 이제 그 열성적인 지지자들과 헤어져야 한다. 그들은 국민으로 편입됐다.

그는 더 오를 곳이 없다. 실패하면 천 길 낭떠러지로 떨어진다.

과거의 좌절은 오를 곳이 남아 있기에 극복되었다. 하지만 이후부터 그의 실패는 민족의 실패다. 지면서도 사실은 늘 이겨 왔던 고난의 과거가 아니라 패배가 곧 국가 파멸로 이어지는 현실만이 기다리고 있다. 실패한 대통령은 갈 곳이 없다. 아무도 눈물의 강을 만들어 주지 않는다. 이제 대통령의 길만이 남아 있다.

그래서 지금부터는 인기를 버려야 한다. 국민으로 편입된 지지자들은 감시자로 바뀌었다. 그런 국민을 지지자로 착각해선 안 된다. 박수와 환호 속에 묻힐 것을 생각하지 말고 국민의 잠자리와 먹거리를 챙겨야 한다. 언론 동향에 너무 촉각을 곤두세우지 말고 준비된 대로 하루하루 최선을 다해야 한다. 인기란 것은 소신과 철학을 삼키는 거품일 뿐이다.

또 함부로 구호를 외쳐서는 안 된다. 구호는 정략이며 선동에 불과하다. 민족중흥, 정의사회 구현, 신한국 창조, 세계화 등 숱한 구호가 지금은 어찌 되었는가. 빛이 강할수록 그 반대편의 어둠은 더 짙어지는 법이다. 그래서 특별한 구호가 없는 이번 취임사가 솔직히 더 믿음직스럽다.

또 하나, 측근들이 둘러칠 인의 장막을 걷어 내야 한다. 측근들을 나무라고 경계해야 한다. 평생 '김대중 대통령 만들기'에 몸 바쳤는데 이렇게 홀대할 수 있느냐는 측근이 있다면 그건 가짜다. 그런 사람의 말을 듣고 실패한 대통령이 된다면 가장 먼저 욕하며 떠나갈 사람이다. 측근들에게 둘러싸여 밀실에서 나라를 요리한 대통령, 측근들을 줄 세우고 골목 성명을 발표하여 부하들을 깡패로 만들고 자신은 골목대장이 된 대통령도 있잖은가. 바라건대 인기·구호·측근을 멀리하라.

이제까지는 백성의 눈물을 닦아만 주면 됐지만 앞으로는 백성들이 눈물을 흘리게 해선 안 된다. 김대중 지지자들을 한 번만 더 울게 하라. 이임하는 노老 대통령이 못내 아쉬워 울게 만들어 달라. 모든 게 눈부셨던 취임식 날 대통령 김대중이 목메었듯 나라를 위해 온몸을 태운 아름다운 사람으로 남아 사람들을 목메게 하라.

김대중 지지자들이 지금 일제히 숨죽이고 있다. 그 이유를 그는 알 것이다. 변화를 두려워하는 계층, 김대중이라면 무조건 싫어하는 무리들이 허점만 노리고 있다. "그래, 그렇게 원하니 한 번쯤 해봐라"라는 승복 아닌 승복을 한 사람들에게 그가 무엇을 보여 줄 것인가. 지지자들은 또 마음 졸이고 있다. 박해받은 자의 용서·화해·통합의 정치도 성공했을 때만 역사에 기록될 것이다.

대통령 김대중, 그가 끌고 온 고난의 생애가 앞으로의 5년을 위해 준비되었다는 걸 믿는다. (1998년 2월 26일자 『경향신문』 「대통령 김대중」에서)

저항의 뿌리

　대통령으로서 첫 밤을 맞았다. 어둠은 누리에 평등하게 내렸다. 경축 사절을 접견하느라 살인적인 일정을 소화했지만 쉽게 잠을 이루지 못했다. 김대중은 자신에게 주어진 어둠이 낯설었다. 청와대 관저는 너무 넓었다. 노부부에겐 불편할 뿐이었다. 푸른 기와만 얹었을 뿐이지 근육질의 건물들은 정감이 없었다. 관저와 집무실도 너무 멀었다. 사람과 사람 사이에 정치가 있다. 그러나 청와대에서는 사람 찾기가 쉽지 않았다. 김대중은 내내 외로웠다.
　취임식장의 환성이 귓가에 맴돌았지만 그것은 잠시였다. 도대체 모든 것이 어수선했다. 국회에서 김종필 총리 임명 동의안은 표결도 하지 못했다. 대통령이 일할 수 있도록 해달라고 사정했지만 거대 야당은 이를 간단히 일축했다. 한나라당은 똘똘 뭉쳐서 대통령을 공격했다. 앞날이 심상치 않았다. 세계의 축복을 한 몸에 받았지만 밤이 되자 혼자였다.

"나를 탄압했던 독재자들도 이곳에서 잠을 못 이루며 번민을 거듭했을 것이다. 저들과 나의 차이는 과연 무엇인가. 나는 어떤 일이 있어도 나라를 개조해야 한다."

김대중은 당선되자마자 곧바로 숱한 전문가들을 만나 수많은 개혁 리포트를 점검했다. 그러나 대한민국은 한국전쟁 이래 최대 국난이라는 외환 위기를 맞고 있었다. 한 손에는 개혁 프로그램을 쥐었지만 다른 한 손으로는 달러를 구걸해야 했다. 한 손으로는 개혁의 칼을 빼들고 있었지만 다른 한 손으로는 무너지려는 나라의 기둥을 붙잡고 있는 형국이었다.

자민련과의 공동 정부는 그 앞날이 순탄할 수 없었다. 야당과 협상하기 전에 자민련을 설득해야 했다. 보수 색채의 자민련은 또 다른 벽이었다. 때때로 딴전을 피우거나 몽니를 부렸다. 대통령 김대중의 뜻과는 상관없이 국민회의와 자민련은 크고 작은 다툼을 벌였다. 자민련은 소수 정권의 약점을 여지없이 파고들었고, 국민회의는 자민련과의 권력 나누기가 '자리 배분'으로 이어지자 속으로 끓고 있었다.

김대중 정권이 출범하자 외신들은 현실적 어려움을 경제에서 찾았다. 하지만 정작 문제는 내부에, 그리고 '정치'에 있었다. 실제로 대통령이 되었어도 '반反김대중 정서'가 발목을 붙잡고 있었다. 그것은 개혁에 대한 저항으로 표출되었다.

사회 곳곳에서 반김대중 기류가 감지되었다. 우화 같은 실화를 옮겨 보겠다. 존경하는 언론계 선배가 있었다. 그는 경상도 출신이었다.

그러면서도 지역색이 전혀 없었고, 경상도 사람끼리 '뭉쳐서 해처먹는 데' 곧잘 분노했다. 경상도 독재에 환멸을 느낀다고 했다. 그런 선배가 존경스러웠다.

마침내 김대중 후보가 당선됐다. 선거가 끝나고 경상도 선배와 몇이서 술을 마셨다. 얘깃거리는 당연히 극적인 승리였고 모두 기분 좋게 취했다. 그런데 늘 웃음기가 떠나지 않았던 사람 좋은 선배의 표정이 그리 밝지 않았다. 취흥이 오르고 있을 때 누군가 소리를 질렀다.

"자슥들, 그렇게 존나."

바로 그 선배였다. 일순 술자리는 얼어붙었다. 그는 이제까지의 그가 아니었다.

"이놈들이 보자 보자 하니까 끝이 없고만. 대통령 하나 바뀌었다고 전라도 세상이 온 줄 아는가 본데, 택도 없는 소리다. 그래 잘해 보거라, 많이들 해처먹거라."

끝내 선배는 전라도 정권이 결코 성공하지 못할 것이라는 저주를 퍼부었다. 술자리는 거기서 끝났다. 그러고 보니 퍼뜩 떠오르는 것이 있었다. 경상도 선배가 보여 준 그간의 언행은 승자의 아량 같은 것이었다. 그들에게 경쟁은 '경상도 사람끼리'여야 했다. 권력이 호남으로 넘어가는 것은 상상할 수 없는 일이었다.

그런 일들은 여기저기서 일어났다. 지지자들은 대통령 김대중의 행보를 지켜보며 마음을 졸여야 했다. 어느 날 보니 전라도 사람들이 눈치를 보기 시작했다. 주변의 안색을 살피기에 급급했다. 김대중은 목이 아프도록 개혁을 외쳤고, 반개혁 세력은 빈틈을 노렸고, 김대중 지지자들은 초조했다.

공직 사회에서도 저항은 있었다. 끼리끼리 모여 앞날을 걱정했다. 또 책상을 치는 부류도 있었다.

"저런 사람을 대통령으로 모시고 살아야 합니까."

1998년 3월 권영해 전 안기부장이 자해 소동을 벌였다. 이른바 '북풍 사건'(북한을 이용해 김대중 집권을 저지하려던 공작)으로 구속되어 검찰의 조사를 받다가 문구용 칼로 자신의 배를 그었다. 그는 "선거에서 진 패장이니 할 말이 없다"고 했다. 구악舊惡을 일소하겠다는 국민의 정부에 피를 뿌리며 저항했다. 당시 나는 이런 칼럼을 썼다.

> 전 안기부장이 검찰에 피를 뿌렸다. 자신을 패장이라 불렀다. 그렇다면 그에겐 적敵이 있었다. 그 적은 누구인가. 소름이 돋는다. 그에게 지난 대통령 선거는 축제가 아니었다. 전장戰場이었다. 그의 적은 나라 안에 있었고, 패배를 온몸으로 거부했다.
>
> 그러자 어떤 정당은 이를 '중대 사건'으로 규정했다. 북풍 공작 수사 자체를 공작이라고 공격했다. 그 후 거센 북풍은 미풍으로 변했다. 자해였는지 자살 기도였는지, 연필 깎는 칼을 성경에 넣어왔는지 아니면 변기를 깨뜨려 그 파편으로 배를 그었는지. 적의 실체는 무엇이며 그가 어디를 향해 피를 뿌렸는지, 모든 게 궁금할 뿐 나머지는 국민들의 상상에 맡겨졌다.
>
> 환란換亂의 주범으로 지목, 검찰이 칼을 들이대자 강경식·김인호 같은 이들은 "증거를 대라"고 소리친다. 나아가 국회에서 떳떳하게 말했다. "구속이 두렵지 않다. 경제를 살릴 수 있다면 나를 밟고 가라"고. 누구를 향한 호통이며 협박인가. 물론 한국 경제는 오

래전부터 무너져 내렸다. 차입 경영, 문어발 확장, 정경 유착, 고임금, 노동시장 경색, 선진국 망상, 계산 안 된 세계화, 공무원 부패……. 이런 것들로 속절없이 무너졌다. 그리고 정책 표류에 이어 환란이 왔다.

그래서 그 끝에 서 있던 자신들은 억울하다는 말이 일견 그럴듯하다. 역사의 죄인이 되고 싶지는 않을 것이다. 그렇다고 경제가 무너지는 소리 들으며 경고 방송 한 번 하지 않은 그들이 무엇을 믿고 큰소리치는가. 그들을 믿고 따른 국민들을 무얼로 보는가.

김영삼 전 대통령은 어떤가. 처음엔 모두 내 탓이라고 했다. 하지만 검찰에 보낸 소위 환란답변서란 걸 보면 주어진 상황에서 최선을 다했다고 했다.

총론은 '내 탓'이지만 각론은 '모두의 탓'으로, 정치권을 포함한 여러 무리들에게 책임을 돌렸다. 정치권은 기다렸다는 듯 이른바 '환란 책임' 공방을 지금까지 벌이고 있다. 물론 증거는 나타나지 않고 있다. 그러는 사이에 환란의 본질이 서서히 희석되고 있다. 또다시 국민들이 남은 의혹들을 이리저리 굴려 보며 사태의 전말을 상상으로 꿰맞춰야 하는가.

왜 우리에겐 정확한 매듭이 없는가. 문제만 있고 답이 없는가. 결과만 있고 책임은 없는가. 왜 소문이 세상을 지배하는가. 이번만은 안 된다. 국민들은 더 이상 구경꾼만 될 수는 없다. 나라가 무너졌는데, 국민 가슴 가슴이 무너졌는데 이대로는 안 된다. 가정이 붕괴되고, 아이들이 버려지고, 가장들이 목숨을 끊고 있다. 가정파괴범과 간접살인자들을 색출해 내야 한다. 그러기 위해서 검찰은 그 큰 칼로 모든 연줄을 끊어야 한다.

요즘 검찰이 이상하다. 왠지 서둘고 있다. 왜 그런가. 혹 정치 일정에 맞추려 하는가. 대통령의 지적대로 환란의 책임이 검찰에도 있기 때문인가. 하지만 검찰의 방황도 이쯤에서 끝내야 한다. 가장 따스한 건 국민의 품이다. 검찰은 환란의 범인들을 모조리 잡아 역사에 던져야 한다. 그래서 환란의 매듭을 지어야 한다.

대통령과 새 정부도 매듭짓기에 주저하는 것 같다. 일 처리가 시원찮다. 자꾸 앞뒤를 쳐다보는 것 같아 보는 사람이 오히려 불안하다. 고통은 이미 시작됐다. 망설일수록 고통의 그림자만 길어질 뿐이다.

국민만이 개혁의 버팀목이다. 표심票心을 좇지 말고 민심을 따라야 한다. 아픔 없이 어찌 개혁을 할 수 있는가. 새 출발을 위해 한 점 의혹 없이 매듭을 지어야 한다. 제 살을 도려내는 아픔이 있더라도.

(1998년 5월 13일자 『경향신문』 「개혁과 매듭짓기」에서)

김대중은 '각하'라는 칭호를 쓰지 말라고 했다. 언제부터인지 각하라는 말 속에는 다른 음험한 것들이 들어 있었다. 군사정권에서 자기네끼리 자신들을 높여 보려고 했다. 박정희는 쿠데타로 각하가 됐고, 전두환과 노태우는 각하를 모시다가 스스로 각하가 되었다. 정통성이 없기에 더욱 높은 존칭이 필요했는지도 모른다. 군부 정치의 소굴로 들어간 김영삼도 순순히 '각하'가 되었다. 그러나 김대중은 달랐다.

"대통령이라는 말 자체가 높임말입니다. 보통 말할 때는 대통령이라 하고 나를 호칭할 때만 '대통령님'이라고 부르면 됩니다."

김대중은 이 땅에서 각하라는 호칭을 추방했다. 그 후의 대통령들도 각하라는 말을 더 이상 쓸 수 없었다. 또 관공서 등에 대통령 사진을 걸지 말라고 했다.

김대중은 휘호를 제작해 붙이거나 돌에 새기는 일을 삼가도록 했다. 사실 휘호 요청이 헤일 수 없이 많았다. 각 부처는 물론이요 여기저기서 대통령의 글씨를 요청했다. 그러나 김대중은 모두 거절했다. 권력이 시들면 함께 사라질 것임을 김대중은 잘 알고 있었다.

예외적으로 국가안전기획부를 국가정보원(국정원)으로 바꿀 때 새로 정한 원훈을 써준 적이 있다. "정보는 국력이다"가 그것이다. 원훈이 마음에 들었고, 순수 정보기관으로 거듭날 것을 기원하는 의미에서 휘호를 썼다. 국정원은 김대중의 휘호를 돌에 새겨 세웠다.

그로부터 10년 후 이명박 정권은 국정원 원훈을 바꿔 버렸다. "자유와 진리를 향한 무명의 헌신"이 그것이다. 얼핏 제3공화국 중앙정보부 원훈과 닮았다. "음지에서 일하고 양지를 향한다"와 색깔은 물론 냄새 또한 비슷하다. 검은 선글라스가 어른거리고, 왠지 비릿하다. 어쨌든 김대중의 휘호는 국정원 마당에서 사라졌다.

김대중은 끊임없이 집권 세력의 공작에 시달렸다. 감옥에 있을 때가 오히려 자유스러울 정도였다. 그 앞잡이가 다름 아닌 검찰과 정보부(중앙정보부, 안전기획부)였다. 그들은 권력이 무엇을 원하는지 귀신같이 알아차렸고, 끊임없이 무언가를 요리하여 바쳤다. 그래서 지킨 것이 기득권이었다. 검찰이 역대 정권에 바쳤던, 그래서 사랑받았던 가장 손쉬운 대중 요리는 '김대중'이었다. 오랜 세월에도 부패하지 않았다. 재료는 늘 신선했고, 메뉴는 다양했다.

그런 김대중이 권력을 쥐고 처음으로 검찰과 안기부의 업무 보고를 받았다. 김대중을 사지死地로 몰아갔던 당사자들이 어떤 목소리를 낼지, 어떤 요리를 내놓을지 궁금했다. 그러나 검찰과 안기부는 일제히 고개를 숙였다. 권력을 향해 납작 엎드렸다. '김대중' 같은 요리를 더 이상 만들 수 없었다.

4월 9일 법무부 업무 보고 때 김대중 대통령은 이렇게 당부했다.

"검찰은 대통령 범죄 수사도 하고, 나는 새도 떨어뜨린다는 정치인도 순식간에 구속할 수 있습니다. 일본 검찰이 다나카 총리를 구속한 사례를 보십시오. 검찰이 바로 서면 아무도 부정부패를 저지르지 못할 것입니다. 그러나 과거 검찰은 권력의 지배를 받고 권력의 목적에 따라 표적 수사를 많이 했습니다. 나도 당해 봐서 압니다. 1989년 용공조작 당시, 밀입북 사건과 관련해 검찰이 서경원 씨를 사흘간 잠 안 재우고 고문까지 해서 나에게 주지도 않은 1만 달러를 주었다고 허위 자백하게 했습니다.

검찰이 바로 서야 나라가 섭니다. 이것은 내가 진짜 하고 싶은 말입니다. 분명히 말하지만 이 정권은 학연·지연에 구애받지 말고 인사 문제를 깨끗이 할 것이고, 권력을 위해 검찰권 행사를 해달라고 하지도 않을 것입니다."

김대중은 검찰이 변할 것이라고 믿었다. 평화적 정권 교체를 이룬 민주 사회에서는 검찰이 과거와 같은 음험한 짓을 하지 않을 것이라 생각했다. 그러나 검찰은 변하지 않았다. 개혁하는 시늉만 냈다. 대통령이 굳게 믿었던 검찰총장 김태정은 '옷 로비'라는 해괴한 스캔들에

휘말려 전전긍긍했다. '남편의 혐의를 벗기려 고위직 인사 부인들에게 옷 로비를 벌였다'는 사건은 실체 규명을 떠나 국민들을 분노하게 했다. '고위 관리 부인들이 떼로 몰려다니며 옷을 얻어 입고 키득거렸다'는 상상만으로도 서민들은 불쾌했다. 적어도 '국민의 정부'라 명명한 정권에서는 일어나지 말아야 할 사건이었다. 김 총장은 대통령을 똑바로 바라보지 못했다.

이어서 1999년 6월 또 하나의 해괴한 사건이 터졌다. 대검찰청 공안부장 진형구는 간부들과 오찬을 하면서 폭탄주를 마셨다. 대낮에 대취해서 집무실로 돌아와 기자들에게 엉뚱한 자랑을 했다. "1998년 11월에 있었던 조폐공사 파업은 실은 검찰이 유도했다"는 것이었다. 이른바 '파업 유도 사건'이었다. 이런 사람들이 김대중의 검찰이었다. 검찰은 그렇게 새 시대를 맞았다고 해서, 또 간곡한 설득이나 호소로 바뀔 무리가 아니었다. 그 후에도 검찰은 구설수를 양산해서 청와대를 곤혹스럽게 만들었다. 김대중 대통령은 결국 검찰 개혁을 끌어내지 못했다.

검찰은 시퍼런 권력 앞에서는 색색의 옷을 입고 칼춤을 추다가, 권력에서 쉰내가 나면 망나니로 돌변하여 권력을 벴다. 노무현 대통령이 퇴임한 후 검찰의 칼끝이 봉하 마을을 향하자 김대중은 우리나라가 검찰공화국으로 전락하고 있다며 개탄했다. 그리고 끝내 '노 대통령의 자살'이라는 충격적인 소식을 들었다.

검찰은 바뀌지 않고 여전히 권력의 하수인이 되어 권력이 시키는 대로 요리를 해서 바쳤다. 퇴임 후 김대중은 일기에서 이렇게 탄식했다.

이 나라 최대의 암적 존재는 검찰이다. 너무도 보복적이고 정치적이고 영남 지역 중심주의다.

5월 12일에 안기부 업무 보고를 받았다. 안기부는 공작 정치의 소굴이었고, 이름만으로도 공포 그 자체였다. 저들은 김대중이 대통령에 당선되자 김대중 파일을 파쇄하고 불태웠다. 안기부가 있는 내곡동 하늘이 석 달 동안 새카만 연기로 뒤덮였다. 그들이 조작해 만들어 놓은 '불온한 김대중'을 불태워야 했기 때문이다. 김대중은 안기부 간부들에게 담담하게 말했다.

"과거 불행했던 안기부 역사의 표본은 바로 나입니다. 납치, 사형선고 등 안기부의 용공 조작 때문에 별일을 다 당했습니다. 내가 당했던 일을 안기부가 다시 해서는 안 됩니다. 완전히 새 출발을 해야 합니다. 대통령은 국가의 원수요 행정 수반으로서 받드는 것이지 정치적으로 받들 필요가 없습니다. 대통령이 정치적으로 부당한 어떤 지시를 해도 들을 필요가 없습니다. 이 정권은 안기부를 정권의 도구로 이용하지 않을 것이며 여러분도 그것을 원하지 않을 것입니다."

김대중은 실로 안기부의 불행한 역사의 '증인'이었다. 정보요원들은 김대중이 있는 곳이라면 세상 끝까지 찾아갔다. 세상에서 유통되고 있는 모든 부정적 이미지는 정보부가 지어낸 것이었다. 선거 때만 되면 김대중을 짓밟았다. 1987년 대통령 선거에서도 '동교동 X파일'을 무차별 살포했다. 후보 김대중을 과격하고, 거짓말쟁이며, 불순한 인물로 매도했다.

그렇다면 소문으로 굴러다니던 김대중의 노벨평화상 수상 방해 공작이 있었을까? 결론은 '실제로 엄존했음'이다. 북유럽에 사람을 보내 유력 인사나 언론인과 접촉하여 부정적인 여론을 전달했다. 또 노르웨이나 스웨덴 내의 여론 주도층에 허위 사실을 퍼뜨렸다.

"김대중이 공산주의 사상을 가지고 있음은 널리 알려진 사실이고, 노벨평화상을 받으려 하는 것은 이를 집권을 위한 도구로 활용하려 함이다."

이러한 공작은 김영삼 정부에서까지 계속되었다. 해마다 노벨평화상 후보에 올랐으니 '수상 방해'는 해마다 안기부의 주요 공작이었다. 안기부장 이종찬은 내부 감찰을 지시했다. 그리고 조사 결과 안기부가 조직적이고도 치밀하게 공작을 주도했음이 밝혀졌다. 해외 파견관, 현지 공관원, 교수, 언론인, 정치인들을 동원한 사실도 드러났다. 그중에는 유명 인사들도 다수 포함되어 있었다. 이종찬은 고민했다. 평소 신뢰하던 대외협력보좌관 김한정을 불렀다. 그는 김대중의 비서를 지낸 인물이었다.

"이들을 어떻게 처리하면 좋은가?"

김한정은 이종찬이 건넨 명단을 유심히 살펴보고 입을 뗐다.

"과거 일입니다. 덮어 두는 것이 좋겠습니다. 정치 보복을 하지 않겠다는 김 대통령의 의지도 헤아려야 합니다. 국가적으로도 창피한 일입니다."

이종찬도 같은 생각을 하고 있었다. 노벨상 수상 방해 공작은 이렇게 수면 아래로 가라앉았다. 이들이 사건 자체를 불문에 붙인 것은 그것이 국제적인 망신이기도 했지만 방해 공작이 만천하에 공개되면 앞으로 김대중의 노벨상 수상도 어려울 것이라는 판단을 내렸기 때문이다. 세상에 자국민에게 노벨상을 주지 말라고 공작을 벌이는 나라가 어디에 있겠는가. 또 그런 '미친 권력'이 있었던 나라에 누가 선뜻 상을 주려 하겠는가.

안기부장 이종찬은 대통령의 개혁 의지를 누구보다 잘 알고 있었다. 안기부를 호칭부터 국가정보원으로 바꾸겠다고 보고했다. 대통령은 검찰에 이어 국정원에도 간곡하게 당부했다.

"안기부는 국민의 마음에 탄식과 걱정을 끼쳤고, 정치적으로는 부정적인 기관으로 보여 온 게 사실입니다. 이제 안기부는 국가정보원으로 다시 태어났습니다. 경제 연구 기관 못지않게 정보 역량을 강화하십시오. 여러분은 경제 전쟁에서 승패를 결정하는 중요한 결정을 해야 합니다. 북한을 어떻게 개방시킬지 노심초사해야 합니다. 국가정보원이 국내에서 군림해서는 안 됩니다. 국가기관과 정보를 공유하여 국가 위기 원인을 철저히 관리해야 합니다. 국가정보원은 이제 직언하고 경고해야 합니다. 대통령으로서 마지막으로 부탁합니다. 완전 중립을 지켜 주십시오."

4대국 외교, 평화의 그물망

김대중 대통령은 1998년 4월 국제 무대에 첫선을 보였다. 영국에서 열린 아시아·유럽정상회의ASEM였다. 각국의 정상들은 김대중을 만나고 싶어 했다. 회담 요청이 줄을 이었다. 자크 시라크Jacques Chirac 프랑스 대통령과는 예정에 없던 회담을 가졌다. 언제 어디라도 상관없으니 시간만 내달라고 요청해 왔기 때문이다.

촌음을 다투며 정상회담을 했다. 외교관들은 어느 때보다 숨이 가빴다. 그래도 감회가 새로웠다. 순간순간 감동적인 장면이 펼쳐졌다. 독재자들의 신분 세탁이나 국내 선전용 회담에 익숙했던 외교관들은 김대중이라는 인물이 자랑스러웠고, 한편으로는 그 이름의 힘에 놀랐다. 대한민국은 반체제 민주 투사를 지도자로 선출한 나라, 그래서 수평적 정권 교체를 이룩한 나라였다. 외교관들은 비로소 국격國格이 높아졌음을 실감했다.

김대중은 준비된 외교관이었다. 믿기 어려울 정도로 외교적 식견이 깊었다. 우물 속에 있으면서도 천문도를 그렸다. 세계지도를 머리와 가슴에 품고 있었다. 평생을 야당 생활만 해오던 김대중에게 이런 면모가 있음이 경이로웠다. 정상 외교 때의 김대중은 늘 힘이 넘쳤다. 회담은 예정 시간을 넘기기 일쑤였다. 김대중은 인류의 보편적 가치인 인권과 평화를 위해 목숨을 내놓은 사람이었다. 정상들은 불굴의 삶 자체에 경의를 표했다.

김대중은 현란하거나 추상적인 레토릭(수사)을 좋아하지 않았다. 대화는 실질적이고 구체적이었다. 특히 서구 정상들이 이런 대화를 좋아했다. 정상들과 대화할 때는 나름의 몇 가지 원칙이 있었다.

"어떤 경우에도 '아니다'라고 말하지 않는 것, 되도록이면 상대 말을 많이 들어 주는 것, 상대와 의견이 같을 때는 '내 의견과 같다'고 말해 주는 것, 회담 성공은 상대의 덕이라는 인상을 심어 주는 것, 상대를 진심으로 대하는 것."

김대중은 절제된 입을 지니고 있었다. 그 입에 진실을 담으려 노력했다. 김대중을 만나고 나오는 사람들은 그래서 입가에 미소를 머금었다.

미국을 국빈 방문했다. 미국은 두 번씩이나 김대중의 목숨을 구해 준 나라였다. 김대중은 기내에서 1982년 12월 미국으로 망명 떠날 때를 떠올렸다. 칠흑 같은 밤하늘을 날아가면서 얼마나 두려웠던가. 그때 아내는 울고 있었다. 그러나 지금은 나라를 대표하여 수많은 수행원들과 함께 태평양을 건너고 있다.

'아내 이희호는 무슨 생각을 하고 있을까.'

김대중은 새삼 출국 전에 『뉴욕타임스』와 가진 회견이 생각났다.

"오래 살아야 하고, 바르게 살아야 합니다. 그러면 이룰 수 있습니다."

미국 언론은 김대중을 '돌아온 영웅'으로 묘사했다. 사형수에서 대통령이 된 삶을 깊이 있게 보도했다. 미국은 김대중에게 여전히 기회의 땅이어야 했다. 망명 시절에는 민주화의 원군援軍을 얻으려 했다면 대통령이 되어서는 외환 위기 극복을 위해 달러를 얻고 싶었다.

그리고 또 햇볕정책에 대한 미국의 불안감을 해소해야 했다. 김대중은 내심 긴장하고 있었다. 남과 북이 화해와 협력을 이루는 것, 그것은 김대중의 표현대로 '대통령으로서의 사명 1조 1항'이었다. 그 비원은 '햇볕'이 있어야만 이룰 수 있었다. 미국의 협력 없이는 햇볕정책을 펼 수 없었다.

김대중은 취임사에서 이미 북한에 대해 어떤 도발도 용납하지 않는다, 북한을 흡수할 생각이 없다, 남북 간 화해 협력을 적극 추진하겠다는 3대 원칙을 천명했다. 그리고 3·1절 기념사에서는 남북기본합의서를 이행하기 위한 특사 파견을 북한에 제의했다. 그러나 북한은 아무런 반응이 없었다. 그럴수록 햇볕정책에 대한 미국의 지지가 필요했다. 어떻게든 클린턴의 지지를 끌어내야 했다.

1998년 6월 9일 백악관에 들어갔다. 클린턴 대통령이 환영사를 했다. 의례적인 덕담이 아니었다. 클린턴은 인간 김대중에게 최대의 찬사를 보냈다.

우리는 특기할 만한 시대에 살고 있습니다. 1980년대에는 독재 체제 하에서 정치범이었던 폴란드의 바웬사Lech Walesa, 체코슬로바키아의 하벨Vaclav Havel, 남아프리카공화국의 만델라Nelson Mandela, 그리고 오랫동안 정부로부터 부당하고 가혹한 탄압을 받다가 결국 사형선고까지 받았던 한국의 김대중 대통령 등 자유의 영웅들이 있었습니다. 지금은 얼마나 달라졌습니까. 바웬사는 폴란드의 대통령으로 선출되었고, 하벨과 만델라도 그들 조국의 대통령입니다. 그리고 김대중 대통령도 대한민국의 50년 역사상 최초의 민주적인 여야 정권 교체 후에 오늘 대통령으로 여기에 서 계십니다. (……)

김 대통령께서는 인권의 개척자이고, 용기 있는 생존자이며, 세계를 위해 더 좋은 미래를 건설하려는 미국의 동반자입니다.

환영사는 각별했다. 김대중은 예감이 좋았다. 백악관 대통령 집무실에서 단독 정상회담을 가졌다. 김대중은 물음을 기다렸다. 그것은 대북 정책에 대한 클린턴의 질문이었다. 예상대로 클린턴이 물었다.

"당신의 햇볕정책이란 무엇입니까?"

김대중은 준비된 답변을 시작했다.

"햇볕정책은 따지고 보면 미국의 성공에서 배운 것입니다. 제2차 세계대전 후에 미국은 소련에 대해서 극단적인 냉전 체제를 유지했지만 결국 돌아오는 것은 무기 경쟁뿐이었습니다. 그러다 보니 공멸의 위기감만 고조되었습니다. 그래서 미국은 1970년대 중반부터 데탕트 정책으로 바꿨고, 경제협력과 교류를 했습니다. 그리고 15년 정도 지나니 세계를 양분해서 지배하던 소련이 그대로 무너져 내렸습니다.

외부에서 총 한 방 쏘지 않고, 안에서 폭동 한 번 일어나지 않았지만 붕괴되었습니다. 이러한 변화는 인류 역사에 일찍이 없었습니다."

김대중은 중국과 베트남의 예도 들었다. 전쟁범죄 국가로 적대시했을 때는 강경 대치했지만 외교 정상화를 통해 개방을 유도하자 친미 국가로 탈바꿈했음을 설명했다. 반대로 미국이 쿠바를 40년 동안 봉쇄하고 압박했지만 지금까지 굴복시키지 못했음을 지적했다. 김대중의 매듭 말은 명쾌했다.

"공산주의는 문을 열면 망하고 닫으면 강해집니다. 우리는 소련, 중국, 베트남을 통해서 배웠습니다. 북한도 마찬가집니다. 공산주의를 대할 때 군사적 힘으로 다른 도발은 못하게 하고, 다른 한쪽으로는 개방을 하도록 유도해야 합니다. 우리의 햇볕정책은 미국의 대외 정책을 통해 이미 검증을 마친 것입니다."

클린턴은 오래 귀 기울여 들었다. 그리고 고개를 끄덕였다. 한국의 대외 정책이 미국을 압도하는 역사적인 순간이었다. 앞으로 한국 외교사에 빛날 '말言의 탑'이었다. 클린턴이 말했다.

"김 대통령의 비중과 경륜을 볼 때 이제 한반도 문제는 김 대통령께서 주도해 주시기 바랍니다. 김 대통령이 핸들을 잡아 운전하시면 나는 옆자리로 옮겨 보조적 역할을 하겠습니다."

이로써 분단 후 처음으로 대북 정책의 주도권을 확보했다. 대미 외교의 새 장을 여는 사건이었다. 김대중의 눈에 비친 클린턴은 순수하고 솔직했다. 클린턴은 의회를 잘 설득해 달라고 부탁했다. 당시 미국은 여소야대 정국이었다.

햇볕정책에 대해서는 미국 내 보수층, 특히 네오콘neocons이 민감하게 반응했다. 그들에게 북한 지도부는 '무조건 악'이었다. 김대중은 의회 연설에 심혈을 기울였다. 연설 원고는 한국에서부터 고치고 또 고쳤다. 의회 연설 전날 밤에야 비로소 원고를 완성했다.

정상회담 다음 날, 의회에서 연설을 했다. 김대중은 미국이 두 번이나 자신을 죽음의 위기에서 구해 준 것에 감사했다. 그리고 햇볕정책을 지지해 달라고 호소했다.

> 북한을 화해로 이끌기 위해서 한미 양국은 강력한 안보 태세에 바탕을 두고 개방을 유도하는 '햇볕정책'을 추구해야 합니다. 그리고 북한에 대해서 선의의 진실을 가지고 대함으로써, 북한이 의구심을 떨치고 개방의 길로 나오도록 해야 합니다. 무엇보다도 먼저 유연한 정책이 필요합니다. 지나가는 행인의 외투를 벗기기 위해서는 강력한 바람보다는 햇볕이 보다 효과적이기 때문입니다.

김대중의 햇볕에 결국 미국도 외투를 벗었다. 그 후 한반도에는 '김대중의 태양'이 이글거렸다. 남과 북은 서로 모자를 벗었다. 적어도 먹구름을 타고 대통령 조지 부시Geroge Walker Bush가 나타날 때까지는.

김대중은 재임 중 4대국 외교에 심혈을 기울였다. 둘러보면 4대 강국에 둘러싸인 나라는 지구상에 한국뿐이었고, 한반도는 과거 강대국들의 각축장이었다. 열강들의 체스 놀이에 한반도는 말판이 되었고 한국인은 말이 되어야 했다. 한반도는 지리적으로는 작았지만 지정학적으로는 매우 중요한 곳이었다. 김대중은 국내 정치는 실수를 하더라도 수정할 수 있지만 외교의 실패는 돌이킬 수 없다는 점을 수없이 강조했다.

1998년 11월 11일 중국을 방문했다. 국가주석 장쩌민江澤民의 초청을 받은 국빈이었다. 김대중은 동포들과의 간담회에서 주목할 만한 발언을 했다.

"중국은 지금 세계에서 일곱 번째의 경제력을 가지고 있지만, 중국이 지닌 잠재력은 세계의 첫째가 될지 둘째가 될지 모릅니다. (……)

한국은 4대국 사이에 끼여 있는데, 자칫 잘못하면 찢기고 당할 수 있지만, 잘만 하면 우리의 지정학적 중요성 때문에 4대국이 서로 협력하려 할 것입니다. 말하자면 색시 하나를 두고 신랑감 넷이 프러포즈를 하게 만들 수 있는 것입니다. 그것이 외교입니다. 그 가장 중요한 외교 상대 가운데 하나가 바로 중국입니다. 그런 점에서 중국은 오늘 이 시점에도 중요하지만 내일은 더 중요한 나라입니다."

주석 장쩌민은 김대중에 대해 많은 것을 알고 있었다. 단독 정상회담을 시작하며 그는 덕담을 건넸다.

"김 대통령께서는 저보다 불과 8개월 연장으로서 나이가 비슷한데 저보다도 젊어 보이십니다."

"외국에 나가면 나이보다 젊어 보인다며 비결을 물어 옵니다. 그러면 오랫동안 군사독재의 박해를 받으며 지내 오는 동안 제 인생이 중단되다시피 했기에 노화도 중단되었다고 답했습니다."

한중 정상회담은 40분 예정이었으나 무려 100분 동안 진행됐다. 그리고 한중 관계를 '포괄적 동반 관계'로 격상했다. 정상회담을 마치고 두 사람은 통역 없이 대화를 나눴다. 장쩌민은 민감한 발언을 서슴없이 쏟아 냈다. 북한 국방위원장 김정일의 언행에 대해 이해할 수 없다며 불만을 털어놓았다. 그러나 한국의 대통령은 이를 조용히 듣기만 했다. 멀리 보고 있었다. 김대중은 그런 지도자였다.

이날 저녁 장쩌민 주석이 만찬을 주최했다. 만찬 도중 흥에 겨운 장쩌민은 중국 민요 〈저녁 노래(夕歌)〉를 불렀다. 그리고 김대중은 답가로 이희호와 함께 〈도라지 타령〉을 불렀다. 만찬장은 화기로 가득 찼다. 예전에는 볼 수 없었던 진풍경이었다. 장쩌민은 김대중을 인간적으로 좋아했다.

총리 주룽지朱鎔基와도 만찬을 가졌다. 김대중은 주룽지에게 다섯 가지를 부탁했다. 첫째 우리 기업의 중국 원자력발전소 건설 참여, 둘째 완성 차 조립 공장 건립 허용, 셋째 우리의 독보적 기술인 음성다중분할방식CDMA의 이동통신사업 중국 진출, 넷째 중국에 진출한 금융기관에 대한 위안화 영업 허가, 다섯째 우리 기업의 베이징-상하이 고속철도 건설 참여 등이었다.

주룽지는 이를 듣고 고개를 끄덕이며 긍정적으로 검토할 것을 약속했다. 그리고 정중하게 말을 보탰다.

"이것은 단순한 외교적 수사가 아닙니다. 김 대통령을 존경하기 때문에 진심에서 하는 말입니다."

당시 중국의 CDMA 채택은 우리 업계의 간절한 바람이었다. 유럽식 GSM도 중국 진출을 호시탐탐 노리고 있을 때였다. 결국 중국은 CDMA를 채택했고, 한국 휴대폰이 중국 시장을 장악했다. 한국의 이동전화 전파가 대륙을 뒤덮은 일대 사건이었다. 그 중심에 김대중의 세일즈 외교가 있었다. 훗날 2001년 11월 한·중·일 정상회담 때 주룽지 총리는 김대중에게 이런 말을 했다.

"저는 김 대통령을 형님처럼 생각하고 있습니다. 대통령께서 CDMA 문제를 말씀하셨기에 솔직히 본인이 노력했습니다."

중국 지도자들은 김대중을 좋아했다. 후보 김대중이 대통령에 당선됐을 때도 『인민일보』는 새벽 1시의 개표 결과를 전하며 당선이 확실하다고 보도했다. 중국 신문이 다른 나라 선거 결과를 이토록 신속하게 보도한 것은 이례적이었다. 또 중국 외교부는 "열렬히 환영한다"는 공식 논평을 냈다.

장쩌민 주석은 정상회담 열흘 후쯤 일본을 방문하러 한국 영공을 통과하면서 하늘에서 메시지를 내려 보냈다.

"김대중 대통령과 우호적인 한국 국민에게 인사를 보냅니다. 귀국의 번영을 기원하며 한중 양국 간 21세기를 향한 협력 동반자 관계의 발전을 희망합니다."

또 2001년 10월 상하이에서 열린 제9차 APEC 정상회의에서의 일화는 사뭇 감동적이다. 19일에는 장쩌민과의 한중 정상회담이 예정되어 있었다. 외교 관례상 다자간 정상 회의에서는 번갈아 상대 숙소를 찾아가 회담을 한다. 대한민국이 중국 측 숙소를 찾아갈 차례였다. 그런데 갑자기 중국 측에서 연락이 왔다. 장쩌민이 한국 측 숙소로 찾아오겠다는 것이었다. 그리고 이내 장쩌민이 나타났다. 한국 대통령 김대중과 중국 주석 장쩌민은 이렇게 말했다.

"저희가 가려던 참인데 이렇게 오셨습니다."

"동생이 형님한테 와야지요. 어찌 동생이 형님을 앉아서 맞을 수 있습니까."

두 정상은 손을 맞잡고 환하게 웃었다. 이를 지켜보던 청와대 의전비서 김선홍의 눈에는 두 사람이 흡사 천진한 아이 같았다. 사실 당시 김대중은 국내에서 일어난 여러 가지 좋지 않은 일로 가슴앓이를 하고 있었다. 장쩌민은 그런 김대중을 위로하고 싶었을 것이다.

1999년 5월 러시아를 방문했다. 미·중·일 방문은 이미 마쳤고, 러시아는 4강 외교의 마지막 나라였다. 당시 세계 언론은 보리스 옐친 Boris Nikolayevich Yeltsin 대통령의 건강 이상설을 연일 보도하고 있었다. 옐친은 국빈 만찬장에서도 식사를 제대로 하지 못했다. 그런데도 옐친은 인상적인 만찬사를 했다.

"러시아의 심장인 모스크바 크렘린에서 여러분을 환영하는 바입니다. 한국 속담에 '가까운 이웃은 먼 친척보다 낫다'고 했습니다. 우리 양국은 지리적으로 서로 가까이 위치하고 역사적으로 공통의 운명을 가질 뿐 아니라 민주주의 가치관, 전반적인 평화와 번영을 확보하려는 의지로도 서로 연결되어 있습니다."

옐친은 술을 좋아하는 사람들이 으레 그렇듯이 정이 많았다. 김대중을 껴안고 속삭이듯 말했다.

"우리가 만든 최신형 미사일을 구입하십시오. 성능은 내가 보장하겠습니다."

김대중은 그런 옐친이 안쓰러웠다. 그에게는 남은 시간이 별로 없었고, 이미 모든 것이 기울고 있었다. 옐친을 상대로 4강 외교의 완성을 위해 최선을 다했다. 4강 외교는 정치인 김대중이 1971년부터 구상해 온 것이었다. 대통령 후보로서 주창했던 4대국 안전보장론이 바로 미·중·러·일의 불가침 약속을 받아 내자는 것이었다. 김대중은 마침내 주변 4대국과 동반자 관계를 맺었다. 무려 28년을 기다린 집념의 결실이었다. 김대중은 4대국 외교에서 '1동맹 3친선 체제'를 완성했다. 김대중 개인의 눈물겨운 노력의 산물이며, 아울러 김대중을 대통령으로 뽑은 나라의 저력이었다. 평화적 정권 교체의 힘이었다.

하지만 이런 외교적 성과는 다음 정권에 승계되지 못했다. 노무현 정권이 들어서고 4강 외교는 후퇴를 거듭했다. 2006년 9월 한미 정상회담을 하러 출국하는 노무현 대통령을 향해 김대중은 불만을 쏟아 냈다. 육필 메모에서 그는 이렇게 꾸짖고 있다.

현 정부는 미·일·북한 등 가장 중요한 상대들과 관계가 원만치 못하다. 지정학적 입장에서 주변의 미·일·중·러 4대 강국과의 외교는 국가의 안위를 좌우한다. 안보는 물론 무역, 외국인 투자, 외교 등 그 중요성은 이루 말할 수 없다.

1998년 정권 인수 시 미국, 일본과의 관계는 매우 안 좋았다. 그것이 외환 위기의 큰 원인이기도 했다. 중·러와는 일상적 교역 외에 큰 진전이 없었다. 내가 취임한 이후 4대국 모두와 관계가 크게 개선되고 전 세계가 나의 한반도 햇볕정책의 지지를 표명했다. 이러한 외교적 성공은 5년 내내 계속되었다. 그러나 그 후 상황은 급속히 잘못되고 있는 것 같다. 잘못하면 한국은 고립 속으로 갈 우려가 크다. 이미 그러한 분석을 하고 있는 외신도 있다.

이명박 정부 출범 후에는 불만이 분노로 폭발했다.

"이명박 대통령의 대북 정책은 일관성, 구체성이 없다. 특히 철학이 부족하다."

남북 경색은 상당히 오래가고 잘못하면 북의 통미봉남의 덫에 걸리게 될 우려. 마치 김영삼 정권의 1994년 1차 핵 위기 (때의 실책이 재연될지도.) 당시의 '핵을 가진 자와는 악수하지 않는다'는 강경 태도로 제네바회의에서 소외되고 거기서 북미 간에 합의된 40억 불짜리 경수로 건설의 70퍼센트 부담이란 짐만 안고 나선 것. 그 7할도 우리의 이름으로는 못 주고 미국이란 이름으로 (제공하는) 형태. 한국 외교 사상 최대의 실패작이 되풀이되는 우려 크다. (2008년 4월 29일 일기)

김대중은 외교가 명줄이라고 했다. 기회가 있을 때마다 이렇게 말했다.

"한반도는 4대국 이해가 촘촘히 얽혀 있는 기회이자 위기의 땅이다. 4대국을 잘 활용하면 도랑에 든 소가 되어 양쪽의 풀을 뜯어먹을 수 있다. 그러기 위해서는 우리가 단합해 있어야 한다. 남북이 협력하여 한반도가 대륙과 해양을 잇는 평화의 다리가 돼야 한다. 나라를 책임진 사람이나 외교관들은 이를 위해 깨어 있어야 한다."

이제 김대중은 떠나고 그의 간절한 외침만 남아 있다. 지금 4대국과의 관계는 위태롭기만 하다. 한반도가 다시 열강들의 체스 놀이에 말판이 될 수도 있다는 우려가 나오고 있다. 멀리 보고 깊이 생각하는 사람들은 가슴을 치고 있다. 지금 한반도는 작은 바람에도 흔들리고 있다.

문화 대통령의 힘

재일교포 22세 청년 강상중(현재 도쿄대 교수)은 1972년 한국을 방문하고 난 후 나가노 데츠오永野鐵男라는 일본 이름을 버렸다. 강상중에게 김대중은 '단 하나의 청춘의 상징'이었다. 그런 김대중이 이듬해 일본에서 납치당했다. 납치 사건은 강상중의 젊은 날을 송두리째 뒤흔들었다.

한국을 대표하는 야당 정치가조차도 도쿄 한복판의 호텔에서 대낮에 납치당할 정도라면 나 같은 겨자씨만큼도 되지 않는 재일교포라는 존재 따위는 그야말로 바닷속의 티끌로 가라앉아도 저항할 도리가 없는 처지였다. 그 생각을 하니 불안과 함께 격렬한 분노가 솟구쳤다.

일본이라는 나라에서는 미운털이 박혀 있고, 고국에서도 부당한 대접을 받는 재일교포란 존재는 과연 무엇일까. 현해탄을 사이에 둔 양국간의 알력 속에서 신음소리를 내봐야 아무도 도와주지 않는, 그런 '역사의 쓰레기' 같은 존재인가, 우리는······.

여기까지 생각이 미쳤을 때 나는 비로소 거대한 구조적 폭력을 들여다본 것 같았다. 한일 유착의 구조와 그것을 배후에서 지원하는 미국의 압도적인 그림자. 그것이 구조적 폭력의 '정체'임을 알았을 때, 나는 안이한 낭만적 감성에 이별을 고하고 역사적 현실이라는 거대한 존재와 마주하게 되었다.

'김대중 납치 사건'은 그러한 구조적 폭력이라는 무대 위에서 자행된 정치적 테러였다고 할 수 있다. (『반걸음만 앞서 가라』에서)

미국과 일본이 김대중을 살렸지만 결국 납치 사건을 가능하게 만든 것 또한 부도덕한 정권에 미국과 일본이 유착하고 있었기 때문이다. 김대중이 강상중을 깨웠다. 그 후 강상중은 현실에 깊숙이 발을 담그고, 손으로는 예리한 글을 썼다.

납치 사건은 수많은 젊은이의 가슴을 뜨겁게 만들었다. 김대중을 민주화의 상징으로 각인시켰다. 하지만 강상중의 분석대로 정부 간의 유착이 없이는 '납치'할 수 없었다. 그런데도 사건이 일어난 나라, 일본은 아무런 조치를 취하지 않았다. 어떤 매듭도 짓지 않았다. 그리고 김대중은 대통령이 되어 '납치 당한 땅'을 밟게 되었다.

1998년 10월 7일 일본을 국빈 방문했다. 당연히 납치 사건의 진상 규명이 현안으로 떠올랐다. 적어도 일본 정부 차원의 매듭이 필요해 보였다. 이때 김대중은 자신이 대통령으로 있는 한 납치 사건을 품속에서 먼저 꺼내지 않기로 했다. 일본 방문 기간 중 어떤 유감도 표시하지 않았다. 하지만 옛 동지들 얼굴이라도 한 번 봐야 했다. 민주 투사 김대중을 도왔던 일본 내 인사들을 초청해서 다과를 함께 했다. 납치 사건 진상 규명 위원장이었던 덴 히데오田英夫 참의원을 비롯해 70여 명이 참석했다.

김대중은 만감이 교차했다. 둘러보니 다들 늙어 있었다. 불같은 열정도 나이를 먹는지, 범처럼 용감했던 옛날은 가고 없었다. 어쩌면 자신을 대통령으로 만들어 준 사람들이었다. 때는 가을이라 밤에 만나 술 한잔이라도 대접하고 싶었다. 그런데 오전에 딱 한 시간만 시간을 낼 수 있었다. 김대중은 눈시울이 뜨거워졌다. 그날의 감회를 그는 훗날 이렇게 정리해 두었다.

> 그날 지상에서 마지막으로 본 사람도 있었다. 그러고 보면 투쟁은 무엇이고, 혁명은 무엇인지, 또 동지란 누구인지 참으로 허허로웠다.

일본 총리 오부치 게이조小淵惠三와 정상회담을 갖고 '21세기 한일 파트너 공동선언'을 발표했다. 그리고 이때 대통령 김대중은 중요한 결단을 내렸다. 일본 대중문화 개방이었다. 이를 둘러싸고 국내에서는 논란이 거셌다. 일본 대중문화를 섣불리 개방하면 문화 속국이 될 것이라는 우려가 팽배했다. 하지만 김대중의 생각은 달랐다. 기회가 있을 때마다 우리 문화의 저력을 강조했다.

"우리는 대륙에 혹처럼 붙어 있으면서도 중국에 동화되지 않았어요. 주변국들은 모두 흡수되었지만 우리는 여전히 살아남았어요. 그것은 독창적인 문화를 지니고 있었기 때문입니다. 중국 문화를 받아들여도 우리 식으로 재창조했다 이겁니다. 중국에서 불교를 받아들였어도 우리의 해동 불교로 발전시켰고, 유교를 들여와서도 조선 유학으로 심화시켰습니다."

김대중은 우리 문화의 잠재력을 믿었다. 우리 것들은 화려하거나 웅장하지 않아도 깊은 맛이 배어 있다. 문화 약소국이 아님은 역사가 증명하고 있다. 숱한 침략과 함께 그 많은 이민족 문화가 흘러 들어왔어도 우리 것으로 여과시켰다. 실로 문화 강국이다. 특히 한국전쟁을 전후해서 수많은 이질적·퇴폐적 문화가 들어왔지만 이를 모두 우리 것으로 정화했음을 주목해 보라고 했다.

김대중은 문화 개방에 자신이 있었다. 우선 문화예술인들의 창의력이 비범하다고 생각했다. 그리고 한국은 민주주의 사회다. 어떤 제약도 없이 그 창의력에 날개를 달아 준다면 세계 어느 나라와 견주어도 경쟁력이 있을 것이라 믿었다. 또 한 가지 주목할 것은 문화는 나라 간의 교류를 통해 서로 배운다는 의식을 지니고 있었다. 문화의 역류를 우려해 쇄국정책을 편다는 것은 수치스러운 일이라고 여겼다.

김대중의 예측은 빗나가지 않았다. 대중문화 개방 이후 드라마, 영화, 대중음악 등이 일본에 상륙했다. 한국의 스타들이 일본으로 건너가 이른바 한류가 생겨났다. 오늘날 세계 곳곳에 흐르는 한류의 발원지는 김대중 대통령이었다. 배용준에서 시작해 최근의 장근석까지 숱한 예인들이 일본의 별이 되었다.

우리 문화에 대한 김대중의 자부심은 대단했다. 한번은 이런 얘기를 한 적이 있다.

"국립박물관에서 우리나라 전통 보자기를 관람한 적이 있어요. 조선시대에 배우지도 못한, 일테면 우리 어머니, 누이들이 만든 것이었어요. 그런데 그 솜씨가 비범했어요. 낮에는 일하고 밤에 호롱불에서 만들었을 텐데 세계 어디다 내놔도 손색이 없을 정도였어요. 우리는 고품격의 문화 유전자를 지닌 것 같아요."

한류가 소멸될 위기를 맞았다며 언론이 특단의 대책을 마련하라고 호들갑을 떨 때가 있었다. 김대중은 이에 동의하지 않았다.

"우리 문화를 쉽게, 간단히 봐서는 안 됩니다. 우리 문화는 어느 날 갑자기 생겨나지 않았어요. 그것은 위대한 조상들이 물려준 소중한 유산입니다."

김대중 대통령은 참의원 본회의장에서 연설을 했다. 730명쯤 되는 중·참의원 중에서 527명이 참석했다. 일본 국회 연설 사상 가장 많은 의원들이 참석했다. 이날 연설은 공영방송 NHK가 전국에 생중계했다. 김대중은 의미 있는 연설을 했다.

기적은 기적적으로 이루어지지 않습니다. 한국의 민주화, 특히 헌정 사상 최초의 평화적 정권 교체는 한국 국민의 피와 땀에 의해 이루어진 기적입니다. 우리 국민과 나는 이처럼 값지게 얻은 민주주의를 흔들림 없이 지켜 나갈 것입니다.

이 연설은 일본인들을 아프게 했다. 일본은 아직 민주주의를 쟁취하지 못했다는 지적일 수 있었다. 의회 연설 다음 날 정계 지도자 초청 대담에서 도이 다카코土井多賀子 사민당 당수가 속내를 솔직히 드러냈다.

"어제 '기적은 기적적으로 이루어지지 않는다'고 말씀하셨는데, 이는 본회의에서 연설하신 것 중 하나의 명언으로 남으리라 저는 생각합니다. 우리 정치인들로서 꼭 지켜야 하는 자세를 가르쳐 주셨다고 생각합니다."

김대중을 '가장 존경하는' 강상중이 동교동에 찾아와서 김대중에게 답을 구했다. 김대중이 세상을 뜨기 넉 달 전이었다. 김대중은 일본 정치의 위기를 '민주주의'에서 찾았다.

"일본의 민주주의는 맥아더가 와서 선물로 준 게 아니었던가요. 그래서 민주주의의 기반이 다소 분명치 않은 건지도 모릅니다. 바람이 조금만 불어도 흔들립니다. 일본 사람들은 우리처럼 민주주의를 쟁취하기 위해 피를 흘리며 싸운 기억이 없지 않습니까. 어쩌다 보니 손에 들어온 민주주의라 별로 고맙다는 생각을 하지 않습니다."

김대중 대통령의 통치 기록을 살펴보면 곳곳에 문학적 감성과 예향藝香이 스며 있다(김대중은 청와대에서의 모든 접견 내용을 기록으로 남기도록 했다). 일본에서 활약하고 있는 심수관 도예가와의 대담을 옮겨 보자. 그는 400년 전 일본으로 끌려간 조선 도공의 14대손이었다. 1999년 2월 5일 대통령이 묻고 도공이 답했다.

"한국의 도예 기술과 장래성은 어떤지요?"

"기술은 상당한 수준입니다. 다만 무엇을 만들 것인가 하는 목표 설정이 매우 혼미한 상태인 것 같습니다. 고려나 조선 시대의 복제판을 만들고 있는 것이 현실입니다. 한국은 왕조가 바뀌면 도자기의 색깔도 바뀌는 세계에서 유일한 나라입니다. 조선시대가 끝났으니 새 도자기를 만들 시기인데 나오지 않고 있습니다. 이는 도공뿐 아니라 지식인 모두의 숙제라고 생각합니다."

"일본과 한국의 현재 기술은 과거 고려나 조선과 비교할 때 어떤 평가를 내릴 수 있습니까?"

"도자기는 모양을 만드는 기술만 가지고는 이야기할 수 없습니다. 도공의 윤택한 마음과 시대를 이해하는 마음이 들어 있지 않으면 도자기로서의 가치가 없습니다. 일본을 포함하여 지금의 도자기는 기술은 좋으나 윤택한 마음으로 시대를 노래하는, 그러한 점이 부족합니다."

"도자기를 상품화·상업화하여 그 순수성을 잃게 한 것 같습니다."

"말씀하신 그대로입니다. 돈에 너무 집착하고 있습니다. 프랑스 루브르박물관에서는 조선 도자기가 진열된 곳에 깔린 카펫이 가장 빨리 낡아 버린답니다. 본 사람도 자꾸 다시 보고 싶어져 관람객이 다른 곳의 세 배나 된답니다. 기술은 그다지 훌륭하지 않지만 도자기에 담긴 무심과 무욕이 유럽인들을 매료시키는 것입니다. 이것이 궁극적인 경지라고 생각합니다."

가히 고담준론이다. 핵심을 묻고 경청하는 것, 이것이 김대중 내면의 힘이었다.

김대중은 재임 중에 작가 박경리의 소설 『토지』를 기념하는 토지문화관 개관식에 참석해서 치사를 했다. 대통령은 우리 민족의 끈질긴 생명력과 고유의 정서인 한을 극명하게 그려 낸 박경리의 노고를 진심으로 치하했다. 대하소설 『혼불』의 작가 최명희가 입원했을 때에도 비서관을 보내 위문했다. 최명희의 혼이 담긴 문체와 치열한 작가정신을 기리며 쾌유를 기원했다. 김대중은 의례적인 관심을 보인 것이 아니었다. 한 시대를 앞서 살다 간 작가들에게 경의를 표했던 것이다.

김대중은 미국인 목사 박대인(에드워드 포이트라스Edward Poitras)과도 깊이 교유했다. 그는 민주화 투쟁의 동지였다. 그가 박두진 시인의 작품을 영역하고 있다고 하자 이렇게 말했다.

"박두진 시인은 시와 인품이 곧았습니다. 문학적 공헌과 실제 생활이 일치하신 분입니다."

김대중은 이미 박두진의 시를 깊이 이해하고 있었다. 박두진과 최명희는 대통령 재임 기간 중에 세상을 떴다. 이를 애석해했다.

1999년 5월 러시아를 방문했을 때 모스크바대학에서 김대중은 이런 연설을 했다.

> 나는 오랜 옥중 생활을 통해서 러시아 문학을 섭렵할 기회가 있었습니다. 푸시킨, 레르몬토프, 톨스토이, 도스토옙스키, 투르게네프 등 많은 러시아 고전을 탐독했습니다. 그리고 솔제니친이나 사하로프의 작품들도 애독한 바 있습니다. 나는 그때마다 이처럼 위대한 문학을 만들어 낸 러시아 국민의 저력과 예술성에 탄복하지 않을 수 없었습니다. 실제 러시아 문학이 나에게 준 영향은 측량할 수 없을 만큼 큰 것이었습니다. 러시아 문학을 읽는 것만 가지고도 감옥에 간 보람이 있었다고까지 생각했으니 말입니다.

이런 연설을 할 수 있는 정치 지도자는 전에도 없었지만 앞으로도 나오기 힘들 것이다. 청와대 비서실장 한광옥은 골프를 처음 배우면서 대통령에게 골프가 생각보다 좋은 운동이라고 말했다. 김대중이 받아 말했다.

"좋은 운동이지요. 모처럼 자연과 벗도 되고……. 그런데 골프 한 번 치려면 서너 시간은 걸리죠? 그렇다면 책을 한 권 읽을 시간인데, 독서가 낫지 않을까요."

퇴임 후에도 김대중은 책을 놓지 않았다. 비서들은 독서 중독증을 의심하며 걱정했다. 혈액 투석을 할 때도 비서들에게 책이나 신문을 읽어 달라고 했다. 다시는 집에 돌아오지 못했던, 세브란스병원에 입원하러 집을 나서기 직전까지도 책을 읽었다.

김대중도서관 지하 강당 한 켠에는 김대중이 기증한 책들이 꽂혀 있다. 손때 묻은 책들을 살펴보면 책에 대한 그의 욕심을 알 수 있다. 김대중의 독서 성향은 분야를 가리지 않았다. '잡식'이었으니 그것은 세상 공부였다. 김대중은 곧잘 이렇게 얘기했다.

"바빠서 책을 읽지 못하면 감옥이 그리울 때가 있어요. 감옥에서 책이나 실컷 읽었으면 할 때가 많아요."

김대중은 세계 명작이라 불리는 것들은 거의 읽었다. 소(초등)학교 때 세계문학전집을 완독했다. 김대중은 몇 백 년을 살아온 작품은 그렇게 남을 만한 가치가 있다고 했다. 인간의 영혼에서 나온 불멸의 목소리가 들어 있다는 것이다.

김대중은 책을 정독했다. 그리고 독후讀後의 여운을 사색으로 이어 갔다. 그 내용을 완벽하게 새김질했다. 후세에 남긴 '김대중의 말'은 이런 새김질의 결과물일 것이다. "선비적 문제의식과 상인적 현실감각", "행동하는 양심", "기적은 기적적으로 오지 않는다", "철의 실크로드" 등은 사안을 꿰뚫는 명언들이다. 깊은 독서와 사색으로 내부에서 퍼올린 것들이었다.

김대중은 '문화 산업'이라는 말을 입에 달고 다녔다. 지식 기반 경제 강국이 되기 위한 핵심이 문화 산업이라는 인식을 지니고 있었다. 그는 문화 산업의 중요성에 대해 이렇게 말했다.

"대통령 취임 전부터 문화 산업의 가치와 중요성에 주목해 문화 산업의 진흥을 위한 정부의 지원을 강조해 왔습니다. 할리우드의 스필버그가 만든 〈쥐라기 공원〉 한 편이 자동차 수만 대를 수출하는 것보다 더 많은 경제적 이익을 창출했습니다. 이것이 문화 산업의 위력입니다."

새 천 년의 시작인 2000년의 문화 부문 예산이 사상 처음 전체 예산의 1퍼센트가 되도록 편성했다. 그것은 대통령 후보 김대중의 공약이었다. 김대중은 "적극적으로 지원하되 간섭은 하지 말라"라는 정책 기조를 유지시켰다. 정부가 간섭하거나 민주주의가 뿌리내리지 못한 나라에서는 문화의 창의성이 구현될 수 없다고 수없이 강조했다.

영화의 경우에도 영화진흥회를 설립하고 영화 사전 검열제를 없앴다. 퇴임 후 김대중은 '춘사 나운규 예술영화제'의 공로상 수상자로 뽑혔다. 수상 이유는 이렇다.

"재임 중 스크린쿼터를 지키고 표현과 창작의 자유를 보장했으며 1500억 원의 영화 진흥 기금을 조성하는 등 한국 영화의 장기적인 발전에 버팀목이 되었다."

시상식장에서 많은 영화인들이 김대중을 받들었다.

"사람은 망각의 동물입니다. 그러나 잊지 말아야 할 것이 있습니다. 국민의 정부가 정책적으로 영화 산업의 인프라를 대폭 확충해서 오늘 한국 영화가 르네상스를 맞는 결정적 계기가 되었습니다."

국민의 정부에서 한국 영화의 도약은 실로 눈부셨다. 해외 유명 영화제에서 잇따라 굵직한 상을 수상했고 시장점유율도 치솟았다. 영화 한 편이 1000만 관객을 동원하는 믿기지 않는 일들이 벌어졌다. 국민의 정부 초기에 한국 영화는 점유율이 25.1퍼센트에 불과했지만 2001년 50퍼센트, 2002년 48.3퍼센트, 2003년 53.5퍼센트로 높아졌다.

김대중은 드라마를 즐겨 보았다. 그것도 사극을 좋아했다. 재임 중에 KBS 사장 박권상에게 자신이 방송국 피디라면 세 사람의 일대기를 드라마로 제작하고 싶다고 말했다. 바로 이순신, 장보고, 전봉준이었다. 역사에 빛날 위대한 인물이었고 그 삶이 극적이었다. 김대중이 특히 좋아하는 전봉준은 서당 훈장에서 혁명가로 변신한 인물이다. 퇴임 후 이순신과 장보고의 삶은 드라마로 만들어졌다. 김대중은 이순신을 그린 〈불멸의 이순신〉에는 칭찬을 아끼지 않았지만 장보고의 삶을 담은 〈해신〉에는 매우 실망했다. 장보고가 바다의 영웅이 아닌 국내 정치의 희생양 정도로 그려졌기 때문이다. 예술 장르를 가리지 않고 김대중은 생전에 많은 평을 남겼다. 그것들은 비범했다.

김대중은 '문화 대통령'이라 불렸던 가수 서태지도 좋아했다. 서태지 또한 김대중을 찾아와 인사를 올렸다. 김대중이 말했다.

"록을 우리 음악에 접목시킨 것이 대단히 돋보입니다."

김대중은 누구보다도 예인들을 존경하고 사랑했다. 그리고 어느덧 김대중도 자신만의 향기를 지니게 됐다. 오정해, 박찬호, 이선희, 신형원 등 퇴임 후에도 동교동 사저에는 수많은 예술가와 스타들이 찾아왔다. 김대중, 그가 예술가였다.

인권의 등을 달고, 현대사의 한을 사르고

2009년 11월 1일 동티모르 대통령 호세 라모스 오르타 Jose Manuel Ramos Horta가 국립현충원을 찾았다. 그는 김대중 묘소 앞에서 오래 고개를 숙였다. 그리고 동교동 김대중도서관을 찾아가 미망인 이희호에게 다시 고개를 숙였다.

"김대중 대통령이 아니었으면 저희 동티모르인 10만 명이 더 죽었을 것입니다. 나라의 은인이십니다."

그렇다면 어떤 일이 있었는가.

1999년 9월 작은 나라 동티모르에서 유혈 사태가 발생했다. 대통령 김대중은 뉴질랜드에서 열리는 APEC 정상회의 출국을 앞두고 있었다. 무장 군인들에게 수천 명의 주민이 학살당했다는 소식이 들려왔다. 김대중은 세계지도를 펼쳐 보았다.

동티모르는 호주와 인도네시아 사이의 섬나라였다. 400년 넘게 포르투갈의 지배를 받다가 1975년 독립했다. 그러나 곧바로 인도네시아가 점령해 지배하기 시작했다. 그 후 동티모르에서는 독립운동이 전개되었고, 인도네시아 정부는 유혈 탄압을 계속했다. 그런 와중에 1996년 라모스 오르타와 카를로스 벨로Carlos Fillipe Ximenes Belo 주교가 동티모르의 비폭력 독립운동을 이끈 공로로 노벨평화상을 받았다. 그 후 동티모르의 비극은 세계에 널리 알려졌다. 마침내 국제사회의 압력에 굴복한 인도네시아 정부는 독립 여부를 묻는 주민투표를 실시했다. 주민들은 독립에 찬성했다. 이에 반발한 인도네시아군과 이들이 훈련시킨 민병대가 동티모르 전역에서 학살을 자행했다. 인구의 3분의 1이 죽고 살아남은 주민들은 산속으로 숨어들었다. 그들의 운명도 경각에 달려 있었다. 총소리가 들리면 사람이 죽었다.

새 천 년을 눈앞에 두고 아시아에서 야만적인 살인극이 벌어지고 있었다. 김대중은 산속에 숨어 공포에 떨고 있을 사람들이 생각났다. 시간이 없었다. 행동하기로 했다. APEC은 경제협력체였지만 그런 것을 따질 때가 아니었다. 우선 칠레 대통령, 브루나이 국왕, 싱가포르 총리에게 동티모르를 돕자고 설득했다. 그리고 중국 국가주석 장쩌민에게 말했다.

"동티모르 유혈 사태, 인권 문제에 대해서는 어떤 식으로든 의사 표시가 있어야 한다는 생각입니다."

한·미·일 3국 정상회담에서도 미국 대통령 클린턴과 일본 총리 오부치에게 말했다.

"아·태 지역의 지도자들이 모여 있는데 동티모르의 비인도적이며 주권을 짓밟는 일에 우리가 입을 다물고 떠난다면 우리 지도자들은 물론 APEC에 대한 비난과 회의가 있을 것입니다. 이번 APEC 회의에 참석한 정상들이 인도네시아 정부에 유혈 사태 종식과 동티모르 독립 승인에 책임을 다하도록 요청하고 또 유엔이 필요한 일을 하도록 요청할 것을 제안합니다."

클린턴과 오부치는 즉각 화답했다. 폐막을 앞두고 한·미·일 3국은 동티모르 독립을 위해 유엔과 인도네시아 정부가 즉각 나서야 한다는 성명을 발표했다. 이런 신속한 결정은 인류의 보편적인 선을 위해 목숨을 내놓은 김대중이 있었기에 가능했다.

그래도 안심이 되지 않았다. 김대중은 인도네시아 재무장관을 찾아가 정부 차원의 해결책을 마련해 달라고 촉구했다. 당시 인도네시아 대통령은 참석하지 않았다. 만일 이 문제를 묵살한다면 APEC 차원의 성명을 발표할 수 있음을 알렸다. 재무장관은 대통령 하비비B. J. Habibie에게 수차례 전화를 걸어 분위기를 전했다.

그날 밤 인도네시아 군부는 '사람 사냥'을 중단했다. 인도네시아 정부는 유엔 다국적군 파병을 수용하겠다고 발표했다.

훗날 라모스 오르타는 미국 대통령 클린턴을 만나 고맙다는 말을 건넸다.

"동티모르 사태와 관련해서 보여 주신 지도력에 감사드립니다."

그러자 클린턴은 빙그레 웃으면서 이렇게 말했다.

"한국의 김대중 대통령께 감사하십시오. 우리는 그의 말을 따랐을 뿐입니다."

유엔 다국적군이 동티모르에 파견됐다. 우리 정부도 파병을 결정했다. 야당은 격렬하게 반대했다. 인도네시아와의 관계가 악화될 우려가 있고, 우리 교포들도 불이익을 당할 수 있다는 주장을 내세웠다. 그러나 김대중은 밀어붙였다. 그리고 두 나라 사이에는 아무런 일도 일어나지 않았다. 오히려 인도네시아에서는 군부 독재정치가 종식되었다. 양국 관계는 더욱 돈독해졌다.

한국이 파병한 상록수부대는 다시 평화유지군으로 2003년 10월까지 주둔했다. 진료, 방역, 영화 상영, 농기구 정비, 구호품 전달 등 이른바 '푸른 천사' 작전을 완벽하게 마쳐 진정한 천사가 되었다. 지금도 동티모르에서 가장 큰 중심 도로의 이름이 '한국 친구의 길'이다.

동티모르에는 유독 한국인과 관련된 감동적인 이야기가 많다. 영화 〈맨발의 꿈〉은 동티모르 유소년 축구팀과 이들을 지도한 한국인 감독의 이야기를 그렸다. '동티모르의 히딩크'로 불리는 김신환 감독이 불모지의 아이들을 가르쳐 국제 대회 2년 연속 우승을 일구는 기적 같은 이야기를 담았다. 그 기적의 씨앗은 대통령 김대중이 뿌린 것이었다.

김대중은 미얀마의 야당 지도자 아웅 산 수 치를 각별하게 챙겼다. 아마 수 치 여사를 이렇듯 열성을 다해 지지한 지도자는 없을 것이다. 1994년 창설한 '아태 민주 지도자회의'의 첫 의제가 바로 '아웅 산 수 치에 대한 지원'일 정도였다. 대통령 재임 중에도, 또 퇴임 후에도 변함이 없었다.

1999년 11월 필리핀에서 열린 '아세안 한중일 정상회의'에서는 미얀마 군부 지도자 탄 슈웨Than shwe 총리를 직접 만나 아웅 산 수 치 여사와 함께 민주화를 이룩하도록 장시간 설득하기도 했다. 그러자 탄

슈웨는 이런 말을 했다.

"우리 국민들은 군사정부를 확실히 지지하고 있습니다. 그리고 수치 여사는 우리 정부가 보호하고 있습니다. 그리고 군사정부로는 우리가 마지막이 되기를 희망하고 있습니다."

김대중은 내심 놀랐다. 군사정부의 집권 논리가 어느 나라건 비슷했기 때문이다.

퇴임 후에는 미얀마를 직접 방문하려고 했다. 그러나 군사정부는 비자를 발급하지 않았다. 김대중은 그럴 줄 알고 있었다. 그래도 노벨평화상 수상자로서 또 다른 수상자에게 힘을 보태야 했다.

김대중은 2007년 '미얀마 민주화의 밤'을 개최하고 모인 성금을 미얀마 반체제 인사들에게 전달했다. 그리고 미얀마 국내 민주 세력의 단결과 궐기를 촉구했다. 표현은 완곡했지만 민주주의는 희생 없이는 이루어지지 않는다는 메시지가 담겨 있었다. 김대중은 군부 독재 정권이 바꾼 '미얀마'를 옛 국호인 '버마'로 호칭했다.

"우리는 버마 민주화를 지원하지만 우리가 버마 민주주의를 쟁취해서 버마 국민들에게 선물할 수 있다는 오만한 생각을 결코 가져서는 안 됩니다. 버마 민주주의를 위한 투쟁의 주체는 어디까지나 버마 민주 인사들이고 버마 국민들입니다."

그러나 김대중은 생전에 아웅 산 수 치를 보지 못했다. 홀로 남겨진 이희호가 그 유지를 받들었다. 2010년 연말에 가택 연금 해제를 축하하는 편지를 보냈다.

"제 남편이 생전에 수 치 여사를 보지 못하고 돌아가신 것이 무척 안타깝습니다. 두 분이 만날 수 있었다면 아시아 민주주의 발전에 큰 공헌을 했으리라 믿습니다."

수 치 여사가 답장을 보내왔다. 민주화 동지로서 애틋한 정이 배어 있었다.

"고 김대중 대통령께서는 큰 사랑과 존경을 받았던 분입니다. 이곳 미얀마에서 민주주의를 위해 일하는 우리 모두는 김 전 대통령이 서거하셨을 때 쓸쓸함을 느꼈습니다. 그분은 대한민국의 최고 직위에 오른 뒤에도 야당 시절과 똑같이 변함없는 모습으로 우리 곁을 지켜 준 진정한 친구였습니다. 우리는 김 전 대통령의 고귀한 지지를 결코 잊지 않을 것입니다."

김대중은 대통령 후보 시절 인권위원회 설립을 공약으로 내세웠다. 그리고 취임 후 1998년 6월 미국 뉴욕에서 국제인권연맹이 주는 '올해의 인권상'을 받으며 인권법 제정과 국가인권위 설립을 국제사회에 약속했다. 그러나 인권위 출범은 더뎠다. 법무부와 검찰은 법 제정에 소극적이었다. 자신들의 영역이 침식당할까봐 주춤거렸던 것이다. 시민단체 또한 내부 의견 조율이 쉽지 않았다. 욕심이 문제였다. 김대중은 양쪽을 다그쳤다. 마침내 2001년 국가인권위원회법이 제정되었고, 11월에 국가인권위원회가 출범했다. 인권위원회는 곧잘 정부를 난처하게 만들었다.

"장애인이라는 이유로 보건소장직에서 탈락시킨 것은 잘못이다."

인권위의 첫 결정이었다. 정부가 즉각 시정했다. 이로써 인권을 지키는 커다란 등이 켜졌다. 세계가 박수를 보냈다.

국민의 정부에서 의문사 진상 규명 특별법, 민주화 운동 관련자 명예 회복 및 보상에 관한 법률, 제주 4·3 사건 진상 규명 및 희생자 명예 회복에 관한 특별법 등이 제정되었다. 김대중은 법안마다 공개서명식을 가졌다. 관련 단체와 민주 인사 또는 유족들이 지켜봤다. 전태일 분신 사건, 인혁당 사건, 3선 개헌 반대 투쟁, 부마 항쟁 그리고 4·3 사건 관련자들이 명예를 회복했다. 진실이 역사가 됐다. 폭도, 빨갱이라는 오명을 씻을 수 있었다. 특히 4·3 사건은 정부 차원의 진상보고서를 채택했다.

"4·3 사건은 남로당 제주도당이 일으킨 무장봉기가 발단이 됐다. 강경 진압으로 다수의 양민이 희생됐다."

죽은 자들은 이제 겨우 '양민'이 되었고, 숨어서 가슴을 쥐어뜯던 유족들은 비로소 눈물을 멈췄다.

우리 근현대사는 온통 피에 젖어 있었다. 그 피를 닦아 내지 않고, 억울한 죽음들을 방치한 채 국민 통합과 화해를 말할 수 없었다. 진실을 제대로 밝히는 것은 우리 시대의 산 사람을 위해서도 필요했다. 그리고 평화적 정권 교체가 없었더라면 아직도 우리 근현대사는 피를 흘리고 있었을 것이다.

> 금년 여름은 너무도 덥고 길다. 23일이 처서인데 더위는 조금도 후퇴하지 않는다. 서울도 계속 30도의 무더위다. 이런 때 지하실 단칸방에서 온 가족이 겹쳐 자는 서민들은 얼마나 힘들 것인가. 미안한 생각이 든다. (2006년 여름 일기)

나는 이 대목을 한참이나 들여다보았다. 그 속에는 여러 가지가 들어 있었다. 김대중은 약자들을 많이 챙겼다. 그러나 그 실상은 많이 알려지지 않았다. 김대중은 취임하면서 소외된 사람들의 눈물을 닦아 주는 국민의 대통령이 되겠다고 다짐했다. 그리고 5년 동안 그 다짐을 잊지 않았다. 1999년 3월 한국의 대표적인 유림들과 만난 자리에서 그는 이런 말을 했다.

"이제는 자식이 항상 부모를 모시기가 어렵습니다. 그래서 국가가 효도를 해야 합니다. 경로사상을 받들어 노인들을 국가가 보호해야 합니다."

김대중은 세금을 낸 이상 자식들이 직접 모시지 못하는 부모를 국가가 대신 도와주는 것, 이를 '효도의 변형'이라 생각했다. 김대중이 생각하는 국가적인 효가 바로 '생산적 복지' 정책이었다. 생산적 복지는 김대중이 취임 전부터 구상한 것이었다. 자신의 힘으로 생활할 수 없는 약자들은 국민 기초 생활 보장법으로 생계를 보장해 주고, 일할 수 있는 사람들에게는 일자리를 마련해 주자는 것이었다.

보수층 일각에서는 '사회주의적 접근 방식'이라며 공격했다. 하지만 김대중은 동의하지 않았다. 같은 인간이 굶주리고 있는데 그것을 알면서 방치한다는 것은 실로 잔인한 일이다. 또 혈연이나 지연 등이 급속히 붕괴된 사회에서 가난은 이제 나라가 구제해야 했다.

2000년 설날 아침, 우리 시대에 버림을 받은 이들을 청와대로 초청했다. 불우 노인과 아동, 장애인, 노숙자 등과 떡국을 들었다. 김대중은 이 자리에서 "2000년을 빈곤 퇴치 원년으로 삼자"고 말했다.

김대중은 복지는 인권이라고 생각했다. 국민 기초 생활 보장법에 최저 생계를 보장받을 권리를 규정했다. 시혜적 단순 보호에 머물지 않고 복지가 국민의 권리이며 국가의 의무임을 밝혔다. 법정 용어도 '보호 대상·생계 보호'에서 '수급권자·생계 급여'로 바꾸었다. 생산적 복지는 순전히 김대중의 의지에서 비롯됐다. 국민의 정부 출범 초기에는 민주주의와 시장경제를 국정 이념으로 삼았지만 후에 생산적 복지를 추가해서 국정의 3대 축으로 삼았다. 김대중은 국민 기초 생활 보장 법안에 서명하면서 이렇게 말했다.

"돈이 없어서 굶어 죽거나 공부를 못 하는 일이 없어진 것을 기쁘게 생각합니다."

국민의 정부에서는 국민연금, 건강보험, 고용보험, 산재보험 등 4대 보험을 완성했다. 그러나 이를 입안·시행하는 과정에서 숱한 시행착오가 있었다. 선정善政 중의 선정이었지만 온갖 비난이 쏟아졌다. 그럼에도 흔들리지 않았다. 4대 보험 완성은 곧 인간다운 삶을 위한 나름의 사회 안전망을 구축했음이었다.

또 의약분업을 실현했다. 의약분업 정책은 약품의 오남용을 막아 국민의 건강을 지키자는 취지에서 나왔다. 그러나 의사와 약사들의 밥그릇 싸움으로 변질되어 의료계가 두 동강이 날 지경이었다. 사실 의약분업은 해방 이후 여덟 차례나 추진했지만 모두 실패했던 난제였다. 어김없이 패싸움이 벌어졌다. 초유의 의료계 휴·폐업 사태가 일어나고 환자가 치료를 받지 못해 숨지는 참사가 벌어졌다.

의약분업은 국가 현안으로 떠올랐다. 그러자 과거 정권들이 그랬던 것처럼 적당히 봉합하자는 타협안들이 쏟아져 나왔다. 야당 총재 이회창은 전면 실시가 아닌 시범 실시를 제안했다. 그러나 김대중은 밀고 나갔다. 옳다면 멈추지 않았다. "진료는 의사에게, 약은 약사에게"라는 의료계 상식은 이렇듯 천신만고 끝에 완성됐다. 그 후 한국에서 항생제 투여는 해마다 큰 폭으로 줄었다. 항생제의 저수지에서 국민들을 끌어낸 것이다.

지식정보 강국, 집념의 매듭

지금 한국에서 행해지고 있는 인터넷과 핸드폰의 문자메시지를 통한 직접민주주의는 아테네 광장에서 있었던 직접민주주의 이래 인류 역사상 처음이다. 참으로 놀라운 우리 국민의 지혜와 힘이다. 여기에는 내가 대통령 재임 당시 이룩한 정보화의 힘이 기반이 되었다. 이명박 정권의 사람들은 '잃어버린 10년'이라 하면서 과거로 돌아가기만 하면 된다고 자신과 오만에 차 있었다. 그들은 인류 역사상 최대의 격변기인 지식정보화 시대가 온 것도 몰랐고, 그것이 지난 10년에 이뤄진 대혁명이라는 것도 몰랐다. 이번 혁명으로 보수 정치인뿐 아니라 조중동 등 보수 신문도 근본적인 변혁이냐 몰락이냐를 답하도록 요구받고 있다. (2008년 6월 일기)

김대중은 퇴임 후 이렇듯 재임 기간 중에 이루어 놓은 지식정보 강국의 업적을 지그시 음미하고 있었다.

김대중은 1982년 청주교도소에서 '우연히' 앨빈 토플러의 『제3의 물결』을 읽었다. 잡식성 독서 성향 때문이었다. 그리고 미래에는 전혀 새로운 세상이 펼쳐질 것임을 알았다. 과거에는 물질이 경제의 중심이었다면 미래에는 인간의 두뇌에서 나온 지식이 세상을 끌고 갈 것이라고 생각했다. 만일 국가를 경영하게 되면 지식정보 강국을 만들 겠다고 다짐했다.

18세기 말에 산업혁명이 영국을 부흥시켰고, 19세기 말에는 중후장대重厚長大 산업을 위주로 한 제2차 산업혁명이 미국과 독일을 강자로 만들었다. 그렇다면 21세기의 지식혁명 시대에는 누가 강자로 떠오를 것인가. 김대중은 한민족의 저력을 믿었다. GE 회장 잭 월치Jack Welch의 말대로 한국인의 피 속에는 모험심이 흐르고 있다. 김대중은 대통령에 취임한 후 경제난에도 불구하고 지식정보 강국의 꿈을 버리지 않았다. 오히려 더 구체화했다.

"우리 민족은 지난 산업혁명 시대에 근대화의 지체로 100년 동안 고생을 했습니다. 그러나 정보화만은 이제 시작입니다. 산업화는 늦었지만 정보화는 앞서 나갑시다."

앨빈 토플러, 빌 게이츠William H.Gates, 손정의 세 사람은 김대중의 친구이자 스승이었다. 그들만 만나면 묻고 또 물었다. 토플러는 지식정보 강국 건설에 영감을 주었고, 마이크로소프트 회장 빌 게이츠와 소프트뱅크 사장 손정의는 구체적인 방법과 정보를 알려 주었다.

1999년 연말에 한국을 찾은 손정의는 김대중에게 이렇게 조언했다.

"학생에게 투자하십시오. 지금까지는 암기하고 외워야 했지만 앞으로는 인터넷이 있기에 생각하고 응용함으로써 인간이 더욱 창의적으로 될 것입니다. 한국 학생들이 장차 인터넷을 가장 능숙하게 사용하는 사회인이 되게 하는 것, 이는 최고의 이윤을 얻는 투자입니다."

김대중은 손정의의 말을 따랐다. 그리고 정확히 1년 후 전국 초·중등학교를 초고속 인터넷으로 연결했다. 손정의의 활동 무대인 일본에서도 이루어 내지 못한 것을 세계 최초로 해낸 것이다.

김대중은 지식정보산업 육성에 매진했다. 무모하다고 여길 만큼 밀어붙였다. 국무회의에서도 곧잘 장관들을 질책했다.

"나같이 늙은 사람도 어떻게 해보려고 노력하고 있습니다. 그런데 여러분은 왜 하지 않습니까. 빛의 속도로 세상이 바뀌는 것을 알면서도 왜 그리 주저하고 있습니까."

2000년 12월에는 정보고속도로를 개통시켰다. 전국 144개 주요 거점을 광케이블 초고속 정보통신망으로 연결했다. 경부고속도로보다 44배나 길었다. 2001년 2월에는 취임 3주년을 맞아 정부중앙청사와 과천청사를 연결해 사상 첫 '화상 국무회의'를 열었다. 2002년 11월 초고속 인터넷 가입 가구가 1000만을 돌파했다. 퇴임 무렵에는 인터넷 인구가 2700만 명을 넘어섰다. 세계가 IT 강국이라며 부러워했다.

정보 강국의 과실이 제법 탐스러웠다. 김대중은 더 욕심이 났다. 그래서 전자정부를 구축하기로 했다. 2001년 새해에 민관 합동으로 전자정부특별위원회를 구성했다. 그리고 퇴임을 3개월 앞둔 2002년 11월 전자정부를 완성했다. 정보통신부 장관은 김대중에게 전자정부 시대의 신분증인 공인인증서를 전달했다. 마침내 김대중은 1982년 차디찬 감옥 바닥에서 꿈꾸었던 지식정보 강국의 꿈을 20년 만에 이루었다. 감회에 젖은 김대중은 이렇게 말했다.

"전자정부의 중요성은 아무리 강조해도 과하지 않습니다. 전자정부를 발전시켜 세계 최고 수준의 정부를 만듭시다."

근대화 이후 일본을 처음 앞지른 것은 바로 IT 분야였다. 그 속에는 김대중의 집념과 열정이 들어 있었다. 70대 노인의 투혼은 실로 눈물겨웠다. 앨빈 토플러는 기회가 있을 때마다 김대중의 업적을 기렸다.

"뛰어난 지도자를 지녀서 행복한 국민이다. 한국민은 김대중 대통령에게 많은 빚을 지고 있다."

그러나 이명박 정권이 들어서면서 정보통신부를 없애 버렸다. 김대중은 이를 보고 탄식했다.

"현재와 미래에 우리를 먹여 살릴 부처를 폐지한다니, 그 사고가 의심스럽다."

임동원을 얻다

한 해가 저물고 있었다. 1994년 12월, 임동원의 집으로 전화가 걸려 왔다. 알고 지내던 전 통일원 출입 기자 정동채였다. 한 번 뵙고 싶다고 했다. 임동원은 통일원 차관 자리를 끝으로 물러나 공직 생활 40년을 정리하고 있었다. 임동원은 가볍게 나갔지만 무거운 소리를 들어야 했다.

두 사람은 서울 시내의 한 호텔 커피숍에서 만났다. 정동채는 자신이 아태평화재단 이사장 김대중의 비서실장이며 김 이사장의 지시로 면담을 요청했다고 밝혔다.

"김대중 선생님은 아태평화재단을 책임지고 운용할 사무총장을 찾고 있습니다. 그런데 여러 사람들이 임 차관님을 추천하여 이렇게 영입 제안을 드리려고 찾아뵙게 되었습니다. 부디 승낙해 주십시오."

임동원은 의아했다. 김대중이 자신을 찾을 이유가 별로 없어 보였다. 그리고 대뜸 그에 대한 부정적 이미지가 떠올랐다. 전혀 알지 못하는 사람, 그것도 평소 별로 탐탁치 않게 여겼던 인물과 같이 일할 생각이 없었다.

"초청은 고맙습니다. 하지만 그분을 모시고 일할 생각이 없습니다. 내게는 그럴 만한 능력이 없습니다."

하지만 정동채는 마치 그런 대답을 예견이나 한 듯 전혀 동요하지 않았다.

"여러모로 생각해 볼 시간을 드리겠습니다. 긍정적인 답변을 기다리겠습니다."

김대중이 영입하려는 임동원은 누구인가. 그는 노태우 정부 때 남북기본합의서 채택을 이끌어낸 주역이었다. 남북 고위급 회담의 대표로 처음부터 끝까지 참여했다. 남측 대표로는 그가 유일했다. 남과 북이 합의한 "탈냉전의 새로운 시대를 맞아 서로 화해하고 교류 협력하며 전쟁을 배격하고 평화를 만들어 가자"는 남북기본합의서는 북방정책의 귀중한 산물이었다. 김대중은 이를 높이 평가했다. 그리고 그 주역인 임동원을 유심히 지켜보고 있었다. 임동원은 물론 이를 알지 못했다.

임동원은 평안북도 위원군 출신으로 열일곱 살 때 한국전쟁이 나자 남쪽으로 내려왔다. 육사(13기) 출신에 교수 요원으로 서울대에서 위탁 교육을 받았다. 1967년 『혁명전쟁과 대공전략』이라는 책에서 이듬해 일어난 '1·21 사태', 즉 게릴라들의 청와대 습격 사건을 예고해 명성을 얻었다. 또 나이지리아·호주 대사 등을 역임하며 통일·외교·안보 분야의 전문 식견을 두루 쌓았다. 선배나 동료들은 그를 "가장 양심적인 사람", "가장 신뢰하는 사람"이라 평했다.

정동채가 다시 임동원을 졸랐다. 또 마주 앉아야 했다. 커피숍에 캐럴이 흘러나왔다. 크리스마스 이브였다. 정동채는 서신 한 통을 내밀었다. 김대중의 친서였다. "임동원 차관은 이미 능력이 검증된 분이고, 또 능력은 다른 사람이 평가하는 것이니 부디 선처를 바란다"는 내용이었다.

그래도 임동원은 흔들리지 않았다.

"40년 넘게 국가에 봉사했습니다. 이제 나이도 예순이 넘었으니 편히 쉬고 싶습니다. 또 저는 건강이 썩 좋지 않습니다. 얼마 전에 건강검진을 받았습니다."

듣고 있던 정동채가 간청했다.

"그렇다면 선생님을 한 번 만나서 직접 말씀을 나눠 보시면 어떻겠습니까?"

"그럴 필요 없습니다."

그러자 정동채의 표정이 바뀌었다. 웃음기를 거두고 기자 출신답게 취재하듯, 따지듯이 말했다.

"많은 사람들이 선생님을 만나 뵙고 싶어 줄을 서서 기다리는데 정말 너무하시는 것 아닙니까. 이렇듯 건방질 수 있습니까."

정동채는 불쾌감을 숨기지 않았다. 임동원은 "죄송하다"며 자리를 피했다. 그러나 마음 한구석에서는 정동채의 '불손'이 그리 밉지 않았다.

'저렇듯 번듯한 인물이 진심으로 떠받드는 김대중이라는 사람은 대체 누구일까?'

집에 돌아와서도 마음이 개운치 않았다. 내심 걱정도 됐다. 그러나 걱정의 실체는 알 수 없었다. 아내에게 낮에 있었던 일을 얘기했다. 아내는 이제 "여생을 편히 지내자"며 그를 안심시켰다. 그의 아내는 개성 출신으로 임동원보다 더 김대중을 싫어했다. 임동원은 육사 또는 이북 출신들에게 조언을 구했다. 열에 일고여덟은 부정적이었다.

"김대중에게 가면 변절자 취급을 받을 것이다."

"차기 대권을 노리는 정치인에게 이용만 당할 뿐이다."

새해가 밝았다. 1995년 1월 1일은 마침 일요일이었다. 그날 임동원은 교회에서 예사롭지 않은 설교를 들었다.

"과거에 집착하지 말고 미래를 향해 비전을 품으십시오. 부정적이 아니라 긍정적으로, 그리고 진취적이고 모험적인 인생을 사십시오."

설교가 임동원의 가슴으로 흘러 들어왔다. 그런데 그의 아내도 똑같이 설교를 가슴으로 들었다. 그리고 곧 이어 정동채에게서 세 번째로 만나자는 연락이 왔다. "건강검진 결과는 어떠하냐"는 말도 곁들였다. 아태재단 측에서는 이미 병원에 연락해서 검진 결과가 양호하다는 것을 알고 있었다. 임동원은 거부할 수 없었다.

약속한 날 아침 아내가 말했다.

"이 정도라면 하느님의 섭리인 것이 분명하니 하느님의 뜻에 겸허히 순종하세요."

두 사람은 다시 만났다. 정동채가 말했다.

"꼭 모셔 오라는 선생님의 간곡한 말씀이 있었습니다. 제발 선생님을 한 번만 만나 주십시오."

임동원은 결국 만남 요청을 수락했다.

1995년 1월 23일 오전 11시경 임동원은 김대중의 동교동 사저로 들어섰다. 김대중은 응접실에서 임동원을 맞았다. 임동원의 눈에 비친 김대중 자택은 매우 작아 보였다. 김대중의 첫인상은 근엄하면서도 부드러웠다. 그리고 얘기를 나누면서 솔직하고 진지하다는 느낌을 받았다.

두 사람은 두 시간 동안 얘기를 나눴다. 주로 김대중이 얘기하고 임동원은 들었다. 김대중은 임동원이 완성한 남북합의서를 훤히 꿰고 있었고 또 그 의미를 높이 평가했다. 북핵 문제의 본질과 해결책, 통일 방안을 설파하고 자신이 구상하고 있는 햇볕정책의 개념을 설명했다. 임동원은 처음으로 햇볕정책이란 용어를 들었다. 또 전 미국 대통령 지미 카터가 특사로 북한을 방문한 것이 김대중의 미국 내셔널프레스클럽 연설에서 비롯된 것임을 알게 되었다.

임동원은 감동했다. 북한 핵 문제와 관련된 분석과 판단은 예리했고 해결책은 명쾌했다. 통일 철학과 원대한 비전, 그리고 논리정연함에 깊이 감탄했다. 김대중의 식견이 두려울 정도였다. 임동원은 그때까지만 해도 정치인을 다소 얕보고 있었다. 그런데 김대중은 달랐다. 그 자신이 십수 년 동안 남북문제에 매달려 왔는데도 이렇듯 고견을 지닌 인물은 일찍이 보지 못했다. 임동원은 속으로 생각했다.

'아, 큰 인물이다. 나는 아직 멀었구나. 이런 분이 지난 대선에서 당선됐다면 지금쯤 남북 관계는 큰 진전을 이룩했겠구나.'

당시 김영삼 정부는 북한이 붕괴하기만을 기다리며(붕괴 임박론) 대북 강경책만 고집하고 있었다. 김영삼 정권에서 남북기본합의서는 휴지 조각에 불과했다.

아무리 봐도 김대중은 온건하고 현실적이었다. 김대중에 대한 부정적 고정관념들이 눈 녹듯 사라졌다. 다섯 차례나 죽을 고비를 넘기고, 6년 감옥 생활, 수십 년 연금과 망명 생활을 하면서도 변절하지 않은 '행동하는 양심'을 비로소 알게 되었다. 그는 그날의 감회를 이렇게 글로 남겼다.

> 평화통일을 말하면 그 순간부터 빨갱이가 되고, 민주화를 외치면 과격분자가 되고, 정치하겠다면 거짓말쟁이가 되는 야만의 세월을 의연히 버텨 온 그가 바로 내 앞에 앉아 있었다.(『피스메이커: 남북관계와 북핵문제 20년』에서)

임동원이 말했다.
"성심껏 모시고 연구 활동을 돕겠습니다."
아태평화재단 사무총장이 탄생하는 순간이었다. 그보다 김대중과 임동원이 결합하는 순간이었다. 이는 한반도의 역사를 바꾸는 사건이었다. 71세 김대중이 61세 임동원을 얻었다. 삼고초려였다.

김대중은 임동원이 보기만 해도 좋았다. 그의 능력은 예상보다 출중했다. 자신을 소도둑에 빗대며 최고의 찬사를 보냈다.
"임 총장은 정치인 옆에 가본 적이 없다. 요조숙녀를 소도둑놈이 훔쳐 온 격이다."
그러면서 "그런 인물을 알아본 나도 대단하다"고 했다. 모두 임동원을 얻은 기쁨과 그를 자신의 사람으로 만든 자부심에서 나온 말이었다. 칭찬에 비교적 인색했지만 임동원만큼은 공개 석상에서도 칭찬을 아끼지 않았다.

아태재단 사무총장 취임 축하연이 열렸다. 이사장 김대중이 환영사를 했다.

합리적인 사고를 가진 책임감이 강한 공무원, 소신을 굽히지 않는 강직한 성격을 가진 사람, 민족에게 통일의 비전을 제시한 사람으로서 제가 평생에 관심을 가져 온 통일 문제 연구에 백만 원군을 얻은 셈입니다.

하지만 임동원의 집으로는 하루에 수십 통의 전화가 걸려 왔다. 배신자로 낙인찍는 비난 전화가 대부분이었다. 길에서 만난 어떤 이는 "봉변당하면 어쩌려고 혼자 다니냐"며 놀란 표정을 지었다.

아태재단 사무총장 임동원은 부임하자마자 '김대중 3단계 통일론' 완성에 매진했다. 김대중과 임동원은 만나면 토론을 벌였다. 정중하면서도 자신의 논지에 한 치의 양보도 없었다. 또 상대의 주장을 경청하고 수긍이 되면 그대로 수용했다. 탁월한 식견과 학구적 자세에 서로가 놀랐다. 치열했지만 돌아서면 행복한 시간들이었다. 최종 원고를 놓고는 호텔 방에서 1박 2일 동안 독회를 가졌다.

두 사람이 마지막까지 이견 절충을 보지 못한 것이 있었다. 바로 '통일 단계' 설정이었다. 김대중은 남북 연합-연방제-완전 통일 3단계를, 임동원은 화해 협력-남북 연합-연방제 통일을 주장했다. 임동원은 남과 북의 화해 협력이 통일을 향한 중요한 과정이라고 보았다.

이는 숱한 대북 접촉에서 체득한 현실적인 방안이었다. 하지만 김대중은 '남북 간에 합의만 하면 화해 협력 단계 없이도 남북 연합은 언제든지 가능하다'는 생각이었다. 사실 김대중의 3단계 통일안은 1970년부터 주장한 통일에 대한 '김대중표 공식'이었다. 그 속에는 자존심이 들어 있었다. 결국 임동원은 김대중을 설득하는 데 실패했다. 하지만 김대중의 자존심을 건드리면서까지 자신의 생각을 굽히지 않았다. 김대중 또한 이를 도전으로 여기지 않았다.

이상적이며 다소 막연한 학술적 통일론은 임동원의 손을 거쳐 현실적이며 구체적인 정책으로 거듭났다. 이렇게 해서 『김대중의 3단계 통일론』이 완성됐다. 훗날 이 책은 국민의 정부에서 대북 정책의 교본이 됐다.

김대중이 정계 복귀를 선언하고 신당을 창당했다. 마지막 대권 도전이었다. 김대중은 임동원에게 미안했다. 정치인 김대중은 더 이상 아태재단에 신경을 쓸 수 없었다. 임동원을 찾아와 우리 민족의 새 길을 내고 싶다며, 그러기 위해 생애 마지막 도전에 나섰음을 이해해 달라고 했다.

"임 총장, 내게는 세 가지 꿈이 있습니다. 첫째는 박사 학위를 따는 것이고, 둘째는 대통령이 되는 것입니다. 마지막으로 내 삶을 잘 가꿔서 노벨평화상을 받고 싶습니다. 박사 학위는 이미 받았지만 남은 두 가지는 아직 꿈일 뿐입니다."

임동원은 그런 김대중이 부럽고 또 존경스러웠다. 일흔이 넘어서도 꿈을 지니고 있었다. 긍정의 삶을 살고 있었다.

총선을 앞두고 임동원에 대한 소문들이 돌았다. 한동안 지역구(서울 송파) 출마설이 돌더니 다시 전국구 후보로 발탁될 것이라는 언론 보도가 잇달았다. 새정치국민회의 총재 김대중이 어느 날 아태재단 사무실을 찾아왔다. 그러고는 임동원에게 전국구 후보로 나서 달라고 요청했다. 김대중은 수첩을 꺼내 전국구 명단을 보여 주었다. 5번, 6번 순위만 비어 있었다. 두말이 필요 없는 당선권이었다. 임동원은 공손히 거절했다.

"애초에 재단에 참여하면서부터 말씀드렸듯이 정치할 생각이 전혀 없고, 국회의원의 적성도 가지고 있지 못합니다. 아태평화재단을 계속 지킬 것이니 제게는 부담을 갖지 말아 주십시오."

이 말을 듣자 김대중은 자리에서 벌떡 일어났다. 그리고 악수를 청했다. 존경의 표시였다.

"다들 국회의원 하겠다고 아우성인데 임 총장은 시켜 주겠다고 해도 사양하니 참으로 훌륭한 인품입니다. 고맙습니다."

김대중은 선거에서 이겼다. 마침내 대통령이 되어 두 번째 꿈을 이루었다. 김대중은 임동원에게 자신의 곁을 지켜 달라고 했다. 임동원은 외교안보 수석 비서관, 국정원장, 통일부 장관, 청와대 통일외교안보 담당 특보 등으로 대통령 곁을 지켰다. 그리고 역사적인 남북 정상회담을 성사시켰다.

임동원은 욕심이 없었다. 외교안보 수석으로 있을 때 국방장관을 시키려 하자 끝내 고사했다. 국정원장을 마치고도 쉬고 싶다고 했다. 그러나 김대중은 그를 놓아주지 않았다. 다시 통일부 장관에 임명했다. 야당이 발의한 통일부 장관 해임안이 통과되자 다시 특보로 임명했다. 그때도 임동원은 이를 강력하게 고사했지만 대통령의 뜻이 간절했다.

"대통령님, 이제 쉬고 싶습니다. 집 사람과 여행도 하고……."

"임 장관, 민족을 생각해야지요. 햇볕정책을 위해 끝까지 한배를 타고 갑시다."

퇴임 후 임동원 부부는 김대중을 자주 찾아갔다. 어느새 그의 아내는 임동원보다 더 김대중을 좋아했다. 한번은 임동원 부부가 서울 조선호텔 중식당에 김대중을 초대했다. 김대중은 중식을 무척 즐겼다. 최고급 세트 요리를 미리 주문했다. 그런데 요리가 나오기 직전에 김대중이 메뉴를 바꿨다.

"임 장관 너무 비싸요. 그리고 나는 지금 탕수육이 먹고 싶습니다. 다른 것은 시키지 마세요."

김대중은 평소 강직하고 청렴한 면모로 봐서 퇴임 후 임동원의 형편이 매우 곤궁할 것으로 짐작했다. 그러니 돈을 쓰지 말라는 것이었다. 임동원 부부의 간청에도 김대중은 고집을 꺾지 않았다. 그날 화려한 요릿집에서 전직 대통령과 장관 부부는 오직 탕수육 한 접시와 짜장면으로 식사를 마쳤다. 임동원은 이를 두고두고 후회했다.

'우겨서라도 그때 그 세트 요리를 드시게 했어야 했는데…….'

퇴임 후에도 통일과 남북 관계 연설문은 꼭 임동원에게 도움을 받았다. 2009년 7월 12일 김대중이 임동원에게 전화를 했다. 유럽상공인회의 초청 행사에서 발표할 연설문을 검토해 달라고 부탁했다. 김대중의 목소리가 심상치 않았다.

"대통령님, 목소리가 좋지 않으십니다. 어디 편찮으십니까?"

"아닙니다, 임 장관. 괜찮아요."

그러나 그것이 지상에서 나눈 마지막 대화였다. 김대중은 다음 날 입원하여 돌아오지 못했다.

김대중과 임동원, 두 사람의 교유는 참으로 아름다웠다. 서로를 믿고 존경했다. 민족의 새 길을 여는 동지로서 티끌만한 사邪도 없었다. 김대중은 일기에 이렇게 썼다.

임 장관과 같이 일한 것이 15년이 되었다. 그를 만난 것은 나의 행운이었다. 아태평화재단에서 『김대중의 3단계 통일론』을 만들었고, 집권 이후에는 통일 정책을 총괄해서 성공적으로 수행했다. 그의 통일 정책에 대한 박식과 성실과 능력은 남북 당국 모두가 높이 평가했다. (2009년 1월 19일)

대통령이 서거한 후 임동원은 먼저 떠나간 주군을 이렇게 기렸다.

"저는 너무 많은 것을 받았습니다. 행복했습니다. 그러나 바칠 것이 눈물밖에 없습니다."

새.
벽.
3
부

부신 햇볕 잔치

북한은 햇볕정책에 강한 거부감을 나타냈다. '햇볕을 쪼여 북한의 옷을 벗긴다'는 발상을 문제 삼았다. 자본주의를 주입하기 위한, 또 흡수통일을 하기 위한 전술이 아닐지 경계를 늦추지 않았다. 그래도 국민의 정부는 1998년 4월 '남북 경제협력 활성화' 조치를 발표했다. '정경 분리 원칙'에 입각하여 모든 기업인의 방북을 허용했다. 투자 규모 제한도 철폐했다. 그리고 기다렸다. 마침내 남북 관계의 돌파구가 열렸다.

1998년 6월 16일 현대그룹 명예회장 정주영이 소 500마리를 몰고 휴전선을 넘어갔다.

"강원도 통천의 가난한 농부의 아들로 태어나 열여덟 살에 청운의 뜻을 품고 가출할 때 아버님의 소 판 돈 70원을 가지고 집을 나섰습니다. 이제 그 빚을 갚으러 꿈에 그리던 고향 산천을 찾아갑니다."

이전 정권에서는 상상도 할 수 없는 일대 사건이었다. 성공한 기업인이 소 500마리를 트럭에 싣고 동생, 자식들과 더불어 판문점을 넘는 장면은 한 편의 동화 같았다. 분명 새로운 시대였다. 세계의 이목을 집중시켰다. 재벌들의 행태를 꾸짖었던 리영희 교수도 "행위예술의 대연출"이라며 놀라워했다.

10월 말에 정주영은 다시 소 떼를 몰고 북으로 갔다. 그리고 북한 국방위원장 김정일을 만나 금강산 개발 사업, 유전 공동 개발, 체육 교류 등에 합의하고 돌아왔다.

11월 18일 금강산 관광선이 출항했다. 정주영과 그 아들들, 그리고 관광객을 태운 금강호가 동해항에서 뱃고동을 울렸다. 햇볕정책이 낳은 옥동자가 우렁차게 울고 있었다. 이틀 후 두 번째 관광선이 떠났다. 마침 서울에 들어온 미국 대통령 클린턴이 숙소인 신라호텔에서 이를 지켜봤다. 이튿날 한미 정상회담을 마치고 그는 이렇게 소감을 밝혔다.

"감동을 금할 수 없었습니다. 매우 신기하고 아름다운 장면이었습니다."

클린턴의 '감동'은 미국이 햇볕정책을 확실하게 지지하고 있다는 메시지였다. 한반도의 위기를 조장해 왔던 한국과 미국, 그리고 북한 내 강경파들의 목소리를 잠재워 버렸다.

새 천 년이 다가오고 있었다. 대통령 김대중은 20세기의 끝에서 송년 특별 담화를 발표했다. 지난 세기의 앙금을 모두 털어 내고 화해와 화합의 새 천 년을 맞이하자고 호소했다. 새 천 년맞이 국민 대축제에 참석하여 대형 시계추의 '2000 레버'를 당겼다. 빛이 쏟아지고, 새 천년이 열렸다. 김대중은 청와대 관저로 돌아와 깊이 생각했다.

'새해에는 과연 어떤 일들이 일어날 것인가. 새 천 년에 우리 민족에게는 어떤 일들이 일어날 것인가. 북한에서도 새 천 년이 열렸고, 그들도 새로운 시간 속으로 들어갈 것이다. 북한 지도자들도 나처럼 생각에 잠겨 있을 것이다. 그들은 대체 무슨 생각을 하고 있을 것인가.'

김대중은 북이 야속했다. 1월 5일 국가안전보장회의NSC를 주재하고 새해 대북 정책 기조를 남북 관계 개선으로 정했다.

"올해는 한반도 냉전 구조 해체를 본격 추진하여 '평화 정착의 원년'으로 삼겠습니다."

2000년 2월 중국을 방문한 국정원장 임동원은 중국 외교 관리들에게 햇볕정책의 접근 방식을 16자의 한문으로 압축하여 설명했다. 선이후난(先易後難: 쉬운 것부터 풀어 간다), 선민후관(先民後官: 당국 간 대화보다 민간인 접촉부터 시작한다), 선경후정(先經後政: 정치보다 경제적 접근을 먼저 추진한다), 선공후득(先供後得: 먼저 주고 후에 받는다)이 그것이었다.

햇볕정책은 세계 모든 나라가 지지했다. 오직 북한만이 눈부시게 내려쬐이는 햇볕에도 모자를 깊게 눌러쓴 채 침묵하고 있었다. 그러나 2년 동안 내리 쪼인 햇볕은 마침내 북한의 의심을 녹였다. 북이 모자를 벗었다.

북이 움직이기 시작했다. 정상회담을 바라고 있었다. 그러한 징후들은 대통령 김대중에게 속속 보고되었다. 그리고 남과 북의 특사들이 제3국에서 접촉하기 시작했다. 남쪽 당국자들은 북이 정상회담을 하려는 이유로 세 가지를 꼽았다. 첫째 한반도에서의 긴장 완화, 둘째 경제 협력, 셋째 김대중을 통한 대미 관계 개선이었다. 북한은 고립을 탈피하기 위해서, 또 안보와 경제 회생을 위해서 미국과의 관계 개선이 절실했다. 북한의 미래 운명은 미국의 손에 달려 있었다. 북한은 김대중과 클린턴 사이가 매우 긴밀하다는 것을 간파하고 이를 활용하고 싶어 했다.

유럽을 순방 중이었던 김대중은 마지막 방문국인 독일에 도착해 베를린 자유대학에서 연설을 했다. 이른바 '베를린 선언'이었다. 2000년 3월 9일이었다. 그 속에는 김대중의 바람과 의지가 담겨 있었다.

> 우리는 북한과의 전쟁을 결코 원하지 않습니다. 우리는 북한과 평화적으로 공존하고 교류하는 가운데 북한을 도와주고 싶습니다.

그러면서 정부 당국 간의 협력, 냉전 종식과 평화 정착, 이산가족 상봉을 제안하고 이를 위해 남북 당국 간의 대화를 촉구했다. 이제 사전 탐색은 끝났으니 서로의 의중을 확인했으면 본격 대화를 해보자는 것이었다.

베를린 선언은 발표하기 전에 그 요지를 북에 보냈다. 분단 이후 처음 있는 일이었다. 바로 그 전날 싱가포르에서는 문광부 장관 박지원과 북한 아태위 부위원장 송호경이 만났다. 서로 무엇을 원하는지 탐색하는 자리였다. 남과 북은 그날의 만남을 비밀에 부쳤다.

3월 17일에는 상하이에서, 3월 23일에는 베이징에서 접촉했다. 남과 북은 정상회담을 향해 조금씩 다가갔다. 3차 접촉은 4월 8일 베이징에서 있었다. 그리고 '4·8 합의문'을 채택했다.

"김정일 국방위원장의 초청에 따라 김대중 대통령이 금년 2000년 6월 12일부터 14일까지 평양을 방문한다. 평양 방문에서는 김대중 대통령과 김정일 국방위원장 사이에 상봉이 있게 되며 남북 정상회담이 개최된다. 쌍방은 가까운 4월 중에 절차 문제를 협의하기 위한 준비 접촉을 갖기로 하였다."

4월 10일 오전 10시 통일부 장관 박재규와 문광부 장관 박지원은 남북 정상회담 합의를 발표했다. 온 나라가, 지구촌이 떠들썩했다. 국민 90퍼센트 이상이 이를 지지했다.

김대중은 정상회담에 관한 각종 정보를 제공받았다. 하지만 속 시원한 것은 없었다. 김정일이란 인물이 도대체 누구인지 궁금했다. 보고서에는 김정일이라는 인물이 온통 부정적으로만 묘사되어 있었다. 머리에 뿔만 나지 않았을 뿐이었다. 그러나 아무리 독재자라지만 그렇듯 부정적인 면만 지니고 있지는 않을 것이라 판단했다. 그리고 그가 인민복 차림을 고집하는 것도 나름의 소신이 있어서인 것처럼 보였다.

김대중은 국정원장 임동원을 불렀다. 특사로 평양에 가서 세 가지 임무를 수행하라고 지시했다.

"첫째, 김정일이 어떤 인물인지 알아 오시오. 세간의 소문처럼 그렇게 부정적인 인물이라면 만나서 무슨 얘기를 할 수 있겠습니까. 둘째, 정상회담에서 협의할 사안들을 사전에 충분히 설명하고 북측의 입장도 파악해 오시오. 셋째, 정상회담 후 발표할 공동선언 초안을 사전에 합의해 오시오."

5월 27일 토요일 새벽 6시, 임동원은 수행원 4명과 판문점 군사분계선을 넘었다. 수행원 중에는 국정원 국장 김보현과 과장 서훈도 들어 있었다. 김보현은 탁월한 대북 협상 전문가였고, 서훈은 유능한 북한통이었다. 두 사람은 통일 일꾼이었고, 한반도 평화의 첨병이었다. 서훈은 훗날 김대중이 그의 능력을 아껴 몇 번씩 나라의 보배라고 칭찬했다.

어둠이 빠져나가지 않아 사위가 캄캄했다. 그리고 비가 내렸다. 미군 영관급 장교가 일행을 호위했다. 북측 통일각에 들어서니 낯익은 얼굴이 보였다. 노동당 통일전선부 제1부부장 임동옥이었다. 임동원과 임동옥, 두 사람은 남북 고위급 회담을 하며 숱하게 마주 앉았다. 자동차 창밖으로 '평양 168km'라고 씌어진 이정표가 보였다. 여러 생각이 떠올랐다. 북한 사람들에 대한 두려움은 전혀 없었다. 다만 민족의 새 길을 열어야 한다는 사명감이 두려움보다 더 무거웠다. 다시 헬리콥터로 옮겨 타고 북녘 하늘을 날았다. 북한의 최고급 영빈관에 도착한 시각은 아침 7시 40분경이었다.

다시 임동옥과 마주 앉았다. 그에게 특사의 임무를 설명했다.

"김정일 위원장을 만나 김 대통령의 뜻을 전하고, 김 위원장의 뜻을 청취하여 김 대통령에게 보고하려 합니다. 또 회담 의제와 본질 문제를 협의하여 공동선언 초안에 합의하고자 합니다."

그러자 임동옥은 평양 체류 일정을 설명하면서 김대중 대통령의 금수산궁전 참배를 요구해 왔다. 그곳에는 김일성 유해가 안치되어 있었다. 임동원은 당연히 이를 거부했다. 임동옥의 어조가 더욱 강경해졌다.

"김 대통령께서 하노이를 방문했을 때도 호치민 주석 묘소를 참배했는데, 하물며 우리 민족끼리인데 안 된다는 것은 말이 안 됩니다. 무조건 반대만 마시고 임 원장께서 돌아가 김 대통령께 잘 보고드려 동의를 얻어 주셔야 할 문제입니다."

임동옥은 임동원에게 금수산궁전부터 참배하라고 요구했다. 임동원이 이를 거절했다. 그러자 북한은 모든 일정을 취소해 버렸다. 김정일은 물론 대남비서 김용순과의 면담도 취소해 버렸다.

임동원은 다시 헬리콥터를 타고 남으로 향했다. 비 내리는 밤하늘을 저공으로 날았다. 헬리콥터 안의 분위기는 밤하늘보다 더 캄캄했다. 아무도 얘기를 꺼내지 않았다. 앞날이 순탄치 않을 것이라는 것을 깊이 느끼고 있었다. 폭우 속의 위험한 비행. 남북 정상회담의 전망도 그와 같았다. 새벽에 집을 나서는 임동원에게 아내는 성경을 읽어 주었다. 그 말씀이 생각났다.

"너는 두려워 말라. 내가 너를 구원하였고 너를 지명하여 불렀으니 너는 내 것이다.

네가 불 가운데로 지날 때에도 타지도 않을 것이요, 불꽃이 너를 사르지도 못할 것이다."

밤 9시 30분, 개성 근처에 내렸다. 일행은 다시 군사분계선을 넘어 불빛 환한 남쪽 땅을 밟았다. 그제야 허기가 느껴졌다. 모두 저녁을 굶었던 것이다.

밤이 깊었지만 대통령은 관저에서 특사를 기다리고 있었다. 대통령은 보고를 듣고 실망했다. 김대중은 다음 날 대책을 논의해 보자고 말했다. 임동원이 대통령에게 등을 보인 것은 자정 무렵이었다.

일주일 후 다시 토요일이 왔다. 임동원은 날짜만 다를 뿐 같은 시각, 같은 길을 통해 북측 통일각에 들어섰다. 그리고 헬리콥터로 평양에 내린 후 승용차로 갈아탔다. 텅 빈 시가지를 달려 모란봉 초대소에 도착한 시각은 오전 8시경이었다.

그날 저녁 임동원은 순안비행장에서 특별기를 탔다. 특별기는 신의주 근처의 군용 비행장에 착륙했다. 그곳에서 벤츠 세단으로 갈아탄 후 구불구불한 비포장도로를 달려 마침내 김정일이 머무는 특각(별장)에 도착했다. 건물 내부는 널찍하고 밝았지만 왠지 느낌이 싸늘했다. 김정일이 나타났다.

"반갑습니다. 여기까지 오시느라 수고가 많았습니다."

갈색 점퍼 차림, 퉁퉁한 몸매, 머리칼을 올려 세운 머리 모양 등이 언론에서 봐왔던 모습 그대로였다.

김정일과 임동원은 긴 탁자를 사이에 두고 마주 앉았다. 임동원은 대통령 김대중의 친서를 전달했다. 친서에는 정상회담에서 다루길 희망하는 네 가지 의제가 들어 있었다. 남북 관계 개선 및 통일 문제, 긴장 완화와 평화 문제, 공존공영을 위한 교류 협력 문제, 이산가족 문제와 기타 상호 관심사였다. 임동원은 네 가지 의제를 하나씩 차근차근 설명했다. 한 시간이 족히 걸렸다. 김정일은 진지하게 경청했다. 그리고 격식을 차리지 않고 마치 예전에 알고 있었던 사람인 듯 얘기를 하기 시작했다.

"김대중 대통령께서는 야당 시절 오랫동안 고난과 납치, 사형선고 등 온갖 수모를 겪으면서도 굴하지 않고 민주화 투쟁을 계속하여 마침내 대통령이 된 성공한 노 정치인이라는 것을 잘 알고 있습니다. 현직 대통령으로서도 매우 잘하고 있는 것으로 알고 있습니다. 개인적으로 저는 김 대통령을 존경해 마지않는다는 점부터 말씀드려야겠습니다. 김 대통령은 원래 겸허한 분으로 알고 있습니다. 평양에 오시면 존경하는 어른으로, 전혀 불편함이 없도록 품위를 높여 잘 모시겠습니다."

임동원은 김정일의 행동과 말투에 놀랐다. '음습하고 괴팍한 성격 파탄자'라는 그간의 이미지와는 너무도 달랐다. 솔직하고 정중했다. 그리고 김대중을 존경했다. 꼭 "김대중 대통령께서"라고 호칭했다. 말투로만 본다면 김대중 대통령을 상전으로 모시는 국방위원장처럼 여겨졌다. 임동원은 비로소 안심했다. 내친 김에 예민한 금수산궁전 방문 문제를 언급했다.

"대통령의 금수산기념궁전 방문 문제는 일단 정상회담을 성공적으로 마치고 공동선언을 발표하고 난 다음에 할 수 있다고 대통령께서 말씀하셨습니다. 우리 국민의 정서를 존중하여 신중을 기해야 한다고 생각하며, 방문 일정을 생략하는 것이 좋겠다는 입장을 갖고 있습니다."

"왜 남쪽 국민의 정서만 생각합니까. 우리 북쪽 인민들의 정서는 안 중요합니까? 인민을 위해서나 상주인 나를 위해서나 상가에 와서 예의를 표한다는 것쯤은 조선의 오랜 풍습이요 당연한 일이 아닙니까. 안 된다고 생각하지 말고 되는 방안을 좀 강구해 봅시다."

임동원은 김정일과 만찬을 하며 많은 얘기를 나눴다. 만찬은 자정이 돼서야 끝났다. 임동원 일행은 특별기를 타고 밤하늘을 비행했다. 숙소에 도착하니 새벽 2시였다.

김대중은 다시 임동원을 기다렸다. 밤늦게 특사 임동원이 청와대 관저에 들어섰다. 그는 김정일 위원장에 대한 인상을 이렇게 말했다.

"상대방의 말을 경청하며 말하기를 즐기는 타입입니다. 식견이 있고 두뇌가 명석하며 판단력이 빨랐습니다. 명랑하고 유머 감각이 풍부한 스타일입니다. 수긍이 되면 즉각 받아들이고 결단하는 성격입니다. 말이 논리적이지는 않지만 주제의 핵심을 잃지 않는, 좋은 대화 상대자라는 인상을 받았습니다."

김대중의 얼굴이 펴졌다.

김대중은 철저히 준비했다. 청와대에서 남북 모의 정상회담을 가졌다. 김정일 대역은 전 남북대화사무국장 김달술, 김용순 역은 전 통일부 차관 정세현이 맡았다. 북측 대역들은 북한 말씨까지 흉내 내며 열연을 했다. 정세현은 북한의 협상 태도와 수법, 그리고 주장하는 내용까지 정확히 알고 있었다. 그는 대북 협상의 고수였다. 실제로 대남비서 김용순은 정세현의 질문 내용을 그대로 되풀이했다. 김달술은 김정일을 대신해서 매섭게 몰아붙였다. 김대중은 이를 유연하게 받아넘겼다. 임동원이 대역으로 추천한 김달술은 원래 김대중을 싫어했다. 김대중의 사상을 의심했다. 그는 '한 방'을 먹이려고 별렀다. 그러나 모의 회담이 끝난 후 임동원에게 말했다.

"대단한 분이야. 믿을 수 있어. 정상회담이 잘될 것 같네."

북으로 떠나기 전날 김대중은 공식 일정을 잡지 않았다. 청와대 홈페이지에는 네티즌들의 글이 쇄도했다. 모두 회담의 성공을 기원했다. 어디 그들뿐인가. 온 나라 국민들이, 한반도의 산하가, 그 속의 온갖 생명붙이가 평화를 갈구하며 정상회담을 기다리고 있었다.

2000년 6월 13일, 특별한 날이 밝았다. 대통령 김대중을 태운 전용기가 서울공항을 이륙했다. 오전 9시 15분이었다. 하늘에는 구름 한 점 없었다.

"대통령을 모신 공군 1호기는 곧 38선을 넘게 됩니다. 오른쪽에 북한의 옹진반도 장산곶이 있습니다. 평양의 날씨는 23도입니다."

10시 30분 평양 순안공항에 도착했다. 의전비서관 김하중이 다가왔다. 그는 성실하고 명석해서 재임 중 줄곧 중용했다. 그가 대통령에게 속삭이듯 말했다.

"김정일 위원장이 출영했습니다."

비행기 문이 열렸다. 김대중이 트랩에 섰다. 멀리, 아주 멀리까지 북한 산하를 쳐다봤다. 얼마나 기다렸던 순간이던가. 북녘의 하늘 아래 남녘의 대통령이 서 있었다. 군중들은 꽃술을 흔들었고, 북한 최고지도자 김정일이 기다리고 있었다. 마침내 북한 땅을 밟았다. 김정일이 다가왔다.

"반갑습니다."

남과 북이 손을 잡았다.

이때 남쪽에서 올라온 사람들은 솟구치는 감동에 눈시울이 뜨거워졌다. 국정원장 임동원과 그와 함께 군사분계선을 넘은 사람들은 끝내 울고 말았다.

김대중은 김정일과 함께 인민군 의장대를 사열하고 분열을 받았다. 공항 의전 행사를 마치고 김정일이 김대중을 안내했다. 두 사람은 검은색 승용차에 동승했다.

차량은 천리마거리, 김일성 동상이 서 있는 만수대 언덕, 모란봉 천리마 동상, 개선문, 금수산기념궁전을 지나갔다. 가도 가도 사람 물결이었다.

숙소인 백화원 영빈관에 도착했다. 남과 북의 정상은 접견실에서 환담을 나눴다. 이 광경은 실시간으로 지구촌에 퍼져 나갔다. 은둔의 지도자 김정일이 세계에 처음 알려지는 순간이었다. 김정일은 거침이 없었다.

"자랑을 앞세우지 않고 섭섭지 않게 해드리겠습니다. 외국 수반도 환영하는데 동방예의지국이라는 도덕을 갖고 있습니다. 김 대통령을 환영 안 할 아무 이유가 없습니다. 동방예의지국을 자랑하고파서 인민들이 많이 나왔습니다. 김 대통령의 용감한 방북에 대해서 인민들이 용감하게 뛰쳐나왔습니다."

김정일은 이어서 예사롭지 않은 인사말을 했다.

"대통령께서는 무서움과 두려움을 무릅쓰고 용감하게 평양에 오셨습니다. 전방에서는 군인들이 총부리를 맞대고 방아쇠만 당기면 총알이 나갈 판인데, 대통령께서는 인민군 명예의장대 사열까지 받으셨습니다. 이건 보통 모순이 아닙니다. 지금 세계가 주목하고 있습니다. 김 대통령께서 왜 방북했는지, 김 위원장이 왜 승낙했는지 의문들이 대단합니다. 2박 3일 동안 우리가 대답해 줘야 합니다."

이 인사말로 김정일은 서방세계의 잘못된 정보가 만들어 낸 유령의 집에서 빠져나왔다. '성격이 음울하고 잔인해서 기쁨조들과 밤마다 술판을 벌이는 방탕한' 인물이 아니었다. 김정일은 외세에 의해 분단된 한반도에 전기를 마련하고 싶었다. 상대가 김대중이기에 그는 부풀어 있었다. 김대중은 인사말을 듣고 안도했다. 그를 설득할 자신감이 생졌다.

김대중의 평양 방문은 가장 뜨거운 지구촌 뉴스였다. 서울 소공동 롯데호텔에 프레스센터가 차려졌다. 289개 매체(외신 173개 사), 1275명(외신 기자 503명)이 취재 경쟁을 벌였다. 순안공항에서 남북 정상이 손을 맞잡았을 때에는 1000여 명의 기자가 기립 박수를 보냈다.

다음 날 김대중·김정일 정상회담이 백화원에서 있었다. 남측에서는 국정원장 임동원, 외교안보 수석 황원탁, 경제 수석 이기호가 배석했다. 북측에서는 대남비서 김용순 혼자만 나왔다.

김대중은 이미 친서에 적시하고 특사 임동원을 통해 밝힌 네 가지 의제를 제시했다. 그리고 의제마다 설명을 곁들였다. 끝으로 김정일의 남쪽 답방을 요청하며 자신의 바람을 솔직하게 털어놓았다.

"김 위원장의 서울 방문을 정식으로 요청합니다. 여론조사 결과를 보면 김 위원장이 서울에 와야 한다는 여론이 81퍼센트나 됩니다. 조만간 서울을 꼭 한 번 방문해 주시기를 바랍니다. 제 나이 이제 일흔여섯입니다. 대통령 임기는 2년 8개월 남았습니다. 30~40년 동안 숱하게 감옥살이를 하고 죽을 고비까지 넘기면서 나름대로 민족의 화해와 통일을 위해 최선을 다하며 살아왔습니다. 그 뜻을 2년 8개월 사이에 김 위원장과 함께 꼭 이뤄 보고 싶습니다. 그리고 다음에 어떤 정부가 들어서더라도 그 길을 바꾸지 못하도록 단단히 해두고 싶습니다. 그게 나의 소원입니다."

김대중은 간절히 호소했다. 그래서 어떤 정부가 들어서더라도 바꾸지 못할 금자탑을 쌓자고 했다. 그러나 김정일은 의구심을 떨치지 못했다.

"우리가 아무리 좋은 합의를 해도 한나라당이 차기에 다시 집권하면 원점으로 돌아가는 거 아닙니까. 대통령께서는 한나라당이 차기에 집권하면 대북 정책이 어떻게 될 것이라고 보십니까?"

"한나라당이 야당이다 보니 정략적으로 그러는 거지 만약 집권한다면 우리가 추진하고 있는 정책 방향과 크게 다르지 않을 것입니다. 남북 연합은 그들도 주장한 것이고 남북이 평화 공존하자는데 이의가 없을 것입니다."

그러나 김대중의 대답은 결과적으로 허언이 되었다. 한나라당이 집권하고 대북 정책은 강경으로 일관했다. 만일 두 사람이 다시 만났다면 김정일은 김대중에게 분명 따졌을 것이다.

회담 도중에 김정일은 '비밀 사항'이라며 매우 주목할 만한 발언을 했다. 주한 미군 문제였다.

"1992년 초 미국 공화당 정부 시기에 김용순 비서를 미국에 특사로 보내 '남과 북이 싸움 안 하기로 했다'고 말했습니다. 그러면서 '미군이 계속 남아서 남과 북이 전쟁을 하지 않도록 막아 주는 역할을 해달라'고 요청했습니다. 역사적으로 주변 강국들이 한반도의 지정학적 위치와 전략적 가치를 탐내어 수많은 침략을 자행한 사례를 들면서 '동북아시아의 역학 관계로 보아 조선반도의 평화를 유지하자면 미군이 와 있는 것이 좋다'고 말해 줬어요. 제가 알기로 김 대통령께서는 '통일이 되어도 미군이 있어야 한다'고 말씀하셨는데, 그건 제 생각과도 일치합니다."

김대중은 속으로 놀랐다. 김정일은 한반도의 '지정학적 위치와 전략적 가치'를 정확하게 알고 있었다. 안보를 보장해 주는 영원한 우방은 없으며, 결국 맹방이라는 중국도 믿을 수 없다는 우회적인 표현이었다.

"민족 문제에 그처럼 탁월한 식견을 가지고 계실 줄 몰랐습니다. 그렇습니다. 주변 강국들이 패권 싸움을 하면 우리 민족에게 고통을 주게 되지만, 미군이 있음으로써 세력 균형을 유지하게 되면 우리 민족의 안전도 보장받을 수 있습니다."

남과 북은 합의문을 작성해야 했다. 김정일은 합의문에는 선언적인 것만 넣고 나머지는 당국 간 장관급 회담에 일임하자고 했다. 그러나 김대중의 생각은 달랐다. 큼지막한 것들은 이미 7·4 공동성명이나 남북기본합의서에 들어 있었다. 이제 실천적 과제에 합의해야 했다. 따라서 구체적인 내용을 명기하고 김정일의 답방도 포함시킬 것을 촉구했다.

이를 둘러싸고 장시간 공방이 오갔다. 북측은 김정일의 서울 방문에는 부정적이었다. 그 말만 나오면 김정일의 얼굴이 굳어졌다. 김대중은 마지막으로 인간적인 면에 호소했다.

"김 위원장께서 동방예의지국 지도자답게 연장자를 굉장히 존중하는 것은 천하가 다 아는 사실이고, 내가 김 위원장하고 다른 것이 있다면 나이를 좀 더 먹은 건데, 나이 많은 내가 먼저 평양에 왔는데 김 위원장께서 서울에 안 오면 되겠습니까. 서울에 반드시 오셔야 합니다. 서울에 오시면 우리도 크게 환영하고 환대할 것입니다."

그러자 김정일이 아무 말도 하지 않았다. 망설이고 있음이 분명했다. 이때 임동원이 나섰다.

"이렇게 합의하면 어떻겠습니까. '김대중 대통령이 김정일 국방위원장의 서울 방문을 정중히 요청했으며, 김정일 위원장은 앞으로 편리한 시기에 서울을 방문하기로 했다'고 말입니다. 일단 이 정도로 합의하고 방문 날짜는 다시 협의하면 되지 않겠습니까."

김정일은 다시 생각에 잠겼다. 모두 김정일의 입만 바라보고 있었다. 그는 알겠다는 듯 고개를 끄덕였다.

정상회담은 정점에 이르렀다. 이제 누구의 명의로 선언문에 서명할 것인지가 최대 걸림돌이었다. 김정일이 의견을 내놓았다.

"그럼 수표(서명) 문제는 상부의 뜻을 받들어 조선노동당 중앙위원회 비서 김용순과 대한민국 국정원장 임동원이 하는 걸로 합시다."

"안 됩니다. 김 위원장과 내 이름으로 서명해야 합니다. 그렇지 않으면 용을 그려놓고 눈을 그리지 않는 것이나 마찬가지입니다."

"그렇다면 수표는 김영남 상임위원장과 하고 합의 내용을 제가 보증하는 식으로 하면 될 것 같습니다."

김대중은 다시 정색을 하고 반대했다. 다시 김정일이 여러 가지 말로 김대중을 설득했다.

"과거 7·4 공동성명도 상부의 뜻을 받들어 이후락과 김영주, 이런 식으로 한 예가 있습니다. 김대중 대통령을 대표해서 임동원, 나 김정일 국방위원장을 대표해서 김용순, 이렇게 합시다."

이때 김대중은 특유의 순발력을 발휘했다. 그것은 준비된 사람만이 할 수 있는 통렬한 반격이었다.

"그때는 이후락 씨가 왔지만 지금은 대통령인 내가 직접 와서 정상회담을 한 것입니다. 일 처리를 좀 시원하게 해주십시오."

다시 임동원이 이를 거들었다. 우리 민족사에 새로운 전기를 마련하는 기념비적인 문건임을 강조하며 두 정상의 서명은 당연하다고 설득했다. 답변이 곤궁해진 김정일이 갑자기 농을 건넸다.

"대통령이 전라도 태생이라 그런지 무척 집요하군요."

김대중은 농을 농으로 받으며 다그쳤다. 기상천외한 기지였다.

"김 위원장도 전라도 전주 김씨 아니오. 그렇게 합의합시다."

"아예 개선장군 칭호를 듣고 싶은 모양입니다."

"개선장군 좀 시켜 주시면 어떻습니까. 내가 여기까지 왔는데, 덕 좀 봅시다."

참석자 모두 웃었다. 회담이 끝났다. 남북공동선언문은 그렇게 타결되었다. 저녁 7시였다.

정상회담은 이렇듯 순조롭게 진행되고 있었지만 금수산궁전 참배 문제는 여전히 풀리지 않았다. 문광부 장관 박지원은 아태위 부위원장 송호경에게 절박한 심경을 토로했다.

"대통령님의 금수산궁전 참배는 절대 안 됩니다. 북측에서 계속 주장한다면 한광옥 비서실장과 내가 대통령님 대신 참배하고 베이징으로 먼저 돌아가겠습니다. 그리고 귀국해서 구속되겠습니다."

임동원 또한 애가 탔다. 김정일이 함께 참배하러 가자고 대통령의 소매를 끌면 난감한 상황이 전개될 수도 있었다. 임동원은 임동옥을 만나 김정일에게 메시지를 전달해 달라고 부탁했다. 메시지는 서울에서 준비해 간 것이었다.

"남쪽 국민들의 70퍼센트 이상이 금수산궁전의 참배를 반대합니다. 김 대통령님의 지도력이 상처를 받으면 정상회담의 의미가 퇴색하고 합의 사항 이행이 어려워질 수 있습니다. 쌍방이 이익이 되는 방향으로 추진해야 합니다."

그런데 갑자기 북측의 태도가 바뀌었다. 정상회담 후 북측은 더 이상 금수산궁전 참배를 요청하지 않았다. 수행원들의 헌신적인 노력이 있었지만 아마 김정일이 이 같은 남쪽 상황을 이해하고 미리 결단을 내렸을 가능성도 있었다.

남과 북이 모여 만찬을 벌였다. 만찬장은 감동으로 출렁거렸다. 김정일이 큰 소리로 말했다.

"어이 국방위원들 어딨어, 모두 나와 대통령님께 한 잔씩 올리라우."

인민군 장성들이 줄지어 김대중에게 술을 따랐다. 남과 북의 불신과 미움을 씻어 내는 상징적인 광경이었다. 특별 수행원인 시인 고은은 특유의 우렁찬 목소리로 시를 낭송했다.

> (······)
> 무엇하러 여기 와 있는가
> 무엇하러 여기 왔다 돌아가는가
> 민족에게는 기필코 내일이 있다
> 아침 대동강 앞에 서서
> 나와 내 자손대대의 내일을 바라본다
> 아 이 만남이야말로

이 만남을 위해 여기까지 온
우리 현대사 백 년 최고의 얼굴이 아니냐
이제 돌아간다
한 송이 꽃 들고 돌아간다

만찬이 끝나고 다시 백화원 영빈관으로 돌아왔다. 자정이 가까운 시각에 남북 공동선언 조인식이 있었다. 김대중, 김정일이 서명했다. 대표단 모두 숨을 죽였다. 서명이 끝나고 김대중과 김정일이 손을 맞잡아 들어 올렸다. 민족의 새벽을 여는 쾌거였다.

김대중은 이루 형용할 수 없는 감격에 휩싸였다. 자리에 눕자 지난 하루가 생생하게 다시 떠올랐다. 최선을 다한 하루였다. 그 하루를 위해 수십 년을 기다려 왔다. 김대중은 젖 먹던 힘까지 모두 쏟아부었다. 평생 가장 긴 날이었지만 지금은 가장 행복한 순간을 맞고 있었다.

6월 15일, 남과 북에 전혀 새로운 날이 밝았다. 김정일은 오찬 연회를 열었다. 송별회 같은 것이었다. 연회장에서 김정일이 말했다.

"인민군 총사령관으로서 오늘 12시부로 전방에서 대남 비방 방송을 중지할 것을 명령했습니다."

남과 북은 그렇게 상호 비방 방송을 중단했다. 모두 손을 잡고 〈우리의 소원은 통일〉을 불렀다.

다시 남으로 가야 했다. 김정일과 함께 차에 올랐다. 수십만 명이 연도에 나와 꽃술을 흔들었다. 순안공항에 도착해 배웅 나온 북측 인사들과 악수를 나눴다. 마지막으로 김정일만 남았다. 김대중과 김정일이 포옹했다. 김정일이 귓속말로 "다시 만나자"고 했다. 남과 북의 정상은 세 번 포옹했다. 김대중이 트랩에 올라 뒤돌아봤다. 김정일은 여전히 그 자리에서 손을 흔들고 있었다.

그러나 두 사람은 지상에서 다시는 만나지 못했다.

남북 정상회담 이후 미국은 대북 경제제재 조치를 완화했다. 반세기 동안 금지됐던 교역이 재개되었다. 6월 23일 미 국무장관 올브라이트Madeleine Albright가 서울에 왔다. 노랑 옷에 '선샤인 브로치'를 달고 나타났다. 햇볕정책 성공을 축하하려는 것이었다.

"하나의 아이디어를 인내심을 갖고 추진하여 성공시킨 집념에 경의를 표합니다. 개인적으로 김 대통령을 존경하지만 이제 세계가 존경하고 있습니다."

한반도에 햇볕이 가득했다. 그 햇볕을 받고 여러 가지 것들이 피어났다. 놀라운 변화였다.

2000년 7월 말 남북 장관급 회담이 열렸다. 8월 5일 남쪽 언론사 사장단 56명이 북한을 방문했다. 8월 15일 이산가족 상봉이 있었다. 남쪽 이산가족 102명이 평양에서, 북쪽 101명은 서울에서 헤어진 가족들을 얼싸안았다. 8월 20일 남북교향악단 합동 연주회가 열렸다. 9월 2일 비전향 장기수 63명이 북으로 돌아갔다. 9월 11일 특사 김용순이 칠보산 송이를 싣고 서울을 방문했다. 9월 15일 호주 시드니 올림픽에서 남북 선수단이 공동으로 입장했다. 9월 18일 경의선 연결 기공식이 있었다.

서울과 평양에서 동시에 이루어진 이산가족 상봉은 한반도는 물론이고 현존하는 지구촌 모든 사람의 가슴을 적셨다. 상봉 장소인 서울

코엑스와 평양 고려호텔은 눈물바다였다. 아주 많이 늙은 사람들, 곧 세상을 떠야만 하는 노인들이 부둥켜안고 어린아이처럼 울었다. 북의 계관시인 오영재는 어머니 사진에 볼을 부비며 울부짖었다. 한국전쟁 때 열여섯 살 중학생이었던 그는 의용군으로 참전했다가 50년 만에 어머니를 만나러 왔다. 그러나 어머니는 이미 땅에 묻힌 지 오래였다.

사연사연마다 너무 애절해서 눈물 속에는 피가 섞여 있었다. 잠깐 헤어진 줄 알았는데 어느새 50년이었다. 이런 피눈물을 외면하고 남과 북은 서로 미움만을 키웠다. 김대중은 이를 지켜보며 '대통령 되기를 잘했다'고 생각했다.

9월 24일 남북 국방장관 회담 북측 대표 13명이 판문점을 넘어왔다. 북한군 수뇌부가 군사분계선을 넘은 것은 한국전쟁 이후 처음이었다. 김대중은 인민무력부장 김일철의 예방을 받았다. 일행이 대통령 김대중에게 거수경례를 했다.

"다시는 서로 총부리를 겨누고 싸워서는 안 됩니다. 남북이 오랫동안 적대 관계를 유지해 조금만 잘못돼도 깨질 수 있습니다. 조급해하지 말고, 그렇다고 쉬지도 말고 신뢰를 쌓아 가면 평화통일을 이룰 수 있을 것입니다."

2000년 10월 9일 북한 국방위 제1부위원장 조명록 차수가 미국을 방문했다. 세계가 놀랐다. 조명록은 군복 차림으로 클린턴을 예방하고 김정일의 친서를 전달했다. 조명록과 미 국무장관 올브라이트는 회담을 갖고 '북미 공동성명'을 발표했다.

조선민주주의인민공화국 국방위원회 김정일 위원장께 클린턴 대통령의 의사를 직접 전달하여 미합중국 대통령의 방문을 준비하기 위하여 매들린 올브라이트 국무장관이 가까운 시일에 조선민주주의인민공화국을 방문하기로 합의하였다.

성명은 "1953년 정전협정을 공고한 평화협정으로 바꿔 한국전쟁을 공식 종식시키는 데 4자회담 등 여러 방도가 있다는 데 견해를 같이했다"고 밝혔다. 북은 미사일 실험을 유예하고 미국은 북과의 관계 정상화를 추진키로 했다. 10월 말에는 미 국무장관 올브라이트가 클린턴의 친서를 휴대하고 평양을 답방했다. 회담을 마치고 돌아온 올브라이트에게 기자들이 김정일의 인상을 물었다.

"그는 남의 말을 경청하는 훌륭한 대화 상대자였다. 실용주의적이고 결단력이 있다는 인상을 받았다."

2000년 10월 13일 노벨평화상을 발표하는 날이었다. 어느 때보다 김대중의 수상이 유력했다. 주요 외신들은 김대중의 수상을 기정사실로 보도하고 있었다. 한국의 언론사 기자들도 일찌감치 노르웨이 현지로 날아갔다. 김대중은 아내 이희호와 함께 관저에 머물며 발표를 기다리고 있었다. 마침내 노벨위원회 위원장 군나르 베르게Gunnar Berge가 김대중의 이름을 불렀다. 한국인 최초의 노벨상 수상자가 배출되는 순간이었다. 위원장 베르게가 선정 이유를 밝혔다.

노르웨이 노벨위원회는 2000년 노벨평화상 수상자로 한국과 동아시아의 민주주의와 인권 신장 및 북한과의 화해와 평화에 기여한 한국의 김대중을 선정했다. 한국에서 수십 년간 지속된 권위주의 체제 속에서 계속된 생명의 위협과 기나긴 망명 생활에도 불구하고 김대중은 한국 민주주의의 대변자였다. 그가 1997년 대통령 선거에 당선됨으로써 한국은 세계 민주주의 국가 대열에 올랐다. 대통령으로서 김대중은 민주 정부 체제를 공고히 했고, 한국 내의 화합을 도모했다.

김대중은 강한 도덕성을 바탕으로 아시아의 인권을 제약하는 기도에 대항하는 보편적 인권의 수호자로 동아시아에 우뚝 섰다. 미얀마 민주주의에 대한 지지와 동티모르의 억압을 반대하는 그의 역할은 평가할 만하다.

김대중의 그해 가을은 실로 찬란했다. 그간에 쌓아 두었던 축복이 한꺼번에 쏟아져 내리는 것 같았다. 일본 『요미우리신문』은 호외를 발행했다. 세계 언론도 일제히 축하 기사를 내보냈다.

세계 뉴스는 음울한 소식으로 가득하다. 중동은 전쟁의 위협 아래 놓여 있고, 영국 남부 지방은 홍수가 발생했다. 그러나 이데올로기로 분단된 한반도의 화해를 추진하기 위한 끈기 있는 노력으로 한국의 김대중 대통령에게 돌아간 노벨평화상은 암흑 속의 한 줄기 소망의 빛이다. (2000년 10월 14일자 『더 타임스』 사설에서)

2000년은 노벨평화상을 제정한 지 100주년이 되는 해였다. 그래서인지 어느 해보다 경합이 치열했다. 35개 단체와 115명이 후보로 추천을 받았다. 중동 평화 협상에 주력한 빌 클린턴도 들어 있었다. 그러나 남북 정상회담을 이끌어 낸 김대중이 단연 빛났다. 노르웨이 언론은 "과거에는 이런저런 자격 시비가 있었지만 김대중 대통령은 단 한 건의 반대 의견도 없었다"고 보도했다. 하지만 국내 야당과 보수 언론의 반응은 사뭇 냉랭했다. 수상을 위한 로비가 있었다는 의혹도 제기했다. 이에 노벨위원회 위원장 군나르 베르게는 별도의 해명을 했다. 이는 한국인들을 부끄럽게 만들었다.

"노벨상은 로비가 불가능하고, 로비가 있다면 더 엄정하게 심사한다. 기이하게도 김대중에게는 노벨상을 주지 말라는 로비가 있었다. 김대중의 수상을 반대하는 수천 통의 편지가 한국에서 날아왔다. 그것이 모두 특정 지역에서 온 것이라는 사실을 알았을 때 경악하지 않을 수 없었다."

10월 20일 ASEM 정상회의가 서울에서 열렸다. 아시아와 유럽의 26개국 정상들이 참석했다. 나라를 세운 이래 최대 규모의 국제 행사였다. 김대중은 의장국 정상 자격에 노벨평화상 수상자였다. 멀리 있어도 빛이 났다. 각국 정상들이 노벨평화상 수상을 축하해 주었고, 한반도의 평화를 기원하는 덕담을 건넸다.

김대중은 14개국과 정상회담을 가졌다. 정상회의 중 80회의 양자 회담이 열렸는데 26회를 김대중이 주관했다. 살인적인 일정이라고 비서들이 만류했지만 듣지 않았다. 일생에서 가장 바빴던, 하지만 가장 행복하게 일했던 2박 3일이었다.

그해 12월 10일 노벨평화상 시상식이 있었다. 김대중은 8일 노르웨이에 도착했다. 노벨위원회에 들러 위원들과 환담을 나눴다. 위원회 사무실 벽면에 역대 수상자들의 초상화가 걸려 있었다. 빌리 브란트, 헨리 키신저, 레흐 바웬사, 오스카르 아리아스 산체스, 고르바초프, 아웅 산 수 치, 넬슨 만델라, 라모스 오르타 등이 김대중을 바라보고 있었다. 모두 김대중과 인연이 있었다. 맨 마지막에 김대중이 있었다. 세월이 흐르면 그 뒤에 또 많은 사람들의 얼굴이 걸릴 것이다. 수상자들이 늘어날수록 세상은 더 발전하고 평화로울 것이다. 김대중은 사진 속의 김대중을 한참 바라보았다.

식장인 오슬로 시청 메인홀은 온통 노란 꽃으로 장식되었다. 햇볕정책을 상징하고 있었다. 시상식은 격조 높게 진행되었다. 노벨위원회 위원장 군나르 베르게가 노르웨이 작가 군나르 롤드크밤Gunnar Roaldkvam이 쓴 시 「마지막 한 방울」을 인용하며 선정 이유를 발표했다.

옛날 옛적에
물 두 방울이 있었다네
하나는 첫 방울이고
다른 것은 마지막 방울
첫 방울은 가장 용감했네
나는 마지막 방울이 되도록 꿈꿀 수 있었네
만사를 뛰어넘어서 우리가 우리의
자유를 되찾는 그 방울이라네
그렇다면
누가
첫 방울이기를 바라겠는가?

군나르 베르게는 김대중을 이렇게 소개했다.

"세계 대부분의 지역에서 냉전의 빙하 시대는 끝났습니다. 세계는 햇볕정책이 한반도의 마지막 냉전 잔재를 녹이는 것을 보게 될 것입니다. 시간이 걸릴 것입니다. 그러나 그 과정은 시작되었으며, 오늘 상을 받는 김대중 씨보다 더 많은 기여를 한 사람은 없습니다. 시인의 말처럼 '첫 번째 떨어지는 물방울이 가장 용감하였노라.'"

김대중은 수상 소감에서 국민과 민주화를 위해 희생된 수많은 동지들과 국민들에게 영광을 돌렸다.

그날 밤 축하 음악회가 열렸다. 노벨평화상 수상을 기념하는 마지막 행사였다. 성악가 조수미가 〈그리운 금강산〉을 불렀다.

"한국의 노래를 한 곡 들려드리겠습니다. 남한 사람들 모두가 꼭 가고 싶어 하는 북한에 있는 아름다운 명산, 금강산을 노래한 것입니다. 이 곡을 김대중 대통령과 대한민국 국민들께 바칩니다."

조수미의 목소리는 청중을 완전히 압도했다. 그날 이후 노르웨이에서는 조수미 붐이 일었고 그의 음반이 날개 돋힌 듯 팔려 나갔다. 김대중은 말할 수 없는 감동이 솟구쳐 올랐다. 눈물이 났다. 왜 그 노래만 들으면 눈물이 나는지 몰랐다. 조수미는 노래를 마치고 달려와 노老 대통령을 껴안았다. 청중들의 박수소리가 끝없이 이어졌다.

그렇게 김대중의 2000년은 눈부셨다.

지구를 어머니로, 만물을 형제로

2001년 8월 23일 IMF 차입금을 모두 갚았다. 이로써 한국은 '경제 신탁통치'에서 벗어났다. IMF와 2004년까지 상환키로 약속했으나 3년 앞당겨 빚을 갚았다. 우리 경제 환경은 많이 달라졌다. 30대 재벌 중에서 16개가 없어지거나 주인이 바뀌었다. 대마불사의 신화도 깨졌다.

국민의 정부는 기업, 금융, 공공, 노동 4대 부문 개혁에 온 힘을 쏟았다. 그것은 각 부문의 군살을 빼고, 환부를 도려내는 일이었다. 국민들의 의식까지 개혁해야 하는 환골탈태의 난제였다. 금융 개혁은 특히 어려웠다. 하루하루가 전쟁이었다.

자민련 몫으로 들어온 경제장관들은 열심히 일했다. 김대중의 개혁 정책에 공감하고 혼신의 노력을 다했다. 특히 재정경제부 장관 이규성, 금감위원장 이헌재 등은 김대중을 감동시켰다. 김대중 또한 각료들을 감동시켰다. 김대중은 각료들을 차별하지 않았다. 김대중은 일 잘하는 장관을 아끼고 그들 말을 우선적으로 들었다. 모두 밤잠을 설쳐 가며 나라 경제를 챙겼다.

돌아보면 외환 위기 극복 과정은 눈물겨웠다. 세계는 한국에서 일어난 두 가지 일에 감동했다. 하나는 금 모으기 운동이고 다른 하나는 노사정위원회를 구성한 것이다. 자신보다 이웃을, 나보다 우리를 생각했다. 그리고 이러한 일들은 김대중이 없었으면 이룰 수 없었을 것이다. 가진 자들과 기득권층과 유착하지 않았기에 할 수 있었다. 새 대통령, 평화적으로 수평적 정권 교체를 이룬 대통령의 간곡한 설득에 마음을 열었던 것이다.

김대중은 그런 국민이, 노동자가, 또 기업인이 고마웠다. 환란 극복에 앞장섰던 인사들을 초청하여 만찬을 나눴다. 전 재경부 장관 이규성이 김대중의 공을 헤아렸다.

"국민들을 개혁으로 통합할 수 있었던 것은 대통령님의 높으신 경륜 때문이고, 우리가 국제 금융 기구나 우방국으로부터 신뢰를 받은 것은 대통령님의 정상 외교 덕분입니다."

김대중은 취임 초기에 나라 빚이 얼마인지도 몰라 밤잠을 이루지 못했다. 언제 부도가 날지 몰랐다. 달러가 있다면 세상 끝까지라도 쫓아갔다. 초창기 정상 외교는 다름 아닌 '달러 빌리기'였다. 하루하루가 살얼음판을 건너듯 아슬아슬했다. 하지만 돌아보니 행복한 기억이었다. 김대중은 그 행복을 나눠 주고 싶었다.

"후일 역사가들이 우리와 IMF의 관계, 그리고 외환 위기 극복 과정을 기록할 때 반드시 이러한 노동자들과 기업인들의 희생과 협력에 대해서 기록할 것을 믿습니다."

2001년 9월 외환 보유액이 1000억 달러를 넘어섰다. 세계 5위 규모였다. 외환 위기를 맞은 나라로서는 유례가 없었다. 세계가 몇 번씩 눈을 씻고 한국을 바라보았다.

그러나 김대중도 두 가지는 아쉬워했다. 바로 재임 중에 일어난 카드 대란과 외환 위기로 심화된 소득의 양극화였다. 경기 활성화와 투명한 상거래를 위해 카드 사용을 권장하자 너도나도 카드를 긁었다. 결국 수많은 신용불량자를 낳았다. 또 집권 초기에 '실업 내각'이라 할 만큼 실업자 구제에 힘을 쏟았지만 결국 중산층이 엷어졌다. 김대중은 내게 이런 말을 했다.

"카드란 것은 불쑥 튀어나온 문제였어요. 그런데 우리 사회의 양극화는 예상했어요. 그래서 준비를 시켰어요. 그런데 (임기가 끝나서) 나와야 했어요. 그것이 아쉽습니다."

소득의 양극화는 지구촌 전체의 문제인데 김대중은 과연 어떤 대책을 마련하고 있었을까. 그것은 지금도 유용할까. 짐작컨대 김대중은 누군가에게 특단의 대책 마련을 지시했고 의미 있는 보고를 받았을 것이다. 어쨌든 준비된 대통령임은 틀림없었다. 그때 그 자리에 김대중이 없었다면 위기의 한국은 지금 어디에 있을 것인가.

김대중은 이런 얘기를 자주 했다.

"눈을 가지고 보면 온통 자연의 눈물이고, 귀를 가지고 들으면 만물의 아우성이다."

상징적이며 극히 시적이다. 언제부터 김대중은 자연의 비명과 흐느낌을 들었는가. 정확한 시기는 알 수 없다. 하지만 자연에 대한 외경심은 고향 하의도에서부터 싹텄을 것이다. 친구들과 쏘다니다가 문득 노을에 물든 바다를 보며 진정한 평화를 느꼈을 것이다. 김대중이 꽃을 좋아하고 동물을 사랑했다는 것은 익히 알고 있다. 옥중에서도 나무와 동물을 챙겼다. 청주교도소에서 아내에게 보낸 편지에는 이런 대목이 있다.

"당신 편지에 뜰에 나무들이 굉장히 자랐다고 했는데, 하나 궁금한 것은 두 그루의 은행나무를 옮긴 후 하나가 시들고 있었는데 둘 다 자라고 있는지 모르겠어요. 그랬으면 참 기쁘겠어요. 개 이야기를 쓸 때는 똘똘이 이야기만 쓰지 캡틴과 진돌이, 진숙이 이야기는 없는데 같이 알려주면 좋겠어요."

또 감옥에서 돌보던 화단의 꽃들이 시들자 그 안타까움을 이렇게 전하고 있다.

"꽃들의 처참한 모습을 볼 때 마치 사랑하는 이의 최후를 보는 것 같이 적막한 슬픔의 정을 느끼게 되었습니다."

늘 꽃과 얘기를 나누고, 애완견이 없어졌다는 전화를 받고는 당무회의 중인데도 회의장을 박차고 집으로 달려갔던 일화가 있다.

김대중은 '환경 보호'라는 말을 마뜩치 않게 여겼다. 환경을 망쳐 놓고 마치 시혜인 것처럼 보호한다고 말하는 것은 그 속에 인간의 독선과 오만이 들어 있기 때문이라고 했다.

김대중은 대통령 선거에서 낙선한 후 정치적 유배지 영국 케임브리지에 머물면서 '전 지구적 민주주의'를 구상했는데, 그 속에는 '자연과의 상생'이 들어 있다. 김대중은 민주주의 정치사상가 존 던과, 정치지도자들에게 『제3의 길』을 제시한 사회학자 앤서니 기든스 등을 만나 인류의 미래를 논의했다. 김대중은 모든 인류가 차별 없이 자유와 인권을 호흡해야 하며 더 나아가 인간과 자연이 상생하는 전 지구적 민주주의를 실현해야 한다고 주장했다. 그리고 이를 글로벌 민주주의global democracy라 이름 붙였다. 김대중은 인간 중심적인 사고에 집착한 서구 문명의 한계를 지적했다. 선진 국가들이 자신들의 이익과 향락을 위해 과학의 힘을 빌려 저지른 지구 파괴는 이제 더 이상 정당화될 수 없다고 생각했다. 결국 국제적 불평등을 시정한 후 마지막으로는 생태계와 조화를 이루는 새로운 문명을 건설해야 한다는 논리를 폈다.

그러나 김대중은 집권 이후 이러한 전 지구적 민주주의, 즉 자연과의 상생을 드러내 놓고 중점 과제로 설정하지는 못했다. 경제 위기가 엄존했기 때문이다. 또 생산적 복지, 햇볕정책, 지식정보 강국 건설 등 시급한 현안에 밀릴 수밖에 없었다.

그래도 환경 문제에 뒷짐을 지고 있지는 않았다. 취임 후 줄곧 깊은 관심을 보였다. 환경 관련 발언만 놓고 보면 어느 환경론자 또는 환경운동가에 못지않았다. 취임 후 첫 환경부 업무 보고에서 이런 말을 했다.

"부처님은 '흙과 물과 공기가 모두 부처님이다'라고 말했습니다. 자연과 인간을 똑같이 귀중하게 생각한 겁니다. 성경에 보면 하느님이 지구를 만들고, 동식물을 하나하나 만들고, 창조한 피조물을 우리 보고 '다스리라'고 여섯 번째로 사람을 만들었습니다. 여러분이 아시다시피 나라를 다스리는 것은 백성을 편하게 해주라는 얘기입니다. 인간보고 자연을 편하게 해주라는 얘기입니다. 이런 동양 사상이 여러분의 생각과 연결되어야 합니다.

그런데 우리들은 오늘날 역사상 지금처럼 환경을 파괴한 적이 없고, 이제 그 죄악으로 뭘 당할지 모릅니다. 엘니뇨 현상 같은 것이 그 하나의 예라고 봅니다."

국민의 정부 최장수 각료는 환경부 장관 김명자였다. 대통령과 전혀 인연이 없었고, 임명장을 수여하면서도 "잘할 것 같아 발탁했다"고 했다. 그리고 김명자는 3년 8개월 동안 열심히 일했다. 김대중은 치밀하고도 열정적인 일 처리가 미더웠다. 매번 힘을 실어 주며 부처 이기주의에 휘둘리지 말고 소신껏 일하라고 격려했다.

국민의 정부 시절에도 강이 죽어 가고 있었다. 환경부는 4대강을 살리기 위해 다각도로 노력했다. 물 관리 특별법 제정은 미룰 수 없는 과제였다. 그러나 이에 대한 반발은 거셌다. 기업과 주민들은 세금을 더 내야 했고, 경제 관련 부처는 경기 침체를 우려했다. 이런 점을 감안해서 장관 김명자가 보고했다.

"정부 내에 경제개발을 중시하는 목소리가 있고, 4대강 대책에 이견이 있는 것으로 알고 있습니다. 이런 목소리를 고려하겠습니다."

하지만 대통령은 오히려 그런 자세를 나무랐다.

"다른 목소리에 흔들리지 마십시오. 환경부 장관임을 잊지 마십시오."

4대강을 보호하는 3대강 특별법(낙동강, 금강, 영산-섬진강)이 국민의 정부에서 제정되었다. 물 관리가 사후 정화 처리에서 사전 오염 예방 정책으로 바뀌었다. 김대중은 학계, 종교계, 지자체, 시민단체 등 관련 인사들을 초청해서 특별법에 최종 서명했다. 이로써 강에 오폐수를 흘려보내는 어떠한 행위도 법과 제도로 규제하게 되었다. 물이 비로소 법의 보호를 받게 된 것이다.

동강댐 건설을 둘러싸고도 논란이 계속됐다. 보존과 개발 사이에서 끝없이 싸우고 있었다. 김대중은 민·관 공동 조사단을 구성하여 원점에서 다시 검토하라고 지시했다. 그리고 2000년 6월 5일 '새 천 년 국가 환경 비전 선언'을 통해 동강댐의 백지화를 선언했다. 개발론자들의 주장이 처음으로 꺾였다. 김대중은 '환경'이라는 이름으로 국책 사업을 백지화한 첫 대통령이었다.

김대중은 2000년 9월 대통령 직속 기구로 '지속발전가능위원회'를 출범시켰다. 위원회를 통해 대형 국책 사업, 국토 난개발, 기후변화 협약, 에너지 문제 등의 현안을 조율토록 했다.

2001년 환경인들과의 신년 모임에서는 또 이런 말을 했다.

"우리는 지구를 어머니로 생각하고, 이 지구상의 만물을 형제로 생각해서 소중하게 같이 살고, 같이 번창하고, 같이 가꾸어 나가야 하겠습니다."

김대중은 "지구는 후손들에게 빌려서 잠시 머무는 곳"이라고 했다. 그가 퇴임 후 쓴 일기가 우리를 깨우고 있다.

> 인간의 환경 파괴로 기후 온난화가 본격화하여 한국에도 아열대 식물과 어족들이 본격적으로 나타나기 시작했다. 환경 파괴로 인류는 큰 재난을 앞두고 있다.

햇볕과 광풍

미국 대통령 선거가 끝났다. 그런데도 당선자가 나오지 않았다. 민주당 후보 앨 고어Albert Arnold Gore Jr.와 공화당 후보 조지 부시는 치열한 접전을 벌였다. 그러면서 개표 과정이 투명하지 못했고, 부정선거 시비도 일었다. 결국 미국 대통령이 법정에서 탄생하는 초유의 사태가 벌어졌다. 35일 동안의 치열한 공방 끝에 연방대법원은 부시의 손을 들어 주었다. 5 대 4의 판결이었다. 민주국가 최대의 축제인 선거가 망가졌고, 미국인들은 자존심에 상처를 입었다.

김대중은 이를 비상하게 챙겨 보고 있었다. 고어는 클린턴 정부의 대북 정책을 이어받을 것이지만 부시는 알 수 없었다. 김대중은 클린턴의 북한 방문을 고대했다. 그의 임기 중에 북미 관계가 개선되기를 간절히 원했다. 하지만 공화당은 클린턴의 방북을 반대하고 있었다.

"세계 최강의 미국 대통령이 불량 국가의 사악한 독재자를 찾아간다는 것은 미국의 자존심에 심각한 손상을 주는 행위다."

그러던 12월 21일 클린턴이 청와대로 전화를 걸어왔다.

"아시다시피 이곳의 애매한 선거 결과로 후임자와 상의할 수 없어 귀중한 시간만 허비했습니다. 동시에 중동 평화와 관련한 대화가 다시 시작되고 있습니다. 이번에는 성공적으로 결론지어질 것으로 보입니다. 따라서 북한 방문이 거의 불가능합니다."

클린턴은 훗날 이때의 상황을 자서전 『마이 라이프*My life*』에서 이렇게 기술했다.

> 나는 북한과의 협상을 진척시키고 있었지만, 중동 평화 협상의 성사가 임박한 상황에서 지구 정반대편에 가 있고 싶지 않았다. 더욱이 아라파트가 협상 성사를 간절히 바라고 있다면서 북한 방문을 단념할 것을 간청한 상태였기 때문에 나는 북한 방문을 강행할 수 없었다.

클린턴은 12월 28일 북한을 방문하지 않겠다고 공식 선언했다. 그리고 편지를 보내 김정일을 워싱턴으로 초청했다. 북한은 이에 응하지 않았다. 어쨌든 미국은 북미 공동선언을 이행하지 않았다.

김대중은 탄식했다. 고어가 대통령에 당선되었다면, 클린턴이 북한을 방문했다면, 김정일이 못 이긴 척 클린턴의 초청에 응했더라면, 중동 평화회담이 그때 열리지 않았다면 한반도에는 새로운 역사가 펼쳐졌을 것이다. 훗날 퇴임 후 김대중을 만난 자리에서 클린턴도 이렇게 술회했다.

"제가 1년만이라도 더 대통령으로 있었더라면 북한 위기가 해결됐을 겁니다."

역사에는 그래서 가정이 없다. 엄혹한 현실만이 있을 뿐이다. 부시의 등장으로 한반도는 다시 얼어붙고 있었다. 김대중과 부시, 한 사람은 햇볕이었고, 다른 한 사람은 광풍狂風이었다.

김대중은 3월 6일 미국을 방문했다. 취임 후 아시아에서는 처음으로 한국 대통령을 초청했다. 김대중은 부시 행정부가 어떤 외교 노선을 선호할지 궁금했다. 무엇보다 햇볕정책 지지 여부가 관건이었다. 정상회담에 앞서 국무장관 콜린 파월Colin Luther Powell과 조찬을 함께 했다. 파월은 햇볕정책을 적극 지지한다고 말했다.

이어서 대통령 부시와 정상회담을 가졌다. 김대중은 햇볕정책을 자세히 설명했다. 부시도 이에 화답했다.

"김 대통령께서 이룩한 남북 관계 진전을 높이 평가합니다. 미국 정부는 대북 포용 정책을 적극 지지합니다."

회담은 이렇게 무리 없이 끝났다. 김대중은 안도했다. 문제는 회담 후 기자회견 때 불거졌다. 부시는 거친 표현을 동원하며 느닷없이 북한을 비난했다.

"나는 북한 지도자에 의구심을 가지고 있다."

"북한이 모든 합의를 준수하고 있는지 확신이 없다."

"대북 정책을 근본적으로 재검토하겠다."

부시는 김대중의 답변도 가로챘다. 또 '디스 맨This man'이라 호칭했다. 김대중은 매우 불쾌하면서도 불길했다. 부시의 회견 내용을 듣고 있던 국무장관 파월이 슬그머니 자취를 감췄다. 그리고 자신의 입장을 번복하는 회견을 가졌다. 파월은 정상회담 때까지 부시의 의중을 잘못 읽고 있었다. 부시는 네오콘들에 둘러싸여 있었다. 부통령 딕 체니Richard B. Cheney, 국방장관 도널드 럼스펠드Donald Henry Rumsfeld 등이 대북 강경책을 주도하고 있었다. 클린턴과 민주당의 노선을 노골적으로 부정했다. ABCAnything But Clinton라는 신조어가 나돌 정도였다. 즉 클린턴 대통령이 해놓은 것들은 모두 반대한다는 것이었다.

김대중은 황당하고도 분했다. 그날 통역을 맡았던 강경화(그녀는 빼어난 실력으로 한미 양국의 신뢰를 얻었다)는 그날 김대중의 얼굴이 매우 어둡고 슬퍼 보였다고 회고했다. 그렇지만 김대중은 반드시 부시를 설득해서 그를 굴복시켜야겠다고 결심했다. 다음 날 클린턴에게 전화를 했다. 클린턴은 김대중을 따뜻하게 감쌌다.

"오늘 『뉴욕타임스』나 『워싱턴포스트Washington Post』 등 미국 주요 언론들의 보도도 '한반도에 관해서는 결국 신행정부가 클린턴 노선을 계승할 것'이라는 논조가 큰 흐름이라고 합니다. 일정 기간 검토가 끝나면 대통령께서 시작하신 일이 다시 살아날 것입니다."

"그렇게 되기를 바랍니다. 대통령께서 부시 대통령에게 유용한 조언을 많이 주셨으리라 확신합니다."

그러나 클린턴은 전직이었다. 그의 정책들은 부시 행정부가 구겨서 버리고 있었다. 한반도에 거주하는 한민족의 운명이 이렇듯 멀고 먼 강대국의 입김에 좌우되고 있었다. 김대중은 그날의 수모를 잊지 못했다. 부시 또한 그날의 무례를 마음에 두고 있었다. 부시는 2004년 외교부 장관 반기문을 통해 사과했다. 김대중도서관을 찾은 반기문이 김대중에게 말했다.

"부시 대통령은 2001년 정상회담 때의 일을 매우 미안하게 생각하고 있었습니다. 이를 김대중 대통령에게 전해 달라고 했습니다."

2001년 9월 11일 세계무역센터가 무너져 내렸다. 지구촌을 온통 충격에 빠뜨린 9·11 사태였다. 미국의 하늘이 뚫렸다. 힘의 상징인 국방부 청사가 불에 탔다. 미국인의 자긍심도 불에 타버렸다. 분노한 부시는 보복 공격에 나섰다. 테러와의 전면전을 선포하고 각국에 동참을 강요했다.

"미국 편에 서서 테러와의 전쟁을 수행할 것인가, 아니면 테러리스트 편에 설 것인가."

미국에 줄을 서면 선이었고, 이탈하면 악이었다. 그리고 9·11 테러의 불똥은 한반도까지 날아왔다.

2002년 1월 말 부시는 연두교서에서 북한을 이라크, 이란과 함께 '악의 축'으로 지정했다. "선제공격으로 정권을 교체시켜야 할 대상"이라고 선언했다. 북한은 이를 선전포고로 간주하고 즉각 반발했다. 북한과 미국 관계는 다시 무력 충돌 위기로 치달았다.

부시의 '악의 축' 발언에 남쪽에서도 반미 감정이 일어났다. 미국의 무력 사용은 한반도의 전면전을 의미했다. 김대중 정부는 과거의 군사정권과 달랐다. 국민이 선택한 민주 정부였다. 한국 내에서 반미 감정이 일고 있다는 것은 미국에게도 커다란 부담이었다. 마침 2월 하순 부시의 한국 방문이 예정되어 있었다. 김대중은 정상회담을 통해 부시를 설득하기로 마음먹었다. 다시 철저하게 준비했다. 김대중은 벼르고 별렀다.

2월 20일 아침, 마침내 김대중과 부시가 마주 앉았다. 정상회담은 예정 시간보다 무려 한 시간을 초과했다.

김대중은 햇볕정책을 다시 설명했다. 그리고 북·미 대화의 필요성을 역설했다. 처음에는 부시도 그냥 물러서지 않았다.

"김정일 위원장은 자기 백성을 굶주리게 하고 인권을 유린하는 악랄한 독재자입니다. 북한에 자유의 바람을 불어넣어 북한 체제를 붕괴시켜야 합니다. 그리고 김 위원장은 서울 방문 약속을 왜 지키지 않는 것입니까?"

부시의 공세적 질문은 김대중에게는 호기였다.

"레이건 대통령이 러시아를 '악의 제국'이라 지칭했지만 데탕트를 추진했습니다. 닉슨 대통령은 중국을 '전범'으로 규탄하면서도 중국을 방문하여 개혁 개방을 유도했습니다. 친구와의 대화는 쉽고 싫은 사람과의 대화는 어렵지만 국가를 위해, 필요에 의해 대화할 때는 해야 합니다. 미국은 한국전쟁 때 공산당과도 대화를 했습니다. 북한의 안전을 보장하고 살길을 열어 주면 북한은 핵과 대량 살상 무기를 포기할 것입니다. 북한에 기회를 주십시오."

부시는 "좋은 유추"라면서 고개를 끄덕였다. 김대중은 햇볕정책 이후 남북 간에 상호 비방 및 도발 중지, 이산가족 상봉, 인적 왕래 증가 등 가시적인 성과가 있음을 설명하고 국민의 80퍼센트가 이를 지지하고 있다고 밝혔다.

"햇볕정책은 유화정책이 아닙니다. 강자만이 추진할 수 있는 공세적 정책입니다."

김대중은 휴전 이후 처음으로 북한의 군사 도발을 응징한 연평해전을 예로 들면서 강력한 힘을 바탕으로 데탕트를 추진하고 있음을 주지시켰다. 또 한반도에서의 전쟁이 얼마나 위험하고 무모한 것인지도 지적했다.

"우리 국민은 전쟁에 단호히 반대하고 있습니다. 북한에 대한 미국의 군사적 조치는 곧 전면전으로 확전될 것이 분명합니다. 펜타곤은 전쟁 발발 3개월 내에 한국군 50만 명, 미군 5만 명, 민간인 100만 명 이상의 사상자가 발생하고 산업 시설 대부분이 파괴될 것으로 예측한 바 있습니다. 전쟁은 우리가 승리하겠지만 이러한 참화는 막아야 할 것입니다."

김대중은 최선을 다해 부시를 설득했다. 그것은 부시의 대북 정책이 얼마나 단견인가를 지적하는 가르침이었다. 태도는 겸손하고 정중했지만 그 속에는 창이 숨어 있었다. 김대중의 공격에 부시는 마땅한 방패가 없었다. 부시가 할 수 있는 말은 "이해했다", "지지한다", "좋은 지적이다" 등뿐이었다. 부시는 노벨평화상을 받은 김대중을 다시 봤다. 2001년 워싱턴 회담에서 한국을 변방으로 보고 김대중을 그저 그런 지도자로 봤던 자신의 시각이 잘못됐음을 깨달았던 것이다.

회담이 예정 시간보다 한 시간이나 길어지자 밖에서 기다리던 한미 양국의 외교관들은 극도로 긴장했다. 무슨 일이 벌어지고 있는 것이 틀림없었다. 회담이 끝나고 양국 정상이 나타났다. 그때 부시의 얼굴은 발갛게 상기되어 있었다. 평소의 천진한 표정이 어색하게 굳어 있었다. 미국 외교관들은 그걸 보며 의아해하거나 불안해했지만 한국 수행원들은 내심 안도했다. 청와대 비서 김선홍은 당시의 부시 모습을 이렇게 술회했다.

"교무실에 불려가 주의를 듣고 나오는 학생의 표정 같았다."

정상회담을 마치고 공동 기자회견장에 나온 부시는 김대북 강경책을 한껏 누그러뜨렸다.

"햇볕정책을 적극 지지한다."

"북한을 침공하거나 공격할 의사가 없다."

"북한 주민에 대한 식량 지원을 계속하겠다."

그날 밤 만찬이 있었다. 김대중은 포도주 잔을 들어 건배를 제의했다. 부시는 자신은 크리스천이라서 술을 마시지 않는다며 포도주 대신 별도로 준비해 온 맥주로 건배했다. 알콜 성분이 없는 것이었다. 김대중이 물었다.

"어느 교파 소속이신지요?"

"감리교입니다."

그러자 김대중은 산업혁명 이후 감리교가 영국 사회에 끼친 영향에 대해 설명했다.

"산업혁명 이후 토지를 잃은 농민들이 도시로 몰려나와 빈민이 되었습니다. 노동자들은 열악한 근로조건에 반발하고 있었습니다. 그때 폭동이 일어나기 직전의 위기에서 영국을 구출하여 19세기의 찬란한 빅토리아 왕조 시대를 열게 만든 세 부류가 있었습니다. 하나는 언론이고, 둘째는 법원이요, 셋째는 감리교였습니다.

당시 성공회는 왕족이나 귀족들만의 종교로 대중의 고통을 외면했습니다. 존 웨슬리John Wesley가 감리교를 창시해서 성공회가 외면한 사람들을 품어 주었습니다. 불만과 분노에 찬 이들을 위로하고 희망

속으로 이끌었습니다. 감리교가 영국을 구원한 것입니다. 대통령께서 믿는 감리교가 그래서 위대합니다."

부시 내외는 진지하게 경청했다. 김대중의 박식함이 그저 놀라울 뿐이었다.

한미 정상회담은 김대중의 뜻대로 마무리되었다. 국내외 언론들도 성공적인 회담이라고 평가했다.

김대중은 또다시 최선을 다했다. 부시가 마음에 들어서가 아니었다. 김대중 자신이 한 말처럼 국익에 도움이 된다면 악마와도 대화를 해야 했다. 부시는 연두교서에서 북한을 "정권 교체와 선제공격의 대상"이라 공언했지만 "공격할 의사가 없다, 지원을 계속하겠다"고 입장을 번복했다. 한 달도 채 지나지 않아 연두교서의 잉크도 마르기 전이었으니 부시의 체면이 많이 구겨졌다.

그 후에도 미국은 대북 정책과 관련해서 냉탕과 온탕을 오갔다. 미국 대통령 부시는 네오콘들의 충동질에 즉흥적 조치들을 남발했다. 면전에서는 햇볕정책을 지지한다고 해놓고 돌아서면 딴짓이었다. 말과 행동이 달랐다. 그때마다 덜 익은 정책으로 한반도 전체가 요동을 쳤다. 김대중은 이런 부시를 경멸했다. 임기를 끝낼 때쯤 김대중은 부시를 이렇게 평했다. 그 속에는 증오가 잔뜩 묻어 있었다.

철학이 없고 자질이 부족한 극우 보수주의자인 부시 대통령 때문에 미국까지 포함한 세계가 얼마나 피해를 입었는가? 나는 2000년부터 2003년 퇴임할 때까지 남북 관계의 개선과 발전을 위한 천금 같은 시기를 갈등과 정체 속에서 보낸 것이 지금 생각해도 원망스럽

고 애석의 심정을 금할 수 없다. (2008년 11월 1일 일기)

한반도 문제는 2000년 6·15 정상회담 이래 순풍에 돛 단 듯 순항한 것을 2001년 부시가 들어서면서 지난 8년 동안 엉망을 만들었다. 부시는 철학도 일관된 정책도 없이 일을 어렵게 했다. 나라가 잘되려면 국민이 훌륭해야 하지만 지도자도 제대로 된 사람이 들어서야 한다. (2008년 11월 4일 일기)

슬픈 석양

어느 날 보니 권력이 기울고 있었다. 2001년 연말부터 권력형 비리가 터져 나왔다. 자고 나면 새로운 사건이었다. 정신을 차릴 수 없었다. 소위 가신이나 측근이라는 사람들이 갑자기 생겨난 권력을 주체하지 못하고 이를 아무 데나 흘리고 다녔다. '게이트 공화국'이라 해도 할 말이 없었다. 곁을 지키고 있던 사람들이 의혹에 휩싸여 하나둘 떠나갔다. 신용보증기금 대출 보증 외압 의혹, 동방금고 불법 대출 사건, 진승현 게이트, 한빛은행 불법 대출 사건, 이용호 게이트, 윤태식 게이트 등이 연이어 터졌다. 그럴 때마다 어김없이 동교동계 측근이나 정권 실세의 연루설이 나돌았다. 국민의 정부는 이렇듯 허무하게 스스로 무너지고 있었다. 죽음과 싸우며 지켜 온 명예와 지조도 손을 탔다. 민심도 돌아서기 시작했다. '끼리끼리 해먹는' 권력형 비리는 용서받을 수 없었다.

게다가 국민의 정부는 다시 보수 언론과 전쟁을 치러야 했다. 국세청 세무조사를 통해 세금을 추징하고 중앙·조선·동아일보 사주를 구속했다. 사주와 그 일가가 언론을 치부의 도구로 악용했음이 드러났지만 거대 언론사를 '법대로 처리'하는 데는 결심이 필요했다. 더구나 임기 말이었다. 과거 정권은 세무조사를 하고서도 결과를 발표하지 않았다. 권력과 언론은 서로 눈싸움만 벌이다 꼬리를 내렸다. '권언權言유착'이었다. 김대중은 고민을 거듭했다. 그리고 이내 결론을 내렸다. 언론이 더 이상 성역일 수 없다. 김대중은 퇴임 후 곧잘 이런 말을 했다.

"언론과 적당히 타협하면 내가 죽을 때 후회할 것 같았어요. 생에 오점을 남길 것이라는 생각이 들었어요. 역사도 나를 겁쟁이로 기록할 것이고 무엇보다 내 양심이 허락하지 않았습니다. 언론이 강력하게 반발할 것이라 예상했지만 이를 피하지 않았어요."

김대중이 이끄는 국민의 정부는 그 후 보수 언론으로부터 뭇매를 맞았다. 그래도 그는 후회하지 않는다고 말했다. 언론이 바로 섰을 때 자신의 고민과 결단을 평가해 주리라 믿었다. 일생에 우호적인 언론에 목이 말랐지만 그렇다고 언론 권력과 흥정하고 거래할 수는 없었다.

권력형 비리는 끊임없이 터져 나왔다. 2002년 새해 연두 회견에서는 사과부터 해야 했다. 시종 고개를 숙였고 죄송하다, 미안하다는 말을 여섯 차례나 했다. 그러나 그것으로 끝이 아니었다. 더욱 잔인한 시간이 기다리고 있었다. 두 아들의 비리 연루 의혹이 불거졌다. 아침 신문 보기가 겁날 정도였다. 언론은 먼저 미국에 있는 셋째 아들 홍걸의 의혹을 폭로했다. 소위 최규선 게이트에 연루되었다는 것이다. 김대중은 자식들을 믿었다. 청와대에 들어오기 전에도 처신을 잘해 달라고 신신당부했다. 김대중이 보는 홍걸이는 아직도 천진한 아이였다. 죽음을 앞에 둔 감옥에서도 너무나 착해서 눈에 밟혔던 막내였다. "거짓말하는 것을 본 적이 없고, 남의 흉을 보거나 고자질하는 것을 들어 본 일이 없"기에 믿기지 않았다. 부속실장 김한정을 막내가 있는 미국에 보내 혐의가 사실인지 확인해 보라고 했다. 미국에 다녀온 김한정은 고개를 숙이고 더듬거렸다. 김대중은 낙담했다.

"귀국해서 수사에 성실하게 응하라 이르시오. 죄가 있으면 받아야지."

김대중은 하루하루가 가시방석이었다. 사람 만나는 것이 괴로웠다. 아내 이희호 또한 기도로 겨우 버텼다. 어떤 때는 토하는 모습을 보였다. 이희호는 정신적 충격을 받으면 토하곤 했다. 어머니의 간절한 기도에도 막내는 5월 16일 구속됐다. 세상은 푸른 잎이 무성해졌지만 청와대는 침묵 속에 잠겼다. 김대중과 이희호는 서로 말을 하지 않았다. 말하면 아프기만 할 뿐이었다. 언론은 다시 둘째 아들 홍업을 겨냥해 기사를 쏟아 냈다. 둘째는 이권 개입 혐의로 6월 21일 구속됐다. 재임 중 아들 둘을 감옥에 보냈으니 그런 아비는 세상에 없었다. 국민들 볼 낯이 없었다. 이날 오후 다시 대국민 사과문을 발표했다.

지난 몇 달 동안 저는 자식들을 제대로 돌보지 못한 책임을 통절하게 느껴 왔으며, 저를 성원해 주신 국민 여러분께 마음의 상처를 드린 데 대해 부끄럽고 죄송한 심정입니다. 제 평생 많은 어려움을 겪었지만 이렇게 참담한 일이 있으리라고는 생각조차 못했습니다. 이는 모두가 저의 부족함과 불찰에서 비롯된 일입니다. 거듭 죄송한 말씀을 드립니다.

아들과 측근들 비리는 김대중의 공든 탑을 일거에 무너뜨렸다. 대통령직에서 퇴임한 노무현은 한 인터뷰에서 이렇게 말했다.

김대중 대통령은 큰 업적을 가지고 있지만 임기 말에 성을 방어하고 있는데 (아들 문제로) 북문이 뚫려 버린 거죠. 그래서 언론에 짓밟혀 버렸거든요. 그래서 견뎌 나갈 수가 없었죠.

여당이 내분에 휩싸였다. 10월 25일 실시된 재·보선 선거에서 참패를 하자 그 책임이 김대중에게 돌아왔다. 대선 주자들은 김대중을 자극하는 발언들을 함부로 쏟아 냈다. 정동영 등 쇄신파는 노골적으로 동교동계를 공격했다. 그들이 쏜 화살은 어김없이 청와대를 향해 날아왔다. 사태 수습을 위해 민주당 지도부를 만났다. 대통령 앞에서 아무나 아무렇게 수습책을 말했다. 김대중이 듣기에는 모두 공허했다. 그들의 말속에는 뼈가 들어 있었다. 이를 모를 김대중이 아니었다. 총재직을 버리기로 했다. 대권 다툼에, 또 정쟁의 한복판에 자신이 서 있음은 정권 창출에도 도움이 되지 않는다고 판단했다. 11월 8일 총재직에서 물러났다.

민주당 대통령 후보를 뽑는 국민 경선이 전국을 순회하며 펼쳐졌다. 갑자기 노무현 바람이 불었다. 광주에서는 돌풍이었고, 그 후에는 태풍이었다. 단번에 민심을 사로잡았다. 노무현은 거침없이 대통령 후보로 뽑혔다. 노무현이 청와대로 들어와 말했다.

"국민의 정부가 제대로 평가받지 못해 아쉽습니다. 저는 국민의 정부를 당당하게 평가해 왔고, 그렇게 소신껏 얘기하면서 후보로 뽑혀서 자부심을 느낍니다."

김대중은 다시 민주당을 탈당하기로 했다. 선거 중립을 지키고 국정에만 전념키로 했다. 인기 없는 대통령은 후보에게 아무런 도움을 줄 수 없었다. 5월 6일 탈당 성명을 발표했다.

그해 6월에 월드컵 축구 대회가 열렸다. 대통령 김대중은 21세기의 첫 월드컵 대회 개막을 선언했다. 6월 4일 한국과 폴란드의 예선전을 관람했다. 한국이 2 대 0으로 승리했다. 월드컵에서의 첫 승이었다. 한국은 2승 1무로 예선전을 통과해 꿈에 그리던 16강에 올랐다.

한국은 이탈리아를 꺾고 다시 8강에 올랐다. 8강전은 광주에서 열렸다. 그리고 승부차기 끝에 무적함대라 일컫는 스페인을 격침시켰다. 그날 김대중은 울고 말았다. 그 울음 속에는 여러 가지가 들어 있었다. 4강에 오른 기쁨도 있었지만 자식들에 대한 회한도 있었다. 법무장관 송정호는 흡사 자신이 죄인인 것처럼 그런 모습을 안타깝게 지켜봐야 했다.

붉은 악마의 거대한 응원 물결은 세계를 감동시켰다. 언론들도 비상한 관심을 보였다. 붉은색은 더 이상 불온한 색깔이 아니었다.

응원의 상징 색깔 '빨강'에 대한 세대 간의 미묘한 의식 차이도 월드컵 축구 대회 열기로 감춰지고 말았다. 한국에서도 오랜 기간 '빨강'은 공산주의의 상징이었다. (일본 『닛케이신문』)

붉은 악마들이 포효하던 길거리와 광장을 촛불이 점령했다. 미군 장갑차에 깔려 죽은 여중생 효순, 미선 양을 추모하는 집회였다. 친구 생일 파티에 가던 두 소녀는 도로가 좁아 뒤에서 덮쳐 오는 장갑차를 피할 수 없었다. 그런데도 미 군사 법정은 공무 중에 발생한 사건이라며 범인들에게 무죄를 선고했다. 소녀들의 '억울한 죽음'은 삽시간에 인터넷을 타고 퍼졌다. 시민들은 "살인 미군 처벌"과 "불평등조약 SOFA(한미 주둔군 지위 협정) 개정"을 외쳤다. 밤마다 거대한 촛불의 물결이 출렁거렸다. 수만 명이 촛불을 들고 미국 대사관을 향해 행진을 벌이기도 했다. 외국 언론들은 이를 비상하게 보도했다. 한국에서 반미 감정이 일고 있다고 했다. AFP 통신의 기사 제목은 사뭇 자극적이었다.

"반미 시위 현장의 촛불 바다가 미국 대사관을 삼키다."

김대중은 촛불 집회가 반미 시위로 번지는 것을 경계했다. "미국 정책에 대한 건전한 비판은 할 수 있지만 무차별적인 반미 풍조는 국익에 도움이 되지 않는다"는 성명을 발표했다.

그러나 미국 내 보수층 일각에서는 대통령 김대중을 의심했다. 급기야 2003년 1월 『워싱턴포스트』에 로버트 노박Robert Novak의 「김대중 대통령은 반미주의자」란 칼럼이 실렸다.

"1981년 한국 군부에 처형되기 직전 로널드 레이건 대통령에게 구출된 김 대통령은 한국 역사상 가장 반미적인 대통령임이 입증되었으며, 노무현 대통령 당선자는 한술 더 떠 엉클 샘(미국)의 수염을 잡아당기고 있다."

김대중은 즉각 항의 서한을 보냈다. 한국 국민들은 반미가 아니라 미국 정책에 반대하고 있다는 점을 분명히 했다. SOFA 개정을 요구하는 것 자체가 반미가 아니라고 지적했다.

"반미라 하면 미군을 철수하라고 하지 왜 불평등조약을 개정하라고 하겠는가."

국민의 정부는 촛불 집회에 어떤 제약도 가하지 않았다. 그것은 한국인의 자존심이 걸려 있는 문제였다. 촛불 시위는 12월 14일을 고비로 차츰 수그러들었다. 하지만 이어서 제16대 대통령 선거가 있었다. 양자 구도의 치열한 선거전에 촛불 시위는 분명 지대한 영향을 끼쳤음이 분명하다.

월드컵 폐막식을 하루 앞둔 6월 29일 오전 연평도에서 교전이 일어났다. 북한 경비정의 기습 포격으로 해군 병사 여섯 명이 전사했다. 김대중은 세계가 열광하는 월드컵 축제에 왜 도발을 했는지 이해할 수 없었다. 제1차 연평해전에서 무참히 패했던 북한 군부의 복수극이라는 분석이 유력했다. 하지만 햇볕정책의 위력은 여전했다. 그날 밤 터키와의 월드컵 경기에 수백만 명이 길거리 응원을 했다. 금강산 관광선은 태연하게 동해의 물살을 갈랐다.

그해 여름 남북 관계는 서해교전에도 불구하고 순조로웠다. 8월에 통일부 장관 정세현과 북측 단장 김령성이 제7차 남북 장관급 회담을 가졌다. 남북체육회담, 민간 차원의 8·15 민족통일대회 등이 잇달아 열렸다. 또 부산 아시안게임에 북한 선수단과 응원단이 참가하기로 합의했다. 남과 북의 끊긴 철도와 도로를 잇는 공사를 9월 18일 동시에 착공했다.

김대중은 철도 연결 사업을 '철의 실크로드'라고 명명하며 많은 의미를 부여했다. 9월 20일 덴마크 코펜하겐에서 열린 제4차 ASEM 정상회의에서 김대중은 전 세계를 향해 자랑스럽게 연설했다.

> 남북한 간 철도 연결의 또 하나의 의미는 유럽과 한국을 육로로 연결하는 '철의 실크로드'가 이룩된다는 사실입니다. (……) 유럽 각지에서 출발한 기차가 유라시아 대륙을 관통하여 한국의 서울과 부산까지 도달하게 됩니다. 그리고 세계 제3의 컨테이너 항구인 부산항을 통해서 태평양 전역으로 이어집니다. 물론 한국을 출발한 기차도 서유럽까지 이르러 대서양과 연결되게 됩니다.

화해의 기운이 솟구치는 한반도에 다시 먹구름이 몰려왔다. 이번에도 미국 대통령 부시에서 비롯됐다. 9월 말에 북한에 고위급 특사를 파견하겠다는 전화가 왔다. 그리고 10월 초에는 미 국무부 아태 담당 차관보 제임스 켈리James Andrew Kelly를 평양으로 보냈다. 김대중은 미국이 북한과의 관계 개선을 적극 모색하는 것으로 믿었다.

그러나 북한을 방문하고 돌아온 켈리 특사 일행은 "북한이 고농축우라늄을 보유하고 있다고 시인했다"고 밝혔다. 세계가 깜짝 놀랐다. 미국 측이 고농축우라늄 계획이 실재하냐고 묻자 기다렸다는 듯이 그렇게 답했다는 것이다.

> "미국이 우리를 '악의 축'이라며 선제공격을 하겠다고 위협하는 마당에 우리도 국가 안보를 위한 억제력으로 핵무기는 물론 그보다 더 강한 것도 가질 수밖에 없지 않으냐. 전쟁을 하자면 할 용의가 있다."

북미 관계는 파국으로 치달을 수밖에 없었다. 김대중은 미국 네오콘들의 북미 관계 흔들기에 북한 지도부가 넘어가 버렸다고 생각했다. 그대로 가면 남북 관계도 영향을 받을 수밖에 없었다. 마침 장관급 회담을 하러 평양에 가는 통일부 장관 정세현을 통해 김정일에게 메시지를 보냈다.

"대량 살상 무기의 개발과 보유는 용납할 수 없습니다. 미국에 대화를 제의하고 특사를 보내시오."

김대중은 다시 부시를 설득했다. 10월 26일 멕시코 로스카보스에서 열린 APEC 정상회의에서 간곡하게 말했다.

"외교적 협상을 통해 이 문제를 해결할 수 있습니다. 북한에게 동결된 핵 시설을 재가동하는 빌미를 주어 핵무기를 개발케 하는 결과를 초래해서는 안 될 것입니다."

그러자 부시는 선제공격은 하지 않겠다고 말했다.

"북한에 대한 공격이나 침공 의도는 없습니다. 나는 쌍권총을 아무데나 쏘아대는 텍사스 카우보이 같은 사람이 아닙니다."

김대중 혼자서만 발을 동동 굴렀다. 북한에 얘기하면 반응이 없고, 미국을 설득하면 듣는 시늉만 냈다. 김대중의 가슴만 타들어 갔다. 그 후 미국에선 네오콘들이 조종하는 대로 대북 정책이 흘러갔다. 핵을 포기해야 대화에 응하겠다는 태도를 고수했다. 김대중은 이런 국면을 개선해 보려고 최선을 다했다. 그러나 대통령 임기가 끝나 가고 있었다.

특별한 아시안게임이 열렸다. 부산에서 열린 아시안게임에 북한 선수단과 응원단이 참가했다. 남과 북은 같은 단복을 입고 입장했다.

북의 여성 응원단은 최고의 인기를 누렸다. 언론들은 '미녀 응원단'이라고 보도했다. 선수가 아니라 응원단을 보러 경기장에 몰려들었다. 북의 국가가 연주되고 인공기가 휘날렸다. 그들은 환한 미소와 숱한 이야기를 뿌리고 북으로 돌아갔다.

대통령 선거가 다가왔다. 3파전을 벌이던 선거판은 노무현과 정몽준이 단일화에 합의하면서 양자 대결로 재편됐다. 노무현과 이회창은 박빙의 접전을 벌였다. 그리고 노무현이 제16대 대통령에 당선됐다. 김대중은 기뻤다. 비록 당적은 없었지만 엄연한 여당의 승리였다. 12월 23일 대통령 당선자 노무현이 청와대로 찾아왔다. 노무현은 햇볕정책을 계승하겠다고 다짐했다.

2003년 새해가 밝았다. 떠날 때가 다가오고 있었다. 김대중은 주변 정리에 나섰다. 우선 동교동계를 해체하겠다고 천명했다. 정치권이나 언론에서도 '동교동계'라는 호칭을 사용하지 말라고 주문했다.

아태평화재단도 연세대에 기증하기로 했다. 재단의 건물 신축과 운영 등에 대한 잡음이 일고 야당은 정치자금 조성의 온상이라고 공격했다. 그대로 끌고 갈 수는 없었다. 김대중 사상과 정책의 산실이었지만 어쩔 수 없었다. 연세대 측은 아태재단을 인수하여 '김대중도서관'을 만들겠다고 발표했다. 아시아 최초로 대통령 이름이 붙은 도서관이 탄생했다.

임기 말에 다시 악재가 튀어나왔다. 북한이 핵확산금지조약NPT 탈퇴를 선언한 것이다. 1월 10일 성명을 발표했다.

NPT 탈퇴는 우리 공화국에 대한 미국의 압살 책동과 그에 추종한

국제원자력기구의 부당한 처사에 대한 응당한 자위적 조치다.

김대중은 낙담했다. 부시 행정부의 적대 정책에 북한이 '벼랑 끝 전술'을 선택했기 때문이다. 다시 임동원을 찾았다. 특사 임동원 일행은 마지막 북행길에 올랐다. 눈 오는 날이었다. 어느 때보다 스산한 행로였다. 김대중은 국방위원장 김정일 앞으로 친서를 보냈다. "미국과의 관계를 개선하고 핵 의혹을 해소해 달라"는 내용이었다.

김정일은 나타나지 않았다. 임동원은 사흘을 기다리다 남으로 돌아왔다. 다시 미국은 네오콘이, 북한은 강경파가 득세할 것이 뻔했다. 김대중은 김정일과 부시가 야속하기만 했다. 하지만 이제 김대중의 권력은 서산에 걸려 있었다. 실로 노루 꼬리처럼 짧았다.

다시 '대북 송금 사건'이 터졌다. 야당은 "현대상선이 4억 달러를 불법 대출받아 정상회담의 대가로 북한에 보냈다. 그 배후에는 청와대가 있다"고 주장했다. 언론들은 경쟁적으로 이를 중계했다. 노무현 당선자 측에서도 검찰 수사가 불가피하다며 "김대중 정권이 털고 가라"고 압박했다. 김대중이 직접 나서는 수밖에 없었다. 2월 14일 '국민에게 드리는 말씀'을 발표했다.

> 정부는 남북 정상회담의 추진 과정에서 이미 북한 당국과 많은 접촉이 있던 현대 측의 협조를 받았습니다. 현대는 대북 송금의 대가로 북측으로부터 철도, 전력, 통신, 관광, 개성공단 등 7개 사업권을 얻었습니다. 정부는 그것이 평화와 국가 이익에 크게 도움이 된다

고 판단했기 때문에 실정법상 문제가 있음에도 불구하고 이를 수용했습니다. 그러나 이것이 공개적으로 문제가 된 이상 정부는 진상을 밝혀야 하고 모든 책임은 대통령인 제가 져야 한다고 생각합니다. 저는 여기에 대한 책임을 지겠습니다.

김대중은 여야 정치인에게 "국익을 위해 각별한 정치적 결단을 내려 주기 바라며, 여러분의 결정에 남북 관계의 미래와 민족과 국가의 큰 이해가 걸려 있다"고 간곡하게 호소했다. 현대의 대북 송금은 북한과의 '7대 경협 사업'에 대해 현대가 30년간 독점권을 행사하는 대가로 5억 달러를 지불한 것이지 정상회담의 대가가 아니라는 점을 분명히 밝혔다.

그럼에도 거대 야당의 공세는 조금도 수그러들지 않았다. 마침내 특별검사를 통한 진상 규명을 요청하기에 이르렀다.

2월 10일 공동 정부에서 여당 대표를 지낸 민주당과 자민련 인사들을 초청해서 만찬을 했다. 아내 이희호가 처음으로 남편 이야기를 꺼냈다.

"지난 5년을 돌아보니 아쉬움이 많습니다. 남편은 나라와 민족을 위해 최선을 다했습니다. 남편이지만 저도 찬사를 보내고 싶습니다. 제가 옆에서 지켜본 바에 의하면 항상 밤잠을 설쳐 가면서 나라와 민족을 진심으로 사랑해 온 것만은 사실입니다."

아내의 칭찬이 쑥스러웠다. 하지만 세상은 몰라도 아내는 알고 있었다. 김대중은 열심히 일했다. 밤늦게 홀로 관저에서 보고서를 읽었다. 나라를 위한 인재들의 노력과 고뇌를 대통령이 직접 확인했다. 어느 때는 새벽까지 잠들지 못했다. 아내는 "제발 오늘 안에 주무세요"라고 말했다. 원 없이 일했지만 그래도 아쉬움이 남았다.

청와대 출입 기자 일동이 '대통령님께 드리는 글'을 새긴 기념패를 보내왔다.

> 지난 5년 정말 고생하셨습니다. 당신은 절망의 IMF 외환 위기에서 '대한민국'을 건져 냈습니다. 평양 남북 정상회담은 환희 그 자체였습니다. 노벨평화상 수상은 감동의 물결이었습니다. 월드컵은 온 국민을 하나로 묶었습니다. '역사'에 남을 대통령님을 우리 모두는 사랑합니다.

돌아보니 숨 가쁜 날들이었다. 둘러보니 여러 업적들이 쌓여 있었다. 외환 위기를 극복했고, 남북 정상회담을 통해 6·15 공동선언을 끌어냈다. 한반도 주변 4대국과 선린의 외교망을 설치했다. 4대 부문을 개혁하여 경제 체질을 바꾸었고, 국민 기초 생활 보장법을 만들어 굶주림을 추방했다. 여성부와 국가인권위원회를 설치했고, 의문사 진상 규명 특별법·제주 4·3 사건 진상 규명 특별법 등을 제정했다. 2700만 명의 인터넷 인구를 지닌 IT 강국을 건설했고, 그렇게 해서 전자 정부를 완성했다. 또 거센 반대에도 4대 보험을 도입했다. 시위 현장에서는 최루탄과 폭력이 사라졌다. 취임 당시 39억 달러에 불과했던 외환보유고가 1200억 달러를 넘었다. 과거 50년 동안 외국인 투자가 246억 달러에 불과했지만 국민의 정부 5년 동안에는 무려 600억 달러의 자본를 유치했다. 온 국민의 열기를 뭉쳐 월드컵 축구 4강 신화를 이뤘다. 그리고 가장 귀한 상, 노벨평화상을 받았다.

그래도 아쉬운 것들이 있었다. 지역감정은 그렇게 노력했는데도 여전히 기승을 부렸다. 또 학연 역시 심각한 부작용을 낳고 있었다. 학연을 없애라고 그렇게 일렀어도 끼리끼리 눈을 깜박거리며 똘똘 뭉쳐 있었다. 퇴임 후에 김대중은 이렇게 회고했다.

> 우리나라 정치 풍토에서 가장 타기할 것은 지연과 학연이다. 학연은 경북고, 경남고, 경복고, 전주고, 광주일고 그리고 경기고인데 그중 가장 심한 것이 경기고와 전주고다. 그렇지 않을 만한 사람도 예외가 없다시피 한다. (2008년 1월 10일 일기)

김대중의 임기 말은 참담했다. 자식들과 측근들의 비리는 모든 것을 삼켜 버렸다. 지지자들도 속이 타들어 갔다. 나는 그렇게 무너져 내리는 김대중이 무척 안쓰러웠다. 이제 김대중에 대한 평가는 역사만이 할 수 있다. 모든 것을 버리고 정치를 떠나 평범한 할아버지로 살아가기를 바랐다. 남은 생에 평화가 깃들기를 바라며 글을 썼다.

이제 떠나야 한다. 그가 늘 목마르게 불렀던 '존경하고 사랑하는 국민' 속으로 들어가야 한다. 그가 대통령으로서 성공했는지, 실패했는지는 역사가 대답해 줄 것이다. 대통령직을 그만두는 그에게 다시 몇 가지를 당부하고 싶다. 외환 위기 극복, 햇볕정책, 정보기술 강국 건설, 월드컵 4강 등 그가 임기 내에 이룬 것들을 마치 자신의 공인 양 자랑하지 않았으면 한다. 그리고 여러 가지 실정에 대해서도 변명하지 말았으면 좋겠다. 또 누구처럼 자신이 권력이 되려는 생각은 추호도 하지 말기를 바란다. 떨어진 인기를 만회하려는 그 어떤 노력도 하지 말았으면 좋겠다. 그것은 비루한 구걸이며 측은한 파닥거림일 뿐이다.

나라를 위해 무언가 큰일을 하겠다는 생각도 버려야 한다. 당신의 시대는 갔다. 여러 가지를 버릴 때가 되었다. 버리면 가볍다. 당신이 눈물로 쌓았던 '아태재단'도 속절없이 무너졌지 않은가. 남아 있는 전前 대통령의 삶에 부디 때가 묻지 않기를 바란다. 성공한 시민이 되기를 바란다.

한 시대가 저물었다. 명예도 바래고 권좌도 늙는다. 당신의 역할도 끝났다. 이제는 할아버지로 돌아가야 한다. 고향 하의도나 아니면 마포에서 인자한 이웃집 할아버지로 살아갔으면 좋겠다. 이제는 '비범'을 버리고 평범을 배워야 한다. 당신의 용기와 정의를 샘솟게 만든 이 땅의 지극히 평화롭고, 진정으로 가난한 사람들 곁에 머무르며 진정으로 가난해졌으면 좋겠다.

지난날은 숨 가빴지만 때가 되었다. 당신이 그토록 좋아한다는 꽃을 돌보고 책을 읽으며, 이웃에게는 인생 경험을 얘기하고, 손자들에게는 옛날얘기를 들려주는…… 아름다운 노년을 그려 본다. 김대중을 알고, 그를 연호했던 지난날이 눈물겨웠는데…… 아, 정말 한 시대가 지나가고 있다. (2003년 2월 22일자 『경향신문』「할아버지 김대중」에서)

2월 24일 그날이 왔다. 김대중은 '위대한 국민에의 헌사'라는 퇴임 인사를 했다.

> 일생 동안, 특히 지난 5년 동안 저는 잠시도 쉴 새 없이 달려왔습니다. 이제 휴식이 필요합니다. 그러나 앞으로도 저의 생명이 다하는 그날까지 민족과 국민에 대한 충성심을 간직하며 살아갈 것입니다. (……)
> 저는 우리 민족의 장래에 큰 희망을 가지고 있습니다. 대한민국은 반드시 세계로부터 존경받는 위대한 국가로 성장할 것입니다. 우리 국민은 그러한 자격이 있습니다. 경제 대국의 꿈도 이룰 수 있을 것입니다. 남북 간의 평화적 통일도 언젠가는 실현시키고 말 것입니다.(……)
> 존경하고 사랑하는 국민 여러분! 우리 모두 하나같이 단결합시다. 내일의 희망을 간직하고 열심히 나아갑시다. 큰 대의를 위해 협력합시다. 감사합니다.

오후 5시에 청와대를 나섰다. 시민들이 몰려나와 연도에서 태극기를 흔들었다. 동교동 골목에 이르자 많은 사람들이 모여 있었다. 젊은이들이 김대중을 연호했다. 인터넷 팬클럽 'DJ 로드' 회원들이 입을 모아 외쳤다.
"대통령님 수고하셨습니다."
"대통령님 사랑합니다."
김대중은 그들을 향해 골목에서 즉석 연설을 했다. 대통령 김대중이 사저로 들어섰다. 언론들이 아방궁이라고 대대적으로 보도한 집이라 김대중 자신도 궁금했다. 그러나 아무리 봐도 아방궁은 아니었다. 여전히 좁았다. 침실은 침대 하나로 꽉 찼다.

다음 날 아침 노무현 대통령 취임식에 참석했다. 가고 싶지 않았지만 가야 했다. 김대중의 발걸음은 무겁기만 했다. 비서들이 마음을 졸이며 이를 지켜보았다. 이미 김대중의 몸에는 큰 병이 들어와 있었다.

홀로 주먹을 쥐다

　노무현 대통령이 '대북 송금 사건'의 특검을 수용했다. 국무위원 중 단 한 사람만 빼고 모두가 반대했지만 듣지 않았다. 통일부 장관 정세현은 이렇게 반대했다.
　"대북 사업 추진 과정이 공개되면 남북 대화와 민간 교류 등이 중단될 것입니다. 햇볕정책에 심대한 타격을 입을 것입니다."
　그러자 산자부 장관 윤진식, 농림부 장관 김영진, 여성부 장관 지은희, 환경부 장관 한명숙 등이 이에 동조했다. 해수부 장관 허성관만이 "부산 지역 민심은 좀 다른 것 같습니다"라며 찬성의 뜻을 내비쳤다. 토론을 지켜보던 노무현이 중간에서 말을 잘랐다.
　"이 얘기는 그만합시다. 내게 생각이 있습니다."
　노무현의 '생각'은 바로 특검 수용이었다. 노무현은 햇볕정책 승계를 선언했지만 실제로 그 근간을 흔들어 버렸다. 소위 '노무현의 사람들'은 국민의 정부와 거리를 두려 했다. 햇볕정책을 승계가 아닌 극복 과제로 인식하고 있었다. 부시 행정부의 대북 강경책을 의식하고 있었는지도 모른다. 측근들은 '김대중 산맥' 속의 '노무현 산'이 되는 것을 경계했을 것이다. 노무현은 대북 정책을 충분히 준비하지 않았음이 분명해 보였다. 하지만 남북 관계는 미세한 균열 하나에도 파국을 초래할 수 있었다. 대통령 노무현은 결국 멀리 보지 못했다.

현직 대통령이 전직 대통령의 가슴을 쥐어뜯게 만들었다. 특검 수용은 거대한 후폭풍을 몰고 왔다. "대북 송금은 남북 관계를 고려한 통치 행위로 사법적 심사의 대상이 돼서는 안 된다"고 호소했지만 노무현은 이를 일축해 버렸다. 김대중을 벼랑 끝으로 몰았다.

특검 수용은 남북 관계와 통일 문제에 관한 우리 사회의 추동력을 현저하게 약화시켰다. 당장 남북 대화가 겉돌았고, 남과 북은 어정쩡한 상태로 시간을 허비했다. 북한은 남쪽 정부를 의심했다. 노무현 정부는 결국 임기 말에 가서야 남북 정상회담을 성사시켰다. 그러나 그 합의는 이명박 정권에 의해서 간단히 외면당하고 남북 관계는 파국으로 치달았다. 남북 관계의 파탄은 이미 노무현 정권에서부터 시작되었다. 특검 수용은 재앙의 시작이었다.

국민의 정부 사람들이 줄줄이 불려 가 죄인 취급을 받았다. 끝내 금융감독위원장 이근영, 경제 수석 이기호, 비서실장 박지원이 구속됐다. 김대중은 비탄에 잠겼다. 누구도 만나지 않았다. 한번은 "모두 내 책임"이라며 특검 수사본부에 직접 나가겠다고 집을 나섰다. 이를 말리며 비서들은 한동안 어찌할 바를 몰랐다. 김대중은 시름시름 앓기 시작했다. 식사를 거르고 말수가 줄어들었다. 침묵이 동교동 사저를 짓눌렀다.

김대중은 더 이상 버티지 못했다. 2003년 5월 10일 구급차에 실려 갔다. 심장 혈관이 막혀 피가 돌지 않았다. 곧바로 심혈관 확장 수술을 받고 신장 혈액투석을 처음으로 받았다. 체력이 약해져 혼수상태가 지속됐다. 신장 기능을 잃어버린 김대중은 그때부터 기계에 의존해서 연명했다. 김대중이 체력을 어느 정도 회복한 것은 그해 가을이었다.

민주당이 둘로 쪼개졌다. 노무현을 따르는 무리가 당을 박차고 나가 국민참여통합신당을 만들었다. 그리고 11월 열린우리당을 창당했다.

이듬해 4월에 총선이 있었다. 그런데 선거를 앞두고 현직 대통령에 대한 탄핵소추안이 국회를 통과했다. 한나라당과 민주당이 "열린우리당에 대한 압도적 지지를 기대한다"는 대통령의 회견 내용을 문제 삼아 탄핵안을 기습 상정했다. 김대중은 이를 지켜보며 혀를 찼다. 그만한 일로 국민의 직접 선택을 받은 대통령을 물러나게 할 순 없었다. 민심이 이를 용서하지 않을 것이라 판단했다.

과연 전국에서 탄핵을 반대하는 촛불 시위가 벌어졌다. 국민적 분노는 선거판으로 옮겨붙었다. 열린우리당의 기세가 대단했다. 반면 한나라당과 민주당은 거대한 역풍에 휘말렸다. 특히 민주당은 표를 달라고 손을 내밀 수가 없게 되었다. 민주당은 김대중이 나서 줄 것을 간절하게 바랐다. 김대중의 정치 철학과 정책을 계승한 적자임을 내세웠다. 그러나 김대중은 나서지 않았다. 나는 그런 김대중의 처신에 박수를 보냈다. 김대중이 처음으로 유권자로부터 '자유'를 획득했다고 판단했다. 김대중이 없는 첫 번째 선거였다.

한편으로 나는 정치권에 '그래, 김대중 없이 너희끼리 잘해 보라'는 일종의 야유를 보냈다. 김대중은 사실 그 어디에도 마음을 둘 수 없었다. 나는 김대중의 남은 생이 곱게 빛나기를 바랐다. 「김대중을 3김으로 묶지 말라」라는 칼럼을 썼다.

이번 총선에서 민주당의 참패가 꽤나 안타깝다. 이미지와 바람이 휩쓸고 간 전장戰場에는 민주당 장수들의 주검이 즐비하다. 나라를 떠받칠 만한 미래의 일꾼들이 힘 한 번 못 써보고 맥없이 나가떨어졌다. 정작 지역구에서 '표의 반란'이 진행 중인데도 방방곡곡을 돌며 "민주당을 살려 달라"고 무릎 꿇고 울먹이던 추미애 의원의 모습이 아직도 선하다. 민주당은 김대중 전 대통령DJ의 이념과 정책, 그리고 철학을 계승한 적자嫡子 정당임을 외쳤지만 DJ의 추인이 없었기에 구원 병력은 오지 않았다. 민주당은 절박했고, 그래서 DJ를 향한 구애는 절절했다. 몸이 대단히 불편한 DJ 큰아들을 앞세우고 다녔다. 하지만 DJ의 입은 열리지 않았고 결과는 참담했다. 아침마다 동교동의 뜨락을 쓸었던 가신들이 피를 흘리며 돌아왔다. 일부 언론은 DJ가 이번 선거 결과에 큰 충격을 받았다고 보도했다.

정 많은 노인네가 측근들이 흘리는 눈물을 보았으니 어찌 슬프지 않았겠는가. DJ는 꽃 지는 봄밤에 많은 생각을 했을 것이다. 그러나 그는 이번 선거에서 이겼다. 현실은 노무현, 정동영, 박근혜, 권영길 같은 사람을 승자의 반열에 올려놓겠지만 역사는 DJ를 진정한 승자로 기록할지 모른다. 그는 이겼다. 어쩌면 그의 생애에서 가장 위대한 승리를 거뒀는지도 모른다. 자신을 다스렸기 때문이다. 그는 약속대로 정치판에 다시 돌아가지 않았다.

사실 청와대를 나온 지난 1년여 동안 그에게는 다시 현실 정치로 복귀할 수 있는 명분과 기회가 많았다. DJ표 정책들이 후퇴 내지는 폐기되고, 자신의 햇볕 전도사들이 잇달아 구속되고, 동교동계 사람들이 모두 구악舊惡으로 분류되고 있는 시점에 국면 전환용 반격의 횃불을 들 수도 있었다. 명예 회복을 명분으로, 호남 소외를 구실로 마지막 승부를 걸어 볼 만도 했다. 어찌 보면 승산도 있었다. 그에겐 여전히 여러 무기가 있다. 이번 선거만 봐도 여당 대표라는 사람이 주어진 한 달도 버티지 못하고 중대한 말실수를 하고 말았지만, DJ는 아직도 '정제된 입'을 가지고 있다. 여전히 논리적이고 판세를 읽는 안목을 지니고 있다. 그리고 따르는 무리가 있다. 일각에서는 집권 세력의 섭섭함, 야당의 무례함을 들먹이며 일전 불사를 외쳤을 것이다. 그러나 그는 세상을 정확히 읽었다.

그는 지긋지긋하게 자신을 따라다녔던 지역감정의 망령을 잘 알았다. 본인이 원하지 않았더라도, 어쩔 수 없었더라도 그는 지역감정의 한복판에 서 있어야 했다. DJ는 자신이 나설수록 정치판이 혼탁해진다는 것을 알았다.

DJ는 아무 말도 하지 않았다. 비틀거리며 현장을 쫓아다니는 아들에게 연민의 정이 왜 없겠는가. 추미애 의원의 삼보일배가 DJ 자신을 향하고 있다는 것을 왜 모르겠는가. 하지만 그는 선동하지 않았다. 그는 참았다. DJ 때문에 눈물 마를 날이 없었던 지지자들에게 자유를 주었다. 비로소 선거판에서 DJ가 사라졌다.

그렇게 지지자들로부터 지워짐으로써 인간 김대중으로 돌아왔다. 그도 자유를 얻었다. 이제 목포나 하의도에 내려가 사람들이 내미는 탁배기를 '아무 복선 없이' 받아 마실 수 있게 되었다. 세상사가 정치 아닌 것이 없지만 앞으로는 함부로 '정치인 김대중'을 말해서는 안 될 것이다. 적어도 김대중이란 인물이 '3김'으로 묶이지는 않을 것이다.

그는 복수하지 않았고 대신 고뇌하였다. 그리고 모든 것을 접었다. 그러나 봄밤이 아플 것이다. 봄이 가기 전에 이제는 늙어 버린 가신들을 불러 손을 잡아 주길 바란다. 소쩍새 울음을 타서 술 한잔 건네기를 바란다. 그들도 떠나갈 때가 되었음을 알 것이다. (2004년 4월 19일자 『경향신문』 「김대중을 3김으로 묶지 말라」에서)

김대중은 노무현 대통령의 국정 운영이 썩 마음에 들지 않았다. 늘 조마조마했다. 소위 개혁 정책이라는 것들이 곧잘 현실을 떠나 이상적이거나 또 소모적인 논쟁을 일으켜 국민을 피로하게 만들었다. 일련의 민주적 조치들은 평가할 만하지만 국민 의사를 수렴하는 데는 문제가 많았다. 김대중은 참여 정부 사람들을 만나면 모든 정책은 "국민보다 반걸음만 앞서가라"고 당부했다. 끊임없이 국민을 설득하고, 그래도 따라오지 못하면 멈춰 섰다가 국민의 손을 잡고 함께 가야 한다고 일렀다. 국민들과 체온을 나눠야 성공할 수 있다고 했다. 국민은 걷고 있는데 정부만 뛰어가면 실패는 예고된 것이다. 목적이 정의로울수록 '국민과 함께'라는 원칙을 지키라고 말해 주었다. 그래야 집을 나간 토끼들이 돌아오고, 그 뜻을 이해한 새로운 토끼들이 들어온다고 조언했다. 그러나 참여 정부에서는 끝내 토끼들이 돌아오지 않았다.

2006년 9월 남북 문제 전문가 임동원, 이장희, 백학순, 문정인, 김근식, 고유환 등을 초청하여 오찬을 했다. 북한은 이미 미사일을 발사하며 국제사회에 무력 시위를 한 바 있었다. 그러자 온갖 비난의 화살이 북쪽으로 날아갔다. 참석자들은 북한이 핵실험을 강행할 것이라고 예상했다.

정말 그로부터 보름쯤 후에 북한이 핵실험을 했다. 지진파가 남쪽에서도 감지되었다. 노무현은 "대화만 계속하자고 강조할 수 있는 입지가 없어진 것 아닌가 생각한다"며 강경 대응 방침을 암시했다. 다음 날 대통령 노무현이 전직 대통령들을 초청했다. 북한 핵실험과 관련해 조언을 구했다. 전 대통령 김영삼이 햇볕정책을 공격했다. 포용 정책을 지속하다가 이런 상황을 초래했다며 김대중과 노무현의 대국민 사과를 촉구했다. 가만히 듣고 있던 김대중이 말했다.

"햇볕정책을 통해 남북 관계 발전은 제대로 해왔고, 또 성과도 있습니다. 문제는 북미 관계에 진전이 없다는 것입니다. 북한의 핵 개발이 어떤 단계에 왔든 이를 해체시켜야 하고 또 북한이 더 이상 도발을 못하도록 대책을 마련해야 합니다."

다음 날 김대중은 광주의 한 호텔에 머무르고 있었다. 아침에 노무현 대통령에게서 전화가 왔다.

"어제 불편하게 했던 일들을 죄송하게 생각합니다."

노무현은 김대중이 일방적으로 모욕을 당했다고 생각하고 있었다. 그럴 만도 했다. 김대중은 대통령의 대북 인식에 문제가 있다고 생각했다.

"포용 정책이 무슨 죄가 있습니까. 포용 정책은 남북의 긴장을 완화했지 악화한 적이 없는데 어째서 그렇게 말씀하십니까. 죄 없는 햇볕정책에 북한 핵실험을 갖다 붙이는 데 동의할 수 없습니다. 햇볕정책은 그리 만만한 것이 아닙니다."

그 후 김대중에게는 국내외 언론 인터뷰가 쇄도했다. 북한 핵실험의 원인과 향후 정세 등을 물었다. 김대중은 북미 관계 개선을 촉구했다.

"북한 핵실험은 지난 6년 동안 계속된 부시의 대북 강경책이 실패했음의 방증이다. 이제라도 대북 강경책에서 벗어나 북한과 대화에 나서야 한다."

그 후 미국은 강경책을 버리고 북한과 대화를 적극 모색했다. "사악한 정권과의 대화란 있을 수 없다"는 큰소리가 오간 데 없어졌다. 부시 행정부는 베이징과 베를린에서 북한과 직접 협상을 시작했다. 미국은 방코델타아시아은행BDA의 북한 계좌 동결을 해제하고 북한은 핵 시설 가동 중단과 폐쇄에 합의했다. 이른바 '2·13 조치'였다. 북한은 핵 시설 불능화 조치를 취하고, 미국은 테러 지원국 명단에서 북한을 삭제하기로 합의했다. 결국 북한은 1만 8000쪽에 이르는 핵 가동 문서를 미국 측에 넘기고 영변 핵발전소 냉각탑을 폭파했다. 그 냉각탑이 폭파되던 2008년 6월 27일, 김대중은 남다른 감회를 일기로 남겼다.

오늘은 2차 대전 이후의 한반도 역사에 획기적인 날이다. 북한이 영변 핵발전소 냉각탑을 폭파한 날이다. 그리고 미국은 북한의 테러 지원국 지정 해제를 국회에 통고한 날이고, 적성국 교역 금지 대상에서 제외한 날이다. 이제 6자회담은 제3단계, 즉 북의 핵무기 폐기와 국교 정상화를 주고받는 단계로 진입할 것이다. 내가 1971

년 대선 이래 주장한 한반도 4대국 평화 보장이 가시화되었다. 그리고 1994년 미국 내셔널프레스클럽 연설에서 주장하고 대통령 재임 중 미국 정부 당국자에게 거듭 주장해 온 북미 간의 직접 대화와 주고받는 협상이 큰 결실을 맺은 것이다. 이와 관련해 2006년 북한 핵실험 당시 노무현 대통령 이하 여야 모두가 절망과 대북 일전 불사의 강경 분위기에 휩싸여 있을 때 내가 홀로 직접 대화와 주고받기 협상으로 경색된 국면을 타개하라고 국내외의 언론 인터뷰와 강연에서 주장하던 일이 감회 깊게 회상된다. 부시는 결국 나와 클린턴이 주장하던 노선에서 결실을 얻었다.

퇴임한, 그리고 병약한 80대 노인이 남북 관계를 이렇듯 명징하게 정리하고 있으니 놀랍기만 하다. 김대중이 평생을 바쳐 완성한 햇볕 정책은 그러나 그 이후에도 많이 흔들렸다.

퍼주기가 아니다, 퍼오기다

2006년 11월 2일 김대중도서관을 개관했다. 노무현 대통령이 참석했다. 이틀 후에는 동교동 사저를 전격 방문했다. 현직 대통령이 전직 대통령 자택을 찾은 일은 일찍이 없었다. 언론은 고립무원의 노무현이 김대중에게 일종의 '기대기'를 한다고 보도했다. 어쨌든 한때 소원했던 두 사람의 관계는 복원됐다.

2007년 10월 2일 노무현 대통령이 평양으로 떠났다. 김대중이 그토록 바랐던 정상회담이 이뤄졌다. 아내와 함께 군사분계선을 걸어서 넘어갔다. 대한민국 군 통수권자가 분계선을 넘는 광경은 또 다른 감동이었다. 여운형, 김구, 이후락, 박철언, 임수경, 정주영, 임동원이 넘어갔지만 대통령으로서는 처음이었다. 노무현이 뜻깊은 얘기를 했다.

"저는 대통령으로서 이 금단의 선을 넘어갑니다. 제가 다녀오면 더 많은 사람들이 다녀오게 될 것이고, 그러면 마침내 이 금단의 선도 점차 지워질 것입니다."

김대중은 이를 텔레비전으로 지켜보았다.

남북 정상은 8개 항에 합의하고 10·4 공동선언을 발표했다. 평화적 공존, 경제 협력, 비핵화 문제 등이 포함되어 있었다. 그러나 임기 말 정상회담은 남과 북 모두에게 부담이었다. 다음 정권이 이를 승계할지는 알 수 없었다. 남과 북은 총리 회담, 국방장관 회담, 적십자 회담, 경제협력공동위원회 등을 잇달아 열었다. 다음 정권에서도 번복할 수 없도록 하겠다는 나름의 못 박기였다.

하지만 차기 이명박 정권은 10·4 선언은 말할 것도 없고 6·15 공동선언까지 무시해 버렸다. 냉전 시기의 유물인 '비핵개방3000'이란 정책을 케케묵은 자루에서 꺼내 들었다. "핵을 포기하고 개방하면 3000달러 소득을 올리도록 도와주겠다"는 것이니 북한의 자존심을 송두리째 흔들어 버리는 초강경책이었다. 그것은 이미 부시 행정부도 시도했다가 폐기한 정책이었다.

야권과 보수 언론은 대북 지원을 '퍼주기'라며 깎아내렸다. 김대중은 퍼주기란 주장에 할 말이 참 많았다. 실상은 퍼주기가 아닌 퍼오기라고 반박했다. 북한 땅 위에는 우리와 말이 통하는 세상에 가장 우수한 인적자원이 있고, 또 땅 밑에는 엄청난 양의 광물자원이 있다. 상공회의소의 분석대로라면 어림 2조 달러어치가 묻혀 있다. 김대중은 그 자원들을 활용하여 퍼오기 시대를 열어야 한다고 말했다. 철도와 도로를 연결하여 '철의 실크로드' 시대가 열리면 북한 너머의 중앙아시아, 시베리아 일대의 천연자원을 개발하여 들여올 수도 있다고 강조했다. 김대중은 대북 지원의 필요성을 절묘하게 빗대었다.

"흥부가 제비 다리를 고쳐 주었더니 보물이 쏟아지는 박씨를 물어 왔듯이 작금의 '북한 돌보기'는 우리 민족에게 대운을 가져올 것이다. 뒷박으로 퍼주고 말로 퍼올 것이 분명하다."

사실 남쪽은 해마다 1억 5000만 달러 정도를 북에 제공했다. 이를 환산하면 우리 국민 한 사람당 5000원에도 미치지 못했다. 일테면 짜장면 한 그릇 값이었다. 그 돈으로 냉전 체제를 해체하고 화해 협력의 시대를 열었다. 지난 10년 동안 안보 불안 없이 살았다. 한반도의 평화를 산 셈이었다. 2만 명의 이산가족이 만났고, 44만 명이 남과 북을 오갔다. 금강산과 개성지구가 개방됐다. 그러다 보니 북한 민심이 변했다. 이것 또한 '보이지 않는 퍼오기'였다.

개성공단이 들어선 땅은 북한의 3개 여단이 포진하고 있던 최전방 기지였다. 그 군사기지를 뒤로 물리고 공단을 지었다. 금강산도 해군의 요충지였던 장전항 인근을 남쪽에 개방한 것이나 다름없었다. 그만큼 전쟁의 위험은 줄어들었다. 이런 성과를 살피지 않고 퍼주기 논쟁은 오래도록 계속됐다. 김대중은 이를 개탄하며 "그렇게 햇볕정책이 못마땅하면 대안을 내놓으라"고 일갈했다. 김대중은 북을 변화시키기에는 '햇볕'이 가장 비용이 적게 들며 또한 가장 확실하다고 믿었다.

김대중은 재임 중에 사형을 한 건도 집행하지 않았다. 퇴임 후 국제 앰네스티 한국 지부와 사형 폐지 기독자 단체로부터 감사장을 받았다. 김대중은 생명은 천부인권이라는 생각을 지니고 있었다. 사람의 마음속에는 천사와 악마가 함께 있으며 신앙심이나 교육으로 얼마든지 천사가 악마를 물리칠 수 있다고 강조했다. 그런 기회를 사형으로 박탈해서는 안 되며 적어도 죽음을 맞기 전까지 인간으로 거듭날 수 있는 기회를 부여해야 한다고 생각했다.

또 외국인 노동자와 중국 동포들로부터 감사패를 받았다.

한국에 와서 일하고 있는 외국인 노동자와 중국 동포를 위하여 법 제정의 초석을 놓아 주셨습니다. 소외당하고 힘들게 살아왔던 우리들이 '노동자의 신분'으로 당당하게 살아가도록 이끌어 주셨습니다. 관심과 사랑을 기억하며 감사의 마음을 이 패에 담아 드립니다.

김대중은 우리 사회에 외국인 노동자들이 몰려오고 국제결혼이 급증하면서 다문화 시대가 열리고 있음을 긍정적으로 평가했다. 역사적으로 볼 때도 다원적 가치를 인정하고 이민족에게 관용을 베푼 나라가 융성했다. 페르시아, 로마, 당, 영국, 미국, 몽골 등이 인종, 민족, 종교에 차별을 두지 않아 제국을 건설했다. 역으로 이민족에 매몰찼던 스페인, 진, 나치스 독일, 군국주의 일본 등은 곧바로 쇠락의 길을 걸었다. 김대중은 인종, 문화, 이념의 순혈주의를 경계했다.

12월 19일 대통령 선거가 있었다. 민주당 후보 정동영은 처음부터 열세였다. 한나라당 후보 이명박에게 힘 한 번 쓰지 못하고 완패했다. 선거 역사상 이토록 허무하게 진 것은 처음이었다. 노무현 정권 5년 동안 전통적 지지 기반이 붕괴했기 때문이었다. 대북 송금 특검, 분당, 야당을 향한 연정 제안 등은 분명 잘못이었다. 김대중은 선거 결과를 보며 탄식했다.

이명박 정권은 '잃어버린 10년'이라며 과거 정부를 공격했다. 그러나 무엇을 어떻게 잘못했는지에 대한 구체적인 지적은 없었다. 김대중은 신임 대통령 이명박의 취임사를 듣고는 매우 실망했다.

실용주의자를 자처한 대로 철학이나 비전은 거의 보이지 않는다. 정책이란 것도 무얼 하겠다는 나열이지 손에 잡히게 구체적 방법은 별로 없다. 남북 관계도 경제의 발전을 위해서는 언제든지 정상회담에 응하겠다는 것인데 적극적인 제안은 아니었다. (2008년 2월 25일 일기)

2008년 7월 11일 금강산에서 여성 관광객이 북한군의 총격으로 사망하는 사고가 발생했다. 통제구역을 벗어나 북한군 경계 구역에 들어갔다가 변을 당했다. 누구의 잘못인지를 떠나 민감한 사건이었다. 김대중은 매우 불길했다. 이 사건으로 금강산 관광이 전면 중단됐다. 남북 관계는 점점 수렁으로 빠져들고 있었다.

김대중의 바람대로 민주당 후보 버락 오바마가 미국 대통령에 당선됐다. 당선이 확정된 11월 5일의 일기를 보면 온통 감격에 젖어 있다.

오바마의 당선으로 미국이 그 위대성을 다시 한 번 과시했다. 오바마의 당선은 링컨의 노예해방에 버금간다. 오바마의 당선으로 미국은 232년간 계속된 백인 중심 통치로부터 전 미국인 다인종 통치의 시대로 들어섰다. 오바마의 당선으로 세계 각국과의 화해 협력의 시대가 열릴 것이다. 북한, 이란, 시리아까지 포함해서. 오바마 당선으로 이명박 정권도 대북 대결주의를 더 이상 밀고 나가지 못하고 화해 협력의 자세를 취하지 않을 수 없게 되었다. 이제 6자회담은 순항할 것이고 동북아가 '평화와 안보'의 시대로 들어갈 수 있을 것이다.

2009년 2월 미국 국무장관 힐러리 클린턴Hillary Rodham Clinton이 한국을 방문하고 귀국하는 길에 비행기 안에서 전화를 해왔다. 또 북한 핵 문제 특사인 보즈워스Stephen Bosworth도 방한했다가 귀로에 인천공항에서 전화를 했다. 김대중은 그것들이 자신의 햇볕정책을 지지한다는 우회적 메시지라고 생각했다. 그러나 그 후 낭보는 들려오지 않았다.

김대중은 오바마의 등장으로 미국의 오만과 독선이 줄어들 것으로 기대했다. 세계 곳곳의 문제들이 순리대로 풀릴 것으로 믿었다. 그러나 오바마는 김대중의 기대에 미치지 못했다. 그냥 미국인이었다. 북한이 목을 빼고 기다렸지만 아무런 신호도 보내지 않았다. 그러자 북한이 로켓을 발사했다. 그리고 핵 개발을 하겠다고 재천명했다. 그래도 오바마는 뜨뜻미지근했다. 결국 김대중은 오바마에 대해 실망감을 드러냈다.

북의 2차 핵실험은 참으로 개탄스럽다. 절대 용납해서는 안 된다. 그러나 오바마 대통령의 태도도 아쉽다. 북의 기대와 달리 대북 정책 발표를 질질 끌었다. 아프가니스탄, 파키스탄에 주력하고 이란, 시리아, 러시아, 쿠바에까지 관계 개선 의사를 표시하면서 북한만

제외했다. 이러한 미숙함이 북한으로 하여금 미국의 관심을 끌기 위해서 핵실험을 강행하게 한 것 같다. (2009년 5월 25일 일기)

전 미국 대통령 빌 클린턴이 한국에 왔다. 그는 김대중을 만찬에 초대했다. 김대중은 클린턴에게 북미 관계 개선을 요청하기로 하고 꼼꼼히 준비했다. 그것은 클린턴 부인 미 국무장관 힐러리를 향한 것이기도 했다.

그날 하얏트호텔 양식당은 너무 추웠다. 김대중은 원래 추위에 약했다. 여름에도 별다른 냉방장치 없이 지낼 정도였다. 정상회담 등 국제회의를 하러 나갈 때는 여름에도 내복을 입었다. 그날은 봄날이라 그냥 나갔던 것이 화근이었다.

김대중은 온몸을 떨었다. 비서들이 냉방기 가동을 멈춰 달라고 요청했다. 그러나 냉방장치가 중앙공급식이라 끌 수 없었다. 김대중은 오금이 오그라들었지만 클린턴 앞에서 웃었다.

"오바마 대통령은 대선 캠페인을 하면서 김정일 위원장을 만나겠다고 했고, '내 정책은 부시 대통령이 아닌 클린턴 대통령의 정책'이라고 했습니다. 북한은 오바마 정권의 출범에 상당한 기대를 걸었는데 미국이 아프가니스탄과 파키스탄 문제에 집중하고 있어 북한으로서는 초조해하고 있습니다. 오바마 대통령이 9·19 공동성명을 이행하겠다고 선언하면 북핵 문제는 해결될 것입니다. 9·19 성명은 '첫째, 북한은 핵을 포기한다. 둘째, 미국은 북한과 국교를 정상화한다. 셋째, 6자가 협력해 한반도 평화 체제를 구축한다. 넷째, 북한에 식량과 에너지를 제공한다. 다섯째, 모든 것은 행동 대 행동으로 한다'는 것입니다."

"옳은 정책입니다. 미국에 돌아가면 말씀하신 내용을 힐러리 클린턴 장관에게 설명해서 잘 진전되도록 하겠습니다."

김대중은 클린턴에게 자신의 생각을 담은 문건을 건네며 따로 한 부를 챙겨 힐러리에게도 전해 달라고 했다. 문건에는 북한은 핵을 포기할 수 있는가, 북한의 대미 강경책의 진위는 무엇인가, 무엇이 해결책인가 등이 담겨 있었다. 김대중이 일주일 동안 심혈을 기울인 것이었다.

만찬을 마치고 김대중이 휠체어에 올랐다. 클린턴이 따라 나오며 말했다.

"대통령께서 다리가 불편하신 것은 '명예의 상징'입니다."

김대중은 조용히 웃으며 손을 내밀었다. 클린턴은 김대중의 마른 손을 가만히 쥐었다. 그러고 보니 김대중의 모습이 무척 수척해 보였다. 마지막 작별이었다. 김대중은 클린턴에게 한반도 평화를 부탁했다. 클린턴은 김대중에게 건강을 챙기라고 당부했다. 5월 18일, 봄밤이 깊어 가고 있었다.

김대중은 시국이 심상찮게 돌아가고 있음을 느꼈다. 방송 장악을 비롯하여 전교조 탄압, 촛불 시위 참가자 무차별 처벌, 인권위원회 무력화, 전 정권 인사들에 대한 보복 수사 등이 진행되고 있었다. 그러나 나서는 무리가 없었다. 야당은 이를 저지할 힘도 의지도 없어 보였다. 이를 일갈하는 사람 또한 없었다. 김대중은 홀로 일어났다. 국내 문제에 발언을 하기 시작했다. 2008년 12월 16일 노벨평화상 수상 8주년

기념식장에서 그는 이렇게 지적했다.

"우리는 지금 세 가지 위기에 직면해 있습니다. 민주주의 위기, 경제 전반 특히 서민 경제의 위기, 남북 관계의 위기가 그것입니다."

지금까지 누구도 이렇듯 명확하게 시국을 진단하지는 못했다. 김대중은 타고난 정치인이었다. 그는 현실에 피를 대고 있었다. 지난 10년 동안 민주주의를 반석 위에 올려놓았다고 생각했는데 그것은 착각이었다. 김대중은 깊이 탄식하고 또 다짐했다.

아내와 같이 다짐했다. "우리가 정치에서 은퇴한 지 오래지만 오늘의 현실 즉 반민주, 반국민경제, 반통일로 질주하는 것을 좌시할 수 없다. 50년간의 반독재 투쟁에서 얼마나 많은 사람들이 사형, 학살, 투옥, 고문을 당하면서 얻은 자유이고 남북 화해였던가! 그 자유와 남북 화해가 무너져 가고 있다. 늙고 약한 몸이지만 서로 비장한 결심과 철저한 건강관리로 우리가 할 수 있는 일을 다하자"고 다짐했다. 오늘의 역주행 사태를 보면 지하의 열사들이 고이 잠들지 못할 것 같아 가슴 아프다. (2009년 2월 23일 일기)

하느님은 아시리라

1980년 사형수 김대중은 감옥에서 차분히 죽음을 맞이하고 있었다. 그것은 하느님 품안에 안기는 것이었다. 한때는 "왜 악인들을 놔두고 나만 거두려 하시냐"며 번민도 했지만 결국 김대중은 마음의 평화를 찾고 원수들을 사랑하기에 이른다. 세상에 알려지지 않은 옥중의 수상록隨想錄을 보면 최후를 앞에 둔 비장한 심경이 그대로 드러나 있다(김대중은 옥중서신과는 다른 12편의 수상을 감옥에서 썼다).

나는 박 정권 아래서 가장 가혹한 박해를 받은 사람이지만 나에 대한 납치범, 자동차 사고 위장에 의한 암살 음모자들, 기타 모든 악을 행한 사람들을 하느님의 사랑과 용서의 뜻에 따라 일체 용서할 것을 선언했다. 나는 지금 나를 이러한 지경에 둔 모든 사람에 대해서도 어떠한 증오나 보복심을 갖지 않으며 이를 하느님 앞에 조석朝

夕으로 다짐한다. 그러나 나는 이 시간까지 나의 반대자들로부터 무서운 증오와 모욕과 보복의 대상이 되고 있다.

그러나 나는 결코 실망하지 않는다. 하느님만은 진실을 알고 계시기 때문이다. 하느님은 나의 행적대로 심판하실 것이고 우리 국민도 어느 땐가 진실을 알 것이며 역사의 바른 기록은 누구도 이를 막지 못할 것이다. 하느님이 안 계신다면 내가 지금 어떻게 마음의 평화를 유지할 수 있겠는가? 국민과 역사에 대한 신뢰가 없다면 나의 일생은 완전한 실패작이었다는 한탄 이외에 나의 입에서 나올 말이 무엇이겠는가? (1980년 12월 3일 미공개 수상)

또 감옥에서 '존경하고 사랑하는 아내'에게 편지를 썼다.

예수님의 부활을 확신하는 것이 현재 나의 믿음을 지탱하는 최대의 힘이며, 언제나 눈을 그분에게 고정하고 결코 그분의 옷소매를 놓치지 않으려고 안간힘을 쓰고 있습니다. 그러면서 항시 기도하기를 "하느님은 저를 사랑하시는 것을 제가 믿습니다. 저의 현재의 환경도 주님이 주신 것이며, 주님이 보실 때 이것이 저를 위하여 최선이 아니면 허락하시지 않으셨을 것입니다. 제가 주님의 뜻하심과 앞으로의 계획하심을 알 수는 없으나 오직 주님의 사랑만을 믿고 순종하며 찬양하겠습니다"라고 기도하고 있습니다. (1980년 11월 21일)

훗날 책으로 묶여 나온 『옥중서신』은 아내와 가족에게 보내졌지만, 그것은 또한 하느님에게 띄운 편지이기도 했다. 신앙고백이고 기도문이며 성서 해설이었다. 『옥중서신』이 문명 비판과 역사 탐구, 민족과 인류가 당면한 문제의 고찰에만 머물렀다면 한갓 지식의 화려한 나열에 지나지 않았을 것이다. 그리한 글들이 신에게 바쳐졌기에 그 안에 울림이 있었다.

예수님은 위기의 순간마다 김대중에게 나타나 손을 잡아 주셨다. 다시 옥중에서 올린 김대중의 기도를 들어 보자.

> 주님은 제게 세 번 나타나셨습니다. 하나는 납치 당시 납치자들이 바다에서 저를 꽁꽁 묶어서 이제 막 물에 던지려고 들고 나가려는 순간 제 옆에 서 계신 모습으로 나타나셨는데 그 순간이 제게 삶의 구원이 온 시간이었습니다.
>
> 둘째는, 재작년 제가 수사기관에 있을 때(1980년 신군부에 끌려갔을 때) "두려워하지 말고 믿기만 하여라"라는 회당장 야이로에게 하신 말씀의 소리로 나타나셨습니다.
>
> 셋째는, 제가 여기 교도소로 온 직후 꿈에 나타나셨는데 죽음의 곳에 버려지기 위해 발가벗긴 채 혹한 속에서 수레에 실려 교외의 황야로 끌려갔을 때 하늘에서 내린 두 줄기 빛이 저와 저를 끌고 간 일꾼까지 따뜻하게 해주면서 저를 안전한 곳으로 데려오셨습니다.
>
> 저는 주님의 이 모든 저에 대한 사랑이 오직 저로 하여금 이웃과 이 사회를 위한 봉사의 한 도구로 삼으시기 위한 것으로 믿고 있습니다. (1982년 12월 15일)

김대중의 신앙심은 감옥에서 더 깊어졌다. 감방은 김대중에게 지식을 섭취하는 대학이자 하느님 말씀을 얻는 수도원이었다. 안병무의 『역사와 해석』을 읽고 민중신학에 새롭게 눈을 떴다. 김대중은 성경의 역사를 통해 교회의 사회적 책무에 대한 영감을 얻었다. 민주화 동지가 쓴 『역사와 해석』은 몇 번이나 정독했다. 신부 테야르 드 샤르댕의 저서들을 통해서는 '왜 선과 악이 공존하는지'에 대한 답을 얻었다.

> 하느님이 만든 이 우주는 완성된 것이 아니다. 그렇기에 불행과 죄악이 있다. 인간이 할 일은 하느님과 합심해서 이 세상의 완성을 통한 하느님의 제2의 창조에 참여하는 일이다. 그 완성의 진도에 따라 불행과 죄는 극복되고 최종적 완성을 통해서 제거될 것이다. 그것이 예수 재림의 날이다. (『김대중 옥중서신』에서)

김대중은 모든 일에 최선을 다했고 마지막에는 신 앞에 엎드렸다. 겸손하게 '지난날'을 바쳤다. 연금을 당하고 있을 때도 가족, 비서들과 함께 예배를 드렸다. 또 아내 이희호와 단둘이 있을 때도 기도드리고 찬양했다. 납치되어 바다에 던져지기 직전 예수님을 본 후 하루도 기도를 쉰 적이 없었다. 대통령이 되어서도 하느님을 찾았다.

김대중의 깊은 신심은 주변 사람들을 놀라게 했다. 한번은 이런 일이 있었다. 김대중과 일면식도 없었던 김하중이 국민의 정부 의전비서관으로 발탁됐다. 그러나 그는 청와대 근무가 내키지 않았다. 김대중 대통령에 대한 부정적인 인식 때문이었다. 그런데 취임식 다음 날 그런 생각을 말끔히 털어 냈다. 대통령은 2월 26일 종교계 및 인권 단체 인사들을 만난 자리에서 인사말을 했고, 그 말은 크리스천 김하중을 감동시켰다.

"사실 그동안 저는 너무 괴로웠습니다. 어떤 때는 '정의로우시고 공평하신 하느님이 왜 이렇게 오랫동안 악인들만 도와주시고 나를 계속 곤고하게 만드시냐'고 울면서 불평을 하기도 했습니다.

그러나 지금 생각해 보면 그분이 다 나를 들어 쓰시기 위해 오랫동안 단련시키신 것 같습니다. 그것은 하느님이 저만 아니라 이 나라와 민족을 살리시려는 뜻이라고 믿습니다. 그래서 저는 하느님이 지금의 이 환난을 반드시 극복하게 해주실 것이라 믿습니다."

김하중은 그날의 소회를 이렇게 남겼다.

> 김대중 대통령은 하나님의 사람으로서 오직 예수님만을 의지하면서 살았다. 그는 사랑과 관용과 용서의 사람이었다. 나는 그런 모습을 옆에서 지켜보면서 항상 내 자신의 믿음이 부끄러웠다. (『하나님의 대사 3』에서)

'하나님의 대사'를 자처하는 전 통일부 장관 김하중의 간증이다. 김대중은 쉬지 않고 기도했으며 범사에 감사했다. 하느님이 살아계심을 믿었다. 그의 일기에는 "찬미 예수, 건강 백세"라는 말이 도처에 나온다. 김대중도 예수님 품에서 오래오래 살기를 원했다.

김대중은 국정 노트에 '대통령 수칙'을 써놓았다. 대통령직을 어떻게 수행하겠다는 다짐이었다. 15개 항의 수칙에는 법과 질서 준수, 아첨·무능자 배제, 국법 엄수, 국회·야당의 비판 경청, 적극적인 사고 등이 담겨 있었다. 그리고 맨 마지막 열다섯 번째에서는 역시 하느님을 찾고 있었다.

"나는 할 수 있다. 하느님이 같이 계시다."

김대중은 사망의 골짜기에 떨어졌어도 절망하지 않았다. 기도하며 내일을 준비했다. 하느님의 존재를 믿었기에 의연했다. 김대중은 「마태복음」의 예수님 말씀을 좋아했다.

> 내가 진실로 너희에게 이르노니 너희가 여기 내 형제 중에서 지극히 작은 자 하나에게 한 것이 곧 내게 한 것이니라. (「마태복음」 25장 40절)

김대중은 일생을 눌린 자들을 위해 헌신하라는 하느님의 말씀을 받들었다. 예수님은 낮은 자로 오시어 가장 비천하게 죽으셨다. 일생을 약하고 가난한 사람들과 함께했다. 병든 자, 눈먼 자, 문둥병자, 절름발이, 귀머거리, 귀신 들린 자들을 고쳐 주고 창녀를 용서했다. 섬김을 받으러 오신 것이 아니라 섬기러 오셨다.

예수님은 지배 계급의 위선과 폭정에 맞서 싸우다 정치범으로 몰려 죽으셨다. 그래서 김대중은 예수님처럼 십자가를 지는 것이 자신이 가야 할 길이라고 믿었다. 십자가를 진다는 것은 약하고 가난한 자들을 위해 불의와 싸우는 것이었다. 따라서 김대중은 진정한 종교는 개인의 죄뿐 아니라 사회적 죄악에 대해서도 당당히 맞서야 한다고 생각했다.

국민의 정부에서는 종교 갈등이 없었다. 내 종교가 귀하면 다른 종교도 존중해야 했다. 김대중에게 다른 종교는 배척의 대상이 아니었다. 함께 가는 '이웃'이었다. 김대중은 수시로 7대 종단 대표를 초청하여 '말씀'을 듣고 나라 운영에 협조를 구했다. 옥중서신에도 그런 의식의 일단이 들어 있다.

> 우리 이웃은 모두가 하느님의 자식이다(그가 기독교 신자이건 아니건). 그러므로 하느님 앞에 한 형제인 이웃을 사랑하는 것은 당연하며, 특히 우리의 도움과 위로를 필요로 하는 이웃에의 사랑은 하느님의 계명 중 가장 중요한 것이다.

김대중은 또 손자에게도 같은 얘기를 했다.

> 손자 종대에게 나의 일생에 대해서 이야기해 주고, 이웃 사랑이 믿음과 인생 삶의 핵심인 것을 강조했다. (2009년 5월 30일 일기)

청와대 민정 수석에 목사인 김성재를 임명하면서도 조심스러웠다. 시민사회의 추천도 있었기에 적임자라 판단했지만 그가 목사인 것이 걸렸다. 즉각 불교계 수장인 조계종 총무원장에게 전화를 했다.
"김 수석을 발탁한 것은 그의 능력을 높이 샀기 때문입니다. 특별히 불교계에서 이해를 해주시기 바랍니다."
이토록 세심하게 배려했다. 김대중은 이 땅의 종교들이 평화롭게 공존해 온 전통을 매우 자랑스럽게 생각했다. 3·1 독립운동 때는 천도교, 기독교, 불교 대표들이 참여하여 독립선언을 했고, 민주화 운동 때도 종교 단체들이 합세하여 마침내 독재 정권을 물리쳤다. 김대중은 이런 종교 간 '화해와 공존'을 민족의 자산으로 여겼다.

안타깝게도 김대중의 깊은 신앙심은 세상에 제대로 알려지지 않았다. 김대중은 일생 사회적 죄악과 맞서 싸웠다. 김재준, 강원룡, 윤반웅, 문익환, 문동환, 서남동, 박종화, 김상근, 이해동, 오충일 목사 등은 행동하는 목회자들이었다. 이들은 험한 시대에 민주화 운동의 동지이자 십자가를 함께 지고자 했던 믿음의 형제들이었다. 이들과 함께 사회적 악의 무리, 즉 독재 정권과 싸웠다.

작금의 한국 교회는 어떤가. 많은 교회들이 성장과 개인의 기복에 매달리고 있다. 한국 교회가 어려운 시기에 어떻게 성장해 왔는지, 그 눈물겨운 '역사'를 외면하고 있다. '가난한 이웃'을 잊어버리고 있다. 속세의 온갖 물신物神이 교회 속으로 들어왔다. 높은 곳에서 허세를 부리고 예수님 말씀을 비틀어 신도들을 선동하고 있다. 물신을 섬기는 목사의 설교대로라면 부자라야 천국에 가고 가난뱅이는 지옥에 떨어져야 맞다.

그들은 결국 예수라는 허상을 세우고 말씀을 팔아먹는 장사꾼인 셈이다. 우상를 섬기지 말라면서 정작 자신들은 누구보다 큰 우상을 섬기고 있다. 풍요와 쾌락을 좇았던 물신, 바알과 아세라를 모셔 두고 있음이다. 한국 교회는 속히 잃어버린 예수님을 찾아야 한다. 가난한 이웃을 섬기는 진짜 예수를 찾아야 한다. 지금부터라도 "약한 자에게 잘해 주는 것이 나에게 잘해 주는 것"이라는 말씀을 받들어야 한다.

기름진 제단과 휘황찬란한 불빛을 하느님이 기쁘게 받으실 것인

가. 반역사, 반통일, 반서민의 설교를 어여삐 여기실 것인가. 남의 종교를 적으로 여기고 창을 겨누는 무리들의 광기를 칭찬하실 것인가. 한국 교회는 이제 제대로 답을 구해야 할 것이다.

일부 교회에서는 아직도 김대중에게 돌을 던지고 있다. 목사의 설교에 가장 중요한 사랑과 용서가 빠져 있다. 세간에서도 듣기 민망한 거짓을 얘기하며 빨갱이, 거짓말쟁이라고 매도한다. 왜 그럴까. 우선 김대중을 잘 알지 못하기 때문이다. 또 자신들의 믿음이 왜소하기 때문이다. 십자가를 짊어지기에는 죄가 많고, 이웃을 돌보려 하니 힘들고 귀찮기 때문이다.

김대중은 핍박받는 동안 예수님의 십자가를 짊어지려 했다. 그래서 죽음 앞에서도 당당했다. 일생 예수의 가르침대로 가난한 이웃을 챙겼다. 이제 김대중을 향한 돌팔매를 거둘 때가 됐다. 적어도 김대중처럼 간절한 기도를 올려 보지 못한 이들은 김대중의 이름을, 그것도 하느님의 이름을 빌려서 함부로 불러서는 안 될 것이다. 우리 시대의 사탄이 진정 누구인지 하느님은 알고 있으리라. 신앙인이라면 땅 위의 속설보다 하늘의 음성을 들으려 노력해야 할 것이다.

2008년 연말부터 김대중은 잠자리에 들기 전에 아내 이희호의 손을 잡고 기도를 올렸다. 침대 위의 기도는 세상을 뜰 때까지 거르지 않았다.

"하느님! 민주주의, 남북 관계, 서민 경제가 위기를 맞았습니다. 저희 나라를 구해 주십시오. 가난한 이웃을 보살펴 주십시오."

깊게 울다

자고 나니 청천벽력 같은 소식. 노무현 대통령이 자살했다는 보도. 슬프고 충격적이다. 그간 검찰이 너무도 가혹하게 수사를 했다. 노 대통령, 부인, 아들, 딸, 형, 조카사위 등 마치 소탕 작전을 하듯 공격했다. 그리고 매일같이 수사 기밀 발표가 금지된 법을 어기며 언론 플레이를 했다. 그리고 노 대통령의 신병을 구속하느니 마느니 등 심리적 압박을 계속했다. 결국 노 대통령의 자살은 이명박 정권에 의해서 강요된 거나 마찬가지다. (2009년 5월 23일 일기)

김대중은 자택에서 독일 시사주간지 『슈피겔 Der Spiegel』과 인터뷰를 하고 있었다. 비서관이 황급히 다가와 쪽지를 건넸다. 노무현 전 대통령이 서거했다는 소식이었다. 김대중은 한참 눈을 감고 있었다. 인터뷰를 마친 후 비서관들에게 말했다.

"내 몸의 반이 무너진 것 같은 심정입니다."

노무현이 누구인가. 민주화 여정에는 동지였지만 민주 정부로 보면 아버지와 아들뻘이었다. 그가 고향 앞산에서 몸을 날렸다. 그럴 수는 없었다. 그가 재임 중에 특검을 수용하고 분당 사태를 일으켜 큰 상처를 입고 실망도 했지만 그는 민주 정부의 후계자였다. 싫으나 고우나 김대중과 노무현은 물려주고 물려받은 한배의 선장들이었다. 서로의 항법은 달랐지만 가는 방향은 같았다.

김대중은 노무현의 비극적 죽음에서 자신의 과거를 떠올렸을 것이다. 당하고 또 당해도 끝나지 않았던 형극의 세월, 그 수난의 아픔이 그대로 전해져 왔을 것이다.

"민주화 운동 동지들의 고통이 아직도 끝나지 않았단 말인가. 우리 사회의 민주화는 아직도 완성되지 않았단 말인가. 그렇다면 지난 민주 정부 10년은 무엇이란 말인가."

장례위원회에서 추도사를 해달라는 요청이 왔다. 김대중은 밀려오는 슬픔을 밀어내며 겨우 추도사를 썼다.

존경하고 사랑하는 노무현 대통령. 이 무슨 청천벽력 같은 일입니까. 당신보다 스무 살도 더 먹은 이 몸이 조사를 하다니, 이 기막힌 현실이 믿기지 않습니다.

서거 소식을 전해 듣고 나는 "내 몸의 반이 무너진 것 같다"고 했습니다. 왜 그때 그런 표현을 했는지 생각해 봅니다. 그것은 우리가 함께 살아온 과거를 돌이켜 볼 때 그렇다는 것만이 아니었습니다. 나는 노 대통령 생전에 민주주의가 다시 위기에 처해 있는 상황을 보고 아무래도 우리 둘이 나서야 할 때가 머지않아 올 것 같다고 생각해 왔습니다. 그러던 차에 돌아가셨으니 그렇게 말했던 것입니다. 노무현 대통령, 당신 죽어서도 죽지 마십시오. 우리는 당신이 필요합니다. 당신이 우리 마음속에 살아서 민주주의 위기, 경제 위기, 남북 관계 위기, 이 3대 위기를 헤쳐 나가는 데 힘이 되어 주십시오. 당신은 저승에서, 나는 이승에서 힘을 합쳐 민주주의를 지켜 냅시다. 그래야 우리가 인생을 살았던 보람이 있지 않겠습니까.

당신같이 유쾌하고 용감하고, 그리고 탁월한 식견을 가진 그런 지도자와 한 시대를 같이했던 것을 큰 보람으로 생각합니다. 저승이 있는지 모르지만 저승이 있다면 거기서도 기어이 만나서 지금까지 하려다 못한 이야기를 나눕시다. 그동안 부디 저승에서라도 끝까지 국민을 지켜 주십시오. 위기에 처해 있는 이 나라와 민족을 지켜 주십시오.

김대중은 그러나 추도사를 읽을 수 없었다. 정부 측에서 반대했기 때문이다.

2009년 5월 29일 서울 경복궁 앞에서 열린 영결식에 참석했다. 국민장이었다. 볕이 불처럼 뜨거웠다. 살아서 후임 대통령 영전에 꽃을 바칠 줄은 진정 상상도 못했다. 미망인 권양숙을 보더니 한없이 깊게 울었다. 아들을 먼저 보내는 아버지처럼 흐느꼈다. 불행을 막지 못한 것이 자신의 죄인 양 서럽게 울었다. 남의 눈을 의식하지 않고 입을 벌려 울고 있는 모습은 하나의 상징이었다.

"노무현의 죽음을 보라. 누가 그를 죽였는가. 어떻게 이룬 민주주의인데 이런 비극이 일어나는가. 가슴을 가진 이들은 다시 일어나라."

장례식장의 김대중을 보면서 모두 그의 건강을 걱정했다. 뙤약볕에서 두 시간, 그것도 분노와 슬픔과 허탈감이 엄습하는 '눈물의 시간'은 병든 김대중이 감당하기 힘들었다. 그 후 김대중은 자주 울었고 그때마다 병은 깊어 갔다. 주변 사람들은 불길한 생각을 했다.

6·15 남북 공동선언 9주년 기념행사가 6월 11일 열렸다. 그날은 김대중의 연설이 예정되어 있었다. 그러나 참석 여부가 불투명했다. 아침부터 기운을 차릴 수가 없었다. 의료진이 여러 처방을 했지만 몸이 계속 가라앉았다. 소파에 앉아 있으면서도 몸을 제대로 가누지 못했다. 그래도 그날의 연설은 매우 중요했다. 집을 나서며 비서들에게 당부했다.

"나를 살피시오."

김대중은 예정 시간보다 늦게 행사장에 도착했다. 참석자들은 김대중이 입장하자 기립 박수를 쳤다. 흡사 사선을 넘어온 영웅처럼 반겼다. 휠체어를 탄 채로 연단에 오른 김대중은 너무도 쇠약했다. 물컵을 들 힘조차 없어 보였다. 참석자들은 자신도 모르게 신음을 베어 물었다. 장내는 물을 끼얹은 듯 조용했다. 김대중은 혼신의 힘을 다해 원고를 읽었다. 이명박 정부의 역주행에 엄중 경고했다. 그것은 지난 1971년 100만 인파가 모인 장충단 유세에서 박정희 정권을 꾸짖은 것과 같았다. 그때는 사자후를 토했지만 지금은 말을 더듬었다.

만일 이명박 대통령과 정부가 지금과 같은 길로 계속 나아간다면 국민도 불행하고, 이명박 정부도 불행하다는 것을 확신을 가지고 말씀드립니다.

그리고 한국인으로서 살아가는 이 땅의 사람들에게 마지막으로 호소했다.

여러분께 간곡히 피맺힌 마음으로 말씀드립니다. '행동하는 양심'이 됩시다. 행동하지 않는 양심은 악의 편입니다. 독재 정권이 과거에 얼마나 많은 사람들을 죽였습니까. 그분들의 죽음에 보답하기 위해서, 우리 국민이 피땀으로 이룬 민주주의를 지키기 위해서, 우리가 할 일을 다해야 합니다. 사람들의 마음속에는 누구든지 양심이 있습니다. 그것이 옳은 일인 줄을 알면서도 행동하면 무서우니까, 시끄러우니까, 손해 보니까 회피하는 일도 많습니다. 그런 국민의 태도 때문에 의롭게 싸운 사람들이 죄 없이 세상을 뜨고 여러 가지 수난을 받아야 합니다. 그러면서 의롭게 싸운 사람들이 이룩한 민주주의를 우리는 누리고 있습니다. 이것이 과연 우리 양심에 합당한 일입니까.

이번에 노무현 대통령이 돌아가셨는데, 만일 노 전 대통령이 그렇게 고초를 겪을 때 500만 명 문상객 중 10분의 1인 50만 명이라도 "그럴 수는 없다. 전직 대통령에 대해 이럴 순 없다, 매일같이 혐의를 흘리면서 정신적 타격을 주고, 스트레스 주고, 그럴 수는 없다" 50만 명만 나섰어도 노 전 대통령은 죽지 않았을 것입니다. 얼마나 부끄럽고, 억울하고, 희생자들에 대해 가슴 아픈 일입니까.

저는 여러분께 말씀드립니다. 자유로운 나라가 되려면 양심을 지키십시오. 진정 평화롭고 정의롭게 사는 나라가 되려면 행동하는 양심이 되어야 합니다. 방관하는 것도 악의 편입니다. 독재자에게 고개 숙이고, 아부하고, 벼슬하고 이런 것은 말할 필요도 없습니다. 우리나라가 자유로운 민주주의, 정의로운 경제, 남북 간 화해 협력을 이룩하는 모든 조건은 우리 마음에 있는 양심의 소리에 순종해서 표현하고 행동하는 것입니다. (……)

김대중의 연설은 아슬아슬하게 이어졌다. 그리고 가슴가슴을 적셨다. 참석자들은 소름이 돋았다. 그것은 공개적인 유언이었다. 김대중은 떠날 준비를 하고 있었다.

그로부터 2주 후 김대중은 6·15 선언 기념행사 위원들을 초청해서 점심을 함께 했다. 행사위원장 한명숙을 비롯해 30여 명이 참석했다. 다시 그들에게 각별한 당부를 했다. 김대중은 대뜸 목이 메었다.

"내가 요즘 잠자기 전, 아내와 손을 잡고 기도를 합니다. '예수님! 이 나라의 민주주의와 민생 경제와 남북 관계가 모두 위기입니다. 이제 저는 늙었습니다. 힘도 없습니다. 능력도 없습니다. 어떻게 해야 합니까? 하루아침에 이렇게 됐습니다. 걱정이 많지만 저는 힘이 없습니다. 예수님께서는 하실 수 있는 힘이 있으니 제가 최대한 일할 수 있도록 저희 내외를 도와주십시오.' 이렇게 기도하고 잠을 청합니다."

이렇게 말하고 김대중은 오열했다. 참석자들도 눈시울을 붉혔다. 김대중은 다시 이야기를 이어 갔다.

"정치, 경제, 남북 관계에 위기가 온 것은 사실입니다. 지난 10년 민주 정부를 생각하면 내가 지금 꿈을 꾸고 있는 게 아닌가 생각합니다. 기가 막힙니다.

　나는 이기는 길이 무엇인지, 또 지는 길이 무엇인지 분명히 말할 수 있습니다. 이기는 길은 모든 사람이 공개적으로 정부에 옳은 소리로 비판하는 것이겠지만, 그렇게 못 하는 사람은 투표를 해서 나쁜 정당에 투표 안 하면 됩니다. 나쁜 신문을 보지 않고, 집회에 나가면 힘이 커집니다. 작게는 인터넷에 글을 올리면 됩니다. 하려고 하면 너무도 많습니다. 하다못해 담벼락을 쳐다보고 욕을 할 수도 있습니다.

　지는 길도 있습니다. 탄압을 해도 무섭다, 귀찮다, 내 일이 아니다라고 생각해 행동하지 않으면 틀림없이 지고 맙니다. 보고만 있고, 눈치만 살피면 악이 승리합니다.

　투쟁에는 많은 사람들이 동원되어야 하기 때문에 비폭력 투쟁을 해야 합니다. 많은 국민들을 동원하되 다치지 않도록 해야 합니다. 때리면 맞고 잡아가면 끌려가고, 여기저기서 그렇게 하면 (저들이) 어떻게 하겠습니까."

　여당과 보수 언론은 전직 대통령이 정치에 관여한다며 비난을 퍼부었다. 하지만 인터넷에서는 그 반응이 뜨거웠다.

　"전직 대통령으로서 당연히 할 말이다."

　김대중은 정치판 한복판에 서 있었다. 마지막 힘을 풀어 민주주의와 남북 관계 후퇴에 맞서 싸웠다. 병든 몸을 던지는, 목숨을 건 '마지막 투쟁'이었다.

인생은 아름답고, 역사는 발전한다

나는 오랫동안 대통령중심제를 지지해 왔으나 요즘 생각이 많이 달라졌다. 대통령제의 이승만, 윤보선, 박정희, 최규하, 노태우, 김영삼, 이명박 등 10명 중 8명이 독재자이거나 그 아류다. 나와 노무현이 10년 동안 민주화를 적극 추진해 와서 안심이다 생각했는데 이명박 대통령을 보니 역시 제도를 바꾸어야겠다. 이원집정부제나 내각책임제로. (2009년 2월 3일 일기)

김대중은 퇴임 후 자신이 목숨을 걸고 쟁취한 직선 대통령제에 대해서 회의가 들었다. 5년 단임제는 국정 파탄에 대해서 중도에 책임을 물을 수 없었다. 대통령을 쫓아낼 수도, 또 독주를 막을 수도 없었다. 그래서 내각제와 이원집정부제를 떠올렸다. 민의를 따르지 않는 독재자는 민의로 퇴출시켜야 한다고 생각했다.

퇴임 후에도 동교동 사저 앞에서는 '김대중 규탄' 시위가 자주 벌어졌다. 극우 단체 회원들이 몰려와 구호를 외쳤다. 그들의 고함이 담을 넘어왔다. 서재와 침실에서도 들렸다. 그럴 때마다 김대중의 얼굴은 어두워졌다. 또 검사 출신 국회의원 주성영이 김대중과 이희호가 거액의 비자금을 만들었다고 흘렸다. 저들의 행태가 참으로 가소로웠지만 한편으로는 슬펐다.

> 나는 그동안 사상적 극우 세력과 지역적 편향을 가진 자들에 의해서 엄청난 음해를 받아 왔다. 그러나 나는 개의치 않는다. 하느님이 계시고 나를 지지하는 많은 국민이 있다. 그리고 당대에 오해하는 사람들도 내 사후에 역사 속에서 후회하게 될 것이다. 바르게 산 자에게는 영원한 패배는 없다. 살아서도 승자, 죽어서도 승자 그것이 나의 꿈이다. (2008년 10월 20일 일기)

김대중은 퇴임 후에는 자신을 향한 시선이 달라질 줄 알았다. 집권 5년 동안 모든 것이 걸러질 줄 알았다. 그러나 바뀌지 않았다. 김대중은 결국 미리 역사 속으로 들어갔다. 그리고 미래인들과 교감했다. 김대중에게 가장 두려운 것은 역사의 심판이었다. 세상 사람들은 속일 수 있지만 역사는 속일 수 없다고 판단했다. 이 땅의 주인이 바뀌면 그들은 김대중을 역사 속에서 꺼낼 것이다. 비록 세상에서의 매질이 서러웠지만 역사는 정의 편에서 김대중을 심판할 것이다.

김대중은 우리 민족이 크게 번영할 것임을 믿어 의심치 않았다. 그의 일기를 살피는데 불쑥 인도의 시성詩聖 타고르의 시가 나왔다. 한국인에게 바친 「동방의 등불」이었다.

> 일찍이 아시아 황금기에
> 빛나던 동쪽(등불의 오기인 듯—저자)의 하나인 코리아
> 그 등불 다시 켜지는 날에
> 너는 동방의 밝은 빛 되리라 (2006년 6월 27일)

시만 있지 이와 관련된 어떤 설명도 없었다. 아마 우리 민족의 미래를 그려 보다가 문득 타고르의 시가 생각났고, 머릿속에 떠오른 것을 그대로 옮겼을 것이다. 김대중은 민족의 미래에 머지않아 '등불'이 켜질 것으로 확신했다. 한국인은 높은 교육열을 지녔고 지적 호기심이 왕성하여 능히 정보화 시대를 선도할 수 있을 것으로 내다봤다. 자주 이런 말을 했다.

"앞으로 50년 내, 21세기 중반에는 미국 다음으로 발전할 것입니다. 1인당 국민소득이 8만 달러가 넘을 것입니다. 내 이야기가 아니라 골드만삭스가 예측한 거예요."

그러면서 그 전제 조건으로 두 가지를 들었다. 바로 민주국가를 반석 위에 세우고 남과 북이 화해 협력을 이루는 것이었다. 민주화를 후퇴시키고, 남과 북이 살기를 뿜으며 갈라져 있다면 후세들에게 천추의 한을 물려주는 것이었다. 열강이 한반도에서 언제 이빨을 드러낼지 모르는 일이었다. 김대중은 마지막까지 외교를 걱정했다. 자신이 왜 4대국 외교에 심혈을 기울였는지 살펴보라고 몇 번이나 당부했다.

이 땅에서 다시는 전쟁이 일어나지 않고, 그래서 다시는 가난해지

지 말아야 했다. 독재와 전쟁과 가난은 더 이상 후대에 물려줘서는 안 된다고 생각했다. 김대중은 일시적인 반동은 있을지 몰라도 역사는 후퇴하지 않을 것이라 믿었다. 그는 일기에 이렇게 썼다.

> 인생은 생각할수록 아름답고, 역사는 앞으로 발전한다. (2009년 1월 7일 일기)

퇴임 후 김대중은 민족의 현안에 대해서 성찰하고 또 고민을 거듭했다. 반면 소소한 일들이 그를 즐겁게 했다. 거동이 불편한 김대중에게 동교동 집은 하나의 세상이었다. 침실, 거실, 서재를 오가는 단조로운 생활이었지만 살아 있음에, 그리고 사랑할 수 있음에 감사했다. 김대중의 얼굴은 온화했다. 속기俗氣가 지워지고 편안해 보였다. 그의 표정에서는 현자의 면모가 우러났다.

점심을 들면 거실에서 휴식을 취했다. 그 시간에 맞춰 참새와 비둘기가 날아들었다. 모이를 주며 아내와 함께 커피를 마셨다. 김대중의 커피는 설탕을 듬뿍 넣어 달았다. 아내와 함께 있는 시간은 커피 맛처럼 달콤했다. 퇴임 후에는 아내 이희호의 손을 자주 잡았다. 둘이 종일 붙어 있어도 즐거웠다. 일기에는 아내를 향한 정과 사랑이 듬뿍 묻어 있다.

> 나는 행복하다. 아내가 나(보다) 먼저 죽지 않았으면 좋겠다. 아내 없는 삶이란 생각만 해도 끔찍하다.

점심 먹고 한강변을 아내와 같이 드라이브했다. 요즘 아내와의 사이는 우리 결혼 이래 최상이다. 나는 아내를 사랑하고 존경한다. 아내 없이는 지금 내가 있기 어려웠지만 현재도 살기 힘들 것 같다.

김대중은 아내에게 농담을 자주 건넸다. 다소 썰렁해도 이희호는 크게 웃었다. 늦은 밤 침대 위에 걸터앉아 노래를 불렀다. 〈고향의 봄〉, 〈사랑으로〉를 좋아했다. 노래는 안식을 불러들였다. 밖에서 노래를 듣고 있는 비서들도 행복해졌다. 손을 꼭 잡고 노래하는 노부부의 모습은 상상만 해도 아름다웠다.

김대중이 꽃을 좋아한다는 것은 널리 알려져 있다. 특히 봄꽃으로는 진달래, 가을꽃은 코스모스를 좋아했다. 재임 중에는 경호실장 안주섭이 청와대 경내에 진달래를 심어 김대중을 기쁘게 했다. 김대중은 담쟁이와 능소화 등 다른 나무나 벽 등을 타고 '기대어 올라가는' 식물을 싫어했다. 분재와 박제도 멀리했다. 멋진 분재일수록 나무의 고통이 심하다는 것을 알고 있었다. 또 박제에서는 죽음이 어른거렸을 것이다.

아내와의 드라이브도 빼놓을 수 없는 즐거움이었다. 달리다 가게가 보이면 비서에게 아이스바를 사오게 했다. 팥이 들어간 '비비빅'을 좋아했다. 또 집에서는 족발과 닭튀김을 곧잘 시켜 먹었다. 한번 입에 대면 물릴 때까지 들었다. 양구이집 양미옥은 마지막 단골집이었다. 좋은 사람들과 자주 찾았다. 김대중에게 양구이는 "언제 먹어도 맛있는" 음식이었다.

퇴임 후에도 지구촌 곳곳에서 김대중을 찾았다. 성공한 민주 투사, 노벨평화상 수상자로서의 명예는 갈수록 빛이 났다. 국내에서도 강연과 인터뷰 요청이 쇄도했다. 동교동 사저에는 손님들이 끊이지 않았다. 외국의 지도자, 석학들이 면담을 요청했다. 또 벗과 동지, 그리고 학자와 국민의 정부 일꾼들이 찾아왔다. 한승헌, 이해동, 김원기, 백낙청, 임동원, 임채정, 김정길, 박승, 양성철, 이근식, 정세현, 한상진, 김태랑, 백학순, 김성재, 김하중, 박선숙 등이 찾아와 손을 잡았다. 김대중은 이들을 각별하게 아꼈다.

"두 말이 필요 없는 한국의 대표적 인권 변호사."(한승헌)

"곁에 있어서 귀한 줄 모르지만 없으면 빈자리가 너무 크다."(백낙청)

"재야 출신으로는 가장 성공적이며 건실한 정치인."(임채정)

"탁월한 경제적 식견을 지녔다. (내가) 많이 배운 바 있다."(박승)

"열심히 공부하고 박식하다. 그래서 두 번 법무장관에 발탁했다." (김정길)

"대북 전문가는 많지만 전문성과 리더십을 지닌 사람은 그뿐이다." (정세현)

"의리 있고 순수한 사람."(이근식)

"통일과 민족의 미래에 대해 묻고 답했던, 진정성 있는 학자."(한상진)

"인품이 훌륭하고, 그의 강연은 유익하고 인상적이다."(백학순)

"의리와 용기의 좋은 인물."(김태랑)

"내가 신임하던 인물이고 맡긴 직책마다 업적이 좋았다."(김하중)

"부드러우면서도 속에 철심을 지니고 있다."(박선숙)

이들과의 대화는 유쾌하고 유익했다. 김대중평화센터 이사회가 열리면 누군가 발제를 하고 참석자들이 열띤 토론을 벌였다. 흡사 국무회의에서 국가 대사를 논의할 때처럼 진지했다. 돌아가며 김대중을 초청하여 오찬이나 만찬을 대접했다. 만나면 마냥 좋았다. 한승헌, 정세현 등은 김대중을 위한 유머를 준비했다.

김대중은 주변 사람들에게 다정다감했다. 비서들에게 사탕을 건네고 작은 것들을 선물했다. 겁 많은 김대중은 주사 맞기가 무서웠다. 그래서 주사를 아프지 않게 놓는 간호부장 김전우를 좋아했다. 마지막으로 입원하기 전 김대중은 십수 년 동안 한 번도 실수 없이 주사를 놓았던 김전우가 고마웠다. 2009년 6월 어느 날 투석을 마치고 김대중이 말했다.

"간호부장, 우리 집 감나무에 감이 많이 열렸는데 가을 되면 그걸 팔아 원피스 한 벌 사줄게요. 이쁜 걸로."

간호부장은 "대통령님 꼭 사주세요" 하면서 웃어 보였다. 하지만 목이 메었다. 주말에 몸이 좋지 않다는 연락을 받고 달려오면 김대중은 진심으로 미안해했다.

"몸이 아파 미안합니다."

그런 자상한 대통령을 돌보는 것은 행복한 일이었다. 그러나 대통령의 몸은 너무도 쇠약했다. 그해에는 어느 때보다 감이 탐스럽게 익었다. 김대중은 그러나 그걸 보지 못했다.

김대중을 모시는 사람들은 김대중을 진심으로 존경했다. 맑고 따뜻한 인품에 고개를 숙였다. 그러면서도 부당한 일로 김대중이 고난을 받을 때는 함께 눈물을 흘렸다. 한번 인연을 맺으면 김대중 곁을 떠나지 않았다. 경호부장 조영민도 그중 한 사람이었다.

조영민은 1992년부터 김대중 수행 경호를 맡았다. 그해에 대통령 선거에서 패배하고 많은 사람들이 떠나갔지만 조영민은 동교동을 지켰다. 조영민에게 김대중이라는 존재는 당시의 시대적 상황에서 볼 때 '어둠 속 한줄기 빛'이었다. 김대중의 삶과 철학에 매료되었다. 김대중을 끝까지 모시겠다고 다짐했다. 그 후 김대중이 있는 곳에는 조영민이 있었다. 한번은 퇴임 후 김대중이 입원했을 때 병실을 나서는 조영민을 가만히 불러 세웠다.

"조 군, 나는 자네를 내 친자식같이 생각하네. 고맙네."

가늘고 갈라진 대통령의 목소리가 조영민의 가슴을 훑었다. 병실을 나와 한참을 울었다. 대통령 병환이 자신들의 잘못인 것처럼 느껴졌다. 김대중은 그런 사람들이 있어 행복했다. 그리고 주변 사람들은 김대중이 있어 행복했다.

김대중은 일주일에 세 차례 신장 혈액투석을 받았다. 2003년 5월부터 어김없이 월·수·금요일은 네 시간 넘게 누워 있어야 했다. 대개 오전 9시에 시작하면 오후 1시를 넘겼다. 스윽스윽 기계음이 들렸다. 크지는 않았지만 소리가 몸속을 파고드는 듯했다. 몸을 빠져나간 혈액은 기계 속을 돌아 다시 몸속으로 들어왔다. 한 번 투석으로 이틀, 사흘치의 생명을 얻었다.

갈수록 힘이 들었다. 투석 치료를 받는 날 아침은 심란했다. 서재에 마련된 인공혈액투석기를 향해 걸음을 옮겼다. 몇 걸음 안 되지만 대통령의 발걸음은 무거웠고, 비서들은 그 모습을 안타깝게 바라보았다. 김대중이 침대에 누우면 비서들이 책이나 신문 등을 읽어 주었다. 투석 치료를 마치면 한동안 제대로 움직일 수 없었다.

김대중은 걸음이 매우 불편했다. 고관절 장애는 재임 중에도 감히 대통령을 괴롭혔다. 걷다가 넘어질까봐 두려웠다. 크고 작은 행사 중에도 다리를 잘못 짚을까봐 온 신경을 집중했다. 다리가 아파도 김대중은 웃어야 했다. 한쪽 다리에 살이 빠져 구두가 맞지 않았다. 한쪽 구두는 나막신처럼 끌고 다녀야 했다. 그래도 김대중은 한 번도 넘어지지 않았다.

2009년 새해 수백 명의 세배객이 몰려왔다. 김대중은 10시간 동안 세배를 받았다. 그리고 다음 날 앓았다. 혈압이 내려가고 맥박이 빨라졌으며 가슴이 몹시 아팠다. 의사들의 권고로 병원에서 내시경검사를 받았다. 다행스럽게도 장과 위에는 이상이 없었다.

'정초에 병원행이라니……'

동교동 사람들 얼굴이 어두워졌다. 김대중은 1월 6일 생일에는 생을 정리하는 듯한 일기를 썼다.

> 오늘은 나의 85회 생일이다. 돌아보면 파란만장한 일생이었다. 그러나 민주주의를 위해 목숨을 바치고 투쟁한 일생이었고, 경제를 살리고 남북 화해의 길을 여는 혼신의 노력을 기울인 일생이었다.

내가 살아온 길에 미흡한 점은 있으나 후회는 없다.

연초부터 여러 가지 일들이 김대중을 아프게 했다. 1월 20일 철거민 다섯 명과 경찰관 한 명이 죽는 '용산 참사'가 일어났다. 그날 김대중의 일기에는 분노와 슬픔이 가득했다.

참으로 야만적인 처사다. 이 추운 겨울에 쫓겨나는 빈민들의 처지가 너무 눈물겹다. 국민을 적으로 아는 정권, 권세 있고 부자만 있는 정권이다. 반드시 국민에 의해 심판을 받을 것이다.

이틀 후 정세균 대표 등 민주당 지도부의 예방을 받고 용산 철거민 참사를 언급하며 "가난하고 힘없는 사람들이 그렇게 당하니 가슴 아프다"고 눈물을 글썽였다. 그때부터 김대중은 눈물을 자주 보였다.

2월 16일 김수환 추기경이 선종했다. 명동성당에 찾아가 그의 위대한 일생을 기렸다. 평소 얼굴보다 더 맑아서 김대중은 크게 감동했다.

4월 24일 김대중은 고향 신안군 하의도를 찾아갔다. 14년 만이었다. 선착장에는 주민 수백 명이 나와 반겼다. 선영을 찾아가 배례했다. 조상들께 세상의 마지막 인사를 올린 셈이었다. 다시는 찾아올 수 없음을 김대중도 알았을 것이다. 농민운동기념관 개관식에 참석하여 방명록에 事人如天(사인여천)이라 썼다. 모교인 하의초등학교를 방문하고 생가도 둘러봤다. 또 '큰바위 얼굴'도 찾아갔다. 줄곧 굵은 빗방울이 따라다녔다. 비서들이 일정을 줄이자고 했지만 김대중은 듣지 않았다. 김대중은 "행복한 고향 방문"이었다고 말했다.

5월 23일 봉하 마을의 노무현 전 대통령이 세상을 떴다. 영결식이 끝난 후 식사를 제대로 하지 못했다. 손이 떨려 글씨를 제대로 쓰지 못했다. 그리고 김대중의 육필 일기는 2009년 6월 4일에서 멈췄다. 그 후 김대중은 눈물이 더 잦아졌다. 비서들은 불길했다. 비서실장 박지원이 어렵게 말을 꺼냈다.

"대통령님, 이제 눈물은 그만 흘리시는 게 좋겠습니다."

김대중은 고개를 끄덕이면서도 이내 자신 없어 했다.

"그렇게 하려 하는데도 잘 안 되는구려."

영면

2009년 7월 13일 아침, 김대중이 기침을 했다. 기침소리가 평소와는 달랐다.

그날 김대중은 몸을 제대로 가누지 못했다. 투석 치료도 고통스러워했다. 김대중은 다음 날 주한 유럽연합 상공회의소가 초청하는 모임에 참석할 예정이었다. 김대중평화센터 국장 장옥추가 그날 발표할 연설문을 또박또박 읽었다. 전 통일부 장관 임동원의 의견을 반영한 원고였다. 김대중은 누워서 이를 들었다.

"오바마 대통령은 결단을 내려야 한다. '비핵화를 통한 점진적 관계 개선'이라는, 장기간 소요되는 단계별 접근 방식을 지속하기에는 상황이 달라졌고, 사태가 급박하다. 북한의 핵무장을 조속히 막아야 한다. 미국은 '관계 정상화를 통한 비핵화'라는 근본적이고도 포괄적인 접근 방법으로 전환할 때가 되었다. 평화협정, 외교 관계 수립, 경제협력 등 근본적인 문제 해결과 함께 핵 폐기를 실현하는 일괄 타결 방식으로 한반도에도 변화의 바람을 불러일으켜야 한다."

'9·19로 돌아가자'라는 제목의 연설문이었다. 생애 마지막이며 읽지 못한 연설문이었다. 김대중은 자신의 생명이 꺼져 가는 순간에도 한반도의 평화를 걱정했다.

오후에는 상태가 더 좋지 않았다. 의료진이 달려왔다. 진찰 결과 폐렴이 분명해 보였고, 의료진은 입원을 권유했다. 오후 4시 30분 집을 나섰다. 금방 돌아올 줄 알았다. 그러나 마지막 길이었다.

김대중은 세브란스병원 20층 VIP 병동 2011호실에 들었다. 공보비서관 최경환이 이를 공표했다.

"김대중 전 대통령께서 지난 주말부터 감기 기운과 미열이 있어 폐렴 여부에 대한 정밀 검진이 필요하다는 의료진의 권유로 13일 오후 신촌 세브란스병원에 입원하셨습니다."

김대중은 자신을 돌보는 의료진에게 사의를 표했다. 저녁 식사도 비교적 잘했다. 그런데 그날 밤 상태가 악화됐다. 결국 입원 3일째인 7월 15일 중환자실로 옮겨졌다. 중환자실에서의 투병은 너무도 힘이 들었다. 매 순간 무슨 일이 생길지 알 수 없었다. 세계에서, 국내에서 많은 무리가 눈물로 기도했지만 김대중은 자꾸 죽음 속으로 들어갔다. 아내가 털장갑과 털양말을 짜서 끼워 주고 신겨 주었지만 김대중의 몸은 자꾸 식어 갔다.

2009년 8월 18일 화요일 새벽. 이희호는 중환자실로 내려가 남편의 손을 잡았다. 마른 손이 유독 차가웠다. 아내는 고개 숙여 기도했다. 운명의 순간이 오고 있었다. 링거병 거치대에 묵주가 걸려 있었다.

아침 일찍 보도진이 몰려들었다. 동교동 사람들이 병원에 집결했다. 아내 이희호가 검은 옷을 입었다. 비서들도 검정 넥타이를 찾았다. 그들의 흐느낌이 2011호 병실 밖까지 흘러나왔다. 소리 내면 부정 탈까봐 터져 나오는 울음을 꾹꾹 눌렀다.

마침내 거인의 심장이 멎었다. 입원한 지 37일 만이었다. 김대중은 한마디의 유언도 남기지 못했다. 비서실장 박지원이 의사들과 함께 보도진 앞에 섰다.

"존경하는 국민 여러분, 평화를 사랑하는 세계 각국의 여러분. 대한민국 제15대 대통령을 역임하셨고, 노벨평화상을 수상하신 김대중 전 대통령께서 8월 18일 오후 1시 43분 연세대 세브란스병원에서 서거하셨습니다."

연세의료원장 박창일이 사인을 밝혔다.

"다발성 장기부전으로 심장이 멎었고 급성 호흡곤란증후군과 폐색전증 등을 이겨 내지 못하셨습니다."

거인이 역사 속으로 들어갔다. 세계 각국에서 애도 성명이 날아오고 분향소마다 추모의 발길이 끊이지 않았다.

8월 20일 세브란스병원 장례식장에서 입관식이 있었다. 김대중의 마지막 모습은 편안했다. 김대중은 향나무 관에 누였다. 유족과 측근들 44명이 이를 지켜봤다. 이희호는 슬피 울었다. 자신의 자서전 『동행』 첫 장에 마지막 편지를 써서 관 속에 넣었다.

사랑하는 당신에게.

같이 살면서 나의 잘못됨이 너무 많았습니다. 그러나 당신은 늘 너그럽게 모든 것 용서하며 아껴 준 것 참 고맙습니다.

　　이제 하느님의 뜨거운 사랑의 품 안에서 편히 쉬시기를 빕니다. 너무 쓰리고 아픈 고난의 생을 잘도 참고 견딘 당신을 나는 참으로 사랑하고 존경했습니다.

　　이제 하느님께서 당신을 뜨거운 사랑의 품 안에 편히 쉬시게 하실 것입니다. 어려움을 잘 감내하신 것을 하느님이 인정하시고 승리의 면류관을 씌워 주실 줄 믿습니다. 자랑스럽습니다.

　　당신의 아내 이희호.

　　장례는 국장으로 결정됐다. 그러나 국장은 나라에서 무슨 시혜를 내리듯 결정되었고, 무례한 일들이 일어났다. 김대중이 독실한 천주교 신자인데도 일요일에 묻혀야 했다. 누군가 울먹이며 말했다.
　　"서거 후에도 눈치를 봐야 하는가."
　　그래도 무리 지어 큰 소리를 내지 않았다. 가신 임의 뜻을 헤아리자고 했다. 지지자들은 김대중의 마지막 가는 길에도 가슴을 졸여야 했다.
　　영결식은 23일 오후 국회의사당 앞마당에서 열렸다. 김대중이 대통령 취임 선서를 했던 곳이다. 북한 노동당 비서 김기남이 조문단을 이끌고 남으로 왔다. 전 미국 국무장관 올브라이트, 전 중국 국무위원 탕자쉬안, 전 일본 중의원 의장 고노 요헤이河野洋平, 주한 러시아 대사 글레프 이바셴초프Gleb A. Ivashentscov, 영국 교통장관 앤드루 아도니스Andrew Adonis 등이 참석했다. 세계 각국에서 장중하게 예를 갖추었다.

여성재단 이사장 박영숙이 추도사를 읽었다.

김대중 대통령님, 그리고 선생님.

독재 정권 아래서 숨 쉬기조차 힘들 때, 김대중이라는 이름은 그대로 희망이었습니다. 모두가 침묵하고 있을 때, 총과 칼이 가슴을 겨누어도 임께서는 의연하게 일어나셨습니다. 숱한 투옥, 망명, 연금을 당하시고 늘 죽음이 어른거렸지만 뜻을 꺾지 않았습니다. 그리고 내일을 준비하셨습니다. 역사와 국민을 믿으셨습니다.

사람들은 그런 대통령을 인동초라 불렀습니다. 가을에 익은 열매가 겨울 눈 속에서 더욱 붉었으니 인동초는 봄을 부르고 있었습니다. 가장 험한 곳에 계셨지만 민주주의를 향한 신념은 강철 같았습니다. 그리고 대통령님의 믿음대로, 예언대로 이 땅에 민주주의가 꽃피기 시작했습니다.

당신이 고난을 받을 때 우리는 한 일이 없습니다. 죄송합니다. 그러고도 당신이 고마운 줄 몰랐습니다. 이제 살펴보니 당신의 빈자리가 너무 큽니다. 당신만 한 지도자를 언제 만날 수 있겠습니까. 이제 나라에 큰일이 나면 어디로 달려가야 합니까. 국민의 눈물은 누가 닦아 줄 것입니까. 당신께서 떠나시니 알겠습니다. 당신이 얼마나 귀한 분인지, 당신의 삶이 얼마나 위대했는지 알겠습니다.

이 땅의 민주주의는 당신의 피와 눈물 속에서 피어났습니다. 당신께서는 민주주의의 상징이었습니다. 당신이 일구어 낸 민주 사회는 분명 이전과 다른 세상이었습니다. 진정 국민이 주인인 세상을 열었습니다. 김대중 정부는 남북 정상회담을 열고, 국가인권위원회를 설립하고, 여성부를 신설하고, 정보고속도로를 완성하여 정보기술 강국을 만들었습니다. 주변을 맴돌던 한국 외교를 국제 무대 한가운데로 끌고 나가 나라의 격을 높이셨습니다. 재임 중 이미 한류가 지구촌 구석구석에 흘렀고, 월드컵 4강의 함성에 세계인이 놀랐습니다. 문화를 개방하여 국민의 자긍심을 높인 것도 잊을 수 없습니다.

김대중 대통령님, 그리고 선생님.

"행동하는 양심이 되라"는 마지막 말씀을 새기겠습니다. 말씀대로 깨어 있겠습니다. 우리들이 깨어 있으면 당신이 곁에 계실 것을 믿습니다. 이 땅에 자유가 들꽃처럼 만발하고, 정의가 강물처럼 흐르면 당신은 하늘 저편에서 무지개로 뜰 것입니다. 당신과 함께했던 지난날들은 진정 위대하고 평화로웠습니다. 김대중이라는 이름은 불멸할 것이니 이제 역사 속에서 쉬십시오.

대통령님, 당신의 국민들이 울고 있으니 하늘나라에서라도 저희를 인도하여 주십시오. 김대중이 없는 시대가 실로 두렵지만 이제 놓아 드려야 할 것 같습니다.

대통령님, 벌써 그립습니다. 늘 국민을 존경하고 사랑했던 선생님, 이제 그 존경과 사랑을 당신께 드립니다.

영결식장에 뜨거운 햇살이 쏟아졌다. 참석자 모두 땀에 젖었다. 장의 행렬이 영결식장을 서서히 빠져나와 동교동 사저와 김대중도서관으로 향했다. 손자가 영정을 들고 할아버지의 흔적을 더듬었다. 도서관 집무실 책상에는 읽다 만 책들이 놓여 있고 한 켠에 지팡이가 세워져 있었다. 벽에는 김대중이 늘 살펴보던 세계지도가 붙어 있었다.

사저로 들어서자 명창 안숙선이 만가를 불렀다. 곤한 몸을 뉘었던 침실을 돌아 서재에 이르니 인공투석기가 소리 없이 서 있었다. 벽에서는 젊은 날 포효하던 유세 사진이 영정을 내려다보았다. 비좁은 목욕탕에는 간이의자와 플라스틱 바가지가 놓여 있었다.

영정은 한국 현대사의 맥박이 뛰던 바로 그 집 '동교동'을 빠져나왔다. 영구차가 시청 앞 서울광장에 이르자 수만 명이 〈우리의 소원은 통일〉을 부르며 김대중을 맞았다.

안장식은 23일 오후 5시가 넘어 서울국립현충원에서 거행됐다. 오후 6시쯤 묘소에서 하관식이 거행됐다. 관 속에는 김대중의 손수건과 성경, 이희호가 쓴 마지막 편지, 전 생애를 기록한 지석이 들어 있었다. 꽃을 바치는 이희호의 손이 떨렸다.

이희호의 눈물이 떨어진 관이 유택으로 내려갔다. 산 자들이 돌아가며 흙을 뿌렸다. 위대했지만 그래도 고단했던 생을 덮었다. 저 남쪽 하의도에서 가져온 흙도 관 위에 뿌려졌다. 김대중의 유택은 온통 오색토였다. 신이 좋은 흙으로 파란만장한 삶을 덮어 주었다.

후기

김대중을 역사에 묻으며

 '김대중 평전'을 썼다. 아는 만큼, 느낀 대로 김대중을 알리고 싶었다. 김대중은 우리에게 투명한 삶을 남겼다. 들여다보면 훤히 보인다. 사형수에서 대통령이 되어 척박한 현대사를 갈아엎은, 진정한 평화가 무엇인지를 보여 준 인물이다. 그럼에도 이 땅의 지식인들은 김대중을 외면하고 있다. 보수든 진보든 그저 '아는 척'만 하고 있다.
 돌아보면 정치인 김대중은 어떤 경우에도 좌절하거나 주저앉지 않았다. 내일은 새날이 펼쳐질 것이라 믿었던 긍정의 정치인이었다. 자신에게 주어진 수난의 시간을 허비하지 않았다. 사망의 골짜기에 떨어졌어도 미래를 설계했다. 다섯 번 죽음의 고비를 맞았지만 이를 이겨 내고, 그런 기구한 자신의 운명을 사랑했다. 그리고 자신을 탄압하고 죽이려 했던 무리를 용서했다.
 "진정으로 관대하고 강한 사람만이 용서와 사랑을 보여 줄 수 있다."

김대중은 진정 강자의 삶을 살았다. 역사에 반동이 있을지 몰라도 역사는 반드시 앞으로 발전한다고 믿었다.

김대중은 자신을 비난했던 그 많은 사람들과 미움이 지워진 다음에 다시 만나고 싶어 했다. 그래서 역사 속에 자신을 미리 묻었다. 이제 우리도 김대중을 역사에 묻어야 한다. 이 평전도 그 작업의 일환일 것이다.

삼가 김대중 대통령과의 인연을 더듬어 본다. 2004년 봄 '김대중 전 대통령 비서관'이란 직책의 두 사람이 찾아왔다. 김한정, 최경환이었다. 서울 인사동 한 음식점에서 소주를 한 병쯤 비웠을 때 조심스럽게 『김대중 자서전』을 쓸 수 없겠냐고 했다. 대통령의 뜻이라 했다. 한 번도 얘기를 나눈 적이 없는 대통령께서 그렇게 곁에 있음에 놀랐다. 그러나 선뜻 수락할 수 없었다. 욕심이 났지만 내 역량을 내가 알고 있었다. 그토록 긴 글을 써본 적이 없었고 솔직히 엄두가 나지 않았다. 그런 낌새를 눈치 챘는지 "글 잘 쓰는 대통령이 계신데 뭐가 걱정이냐"고 했다. 그렇게 시작했다.

그해 봄은 독했다. 잔인한 시간들이 김대중 대통령을 찔렀다. 총선에서 민주당 후보로 나선 소위 동교동계 출신은 거의가 낙선했다. 측근 몇은 감옥에 있었다. 현직 대통령 노무현은 '대북 송금 특검'을 전격 수용하여 전직 대통령의 가슴을 찢었다. 아무나 햇볕정책을 조롱했다. 죽도록 일했던 5년간의 재임 기간은 그에게 깊은 병을 안겨 주었다. 신장 혈액투석으로 연명해야 했다. 서울 동교동 주변에 낙조가 깃들었고 아무도 이를 걷어 내지 못했다. 늙은 가신 몇이서 주변을 서성거렸다.

김대중도서관 집무실에서 김대중 대통령을 만났다. 모습이 너무 초췌해서 가슴이 먹먹했다. 그렇게 건강이 좋지 않았는데도 대통령은 그때 막 불붙기 시작한 한류에 대해 이야기했다. 불교를 중국에서 들여왔지만 중국보다 더 훌륭하게 발전시켰고, 유교도 본고장보다 기품 있게 발전시켰다면서 우리 민족의 문화 창조력을 얘기했다. 앞으로 세계가 우리 민족과 문화를 주시하게 될 것이라고 말했다. 비록 목소리는 갈라졌지만 논리는 가지런했다. 가장 절망적인 시간에 가장 희망적인 얘기를 하고 있었다. '저런 사람의 생이라면 한번 정리해 보고 싶다'는 생각을 했다.

2006년 7월 첫 구술이 있었다. 대통령은 처음과 끝이 같았고, 어디를 치고 들어가도 선후 좌우가 바뀌지 않았다. 단언컨대 그분은 진실했다. 2년 동안 40여 회의 구술을 했다. 나는 하의도 시절부터 집필해 나갔다. 처음에는 김대중의 삶이 산인 줄 알았는데 실제로는 산맥이었다. 다 오르면 다른 봉우리가 있었다. 길을 잃어 되돌아 나오기도 했고, 너무 지쳐서 하늘만 보기도 했다. 그런데도 대통령은 참고 기다렸다.

김대중 후보가 대통령에 당선되기까지를 담은 1권을 2009년 4월 말에 완성했다. 그리고 얼마 후 대통령께 글을 올렸다.

"세월은 수상한데 5월이 무심히 가고 있습니다. 대통령님을 뵌 지 벌써 5년이 흘렀습니다. 자서전 초고를 감히 완성했습니다. 대통령님의 삶 속으로 들어가는 일은 감동이었습니다. 힘들고 어려운 작업이었지만 돌아보니 행복했습니다.

다시 시대가 천박해지고 시국은 엄중합니다. 대통령님의 말씀과 지혜가 아직도 세상을 구하는 빛이며 길입니다. 부디 강건하셔서 시대의 미혹과 불의를 물리쳐 주십시오. 삼가 올립니다."

휴가를 내서 지리산 자락 실상사 근처에 머물고 있었다. 그런데 다시 비서실에서 "대통령께서 찾는다"는 연락이 왔다. 서울에 올라오니 2권(대통령 재임기와 퇴임 이후)도 마저 집필해 달라고 했다. 그날 그분의 눈물을 보았다. 이미 노무현 대통령 영결식장에서 길게 우는 모습을 보았었다.

"지금이 꿈만 같습니다. 50년 동안 얼마나 희생이 많았습니까. 사람들은 날 보고 가만히 있으라 그러는데, 내가 어찌 그럴 수 있습니까. 민주주의가 저렇게 후퇴하는데 내가 어찌 가만 있겠습니까. 지하에 있는 의사, 열사들이 뭐라 하겠습니까. 아무도 없으면 나라도 나서야지요. 비록 힘이 없고 병든 몸이지만, 나는 죽을 때까지 싸울 것입니다."

대통령의 눈물이 나의 온몸으로 흘러들었다. 그랬다. 우리는 김대중을 모르고 있었다. 그는 현실 정치에 끼어드는 '노회한 정치인'이 아니라 진정 '행동하는 양심'이었다. 가는 길이 아득했지만 나는 그 눈물 앞에서 다시 힘을 얻었다. 대통령은 나를 자서전 편집위원에 임명했다. 지상에서 준 마지막 임명장이었다. 그리고 나흘 후인 7월 13일 폐렴 증세가 있어 병원에 들었다. 다들 마지막으로 자서전을 부탁한 것이라 했다.

김대중도서관에서 국정 기록을 읽고 있었다. 갑자기 옆방에서 여비서가 비명을 지르며 울음을 터뜨렸다. 8월 18일 한낮이었다. 대통령 서거, 그분이 우리 곁을 떠나셨다. 눈앞이 깜깜했다. 이 일을 어찌해야 한단 말인가. 서거 이튿날, 장례위원회 측에서 내게 추도사를 써달라고 했다. 홀로 김대중도서관에서 추도사를 썼다(추도사는 박영숙 한국여성재단 이사장이 읽었다). 언론에 발표할 2009년 '마지막 일기'도 정리했다. 그러고 나서 홀로 울었다.

국민에게 외면당하면서도 믿을 것은 국민밖에 없었다. 그것이 김대중의 숙명이었다. 그의 파란만장한 일생을 추적하며 한 생각이 떠나지 않았다.

'뒷산의 수십 년 묵은 괴물을 목숨 걸고 싸워 격퇴했지만 정작 마을에 내려와서는 돌팔매를 맞았다.'

슬픈 영웅, 그가 김대중이었다. 빛을 받을수록, 높이 오를수록 자신에게 엄격해야 했다. 세속의 재미와 멀어져야 했다. 아마 그는 세상에서 가장 고독한 사내였는지도 모른다. 삶을 정리하는 나도 내내 쓸쓸했다.

다행히, 아니 당연히 퇴임 후 인간 김대중은 현자의 모습이었다. 미움은 모두 사라지고 얼굴에는 평화로움이 가득했다. 머잖아 우리 시대가 저물고 한반도에는 새로운 주인이 등장할 것이다. 그들은 편견 없이 역사를 뒤적여 김대중이라는 인물을 찾아내 그에게 경배할 것이다. 온몸을 바쳐 진정 나라와 겨레를 사랑한 인물로 기억할 것이다.

다시 어둠이 세상을 지배하면 그가 올 것이다. 새벽처럼 돌아올 것이다. 죽어서도 죽지 않을 것이다. 그는 주어진 생을 한 점 남김 없이 태웠다. 온몸을 바쳐 평화를 만들고 그 속에 들었다. 최선을 다해 살았던, 참 아름다운 사람을 역사에 묻고 그에게 마지막 인사를 드린다.

"행동하는 양심으로 깨어 있겠습니다."

새벽에 길을 떠나 민족의 새벽을 불러온 김대중을 역사는 길이 기억할 것이다.

2012년 여름, 김택근

김대중 연보

1924. 1. 6	전남 무안군(현 신안군) 하의도에서 나다. 아버지 김운식, 어머니는 장수금이다.
1934. 5. 12	하의도 하의공립보통학교 2학년에 편입하다.
1936. 9. 2	목포로 이사, 목포제일공립보통학교로 전학하다.
1939. 4. 5	목포공립상업학교에 수석으로 입학하다.
1944. 5	전남기선주식회사에 입사하다. 이후 경영에 눈을 떠 사업에 매진하다.
1945. 4. 9	차용애와 결혼하다. 슬하에 홍일과 홍업을 두다.
1945. 8. 19	해방을 맞아 건국준비위원회에 참여하다. 이후 목포 신민당 지부에도 참여했으나 좌경화에 실망, 탈퇴하다.
1950. 6. 25	서울 출장 중에 한국전쟁이 발발하다. 한강을 건너 걸어서 목포 집으로 오다.
1950. 9. 28	목포형무소에 수감 중 총살 직전에 인민군들의 퇴각으로 살아나다.
1950. 10	사업을 재개하다. 『목포일보』를 인수해서 1년 5개월 동안 사

	장을 지내다.
1951. 3	상호를 '동양해운'에서 '목포상선주식회사'로 변경하다. 청년 사업가로 이름을 떨치다.
1952. 5. 25	부산 정치파동이 일어나 정계 투신을 결심하다. 정치가 바르지 않으면 나라가 바로 설 수 없다는 것을 체득하다.
1954. 5. 20	제3대 민의원 선거에서 무소속으로 출마해 낙선하다.
1955. 4	목포를 떠나오다. 이후 서울에서 다양한 활동을 하다.
1956. 6. 2	김철규 신부의 집전으로 영세를 받다. 세례명은 토머스 모어.
1956. 9. 25	민주당에 입당하다.
1958. 4. 8	강원도 인제 선거구에서 민주당 민의원 후보로 등록했지만 무효 처리되다. 자유당 측의 등록 방해 공작을 폭로하다.
1959. 6. 5	강원도 인제 재선거에 출마했으나 다시 낙선하다.
1959. 8. 28	아내 차용애가 사망하다.
1960. 9	민주당 대변인으로 임명되다. 장면 총리의 각별한 신임으로 원외임에도 발탁되다.
1961. 5. 13	강원도 인제에서 제5대 민의원 보궐선거에서 당선되다. 사흘 후 5·16쿠데타가 발발, 국회 입성이 무산되다.
1962. 5. 10	이희호 여사와 재혼하다. 슬하에 막내 홍걸을 두다.
1963. 11. 26	제6대 국회의원 선거에 출마, 목포에서 당선되다.
1965. 5. 3	민중당 창당에 참여하다. 대변인과 정책심의위원회 의장으로 활동하다.

1967. 6. 8	목포에서 제7대 국회의원 선거에 출마해 당선되다. 박정희 대통령의 지시에 의한 낙선 공작이 있었지만 이를 정면으로 돌파하다. 그 후 중앙정보부의 공작과 감시에 시달리다.
1970. 9. 29	전당대회에서 신민당 대통령 후보로 선출되다.
1971. 4. 18	장충단공원에서 유세를 하다. 정부 여당의 조직적인 방해에도 선거 사상 유례가 없는 100만 명이 모이다.
1971. 4. 27	제7대 대통령 선거에서 46퍼센트 지지를 얻었지만 낙선하다.
1971. 5. 24	제8대 국회의원 선거 지원 유세 중 의문의 교통사고를 당하다. 이후 고관절 장애에 시달리다.
1972. 5. 10	어머니(장수금) 별세하다.
1972. 10. 18	일본 체류 중 박정희 정권의 유신 선포 소식을 듣다. 고민 끝에 망명을 결심하다. 그 후 일본과 미국을 오가며 유신 반대 대정부 투쟁을 벌이다.
1973. 8. 8	일본 도쿄에서 중앙정보부원들에게 납치당하다. 배 위에서 수장될 위기에서 극적으로 살아나다. 서울 동교동 집에 끌려와 곧바로 가택 연금을 당하다.
1974. 2. 25	아버지(김운식) 별세하다.
1976. 3. 1	'3·1 민주 구국 선언'을 주도적으로 이끌다. 재야인사들과 구속되어 대법원에서 징역 5년을 선고받다.
1977. 4. 14	서울에서 가장 먼 진주교도소로 이감되다.
1977. 12. 19	진주교도소에서 서울대학병원으로 옮겨오다. 교도소보다 더 가혹한 환경에 단식으로 항의하다.
1978. 12. 27	형 집행정지로 가석방되다. 가택 연금을 당하다.

1980. 3. 1	사면 복권되다.
1980. 5. 17	동교동 자택에서 신군부 계엄군에 잡혀가다.
1980. 9. 17	군사재판정에서 사형을 선고받다.
1981. 1. 23	국내외에서 벌어진 구명 운동에 힘입어 형량이 사형에서 무기형으로 감형되다.
1981. 1. 31	육군교도소에서 청주교도소로 이감되다.
1981. 11. 3	옥중에서 '부르노 크라이스키 인권상' 수상자로 선정되다.
1982. 3. 2	무기에서 20년으로 감형되다.
1982. 12. 23	형 집행정지로 석방되다. 아내, 두 아들과 함께 미국으로 출국하다.
1983. 5. 16	미국 에모리대학에서 명예법학박사 학위를 받다.
1983. 7	'한국인권문제연구소'를 세우다. 이를 중심으로 반독재 투쟁을 벌이다.
1985. 2. 8	망명 2년 2개월 만에 귀국하다. 정부 당국의 반대와 살해 위협에도 귀국을 강행하자 세계 언론들이 '폭풍의 귀국'이라며 비상한 관심을 보이다. 그 후 55차례의 가택 연금을 당하다.
1985. 3. 18	김영삼과 함께 민주화추진협의회(민추협) 공동의장에 취임하다.
1987. 7. 10	사면 복권되다.
1987. 10. 27	미국 최대 노조인 산별노조총연맹이 주는 '조지 미니George Meany 인권상'을 수상하다.
1987. 11. 12	평화민주당을 창당하다. 전당대회에서 당 총재 및 대통령 후

	보로 추대되다.
1987. 12. 16	제13대 대통령 선거에서 낙선하다.
1988. 4. 26	총선에서 제13대 국회의원(전국구)에 당선되다. 평민당이 70석을 차지, 제1야당이 되다.
1990. 10. 8	지자제 실시 및 보안사 해체 등을 요구하며 단식투쟁에 돌입하다. 여권의 지자제 실시 약속을 얻어내고 13일 만에 단식을 풀다.
1992. 5. 26	전당대회에서 민주당 대통령 후보로 지명되다.
1992. 9. 7	러시아 외무성 외교대학원에서 박사학위를 취득하다. 논문은 「한국 사회에서의 민주주의의 생성과 발전 원리에 대하여」(1945~1991)다.
1992. 12. 18	제14대 대통령 선거에서 낙선하다. 다음 날 정계 은퇴를 선언하다.
1993. 1. 26	영국으로 출국하다. 케임브리지대학 객원 연구원으로 활동하다.
1993. 7. 4	영국에서 귀국하다.
1994. 1. 27	아시아·태평양 평화재단(아태재단)을 설립하다.
1994. 5. 12	미국 내셔널프레스클럽 연설에서 북핵 위기의 해법을 제시하다. 북한과 미국이 서로 주고받는 '일괄 타결' 방안을 제시하고 '지미 카터 전 대통령의 특사 방북'을 제안하다.
1994. 12. 2	아시아태평양민주지도자회의FDL-AP를 설립하고 상임 공동의장에 취임하다.
1995. 7. 13	정계 복귀를 선언하다.

1995. 9. 5	새정치국민회의를 창당하다.
1997. 5. 19	전당대회에서 제15대 대통령 후보로 선출되다.
1997. 10. 27	김종필 자민련 총재와 후보 단일화에 합의하다.
1997. 12. 18	제15대 대통령에 당선되다. 최초의 수평적 정권 교체를 이루다.
1998. 2. 25	제15대 대통령에 취임하다.
1998. 6. 9	한미 정상회담에서 클린턴 미국 대통령에게 햇볕정책을 설명하고 동의를 얻다. 이후 한미 양국은 대북 포용 정책을 펼치다.
1998. 10. 8	한일 정상회담에서 '21세기를 향한 새로운 파트너십을 위한 공동선언'에 합의하다.
1998. 12. 29	전국교직원노동조합(전교조)을 합법화하다.
1999. 7. 4	필라델피아 자유메달을 받다. 20세기의 마지막 수상자가 되다.
1999. 9. 7	국민 기초 생활 보장법을 제정하여 '생산적 복지' 정책의 토대를 마련하다.
1999. 11. 23	민주노총을 합법화하다.
2000. 1. 15	의문사 진상 규명에 관한 특별법, 민주화 운동 관련자 명예 회복 및 보상법, 제주 4·3 사건 진상 규명 및 희생자 명예 회복에 관한 특별법 등 3대 민주 개혁법을 제정하다.
2000. 1. 20	새로 만든 새천년민주당의 총재에 취임하다.
2000. 3. 9	독일 베를린 자유대학에서 '베를린 선언'을 하다. 남북 냉전 구조 해체와 화해 협력을 위해 정부가 직접 나설 용의가 있음을 천명하다.

2000. 6. 13~15	분단 이후 첫 남북 정상회담을 열다. 김정일 북한 국방위원장과 '6·15 남북 공동선언'을 발표하다.
2000. 6. 26	헌정 사상 처음으로 국회에서 인사청문회를 열다.
2000. 8. 1	의약분업을 전면 실시하다.
2000. 9. 18	경의선 연결 기공식에 참석, 연설하다.
2000. 12. 10	노벨평화상을 수상하다.
2001. 1. 18	중학교 의무교육 전면 실시를 지시하다.
2001. 1. 22	국무회의를 열어 정부조직법 개정안을 의결하다. 이에 따라 여성부를 신설하다.
2001. 3. 8	한미 정상회담을 열다. 조지 부시 대통령과 대북 정책 노선을 둘러싸고 이견을 보이다.
2001. 3. 12	넬슨 만델라 전 남아프리카공화국 대통령을 면담하다. 만델라와 '세계 평화와 번영을 위한 메시지'를 발표하다.
2001. 5. 24	국가인권위원회법 공포식에 참석하여 서명하다.
2001. 7. 24	부패방지법을 제정하다.
2001. 8. 23	IMF 차입금을 모두 상환하다. 당초 계획보다 3년 앞당겨 IMF 관리 체제에서 벗어나다.
2001. 9. 3	임동원 장관 해임건의안이 자민련의 가세로 통과되다. 이로써 3년 8개월 동안 유지된 공동 정부가 깨지다.
2001. 11. 5	제5차 아세안+한·중·일 정상회의에서 '동아시아자유무역지대EAFTA' 창설과 '동아시아 포럼' 설치를 제안하다.

2002. 5. 6	새천년민주당을 탈당하다.
2002. 5. 31	서울 상암경기장에서 한일 FIFA 월드컵 개막을 선언하다.
2002. 7. 27	광주 망월동 5·18 묘지를 국립묘지로 승격하다.
2002. 11. 6	초고속 인터넷 가입자 1000만 명 돌파 기념행사에 참석하다.
2002. 12. 23	노무현 대통령 당선자를 면담하다. 당선자가 햇볕정책을 지속하겠다는 뜻을 밝히다.
2003. 2. 14	'대북 송금 사건'과 관련 대국민 성명을 발표하다. 모든 책임은 대통령에게 있다고 말하다.
2003. 2. 15	한·칠레 자유무역협정FTA 서명식에 참석하다.
2003. 2. 24	제15대 대통령 임기를 마치고 동교동 집으로 돌아오다.
2003. 5. 12	신촌 세브란스병원에 입원 중 첫 신장 혈액투석을 받다.
2003. 5. 27	제8회 '늦봄통일상' 수상자로 뽑히다.
2003. 8. 8	'만해대상'을 수상하다.
2003. 11. 3	연세대학교 김대중도서관이 문을 열다.
2004. 1. 29	'김대중 내란 음모 사건' 재심 선고 재판에 참석하다. 사형선고를 받은 지 23년 만에 무죄를 선고받다.
2004. 5. 10~19	프랑스, 노르웨이, 스위스를 차례로 방문하고 OECD, 노벨위원회, WHO에서 연설하다.
2005. 6. 12	독일 '대십자훈장'을 받다.
2006. 3. 21	영남대학교에서 명예정치학박사 학위를 받다.

2006. 12. 7	코리아 소사이어티가 주는 '밴 플리트 상'을 받다.
2008. 4. 22	미국 하버드대학에서 '햇볕정책이 성공의 길이다'라는 제목으로 강연하다.
2008. 9. 11	노르웨이 스타방에르에서 열린 노벨평화상 수상자 정상회의에 참석하다.
2009. 4. 24	고향 하의도를 방문하다. 선산과 모교인 하의초등학교 등을 들르다.
2009. 5. 5	중국을 방문, 시진핑 국가부주석과 요담을 나누다.
2009. 5. 29	고 노무현 전 대통령 영결식에 참석하다.
2009. 6. 11	6·15 공동선언 9주년 기념행사에서 연설하다. "행동하는 양심이 되자"고 호소하다.
2009. 7. 13	폐렴 증상으로 신촌 세브란스 병원에 입원하다.
2009. 8. 18	세상을 뜨다.

참고문헌

김대중 저작물

『2008 김대중 전 대통령 연설·회견 자료집』, 2008, 김대중 평화센터
『21세기와 한민족: 김대중 전 대통령 주요 연설·대담 1998~2004』, 2004, 돌베개
『공화국연합제-평화공존, 평화교류, 평화통일의 길』, 1991, 학민사
『김대중 연설문집: 평화를 위하여』, 1989, 학민사
『김대중 옥중서신』, 2009, 한울
『김대중 자서전』 1·2, 2010, 삼인
『김대중의 3단계 통일론-남북연합을 중심으로』, 1995, 아태평화재단
『나의 길 나의 사상: 세계사의 대전환과 민족통일의 방략』, 1994, 한길사
『나의 삶 나의 길』, 1997, 산하
『내가 걷는 70년대』, 1970, 범우사
『내가 사랑한 여인』, 1997, 에디터
『다시, 새로운 시작을 위하여』, 1998, 김영사
『대중 참여 경제론』, 1997, 산하
『대중경제론』, 1986, 청사
『독재와 나의 투쟁』, 1973, 광화당
『민족의 새벽을 바라보며』, 1987, 일월서각
『역사와 함께 시대와 함께』, 1999, 인동

『이경규에서 스필버그까지』, 1997, 조선일보사

『행동하는 양심으로』, 1987, 북미주민주구락부연합회 출판부

『후광 김대중 대전집』 전15권, 1993, 중심서원

김대중 관련 저작물

강상중 지음, 오근영 옮김, 『반걸음만 앞서가라』, 2009, 사계절

강원택 외, 『김대중을 생각한다』, 2011, 삼인

강준만, 『김대중 죽이기』, 1995, 개마고원

강준만, 『한국현대사산책 1990년대편』 1~3, 2006, 인물과사상사

강준만, 『한국현대사산책 2000년대편』 1~5, 2011, 인물과사상사

국정홍보처, 『국민의 정부 5년 정상외교: 한반도 중심시대를 개척하다』, 2002, 국정홍보처

권노갑, 『누군가에게 버팀목이 되는 삶이 아름답다』, 1999, 살림

김대중 외, 『김대중 내란음모의 진실』, 2000, 문이당

김삼웅, 『김대중 평전』 1·2, 2010, 시대의창

김수길 외, 『금고가 비었습디다』, 2003, 중앙M&B

김양호, 『내 어릴 때 꿈은 거지였다』, 2006, 사계절

김영삼, 『김영삼 대통령 회고록: 민주주의를 위한 나의 투쟁』 상·하, 2001, 조선일보사

김옥두, 『다시, 김대중을 위하여』, 1995, 살림터

김욱, 『김대중의 끝나지 않은 이야기』, 2005, 인물과사상사

김종순 엮음, 『김대중 고난의 세월 그 17년』, 1987, 시인통신사

김준태 외, 『님이여, 우리들 모두가 하나되게 하소서: 대한민국 제15대 대통령 김대중 추모시집』, 2009, 화남

김하중, 『하나님의 대사』 3, 2011, 규장

김학윤, 『하의도 농민사』, 2006, 책과함께

김한정, 『나의 멘토 김대중-DJ와 함께한 청춘 이야기』, 2011, 학고재
김형문, 『김대중 그는 누구인가』, 2009, 금문당
김형수, 『문익환 평전』, 2004, 실천문학사
김형욱·박사월, 『김형욱 회고록』 1~3, 1985, 아침
노무현재단 엮음, 유시민 정리, 『운명이다: 노무현 자서전』, 2010, 돌베개
노엄 골드스틴 지음, 이준구 옮김, 『세계의 지도자 김대중』, 1999, 내친구
도널드 커크 지음, 정명진 옮김, 『김대중 신화: 30년 경력의 서울특파원이 쓴 DJ의 삶과 햇볕정책』, 2010, 부글북스
매들린 올브라이트/빌 우드워드 지음, 백영미 외 옮김, 『매들린 올브라이트: 마담 세크러터리』 2, 2003, 황금가지
매일경제신문 정치부, 『DJ시대 파워 엘리트』, 1998, 매일경제신문사
백무현, 『만화 김대중』 전5권, 2010, 시대의창
브루스 커밍스 지음, 김동노 외 옮김, 『브루스 커밍스의 한국현대사』, 2001, 창작과비평사
성한용, 『DJ는 왜 지역갈등 해소에 실패했는가』, 2001, 중심
오연호, 『노무현, 마지막 인터뷰』, 2009, 오마이뉴스
윌리엄 제퍼슨 클린턴 지음, 정영목 외 옮김, 『빌 클린턴의 마이 라이프』, 2004, 물푸레
유시춘 외, 『우리 강물이 되어』 1·2, 2005, 경향신문사
이문영, 『겁 많은 자의 용기: 지켜야 할 최소에 관한 이야기』, 2008, 삼인
이태호, 『영웅의 최후: 김대중 평전』, 1992, 한뜻
이희호, 『나의 사랑 나의 조국』, 1992, 명림당
이희호, 『내일을 위한 기도』, 1998, 여성신문사
이희호, 『이희호 자서전: 동행』, 2008, 웅진지식하우스
임동원, 『피스메이커: 남북관계와 북핵문제 20년』, 2008, 중앙북스
임영태, 『대한민국사 1945~2008』, 2008, 들녘

전인권, 『김대중을 계산하자』, 1997, 새날

전인권, 『전인권이 읽은 사람과 세상』, 2006, 이학사

전인권, 『편견 없는 김대중 이야기』, 1997, 무당

지명관 지음, 김경희 옮김, 『한국으로부터의 통신』, 2008, 창비

최경환, 『김대중 리더십』, 2010, 아침이슬

최상천, 『알몸 대한민국 빈손 김대중』, 2001, 사람나라

최성 엮음, 『김대중 잠언집 배움』, 2007, 다산책방

한승헌, 『한 변호사의 고백과 증언』, 2009, 한겨레출판사

미공개 자료

강원룡, 권노갑, 김상현, 김옥두, 이근팔, 에드워드 베이커, 도널드 그레그 등 인터뷰 녹취록

국민의 정부 각료 및 청와대 수석비서관 증언집: 김정길, 이근식, 송정호, 한광옥, 조순용, 이규성, 박승, 신국환, 한갑수, 김동태, 이상용, 방용석, 남궁석, 양승택, 유삼남, 현정택, 박재규, 이정빈, 천용택, 조성태, 이준, 임성준, 양성철, 최상룡, 남궁진, 김성재, 조규향, 조영달, 오지철, 차흥봉, 김명자, 윤후정, 백경남(무순) 참여

김대중 대통령 국정 노트 1998~2003년

김대중 수첩 육필 메모 1984~1987년

김대중 수첩 육필 메모 1992~1997년

김대중 육성 녹취록(총 41회분)

옥중 수상 12편

중앙정보부 취조실 DVD 녹취록(1980년 5월)

새벽
김대중 평전

2012년 8월 18일 1판 1쇄
2012년 9월 5일 1판 2쇄

지은이 | 김택근

편집 | 조건형·진승우
디자인 | 백창훈
제작 | 박홍기
마케팅 | 이병규·최영미·양현범

출력 | 한국커뮤니케이션
인쇄 | 천일문화사
제책 | 정문바인텍

펴낸이 | 강맑실
펴낸곳 | (주)사계절출판사
등록 | 제406-2003-034호
주소 | (413-756) 경기도 파주시 문발동 파주출판도시 513-3
전화 | 031) 955-8588, 8558
전송 | 마케팅부 031) 955-8595 편집부 031) 955-8596
홈페이지 | www.sakyejul.co.kr **전자우편** | skj@sakyejul.co.kr
독자카페 | 사계절 책 향기가 나는 집 cafe.naver.com/sakyejul
페이스북 | www.facebook.com/sakyejul
트위터 | twitter.com/sakyejul

값은 뒤표지에 적혀 있습니다.
잘못 만든 책은 구입하신 서점에서 바꾸어 드립니다.

사계절출판사는 성장의 의미를 생각합니다.
사계절출판사는 독자 여러분의 의견에 늘 귀 기울이고 있습니다.

ISBN 978-89-5828-629-5 03340

이 도서의 국립중앙도서관 출판시도서목록(CIP)은
e-CIP 홈페이지(http://www.nl.go.kr/ecip)와
국가자료공동목록시스템(http://www.nl.go.kr/kolisnet)에서 이용하실 수 있습니다.
(CIP제어번호: CIP2012003486)